LALTS Linguistics & Applied Linguistics Translation Series

语言学及应用语言学名著译丛

我们的思维方式

概念整合与心智的隐匿复杂性

[法] 吉勒·福柯尼耶
[美] 马克·特纳 著
杨波 译

THE WAY WE THINK

Conceptual Blending and the Mind's Hidden Complexities

商务印书馆
创于1897 The Commercial Press

根据 Basic Books 2002 年英文版译出。

作 者 简 介

吉勒·福柯尼耶（Gilles Fauconnier, 1944—2021）

国际知名语言学家、认知科学家，加州大学圣迭戈分校认知科学系主任、教授，曾任巴黎国家科学研究中心研究科学家，学术期刊《认知》（*Cognition*）、《认知科学》（*Cognitive Science*）编委。福柯尼耶教授长期研究人类思维和语言中无意识的、在线的、创造性的认知活动，包括心理空间的构建、空间的结构和成分的投射和映射、空间整合网络的形成和运演等。其专著《心理空间：自然语言意义构建面面观》（1994）是认知科学、认知语言学的拓荒之作。《思维和语言中的映现》（1997）是继《心理空间》之后的又一经典著作，而本书《我们的思维方式》（2002）是心理空间和概念整合理论的集大成者，跟前两部专著构成该理论的三姊妹篇。

马克·特纳（Mark Turner, 1954— ）

认知语言学的奠基者之一，凯斯西储大学认知科学系主任，认知与艺术系主任，认知科学网络的创始主任、红母鸡实验室（Red Hen Lab）合作主任，梅里菲尔德认知与艺术学院创始院长。其研究关注成就现代人的精妙认识能力的思维运作，特别是映射和概念整合；主要学术成果有《文学思维：思维和语言的起源》（1997）、《意义、形式和身体》（2010）、《社会科学的认知维度：关于政治、经济、法律和社会的思维方式》（2001）和《思想的起源：整合、创造与人类火花》（2014）。

译者简介

杨波 英语语言文学博士。东南大学外国语学院副研究员，东南大学外国语言学与应用语言学研究所执行所长，国际学术期刊《亚太语言文化研究》(*Frontiers in Asia-Pacific Language and Culture Studies*)副主编。曾任中国认知语言学研究会秘书处秘书，南大 CSSCI 来源刊、北大核心期刊《外语研究》编委、责任编辑。主持省级社科基金项目 1 项，中央高校基本科研业务费专项资金资助项目 1 项，参与国家和军队社科基金项目 3 项，撰写学术专著 1 部，完成学术译著 2 部，在《外国语》《语言科学》《外语研究》以及《认知语言学评论》(*Review of Cognitive Linguistics*)等国内外核心期刊发表论文二十余篇，参与撰写《中国大百科全书》(第三版)语言文字卷词条，主编和参编翻译、写作及综合类英语教材十余册。

语言学及应用语言学名著译丛
专家委员会

总　　序

商务印书馆出版的“汉译世界学术名著丛书”在国内外久享盛名，其中语言学著作已有10种。考虑到语言学名著翻译有很大提升空间，商务印书馆英语编辑室在社领导支持下，于2017年2月14日召开“语言学名著译丛”研讨会，引介国外语言学名著的想法当即受到与会专家和老师的热烈支持。经过一年多的积极筹备和周密组织，在各校专家和教师的大力配合下，第一批已立项选题三十余种，且部分译稿已完成。现正式定名为“语言学及应用语言学名著译丛”，明年起将陆续出书。在此，谨向商务印书馆和各位编译专家及教师表示衷心祝贺。

从这套丛书的命名“语言学及应用语言学名著译丛”，不难看出，这是一项工程浩大的项目。这不是由出版社引进国外语言学名著、在国内进行原样翻印，而是需要译者和编辑做大量的工作。作为译丛，它要求将每部名著逐字逐句精心翻译。书中除正文外，尚有前言、鸣谢、目录、注释、图表、索引等都需要翻译。译者不仅仅承担翻译工作，而且要完成撰写译者前言、编写译者脚注，有条件者还要联系国外原作者为中文版写序。此外，为了确保同一专门译名全书译法一致，译者应另行准备一个译名对照表，并记下其在书中出现时的页码，等等。

本译丛对国内读者，特别是语言学专业的学生、教师和研究者，以及与语言学相融合的其他学科的师生，具有极高的学术价值。第一批遴选的三十余部专著已包括理论与方法、语音与音系、词法与句法、语义与语用、教育与学习、认知与大脑、话语与社会七大板块。这些都是国内外语言学科当前研究的基本内容，它涉及理论语言学、应用语言学、语音学、音系学、词汇学、句法学、语义学、语用学、教育语言学、认知语言学、心理语言学、社会语言学、话语语言学等。

尽管我本人所知有限，对丛书中的不少作者，我的第一反应还是如雷贯耳，如 Noam Chomsky、Philip Lieberman、Diane Larsen-Freeman、Otto Jespersen、Geoffrey Leech、John Lyons、Jack C. Richards、Norman Fairclough、Teun A. van Dijk、Paul Grice、Jan Blommaert、Joan Bybee 等著名语言学家。我深信，当他们的著作翻译成汉语后，将大大推进国内语言学科的研究和教学，特别是帮助国内非英语的外语专业和汉语专业的研究者、教师和学生理解和掌握国外的先进理论和研究动向，启发和促进国内语言学研究，推动和加强中外语言学界的学术交流。

第一批名著的编译者大都是国内有关学科的专家或权威。就我所知，有的已在生成语言学、布拉格学派、语义学、语音学、语用学、社会语言学、教育语言学、语言史、语言与文化等领域取得重大成就。显然，也只有他们才能挑起这一重担，胜任如此繁重任务。我谨向他们致以出自内心的敬意。

这些名著的原版出版者，在国际上素享盛誉，如 Mouton de Gruyter、Springer、Routledge、John Benjamins 等。更有不少是著名大学的出版社，如剑桥大学出版社、哈佛大学出版社、牛津大学出版社、MIT 出版社等。商务印书馆能昂首挺胸，与这些出版社策划洽谈出版此套丛书，令人钦佩。

万事开头难。我相信商务印书馆会不忘初心，坚持把“语言学及应用语言学名著译丛”的出版事业进行下去。除上述内容外，会将选题逐步扩大至比较语言学、计算语言学、机器翻译、生态语言学、语言政策和语言战略、翻译理论，以至法律语言学、商务语言学、外交语言学，等等。我也相信，该“名著译丛”的内涵，将从“英译汉”扩展至“外译汉”。我更期待，译丛将进一步包括“汉译英”“汉译外”，真正实现语言学的中外交流，相互观察和学习。商务印书馆将永远走在出版界的前列！

胡壮麟

北京大学蓝旗营寓所

2018 年 9 月

译者前言

《我们的思维方式：概念整合与心智的隐匿复杂性》（Fauconnier & Turner 2002）一书是关于心理空间和概念整合理论的集大成者，与认知科学、认知语言学的拓荒之作《心理空间：自然语言意义构建面面观》（*Mental Spaces: Aspects of Meaning Construction in Natural Language,* Fauconnier 1985/1994）以及后来的《思维和语言中的映现》（*Mappings in Thought and Language,* Fauconnier 1997）可谓是该理论的三姊妹篇，从心理空间理论的初步提出，到心理空间之间的种种映射关系的探究，再到逐步发展成熟为概念整合网络理论。该书适合外语专业、汉语专业、语言学和应用语言学以及认知科学等专业的硕士、博士研究生及高校教师阅读参考。

作者吉勒·福柯尼耶（Gilles Fauconnier）是美国加利福尼亚大学圣迭戈分校认知科学系教授，曾担任该系主任，长期从事人类思维和语言中无意识的、在线的、创造性的认知活动的研究，包括心理空间和概念整合的理论和应用研究。作者马克·特纳（Mark Turner）现在是美国凯斯西储大学认知科学系教授和学院教授，曾任斯坦福大学行为科学高级研究中心副主任，主要关注现代人类的高级认知和创造力的心理运作，特别是本书的核心内容——映射和概念整合。

作者在本书的序言中借助人类学和考古学的研究成果告诉读者，我们的祖先在大约 5 万年前的旧石器时代晚期开始了人类历史上最瞩目的进步：考古记录表明，我们的祖先在这个时期获得了一种认知意义上的现代人类的心智能力，具备了发明新概念和组合新的动态心理模型的能力。这种能力就是该书的研究对象——概念整合（conceptual blending）。作者还进一步提出，概念整合使得语言、手势、艺术、音乐、数学洞见、科学发现、宗教、高级社会认知、精细工具使用、舞蹈、时装、符号系统，以及政治、经济和法律的社会系统成为可能；不仅如此，概念整合对基础的日常思维而言也是不可或缺的（Fauconnier & Turner 2002: vi）。本书的研究目标就是去解释和探究概念整合的原则和机制。

译者跟心理空间和概念整合理论算是"有缘"，因此斗胆承担了这本书的翻译工作。先是跟南京师范大学外国语学院张辉教授一起发表了《心理空间与概念整合：理论发展及其应用》(《解放军外国语学院学报》，2008）一文，该文后来被《语言文字学》全文转载；后来为世界图书出版公司引进出版的《思维和语言中的映现》(2010）一书撰写了导读，并翻译了该书的书名和目录；之后与上海立信会计金融学院外国语学院邵军航教授翻译《认知语言学基础》(上海译文出版社，2012）一书，恰好翻译第9章"心理空间"；再后来参与了《中国大百科全书》(第三版)(中国大百科全书出版社，2020）语言文字卷关于心理空间和概念整合理论4个词条的撰写。目前，译者正在撰写外语教学与研究出版社"语言学核心话题系列丛书"中的《心理空间和概念整合研究》一书。

在心理空间和概念整合理论的学习和翻译过程中，译者得到了张辉、邵军航等专家教授的悉心指导和帮助，因此本书的翻译才得以开展。同时，正如作者在书中指出的，除了语言和日常思维，概念整合这一心理运作在人类生活的方方面面都发挥着重要作用，所以译者在翻译书中涉及的多学科领域和话题及相应例子时，也遇到了各种各样的问题和困难，在此举几个例子，一并感谢帮助译者解决问题的专家和学友。译者的知识和水平有限，译文中错误和不当之处在所难免，欢迎广大读者批评指正。

一是个别术语的统一问题。比如核心概念 mapping 在译者 2010 为世界图书出版公司引进出版的《语言和思维中的映现》一书的导读撰写和书名、目录翻译中，都译为“映现”，后来请教了数学老师 mapping 在数学中的含义和翻译，又经张辉教授和担任《中国大百科全书》（第三版）语言文字卷主编的刘丹青教授对自己撰写的相关词条的审阅和指导，遂将术语“mapping”定为“映射”；同时，把 emergent structure/meaning 中的 emergent 的翻译（常见的还有“新现”“突生”和“层创”等）定为“浮现”。再比如将整合空间中的三种运作 composition、completion、elaboration 中的 elaboration 由“扩展”改译为“细化”，这样对 elaboration 的含义表达得更为准确。

二是对现代英语以外的语言文字的理解和翻译问题。首先是原文第 381 页论述英语中的 way 构式的发展演变过程时引用了中古英语例句“He lape one horse and passit his way. ”（1375）和“Tho wente he his strete, tho flewe I doun. ”（1481）。就此请教了解放军国际关系学院杨晓荣教授、天津外国语大学赵彦春教授和东南大学外国语学院高圣兵教授，疑点落在了 lape 这个词上：是动词的 water 或 drink（饮马）的意思，还是 leap（跳上 / 骑上）或其他意思？于是译者又电邮请教了作者特纳教授以及加拿大麦吉尔大学神经科学统一项目在读博士学友马克斯·沃尔珀特（Max Wolpert），最终结合原例句提供者和中古英语老师提供的帮助，将两句分别理解和翻译为“He wrapped (saddled) a horse and went on his way.（他给马套上鞍，继续赶他的路。）”和“He went straight while I hurried down.（他径直走他的，而我匆忙往下赶。）”。

此外，另一个语言文字问题是原文第 71 页一段法国报纸文字的翻译。虽然文末注释里有相应的英译供参考，译者还是非常感谢银川大学国际教育学院客座教授齐瑛对这段法语，特别是人名和报刊名等的核实与翻译。

三是书中涉及的其他专业领域的知识和例子的翻译问题。比如原文第 10 页有 12 世纪印度数学家巴斯卡拉关于下面这个约等式的文字表述（甚至有数学老师找到了巴斯卡拉著述原稿的“根式”章节的内容供译者参考），以及文中多次讨论的复数概念的产生和发展等数学学科的知识和例子的翻译。还有就是文中有关计算机专业的伊丽莎（Eliza）程序和伊丽莎效应（原文第 5 页），以及后面多次讨论和分析的计算机界面例子（原文第 22 页）的相关知识和翻译。译者在此对东南大学数学学院李逸教授和南京理工大学计算机技术与工程学院严慧教授在数学和计算机专业领域提供的帮助表示衷心的感谢。

$$\sqrt{\left(\frac{n}{k}+1\right)^{2} k}\cdot=\sqrt{k}\cdot+\sqrt{n}\cdot$$

四是文化、宗教等人类社会生活的方方面面的内容和例子的翻译问题。书中提供的例子可谓五花八门、包罗万象，其中有些事物和概念对很多中国读者而言可能并不一定熟悉，比如日本色情业的幻想俱乐部、希腊神话中的菲洛梅拉、欧洲的古老传说吸血鬼德古拉、美国的送子鹳和垒球，以及整个西方世界的阴森的收割者死神的形象。因此，译者添加了必要的译者注，以方便读者对原文的理解。

随着心理空间和概念整合理论的提出和发展，对该理论的研究和应用日渐广泛和深入。国外研究涌现出一系列专著、专刊和大量的论文。除了我们在本文一开始提到的心理空间和概念整合理论三姊妹篇，主要还有福柯尼耶和斯威策（Fauconnier & Sweetser 1996）主编的《空间、世界和语法》，收集了心理空间和语义、语法问题的研究论文。科尔森（Coulson 2000）的专著《语义跳跃：意义构建中的框架转换与概念整合》探讨了心理空间和概念整合在语言理解过程中起到的作用，并使用认知神经科学的事件相关电位（ERP）技术进行实验，特别是科尔森和范帕滕（Coulson & Van Petten 2002）结合 ERP 实验的研究为心理空间和概念整合的理论研究提供了客观的实验证据。科尔森和奥克利（Coulson & Oakley 2000）在《认知语言学》总第 11 卷 3–4 期编辑了该系列理论的专刊。当西吉耶和斯威策（Dancygier & Sweetser 2005）的合著《语法中的心理空间：条件构式》运用心理空间理论探析了条件构式的语义和句法问题。同年，科尔森和奥克利（Coulson & Oakley 2005）在《语用学学刊》总第 37 卷第 10

期编辑了该系列理论的又一专刊。之后，当西吉耶（Dancygier 2006）在《语言与文学》总第15卷第1期编辑了关于该系列理论的专刊。在2007年，佩雷拉（Pereira）在德古意特出版社出版了专著《创造力与人工智能的概念整合研究》，更是迈出了把该理论的应用研究与方兴未艾的人工智能领域研究相结合的第一步。

国内对心理空间和概念整合的理论和应用研究也是如火如荼。早期的研究主要是对该理论的引进、阐释、回顾与思考，如苏晓军和张爱玲（2001）、刘正光（2002）、王文斌（2004）以及张辉和杨波（2008）等。张辉教授在《心理空间：自然语言意义构建面面观》一书的世界图书出版公司引进版导读中梳理了认知语言学的重要研究方向，特别指出心理空间和概念整合理论已经发展成为认知语言学的重要研究范式：（1）以格式塔心理学为基础的研究方向，如认知语法和构式语法；（2）以现象学为基础的研究方向，如认知体验性、概念隐喻和转喻；（3）认知语篇研究方向，如心理空间和概念整合理论；（4）认知社会语言学研究方向，如词汇语义的变异和文化模式；（5）比喻语言加工的心理语言学和基于用法的语言习得研究方向。此外，王文斌和毛智慧编辑了中国认知语言学研究论文集系列中的《心理空间理论和概念合成理论研究》（2011），精选裒辑论文32篇，其中国内学者的28篇论文反映了国内该理论的研究现状，具有重要的学术参考价值。

可见，心理空间和概念整合研究不仅包括内部架构本身的理论研究，还包括从理论到神经认知科学实验（ERP）的实证研究，而其应用范围则已经扩展到了人工智能领域，展现出强大的理论阐释力和令人兴奋的应用价值和前景。尽管如此，该理论从提出到发展至今，当然也受到不少的质疑和挑战。以下是该书作者之一马克·特纳在《认知语言学——语言的基础》（2019）一书的“语言与交际中的整合”一章中对整合理论提出的7大质疑和挑战，供读者阅读此译本时参考并思考：

（1）整合难道不是一种附带现象，是对已有很多其他明确的加工过程

（违实思维、转喻、范畴化、隐喻以及思维的其他“修辞”形式）的线性归总吗？为什么要把它们放到一起？

（2）每个人都早就对整合有所了解——合旧而出新的心理运作。那么新在哪里呢？

（3）如果整合存在，我们不是应该可以对整合进行算法编程吗？

（4）能够展示整合的运作机制的快速心理测试方法在哪里？

（5）除了在极少数时刻，我们并没有意识到正进行着任何整合运作，那么我们在进行整合运作的证据是什么？

（6）那么，当心理空间、心理空间网络或者整合网络被激活了，你是怎么知道的？

（7）整合理论难道不是还不完备的吗？

推荐阅读的关于心理空间和概念整合理论的文献：

Coulson, S. 2001. *Semantic Leaps: Frame-shifting and Conceptual Blending in Meaning Construction* [M]. Cambridge: Cambridge University Press.

Coulson, S. & C.Van Petten. 2002. Conceptual Integration and Metaphor: An Event-Related Potential Study [J]. *Memory and Cognition* 30 (6).

Dancygier, B. & E. Sweetser. 2005. *Mental Spaces in Grammar: Conditional Constructions* [M]. Cambridge: Cambridge University Press.

Fauconnier, G. 1994. *Mental Spaces: Aspects of Meaning Construction in Natural Language* [M]. Cambridge: Cambridge University Press.

Fauconnier, G. & E. Sweetser. 1996. *Spaces, Worlds and Grammar* [M]. Chicago: The University of Chicago Press.

Faucaonnier, G. 1997. *Mappings in Thought and Language* [M]. Cambridge: Cambridge University Press.

Faucaonnier, G. & M. Turner. 1998. Conceptual Integration Networks [J]. *Cognitive Science* 22 (2).

Pereira, F. C. 2007/2017. *Creativity and Artificial Intelligence: A Conceptual Blending Approach* [M]. Shanghai: Shanghai Foreign Language Education Press.

Turner, M. 1996. *The Literary Mind* [M]. Oxford: Oxford University Press.

Turner, M. 2019. Blending in Language and Communication [C]//E. Dąbrowska & D.

Divjak. *Cognitive Linguistics—Foundations of Language*. Berlin/Boston: Mouton De Gruyter: 245–270.

刘正光 . 2002. Fauconnier 的概念合成理论：阐释与质疑 [J]. 外语与外语教学（10）: 8–12.

苏晓军，张爱玲 . 2001. 概念整合理论的认知力 [J]. 外国语（3）: 31–36.

王文斌 . 2004. 概念合成理论研究与应用的回顾与思考 [J]. 外语研究（1）: 6–12.

王文斌，毛智慧 . 2011. 心理空间理论和概念合成理论研究 [M]. 上海：上海外语教育出版社 .

张辉，杨波 . 2008. 心理空间与概念整合：理论发展及其应用 [J]. 解放军外国语学院学报（1）: 7–14.

汉译版序

很高兴看到《我们的思维方式》一书被译成中文。撰写本书的灵感来自于一些研究，下面说说我们对这些研究的一些思考。

我们为何如此具有创新性？新的想法从何而来？为何人类如此善于创新？新的想法形成后我们何以将其保留并加以利用？人类的火花，即创新的来源和想法的根源，是产生于“概念整合”这种特殊的心理运作的一种进步。本书分析整合的本质及其运作，用到的数据和例证来自于方方面面的人类行为：语言、艺术、音乐、宗教、数学洞见、科学发现、高级社会认知、工具和技术的发明，以及很多其他的人类的独到之处。

语言具有触发精细的心理构建的能力。简单的话语背后隐含的是通过强有力的神经回路激活，且被无意识地操纵的庞大概念网络。这些心理构建需要心理空间的多重整合，但是我们并没有意识到其中的复杂性，正如没有意识到我们的视觉神经生物系统的隐匿复杂性一样。我们在理解语言时进行的这种意义构建同样运作在人类活动的其他很多领域，如艺术、数学、宗教、诗歌、技术，这些是人类而非其他物种所特有的领域。人类儿童很早就在使用高级整合。从人类的角度说，每个儿童生下来就是天才。

我们（吉勒·福柯尼耶和马克·特纳）最初于 1992 年开始提出并发展概念整合的思想，以此解决在违实、隐喻和语法研究中出现的语言学问题。但是我们很快发现，整合显然是无处不在：我们持续从数学、文学、计算机界面、文化模式中发现了概念整合的精彩例子。然后其他研究者把对整合原则的探索扩展到了其他领域：物质与文化、音乐与艺术、修辞学与诗学。最优原则和整合的分类都出现在这样的研究探索中。

因此我们开始撰写《我们的思维方式》来呈现这么多研究结果的概览。但在我们一起合著这本书的时候，也就是在行为科学高级研究中心的一年，我们发现了概念整合的另一个关键所在——关键关系的压缩，这为正在进行的心理运作提供了更为深入和普遍的基础。压缩在当前这本为中国读者准备的书中有详细的例证和研究，而且压缩在所有章节中重复出现。

此外，我们认识到概念整合理论为语言起源的悖论提供了一个简练的解决方案：语言的形式（没有早期的、更简单的形式）如何能跟缓慢的达尔文生物进化达成和解？整合如何发展到使具有同等潜势的语言突然成为可能的这一步，第九章提供了这方面的详细论述。

在《我们的思维方式》出版后的几年中，很多学者关于整合（亦称"概念整合"）的进一步研究大量涌现（可访问网站 http://blending.stanford.edu）。一个基本的结论是，高级的概念整合在我们认为是很简单的语言形式中发挥着至关重要的作用。换言之，尽管整合一开始是在看起来异乎寻常的数据中被发现和研究的，人类思维的简单而又基础的心理运作却是极其复杂的。当然，尽管如此，我们还是想当然地说这些运作很简单，因为所有人都会。简单之事只是看似简单，我们看不透其神奇之所在而已。

我们非常感谢东南大学外国语学院专职科研人员杨波博士承担了翻译本书的艰巨任务，同时感谢他邀请我们撰写此中译版序言。

吉勒·福柯尼耶　马克·特纳

序　　言 v

大约在 5 万年前的旧石器时代晚期（the Upper Paleolithic Age），我们的祖先开始了人类历史上最引人注目的进步。在此之前，人类只是一群可有可无的大型哺乳动物，而在此之后，人类的心智得以控制这个世界。这期间发生了什么？

考古记录表明，人类在旧石器时代晚期形成了一项前所未有的创新能力。他们获得了一种现代人类的想象力，从而具备了发明新概念和组合新的动态心理模型的能力。这一改变的结果令人惊叹：人类发展了艺术、科学、宗教、文化、精密工具和语言。那么我们何以能够发明这些东西？

在本书中，我们聚焦**概念整合**（conceptual blending）这项伟大的心智能力，以其最高级的“双域”（double-scope）形式，让我们的祖先拥有了优越性，而且不管结果如何，成就了今天的我们。我们考察概念整合的原则和令人惊奇的运作机制，以及其在我们的思维和生活方式中所起的关键作用。

概念整合的运作大部分是在幕后进行的。我们的心智意识不到其隐匿的复杂性，这就好比我们看见一只蓝色杯子时也意识不到我们的知觉的复杂性一样。概念整合于意识而言几乎是隐形的，但它却精心设计出概念意义的庞大网络，而其生产的认知产品在意识层面却看起来很简单。我们的思维方式并不是以我们所认为的方式进行的。日常思维看似直截了当，但是即便是我们的最简单的思维也复杂得令人惊叹。

概念整合的产品无处不在。修辞学、文学、绘画以及科学发明的学者已经注意到了整合的很多具体产品，每件产品单独看来在当时都具有不可思议的摄人魅力。从亚里士多德（Aristotle）到弗洛伊德（Freud），学者们把这些具体的实例看作是例外，是意义的边缘爆发，稀奇且意味深长。但是他们中没有任何人集中关注整合这一普遍的心智能力，或者就我们看来，甚至都没有认识到有这样一种心智能力存在。他们只关注其具体的吸引力所在——绘画、诗歌、梦境、科学洞见，而没有去探寻这些琐碎的具体事物的共性。他们只见树木不见森林。

vi 我们自己的研究就从这样的稀奇而又意味深长的例子开始。但是在弄清楚了它们背后的基本原则之后，我们得以瞥见树木后面的整片森林。我们发现概念整合这个相同的认知运作在人类的思维和行动中发挥着决定性的作用，而且产生了无数不同的、看得见的表现形式。

这是一个令人兴奋但同时也令人震惊的发现，这一发现跟大多数传统观念背道而驰。当然，我们也没有准备朝这个方向去做任何证明。相反，跟亚里士多德、弗洛伊德，以及其他在这个领域的研究传统中不那么出众的学者一样，我们也从富有创造性的例子开始研究，它们令人惊奇，仿佛带有异域风情，比如类比违实（analogical counterfactual）、诗学隐喻（poetic metaphor）以及诸如会说话的驴子这样的客迈拉（chimera）[①]。直到1993年，我们已经从语法、数学、推理、计算机界面、行为和设计多个领域积累了足以令人信服的证据。这样，我们启动了一个研究项目来总体探究概念整合作为一种基本的心理运作的本质、结构和运作原则，以及对整合的控制和约束。

来自不同的角度，而且数据类型也存在很大差异的一些“创造性理论家”推测存在一种普遍的心理能力，这种能力被史蒂芬·米森（Stephen

① 客迈拉是古代希腊神话中的怪兽。最早在希腊诗人荷马的故事中我们看到的客迈拉是由三部分构成的一种会喷火的怪兽（它是希腊语“母山羊”的意思）：它的头部是狮子，尾巴是一条蟒蛇，身子是山羊，它呼吸吐出的都是火焰。如今这个词常用来指“不切实际的幻想”。——译者

Mithen）叫作"认知流动性"（cognitive fluidity）[①]，这一心理能力将不同认知域的元素集合在一起。米森和其他学者将这一能力的获取，与据考古学家考证的大约 5 万年前的工具制作、绘画和宗教活动中的创造性大爆炸联系在了一起。

在本书中，我们提出的概念整合是所有这些不同的人类成就的基础，并使之成为可能。概念整合使得语言、艺术、宗教、科学以及其他神奇的人类壮举的起源成为可能；而且正如它对艺术和科学能力而言不可或缺一样，它对基础的日常思维而言也是不可或缺的。综上所述，我们的目标是要做以前没有做过的事：解释概念整合的原则和机制。

---

① 认知流动性是一个首先被米森教授在其专著《心智的史前史》（*The Prehistory of the Mind*，1996）中广泛使用的术语。该术语描述了模块式的灵长类心智（modular primate mind）如何进化成现代人类心智（modern human mind）：通过组合不同的知识加工方式和工具使用方式，进而创造现代文明。认知流动性主要用于比较尤其是那些距今 5 万年前的近代人类的心智和诸如直立猿人（*Homo erectus*）这样的古人类（archaic humans）的心智。后者的思维方式似乎是以特定域为结构的，是一系列基本上独立的，用于社会、物质和自然世界的运作的认知域，有着一系列智能的特定模块。随着现代人类的出现，这些认知域之间的阻隔似乎消失了，认知也因此变得不那么泾渭分明而更加具有流动性。——译者

vii

致　谢

本书中呈现的合作研究开始于 1992—1993 年的加利福尼亚大学圣迭戈分校（University of California, San Diego）。吉勒·福柯尼耶是认知科学系的一员，而来自马里兰大学（University of Maryland）的马克·特纳正在休假，是位认知科学与语言学系的访问学者。马克·特纳感谢约翰·西蒙·古根海姆纪念基金会（John Simon Guggenheim Memorial Foundation）在当年提供的学术奖金支持，以及加利福尼亚大学圣迭戈分校认知科学与语言学系在当年所尽的地主之谊。马克·特纳还要感谢行为科学高等研究中心（Center for Advanced Study in the Behavioral Sciences）在 1994—1995 年提供的研究奖金和高等研究院（Institute for Advanced Study）在 1996—1997 年提供的研究奖金，这使本合作研究在此期间得以继续开展下去。

本书的撰写主要是 1999—2000 年间在斯坦福大学（Stanford University）校园里完成的。吉勒·福柯尼耶感谢为他提供学术奖金的约翰·西蒙·古根海姆纪念基金会、美国哲学学会（American Philosophical Society）以及行为科学高等研究中心（他是该中心的研究会员），还要感谢约翰·D. 和凯瑟琳·T. 麦克阿瑟基金会（John D. and Catherine T. MacArthur Foundation）为该中心提供了编号 95-32005-0 的经费。在 1999—2000 年间，马克·特纳是斯坦福大学语言学系和语言与信息研究中心（Center for the Study of Language and Information）的访问学者，他感谢他们的支持与热情招待。他还要感谢马里兰大学在本合作研究中给予的多次学术休假。

说到全方位的巨大支持、鼓励与众多见解的分享，我们对蒂娜·福柯尼耶（Tina Fauconnier）和梅根·惠伦·特纳（Megan Whalen Turner）深表感激。我们同样对伊芙·斯威策（Eve Sweetser）对整合研究做出的令人敬畏和持续的贡献以及对本书初稿的详细意见深表谢意。很多朋友和同事一路给我们提供帮助，而且对概念整合研究项目做出了各自的重要贡献，他们是皮尔·艾格·勃兰特（Per Aage Brandt）、纳内特·布伦纳（Nannette Brenner）、马尔科·卡索纳托（Marco Casonato）、赛亚娜·科尔森（Seana Coulson）、玛格丽特·弗里曼（Margaret Freeman）、约瑟夫·格雷迪（Joseph Grady）、珍妮弗·哈丁（Jennifer Harding）、平贺雅子（Masako Hiraga）、道格·霍夫施塔特（Doug Hofstadter）、埃德·哈钦斯（Ed Hutchins）、迈克尔·伊瑟尔（Michael Israel）、乔治·莱考夫（George Lakoff）、尼丽·曼德尔布利特（Nili Mandelblit）、施韦塔·纳拉扬（Shweta Narayan）、托德·奥克利（Todd Oakley）、以斯帖·帕斯夸尔（Esther Pascual）、艾德里安·罗伯特（Adrian Robert）、蒂姆·罗勒（Tim Rohrer）、维拉·托宾（Vera Tobin）和鲍勃·威廉姆斯（Bob Williams）。

我们共同感谢杰夫·埃尔曼（Jeff Elman）和加利福尼亚大学圣 viii
迭戈分校语言研究中心的技术支持。我们感谢野生动物教育有限公司（Wildlife Education, Limited）准许我们重印《动物园图书》（*Zoobooks*）期刊的《恐龙》（*Dinosaurs*）一期中恐龙进化成鸟类的图片。我们感谢野生动物教育有限公司的米歇尔·摩尔（Michelle Moore）和加利福尼亚大学圣迭戈分校资源中心（Resources Center）迈克尔·戈斯内尔（Michael Gosnell）提供的帮助。我们感谢商业圆桌的优质教育伙伴（Education Excellence Partnership of the Business Roundtable）准许我们重印心脏搭桥手术广告的图片。

我们特别感谢我们在基础图书出版社（Basic Books）的编辑威廉·弗鲁赫特（William Frucht）的指导和真知灼见。

目　　录

ix

第一部分：网络模型

第二部分：不论好坏，概念整合如何造就人类

每章提要 xi

第一部分：网络模型

第一章　形式时代与想象时代

我们回想 20 世纪最值得注意的成就：计算机的神奇、基因编码的发现、形式科学中的公理方法以及社会科学中的结构主义。这是一个形式主义路径的世纪，有着一套通过对形式的系统分析来发现和操纵意义的非凡方法。但要得到这些令人惊奇的结果，形式的操纵需要把经过 30 亿年的进化，且在个体生命早期数月经过训练的大脑的运作视为理所当然。即便是在最简单的意义的中心，也存在同一性（identity）、整合和想象——基础、神秘、强大、复杂且大多是无意识的运作。最简单的形式，其价值见于它们在具有想象力的心智中引发的复杂的浮现（emergent）运作。这些基础性的运作是产生日常的意义和非凡的人类创造性的关键所在。

第二章　冰山一角

意义构建的运作是强有力的，且大多是无形的。我们的主题是我们称之为概念整合的基本心理运作。首先呈现给读者一些例子，其中的整合难以错过。第一个例子在“铁娘子和铁锈地带”（The Iron Lady and the Rust Belt）[1] 一节中，该例阐明了在政治科学中发挥重要作用的

---

① “铁锈地带”又译“衰退地区”，指的是美国已经陷入经济困境的老工业区，地理上大致是美国的中西部和东北部（五大湖）地区，包括作者在第二章正文的相关分析中提

一类违实推理（counterfactual reasoning）。这个例子不难理解，但却包
xii 含了隐匿的复杂性，对此即便是当今最强大的计算机也无能为力——而这正是概念整合中想象力的惊人杰作。“滑雪服务生”（The Skiing Waiter）一例展示了相同的运作如何创造浮现的行为。其他明显的概念整合例子包括计算机界面［“计算机中的精灵”（The Genie in the Computer）］、数学中的复数［“疯狂的数字”（Crazy Numbers）］、性行为［“幻想俱乐部”（The Image Club）］以及大学毕业典礼［“毕业典礼”（Graduation）］。

第三章　整合的元素

概念整合有其**构成原则**（constitutive principles），我们将详细论述并通过关于“禅师”（The Buddhist Monk）的难题一例来说明。

第四章　深层问题探索

在各不相同的领域中的一些有名的概念整合实例包括“与康德的辩论”（The Debate with Kant）、“船赛”（Regatta）和“心脏搭桥手术”（The Bypass）。

第五章　因果关系

对整合的更为深入的理解来自于对概念整合网络中非同寻常的压缩的研究，特别是因果关系的压缩。人类必须同时控制逻辑推理这条长而散的链条，并把握住链条的整体意义。这正是整合网络的功劳。出生和结婚的仪式依靠的就是对因和果的优雅而有力的压缩。同样有力的压缩运作于户

（接上页）到的密歇根州（Michigan）和伊利诺伊州（Illinois）。这些昔日的工业地区因限制工业的发展或者工业的衰败，进而出现经济衰退、人口流失、城市退化等问题。显然，整合空间中这些地区的工会应该也不会支持在英国就不受工会支持的“铁娘子”（英国首相撒切尔夫人）。——译者

外广告、数学思维以及但丁的《神曲》。

第六章　关键关系及其压缩

正如不可思议的系统性的化学产品（酸和碱、滴定颜色、新陈代谢以及核衰变）无法根据原子结合构成分子的原则来预测，同理，不可思议的系统性的整合产品也无法根据心理空间整合构成新的带有浮现 xiii
意义的空间的原则来预测。概念整合的种种可能性之后有着一整套相互作用的原则系统，而我们必须抓住这整套系统来解释整合的任何一个产品。

这个系统很大程度上跟概念压缩有关。整合网络中的压缩运作于一系列数量少得惊人的关系之上，这些关系植根于基本的人类神经生物基础和共享的社会经验之中。这些关键关系，包括因果（cause-effect）、变化（change）、时间（time）、同一性（identity）、意向性（intentionality）、表征（representation）、部分–整体（part-whole），不仅应用于心理空间之间，还确定了心理内部空间根本的拓扑结构。整合其实是最卓越的压缩工具。通过整合完成的压缩的总体目标之一是在整合空间中实现“人类的尺度”（human scale），大量有意识的运作就发生在这样的整合空间中。

第七章　压缩与冲突

关键关系的压缩与解压缩能产生不可思议的例子，比如美洲叉角羚生物进化的科学解释和威廉·巴特勒·叶芝的作品《费格斯与德鲁伊祭司》（*Fergus and the Druid*）中灵魂转世与投胎再生的文化观念。

在网络的精细拓扑结构中，根据复杂性的连续分布分四个类别：简单（simplex）、镜像（mirror）、单域（single-scope）和双域（double-scope）。位于整合复杂性顶端的双域网络整合包含了具有不同的（而且通常是冲突的）组织框架的输入空间，而在整合空间中产生创造性的浮现框架结构。

我们通常可在科学、艺术和文学发现与发明中看到双域整合。实际上，双域创造性可能是我们这个物种最为突出的特征。

第八章　多样性背后的连续性

概念整合创造的一个个心理产品通常看起来相去甚远。这种明显的差
xiv 异误导先前的思想家假定这些产品应该产生于不同的心理能力、运作或者模块。然而，它们事实上都产生于相同的心理运作，其系统性的映射（mapping）规定和系统性的组合方式，是看似明显不同的概念和表达的基础。比如，逻辑和隐喻都同样有效利用了这些映射和整合系统。

第二部分：不论好坏，概念整合如何造就人类

第九章　语言的起源

人类在拥有语言、艺术、宗教、文化、精密工具使用、时尚穿着、科学、数学以及有创造性的音乐和舞蹈形式方面是独一无二的。这些独特之处出现在旧石器时代晚期的舞台，这样的事实给人类出了一道科学大难题。我们为这道难题提供一个答案：所有这些独特之处有着相同的来源，即双域整合能力的进化。这种关于认知意义上的现代人类起源的解释，得到了近期考古学、人类学以及基因遗传学的证据支持。

第十章　物

我们制造物品，携带物品，参考物品，修理物品，教会彼此如何使用物品，用物品来装扮自己，把物品作为礼物。这是为什么呢？想想我们日常戴的手表。作为物品本身，它有点怪怪的，无甚意义；然而，手表又是一个神奇的概念整合的物质锚（material anchor）。借用埃德温·哈钦斯（Edwin Hutchins）关于概念整合和物质锚的研究，我们说明存在于人类生活中的物品如何成为我们的双域概念整合网络的支撑。我们考察一部分例

子有计时器、各种测量仪器、钱、纪念品、墓、坟、大教堂、文字、话语和手语。

第十一章　非真实世界的构建

人类会假装、模仿、说谎、幻想、欺骗、自欺欺人、考虑抉择、模拟、制作模型以及提出假想。我们心理生活的方方面面依赖于违实思维，xv 而这种思维的核心引擎就是概念整合。

违实思维的概念整合空间驱动科学思维。我们生活在缺失之物与否定之物构成的违实动物园之中。

第十二章　身份和人物

我们关于自己是谁和自己是什么身份的见解取决于概念整合。人类的心理伎俩中包括了一般的两个不同身份的整合，比如在“如果我是你，我会退出”这个句子中。有一些非常强大的人类概念，比如个*人的救赎*、*夺回*或者*恢复荣誉*、*复仇*、*宿怨*以及*诅咒*事实上是整合的结构。而且，有些最有影响力的人物是通过概念整合进入我们生活的虚人（nonpeople）。

第十三章　范畴转变

人类经常转变范畴。新的范畴，尽管跟旧的范畴有关系，能够拥有完全浮现的结构。同性婚姻、复数和计算机病毒都是范畴转变的例子。

第十四章　多重整合

概念整合总是包含了一个整合空间、至少两个输入空间以及一个类属空间。实际上，概念整合能够将任何数量的心理空间作为输入空间进行运作。整合也可以重复运用：整合的产品可以变成新的整合运作的输入空间。我们在此处考虑的例子范围广，从报纸专栏中的卫生保健政治［题为

“德古拉和他的病人”（Dracula and His Patients）①］，到杂耍般的政治嘲讽［“送子鹳把乔治·布什投送到三垒，并让他口含银匙”（The stork dropped George Bush on third base with a silver spoon in his mouth）②］，再到给编辑的一封关于堕胎的信［“作为一个计划外出生的小孩，我自己……”（As an Unwanted Child Myself ...）］。

第十五章　多域创造性

本章探究多域（multiple-scope）整合网络产生的非凡的概念创造性。
xvi 具体地讲，我们考虑愤怒、死亡、企业恩怨、双刃剑和垃圾筐篮球的整合网络。

第十六章　构建原则和控制原则

在本章中我们从理论上考察双域创造性的人类心理能力如何被限制和控制。有趣的是，这些限制为整合过程提供了动力。

认知意义上的现代人类使用概念整合来进行创新，即创造丰富多彩的概念世界进而为我们的生活赋予意义，包含性幻想、语法、复数、个人身

---

① 德古拉是“Dracula”的音译，意为“龙之子”，是布拉姆·斯托克（Bram Stoker）撰写的小说《德古拉》中有名的吸血鬼。德古拉的原型取自于欧洲历史上著名人物——弗拉德三世，古罗马尼亚名将，后被封为大公，以其残忍而出名。他常常将战俘从肛门插入一根长长的木棍然后一直穿过整个身体从嘴巴出来，再将木棍高高竖起，将战俘折磨致死。——译者

② 这句话讲的是布什在家庭出身上的巨大优势。首先，stork（鹳）是在西方传说中一种鸟的名字。据说，送子鹳落在谁家屋顶造巢，谁家就会喜得贵子，幸福美满，其作用很像中国文化中的“送子观音”。其次，“三垒”是指垒球或者棒球运动中最后一个防守位。比赛中跑垒员如依序踏过一、二、三、本垒，中途未出局即可得分。最后，“口含银匙”是英文习语。西方国家富有的教父（基督教）、教母或其他人送给新生婴儿的常见礼物为银质小匙子，由此产生了“口含银匙出生”（born with a silver spoon in one’s mouth）的习语，表示出生在富贵人家。译者在此邀请读者自己把这些概念进行整合来推测布什家庭出身的优势。——译者

份、救赎以及彩票抑郁症的世界。然而，如此千差万别的人类思想和行为的全景给我们提出了一个问题：是不是怎么整合都可行？恰恰相反，概念整合的运作不仅遵循一系列清晰的构建原则（constitutive principles），还遵循一系列相互作用的控制原则（governing principles）。一组控制原则跟拓扑结构（Topology）、模型完善（Pattern Completion）、整合（Integration）、关键关系的最大化（Maximization of Vital Relations）、关键关系的强化（Intensification of Vital Relations）、整合网络中连接网（Web of links）的维系、整合空间提示其自身的拆分（Unpacking）的程度，以及整合空间中元素的关联（Relevance）的归属有关。然而，另一组控制原则涉及的是在人类概念尺度上将复杂的概念网络压缩成单一的整合空间。本章中我们还要审视概念整合的总体目标。然后我们说明概念整合网络的常规类型，即简单网络、镜像网络、单域网络和双域网络如何重复出现，因为它们提供了同时满足多个控制原则的成套方法。

第十七章　形式与意义

语言和其他复杂的人类表达能力都是 5 万年前人类独有的高等概念整合能力发展的结果。语言表达是概念整合模型的提示。我们使用语言表达 xvii
来提示他人进行概念整合。一旦双域整合可被人类使用，语言就在有别于进化时间的文化时间中，通过文化的进化而产生了。

第十八章　我们的生活方式

在本书的结尾，我们思考概念整合在我们的学习方式、思维方式和生活方式中的核心作用。

第一部分

网络模型

第一章

形式时代与想象时代 3

与其把计算科学当作答案，远不如将其看作问题的一部分。问题就是理解人类如何能够发明由清晰的算法驱动的机器，而我们的大脑却不以这种方式运作。如果真的能找到答案，那也将会是通过审视我们自身而得到。

——梅林·唐纳德

我们生活在以形式取胜的时代。令人吃惊的是，在数学、物理、音乐、艺术和社会科学领域，人类知识及其进步似乎已经通过有效的方式简化到了基本的形式结构及其转变的问题上。计算机的神奇在于对 1 和 0 的飞速操纵。我们听说，如果计算机的运算速度再快些，它们可能将我们取而代之……据说，极其丰富而复杂的生命基本上可以被解释为一个有限的基因编码的组合和重组。公理方法不仅在数学中，而且在经济学、语言学甚至有时候在音乐中起着支配作用。这个时代的英雄曾经是戈特洛布·弗雷格（Gottlob Frege）[①]、大卫·希尔伯特（David Hilbert）[②]、

① 戈特洛布·弗雷格（1848—1925），德国数学家、逻辑学家和哲学家，数理逻辑和分析哲学的奠基人。——译者

② 大卫·希尔伯特（1862—1943），德国著名数学家。他于 1900 年 8 月 8 日在巴黎第二届国际数学家大会上，提出了新世纪数学家应当努力解决的 23 个数学问题，被认为是 20 世纪数学的至高点，对这些问题的研究有力推动了 20 世纪数学的发展，在世界上产生了深远的影响。——译者

沃纳·海森堡（Werner Heisenberg）[①]、约翰·冯·诺依曼（John von Neumann）[②]、艾伦·图灵（Alan Turing）[③]、诺姆·乔姆斯基（Noam Chomsky）、诺伯特·维纳（Norbert Wiener）[④]、雅克·莫诺（Jacques Monod）[⑤]、伊戈尔·斯特拉文斯基（Igor Stravinsky）[⑥]、克洛德·列维-斯特劳斯（Claude Lévi-Strauss）[⑦]、赫伯特·西蒙（Herbert Simon）[⑧]。

这个胜利的实用产品现在是我们日常生活和文化的一部分。我们吃转基因谷物，我们宣告出生并送出对婚礼的祝贺，我们在互联网上购买枪支，我们刷信用卡购买食品杂货；我们的税赋是由人口统计学家和经济学家发明的公式决定的；我们克隆绵羊；序列主义作曲家（serialist composers）根据数学原则来选择他们的音符。

---

① 沃纳·海森堡（1901—1976），德国著名物理学家，量子力学的主要创始人，哥本哈根学派的代表人物，1932 年诺贝尔物理学奖获得者。——译者

② 约翰·冯·诺依曼（1903—1957），原籍匈牙利，布达佩斯大学数学博士。20 世纪最重要的数学家之一，在现代计算机、博弈论、核武器和生化武器等领域内的科学全才之一，被后人称为“计算机之父”和“博弈论之父”。——译者

③ 艾伦·图灵（1912—1954），英国数学家、逻辑学家，被称为计算机科学之父，人工智能之父。此外，图灵提出的著名的图灵机模型为现代计算机的逻辑工作方式奠定了基础。——译者

④ 诺伯特·维纳（1894—1964），美国应用数学家，控制论的创始人，在电子工程方面贡献良多。——译者

⑤ 雅克·莫诺（1910—1976）是 20 世纪中期一位杰出的分子生物学家。他和 F. 雅各布等人一起在分子水平上探讨了基因的调控机制，创立了操纵子理论。这一理论在生物学史上具有划时代的意义，其重要性有人认为不亚于沃森·克里克的 DNA 双螺旋分子模型。——译者

⑥ 伊戈尔·斯特拉文斯基（1882—1971），美籍俄国作曲家、指挥家和钢琴家，西方现代派音乐的重要人物。——译者

⑦ 克洛德·列维-斯特劳斯（1908—2009），法国作家、哲学家、人类学家，结构主义人类学创始人和法兰西科学院院士。他所建构的结构主义与神话学不但深深影响人类学，对社会学、哲学、语言学等学科也有深远的作用。——译者

⑧ 赫伯特·西蒙（1916—2001），美国管理学家和社会经济组织决策管理大师，由于他在决策理论研究方面的突出贡献，被授予 1978 年度诺贝尔经济学奖。——译者

阿喀琉斯和他的盔甲

这些奇迹都来自对形式的系统性操作。通过这些神奇的转换，你的新生婴儿的照片变成了一长串的 1 和 0，它们经过电子的方式被传送到千里 4
之外，并在那一端再原封不动地变回照片。因此，饱含深意的图像看似无异于一串 1 和 0。形式传递意义，不差分毫。一张照片等于 1000 个 1 和 0，反之亦然。

经济学曾经是伦理学的一个分支。现在，一个被经济学专业录取的大学生要花很多时间来和公式打交道。假如她学习语言，她现在需要学习形式化算法，尽管语言曾经是人类学家和哲学家的牢固阵地。如果她希望成为一名心理学家，她得成为一个构建算法模型的高手。对形式的操作是如此的有力和有用，以至于现在的求学经常很大程度上被视为学习如何进行此类操作。

形式主义路径不仅引领我们去重新思考难题，同时还提出了之前无法理解或者无法表达的新问题。齐利格·哈里斯（Zelig Harris）和诺姆·乔姆斯基及其学生的系统研究表明语言形式是出奇的复杂和难以解释，因此迫使心理学家放弃简单的联合（associative）解释模型。布尔贝基（Bourbaki）小组和其他学者也经过相同的系统分析，表明若干世纪以来数学的基础是多么不牢固。最令人印象深刻的是库尔特·哥德尔（Kurt Gödel），通过将数学问题重新放到纯粹的形式系统中，比如哥德尔数（Gödel numbering），展示了公理系统（axiomatic system）中证明存在的固有局限，并由此使用形式来分析其自身。

克洛德·列维-斯特劳斯揭示了看似不同的神话因为有着共享的结构而共享意义。弗拉基米尔·普罗普（Vladimir Propp）给出了适用于所有俄罗斯民间传说的形式结构。罗曼·雅柯布森（Roman Jakobson）和其他研究者把对作品的声音、节奏和文字之间的形式联系的考察作为其文学分析的首要方法。抽象表现主义研究（abstract expressionism）将意义的高度视为形式的交叉和并置的体现。很多这样的研究是有争议的，但本世纪却见证了大量研究致力于对形式进行系统的分析来发现和操纵意义。

这些研究视角可能引导我们认为，科学知识只不过是去发现显见的形式背后深藏的形式。但另一方面，常识告诉我们形式并非实物：设计图纸不是房子，菜谱不是菜肴，计算机模拟的天气也不会把雨下到我们身上。当帕特洛克洛斯（Patroclos）穿上阿喀琉斯的盔甲去和特洛伊人作战时，特洛伊人首先看到的是那威武的盔甲，而且自然而然会认为穿盔甲的是阿喀琉斯，所以就被震慑住了。因此，看上去单凭盔甲本身正在扭转战局，但是特洛伊人没过多久便发现他们看到的只是阿喀琉斯的盔甲而并非他本人，因此他们也就痛下杀手了。在我们这个世纪，我们看待形式的方式就好像特洛伊人看待盔甲的方式；而且的确如此，盔甲是必不可少的——没
5 有盔甲的话就算是阿喀琉斯本人也会一败涂地。神可能会花很多心血去给凡人制造上等的盔甲，却对勇士的力量不予重视。显然，盔甲所能创造的奇迹取决于盔甲里那个看不见的勇士。

跟特洛伊人一样，21 世纪的我们也发现，形式的奇迹是通过人类的无意识且通常是看不见的能力来构建意义的。形式是盔甲，但意义才是让盔甲令人望而生畏的阿喀琉斯。形式并不呈现意义，相反只是找出贯穿于意义之中的规律性。形式提示意义而且形式必须适合其目的，就好像阿喀琉斯的盔甲必须根据他的身材和能力量身打造。但是拥有盔甲绝不等于拥有阿喀琉斯：拥有了形式，甚至确实拥有了形式的精妙变形（所有的那串 1 和 0），也绝非就拥有了形式所适合表达的意义。

著名的计算机程序“伊丽莎”精巧地给出预存的反应，这建立在表面上跟真人的提问和陈述的文字匹配的基础之上。比如，“再跟我说说”（tell me more）是计算机的一个笼统的生成话语，基本适用于所有的真实会话。和伊丽莎相遇的人会惊奇地发现他们不由自主地觉得是参与了一段丰富的人类会话。即使他们知道了该程序的原理，仍然情不自禁地觉得伊

丽莎在操纵意义，而且意义导致计算机生成相应的表达。甚至当他们知道伊丽莎只是一副空的盔甲，他们也不由自主地觉得正站在有血有肉的阿喀琉斯面前。

当我们看到新生婴儿的照片时，我们无法压抑自身的感受：我们正看着一个婴儿。事实上，照片中色彩的二维排列几乎和一个婴儿没有什么相同之处，而且我们的大脑是经过了 30 亿年的进化以及出生早期若干个月的训练，才能构建照片和婴儿之间的同一性（identity）。因为这是大脑瞬间进行的无意识的运作，我们想当然地接受大脑对意义的构建。更准确地说，我们倾向于认为意义源自其形式的表征，即照片，但事实上意义是在看照片的人的大脑中经过异常复杂的心理运作而积极构建的。

当我们通过互联网发送电子照片时意义也进行了传递的想法是一种错觉，这种错觉有可能出现只是因为在两端都有大脑在进行意义的构建。这种错觉并没有削弱传递照片的技术成就，就好像特洛伊人也丝毫没能让打造阿喀琉斯盔甲的神圣技术成就受到削弱——但是照片仍需要人类大脑，就好像盔甲仍需要人类勇士。

阿喀琉斯得到了最好的盔甲，由赫菲斯托斯（Hephaestos）锻造，因
为阿喀琉斯是最好的勇士，而且为了做到物尽其用，盔甲必须是为这位勇
士量身打造。正是如此，好比我们在本书中提出的，人类拥有最精妙的
形式（语言、数学、音乐、艺术），因为他们拥有构建意义的最有效的能 6
力。形式特别令人印象深刻，因为它们已经适合其提示的意义，然而形式
本身是空洞的。具体来说，意义不是另外一种形式，就像盔甲里面也不再
是盔甲。

盔甲里面根本不是什么物质的东西，而是一种潜在的力量，不管在什么情况下都能通过想象动态地释放到特洛伊人身上而造成致命的效果。正是如此，形式背后的也根本不是物质的东西，而是构建意义的人类能力。不管在什么情况下，这一能力也能通过想象动态地释放并产生合理的意义。

本书的主题是已被形式研究路径所默认的同一性、整合和想象的运作。这些运作是基本的、有力的、复杂的，且大多是无意识的，是意义的核心所在，即使是最简单的意义也不例外。我们将展示它们是创造意义的关键，而且即便是最简单的形式，其价值也在于在想象世界中触发的复杂的浮现动态运作。我们将论证在更广泛的意义上，这些基本的运作是日常意义和超常的人类创造性的关键所在。但是，令人吃惊的关键之处在于，即便是最基本的形式，即老生常谈的形式研究路径，也提示了大量的想象性整合。

在探究同一性、整合和想象时，我们将不断回归以下主题：

- **同一性**：在形式研究路径中，同一性、相同性、对等以及 A=A 的识别是理所当然的，但事实上同一性是复杂的、想象的、无意识的脑力劳动的神奇产物。而且，同一性和对立（opposition）、相同与不同在意识层面都可理解，因此为形式研究路径提供了自然的起点。但是同一性和对立是精细加工后提供给意识的成品，在认知、神经生物学和进化的意义上都不是原始的起点。
- **整合**：发现同一性和对立是更为复杂的概念整合过程的一部分。整合过程有着精细的结构和动态特征以及运作上的约束，但通常完全没有被我们注意到，因为它的高速运作是在认知的幕后。
- **想象**：同一性和整合需要加上人类心智的第三个 *I*——想象（imagination）[①] 才能解释意义及其发展。即便在没有外界刺激的情况下，大脑也能进行想象模拟，其中一部分是很明显的：虚构的故事、假设的场景、梦、性幻想。但是，我们在这些看似明显的例子中的想象过程，事实上甚至在最简单的意义构建中也发挥着作用。概念整合的产品总是具有想象力和创造性。

---

① 作者此处归纳了人类心智的三种运作，即同一性（identity）、整合（integration）和想象（imagination），三个英文单词都以“I”开头，因此被作者简称为人类心智的三个 *I*。——译者

同一性、整合和想象是心智的三个 *I*，它们是本书的研究课题。 7

盔甲的裂缝

形式研究路径在多个领域的巨大成功，加上伊丽莎效应，引导我们看到形式所携带的意义远比它们事实上携带的意义多，自然鼓励人们在诸如人工智能、语言学、控制论和心理学的领域中尽可能地发展这些研究路径。然而，不变的是，形式和意义的神秘之处是相悖的。看似最简单不过的事，如看见一条线、端起一个杯子、讲出里和外的区别、组合名词和形容词、类比你的母亲和你母亲的母亲，要形成模型却是难上加难。学习和发展似乎已成为进化体系中不幸的原始方面，更强大且精确的形式操作工具会轻松地越过它们。但是进化之强大远远超出了逻辑学家的理解。人类婴儿看起来那么的无能，不知道他们嘴里说些什么乱七八糟的东西，即便是学习鞋子是鞋子，也注定要经历长时间乏味的学习过程。结果我们发现他们远比形式研究路径所能提供的任何工具都能干，不管是在纸上还是计算机上。人们会自然地想到，如果形式研究路径能够解决明显的难题，比如国际象棋和哥德巴赫猜想，那么解释更为基本的事物，比如儿童话语、在新房间中辨别方向或者发现简单的类比，就会简单得跟小孩过家家一样。可事实并非如此。

随着越来越多的精力和财力投入到这些问题的解决中，研究者原来预期的解决方案并没有多大成效，而对问题棘手之处的敬重却越发深沉。原以为最多用不了几年就能解决的问题，比如机器翻译、机器视觉、机器运动，却变成了新的研究领域。尽管蛮力统计（brute-force statistics）通常能有更好的表现，很多人还是认为在这些问题中形式研究路径未能改进我们对所发生的概念加工的理解。

事实上，情况还更为严重。之前根本没被当成问题的现象变成了认知神经科学中的核心难题。还有什么比认出树是树更简单的呢？但是当我们去看认知神经科学的研究时，我们发现这个问题被列在“概念范畴化”（conceptual categorization）之下，已被视为高级问题，在本已很难的“感知范畴化”（perceptual categorization）之外。显然，更简单的是对某个实体的简单识别，就好像我们看到了一杯咖啡并感知这杯咖啡。神经科学的
8 研究已经表明，这杯咖啡的很多方面，如杯子的颜色、杯口的形状、杯柄的拓扑结构、咖啡的气味、杯子表面的质地、咖啡与杯子的分界线、咖啡的味道、杯子在手中的轻重感、伸手够咖啡杯，等等，是在解剖学上的不同位置用不同的方式去理解和加工的，而且大脑中并不存在某个位置将这些各不相同的理解放置到一起。

像咖啡杯这样在我们的意识层面显而易见的简单事物，怎么在神经科学家那里成了无意识层面上如此多的不同事物和加工？不知道是什么原因，30 亿年的进化加上若干个月的早期训练让我们在意识层面形成了对统一性的理解，但是神经科学并不知道这个统一过程的细节。我们怎么将某个事物**理解成某个事物**已经成为认知神经科学的核心问题，被称为“绑定问题”（binding problem）。我们并不会问自己是怎么把一个事物**视为一个事物**的，因为我们认定其统一性来自于该事物本身，而不是来自我们心智的加工，这就好像我们认定照片的意义存在于照片之中而不是我们对其形式的理解。推而广之的伊丽莎效应引导我们认为是形式导致我们对统一性的感知，但事实上却不是这样的。我们把咖啡杯视为一个事物是因为我们的大脑和身体共同加工而给予了这只咖啡杯这样的状态。我们将世界划分成人类尺度的实体，这样我们才能在人类生活中操纵它们，而对世界的这一划分是想象力的成果。比如，青蛙和蝙蝠划分世界的方式跟我们的方式就截然不同。

形式盔甲上的这些裂缝向我们表明，心智生活中看似形式分析的原始元素原本是想象力加工的高级产品。心智研究的下一步是对想象的性质和机制进行科学考察。借助一系列工具对形式进行考察之后，我们现在转而考察形式所依赖的意义的本质。我们在本书中展开的研究将聚焦在意义构建中一连串明显大相径庭的各种现象，它们属于很多不同的领域——艺

术、数学、语法、文学、违实句、卡通，等等。正如神经科学家对感知咖啡杯的思考，我们将说明这些显而易见的简单心理事件是认知层面的想象加工的杰出产品。

回到亚里士多德

形式研究路径是一种特殊的能力，其对充满想象力的人类的有用之处正如盔甲对伟大的勇士的价值，这是我们在此讨论的观点，而这样的观点有着悠久而荣耀的传统。比如，亚里士多德在探究人类知识的范围（包括植物学、物种发生和伦理学）时，对人类知识的特殊领域给出了深刻且极具影响的分析，在这些领域中精确的形式操作可以提供些许帮助。特别是他注意到某些类型的语言以系统的方式保留或者改变意义，这些方式依靠 9
的是词性而不是我们挑选出的具体名词或者形容词。这些语言类型当然是著名的逻辑三段论（syllogism）的类型：

- 所有人都终有一死；
- 苏格拉底是一个人；
- 因此，苏格拉底终有一死。

此处，没有什么是依赖于“苏格拉底”或者“人”或者“终有一死”的。亚里士多德的逻辑三段论是形式的、保留真值的意义操作，我们也可以将其编码为“所有的 A 都是 B，C 是一个 A，因此 C 是 B”。亚里士多德的观察以及系统化是所有被我们称作“形式研究路径”的研究路径的种子。这类研究路径的强大之处在于符号操作或机械操作的稳定性，不论操作如何复杂难懂，真值总得以保留。亚里士多德或者他的任何一个分析形式的后来者都没有将此视为解决知识问题的通用方案。然而，有一点很清楚，那就是科学和数学的进程伴随着越来越多形式上的精密化过程。随着形式研究路径在 20 世纪初爆炸式的发展，在诸如伯特兰·罗素（Bertrand Russell）和大卫·希尔伯特等思想家的推动下，盛行的观点仍然是意义和形式之间的相互关系非常值得期待，但并不会出现在所谓的像语言这样散乱的、柔性的、模糊的、日常的、非技术的自然系统中。比如，罗素信心满满地表达了他自认为可以成为人类各领域（包括性、战争和宗教）的真理的言论，并因此而出名，却对形式数学持有不容乐观的看法："数学可以被定义为一个我们永远不知道自己在说些什么，或者我们说的是否为真的学科。"因此，这些研究路径的一个基本目标是要构建有着严格而可靠的形式–意义相互关系的人工语言。对这一目标的追求给数学，还有物理、化学、逻辑学以及后来的计算机科学带来了巨大成功。

同样的目标在哲学和社会科学领域也变得非常重要，但成功与否却不是那么明显。在这些领域中，对该目标的追求给我们带来的往往是未被留意的问题的极高的复杂程度，而不是有效的解决方案。比如，鲁道夫·卡纳普（Rudolph Carnap）推进归纳逻辑的巨大努力对强调推理的未知复杂性很有裨益，但却没能带来一个完全统一的逻辑。

发展形式系统以助力人类的发明和洞见，是一个跨越几个世纪的痛苦历程。有的形式对意义构建的帮助比其他形式要有效得多。正如莫里斯·克兰（Morris Kline）写道，"就代数的进步而言，在其发展和分析中引入更好的符号系统比 16 世纪的技术进步有意义得多"。

10 而正是这一步使得代数成为一门科学成为可能。根据常识，想要学习微积分的人不会尝试学习牛顿（Newton）早期令人费解的标记系统；莱布尼茨（Leibniz）提出的概念具有无可比拟的明晰性。一旦发明了恰当的形式，它们就变得简单易学。无论在哪里上学的孩子，在学习诸如"x+7=15"或者"x=15–7"或者"x=8"或者"8=x"这样的简单等式时，几乎都没有问题，但是提出这一概念却是很多不同文化中（希腊、罗马、印度、阿拉伯以及其他文化）的数学家花费数个世纪的努力的结果。在 12 世纪，印度数学家巴斯卡拉（Bhaskara）曾说："一个较大的无理数除以一个较小的无理数的商的平方根，得出的值加上 1，其和的平方乘以该较小的无理数，得到的值再开根号，其结果等于这两个无理数各自的不尽根之和。”我们现在会用一个方程式的形式来表达这段话，具体使用的是如下所示的可以更加系统性地管理的一套符号。这一方程式本身看起来并不比巴斯卡拉的描述好懂，然而这样的符号标记系统立即将其跟一个这样的方程式的大体系联系起来，并使其易于操作。

$$\sqrt{\left(\frac{n}{k}+1\right)^{2}k}=\sqrt{k}+\sqrt{n}$$

我们可以通过考察部分发展时刻来认识在这个形式表达的发展过程中人类付出的努力。比如，关于印度符号标记系统，克兰如是说：

> 没有表示加法的符号；减数上面加一点表示减法；其他的运算是通过关键词或者缩略语来表示的；因此来自“karana”的“ka”表示其后面部分的平方根。关于未知数，如果涉及不止一个未知数，则用表示颜色的词来表示。第一个被称为未知数，而其余的被称为黑、蓝、黄，等等。每个单词的首字母也被用作了符号。这个符号表征系统，虽然范围不广泛，但足够让印度代数成为几近符号性的，而且比丢番图（Diophantus）的半符号代数更有符号性。问题和解答都以这种准符号式的风格来书写。

同理，卡丹（Cardan）……把“$x^2=4x+32$”写作“*qdratu aeqtur 4 rebus p:32*”。

历史上，盔甲的发明是一个耗时耗力的过程，包括了金属的发现、采矿和冶炼的发明，以及铁匠的所有技术和工具的发展进步。正是这样，形 11
式系统的发展是人类知识扩展中的一个可贵的传统，而且是人类文化不能免费获取的系统。

在我们这个物种的进化传承中，在某一门学科的历史中，在个人的发育过程中，形式的系统和意义构建的系统相互交织，因此不可能将二者视为独立的。克兰指出，代数在 16 世纪的进步同时属于概念层面和形式层面，二者之间是相互需要的关系。形式系统是跟意义系统不同类的事物，二者也不是位于意义系统之上的小翻译模块，对意义系统独立完成的工作进行编码和解码。就好像勇士和盔甲的关系，意义系统和形式系统不可分割。二者在物种、文化和个体之中共同进化。

我们曾强调过伊丽莎现象包括发现形式之外的东西，我们同样强调形式也不是人类心智的某个附加的或者虚幻的方面。本书的大部分篇幅将用来阐明形式如何激起大多数情况下无意识的、被忽略的、属于想象的构建。

心智的三个 *I*——同一性、整合和想象

之前我们注意到了绑定问题——我们如何从感知上理解某个整一的事物，在受到神经系统启发的计算建模中有对等的问题。加利福尼亚大学圣迭戈分校的心理学家和认知科学家在 20 世纪 80 年代早期发展了平行分布处理（parallel distributed processing, PDP）理论并付诸实践，这是一条给认知现象建模的非常成功的路径。PDP 是理解认知的重大进步，广受赞誉，其优势与使用类似逻辑的计算机编程语言来尝试表征认知现象的传统符号研究路径之劣势形成了反差。然而，令视同一性为简单、原始的人感到吃惊，这种新的建模的主要挑战正是捕捉同一性，以及将角色与价值连接起来。比如，作为一头公牛、一个神和一只天鹅的宙斯是相同的；同理，聚云神（the Cloud-Gatherer）（一个角色）也“等同于”宙斯（其价值）。但是神、公牛和天鹅之间的相同之处不是相像或者共享外形特征的问题。这个问题甚至现在都没有得到解决，而针对这个问题已提出的极为复杂的专业解决方案一点也不像是对同一性的直觉上的表征。保罗 · 斯摩棱斯基（Paul Smolensky）的解决方案用到了张量积（tensor products），而洛肯德拉 · 沙斯特里（Lokendra Shastri）的解决方案则依靠时间同步（temporal synchrony）。简而言之，联结主义模型（connectionist
12 modeling），如神经科学，逐步认识到同一性、相同和不同，远不是简单

的原始概念，而是进行心智建模中涉及的主要问题，而且可能是最难处理的问题。

一个相关的且取得了巨大发展的领域是类比研究。同样，此领域中一开始看似简单且原始的概念，即对相同性进行明晰的描述，结果变得异常复杂。对两个领域的元素的匹配和排列，以及发现促使二者形成类比的共享图式结构，现在被认定为想象力的丰功伟绩，而这是计算机建模目前的状态无法应对的。然而，感知普通类比的能力，就好像感知普通的同一性的能力，在人们的意识层面完全是想当然的、看起来毫不费力的事。一般认为，开立方根是件难事，而在房间里找到出去的门根本不算个事。事实上，开立方根极容易在计算机上建模，而今天的机器人尝试走出一个房间时会花费很多时间，而且往往以失败告终。通过和你已经了解的房间做比较来理解你当前所在的房间是一个常见的类比。我们对这样的类比不屑一顾，因为提供解决方案的复杂认知过程在意识层面之外进行（而且因为“每个人都会！”）。只有这一类比“显而易见的”解决方案进入了意识层面，而且悄无声息。我们并没有意识到我们所完成的想象加工，因而甚至都没认识到这个过程中有需要解决的问题。

为什么之前的形式研究路径没有遇到同一性以及相同和不同这些非常困难的问题呢？快速的回答是进行这些程序的人在处理问题时是无意识的，因此无人注意到困难所在。比如，思考“$\forall x,\ p(x) => q(x)$”这样的一个逻辑公式。这个逻辑形式建立了一个模型，规定任何具有 p 特征的事物具有 q 特征。理解这一公式的人因此能使用它来发现具体的事实，即将某个具体的物或个人进行 p 和 q 特征的实例化。人们如何得知具有 p 特征的人同样也具有 q 特征？可以知道，因为在这个公式中使用了相同的字母 x。但这个形式上的同一性本身并不是一个绑定，它只是一个提示，提示解读者在心智中进行形式的真实绑定。真实的绑定允许大脑实际所做的是将公式背后的通用图式应用到具体的事物或者个人，并留意它们何时算作相同，何时算作不同。“在平面中选取一个点使得 x=1”要求我们出于方向的考虑而把一整组对等的点集合在一起。通过将所有这些点绑定在一起，我们创造出一个整体：一条线。“在平面中选取一个点使得 $x=-1$”要求我们做同样的事，而且尽管用了相同的 x，它是不同的一条线。把点作为“相同的”而将其集合在一起是心智的成就：创造了整一的物体。

13 在提示这些整合时，形式研究路径从人类的感知和概念系统中得到线索。我们倾向于构建物体并保持同一性，这样一来尽管我们在很多不同的场合去拿着、移动、看见和感觉“红酒瓶”时，我们毫不费力且无意识地把所有这些事件绑定在一起，而所涉及的就是单一的红酒瓶。相反，我们一样能使用完全相同的感知证据去区分“两个”“红酒瓶”，以及所有外表一模一样但却不“相同的”物体。

“我生于 1954 年”提示我们将一个 1954 年的婴儿和生活在几十年之后的一个成人绑定在一起，成为“同一个人”，尽管二者之间存在明显的不同之处。“乔叟时代的伦敦和今天的伦敦没有相似之处”允许我们构建并保留两个独立的城市，而从另一个视角来看我们知道它们是“同一个”。而“如果我是你，我会穿一件黑衣服”提示我们在某些方面而非所有方面将“我”和“你”绑定在一起。我们最终发现这个神奇的绑定能力依赖于非常复杂的认知和神经生物学过程。

在形式研究路径中，同一性被认为是理所当然的；与之相反，类比则往往不被认可。怎么会这样呢？答案是，类比经过一系列的后门“走私”进来而成为形式系统的一部分。关于“走私”类比的例子，可以思考“保罗（Paul）爱玛丽（Mary）”和“约翰（John）踢乔伊（Joe）”之间的关系。两句话没有一个相同的单词，因此至少在最明显的层面二者没有相同的部分。但是我们马上认识到它们在“形式”上相同。在生成系统路径（production system approach），比如生成语法（generative grammar）中，这一相似性并不是来自这两句话之间明显的类比映射，而是来自于它们共享句法延伸的共同部分。在这样的理论中，往往存在隐藏的结构层，于是在某个层面看似类比的，被视为在更深层面的相同结构的表层副产品。类比映射在本质上并不是该理论体系的组成部分，也没有被视为儿童学习系统的一部分。因此，矛盾之处似乎在于，尽管儿童可能在所有类型的认知域中具备强大的类比能力，形式语言学（formal linguistics）的观点一直认为语法的学习并不涉及类比映射。相反，学习语法就是在先验的内在约束即普遍语法（universal grammar）的基础上去引发一个生成系统（形式语法）。被感知的类比将会是该系统的一个副产品，而不是其理论概念。令人意外的是，这也不是儿童去理解该系统的一种方式。

我们曾指出，在形式研究路径中，类比被隐藏层面的结构同一性取代了。但是，因为形式主义路径将同一性视为理所当然的，这使对结构同一性的理解被认为不构成问题。因此，类比似乎并非必不可少。事实上，形式研究路径已经被迫在形式操作的掩盖下去走私一些类比，即便对此毫不知情，却已经因为未能引入更多的类比而遭受损失。

形式研究路径强大且颇有前景的首要特征，如生成语法，在于其能够 14
提出表层形式之后的连续且不可见的形式层面（比如深层结构，或者逻辑形式）。因此，在一个层面上的形式组织之谜可以用更高层面的规律性来解释。这个技巧就是先前我们描述的从盔甲中寻找更多的盔甲。这一说法本身并不像听上去的那么荒谬——一个勇士在外面的盔甲之下还有额外的防护，而隐藏的形式层面是一个可行的解释技巧。荒谬之处将在于假定一个形式之后**唯一**存在之物是另一个形式。

传统上，不管是对科学家、数学家、艺术家还是儿童而言，类比被视为新发现的有力引擎。然而，类比在形式时代声名扫地。类比似乎不具有公理系统、基于规则的生成系统或算法系统所具有的半点精确性。当这些新的强大系统逐渐被当作科学思维的化身时，类比被轻蔑地贬低到了模糊思维和纯粹直觉的境地。类比在形式机制上的缺失被错误地认同为类比本身在基本的认知运作方式中的缺失。在基于规则的系统大行其道的时期，类比失去了作为一个重要的科学话题的地位，而被奚落为用于发现和解释的工具。但是直到 20 世纪 70 年代末期，类比及其同样沦落的同伴们强势回归：转喻、心理意象（mental image）、叙事思维，以及在形式主义者眼中最为不堪的情感和隐喻。

这次回归有着很多汇聚的原因。首先，类比逐渐得到心理学家的严肃研究，其研究方法既包括临床实验，也包括计算机模拟。其结果几乎毋庸置疑，类比作为一种认知运作，是复杂的、强大的、基础性的。新的模拟技术，最为显著的是联结主义系统（connectionist systems），提供了更好更现实的类比思维模式，以及基于其真实复杂性的更精确的见解。类比再次变成受重视的现象，确切的原因就是它现在可以沿着形式的路径进行模拟。但是随着形式主义路径的局限性变得明显，人们认识到类比给模拟者和实验心理学家都带来了艰巨挑战。心理意象也因为类似的原因回归：诸如罗杰·谢巴德（Roger Shepard）和史蒂芬·科斯林（Stephen Kosslyn）这样的研究者开发了巧妙的实验技术来考察视觉感知、视觉想象（visual imagination）及其关系。心理意象突然被视为重要的科学现象，有着惊人的复杂性。相同的故事开始重复：模拟人们不假思索轻易完成的事情结果却比模拟下国际象棋和其他看似困难的心理任务困难得多。

语言学家和哲学家为隐喻在人类认知的中心地位大肆宣扬。而且，他们同样发明了巧妙的方法来考察每个幼童的隐喻思维，发现不同语系之间的隐喻表达的规律性，梳理人类理解隐喻的复杂性，分析隐喻在手语和非语言交际系统（比如表情动作）中的作用。当然，本世纪之前的传统研究路线往往认可隐喻在科学发现、艺术创造和儿童学习中的强大作用，甚至洋洋自得，但是这种认可在形式主义路径兴起时被完全取消了。

比喻思维被完全排除出“核心意义”，分析哲学家现在对此幸灾乐祸。核心意义在形式思维的哲学家看来是可以在形式和真值条件上概括的那部分意义。因此，他们的逻辑是，核心意义必须是意义中唯一重要和基础的部分。这些分析路径难免忽视意义构建的想象性运作，因为这些运作有着闪电般的速度，处于意识层面之下，而且其复杂机制几乎不留形式痕迹。

我们还会继续看到，很多领域的研究都汇聚到将想象恢复成一个基础性的科学话题，因为它是最为普通的心理事件背后的意义的核心引擎。心智不是一个独眼巨人，不止一只“*眼睛*”，而是有三只——同一性、整合和想象[①]，而且它们不可避免地一起运作。它们的复杂互动及其机制是本书的主题。

我们将特别聚焦整合的性质，而且我们会发现它在语言、艺术、行为、计划、推理、选择、判断、决策、幽默、数学、科学、魔术与仪式，以及日常生活中最简单的心理事件中作为一个基本的心理运作在发挥作用。因为概念整合在不同领域呈现了如此之多的不同表现，作为一般能力的统一性也就不见了。但是，现在认知科学家跨领域寻找联系的新倾向，已经唤起了对这一基本的心理能力的兴趣，它作用于生活的方方面面中具有戏剧性差异的产品背后。

---

① 作者说心智不是独眼巨人，不只有一只眼睛（eye），而是有三只 *I*，是利用“eye”和“I”的相同发音，是一个谐音双关。三只 *I* 即同一性、整合和想象，这三个单词都以字母“I”开头。——译者

第二章

17

冰山一角

> 两个想法怎么能被融合而产生一个新的结构，且新结构展现出两个原想法的影响而又不仅仅是“剪切和粘贴”式的组合？
>
> ——玛格丽特·波登

常识告诉我们，不同学科专业的人有着不同的思维方式，成人和儿童所思不同，天才的心智异于常人，而且类似于我们阅读一个简单句子那样的自动思维，深藏在写诗过程中的那种想象性思维之中。这些常识中的区分根深蒂固，但却存在于构建意义的普遍运作中，意义构建贯穿于所有这些层面。它们是我们的兴趣之所在，强大且往往隐匿无形。

这些不同领域之间的共同之处已经得到广泛认可。我们发现类比思维最近已经成为认知科学中的一个热议话题。研究发现概念的框架化（conceptual framing）很早就发生在婴儿身上，而且运作于每一个社会和认知领域。隐喻思维曾被常识视为艺术与修辞的一个特殊工具，实际上运作于认知的每一个层面，表现出统一的结构和运作原则，不管它是惊艳夺目，还是寻常无奇。亚里士多德既说隐喻是“天才的标志”，又说“所有人谈话时都在使用隐喻”。他并非提出一个自相矛盾的说法，而是承认一般的认知运作的存在，以及不同的人使用隐喻时的技巧水平的差异之间的区别。修辞学家所研究的形式与意义的种种结合方式可以被有技巧的演说家、普通的会话者以及儿童加以利用。同样，当代语言科学已经表明，通用认知能力存在于所有人类语言的背后，而且为成人和儿童所共享。共同之处的进一步证明则是一般推理的复杂性，这一发现是因为人工智能研究 18
者在尝试清晰地模拟推理时意外地遇上了极端难题。此前这一异常的复杂性只跟高级的专业思维联系在一起，现在发现它贯穿于所有层次和年龄的思维之中。

我们的一些最为基本和普通的心理能力的系统性和复杂性竟能在如此长的时期内不被承认，这看起来可能有些奇怪。可能是因为这些重要的机制形成于生命早期，使之未能为意识层面所见。更有趣的是，要让一出好戏上演的效果达到最佳，最好是让人们注意不到舞台的幕后工作，这也有可能是这些机制的进化适应性的部分要求，使之在意识层面是无形的。不管原因是什么，我们在日常生活中忽视了这些普通的运作，甚至不情愿将其视为科学研究的对象。甚至是经过训练后，心智似乎只有微薄的能力来有意识地表征自我，而无意识的心智运作起来却是易如反掌。这一局限性给专业的认知科学家提出了一个难题，不过这也可能是物种进化中的一个可取的特征。这一局限性产生的原因之一在于，我们所谈论的运作发生速度极快，据推测是因为它们涉及把神经系统激活并分散扩展开来，而有意识的注意将会打断这个扩展流。

这些基本的心理运作具有高度的想象性，为我们提供了同一性、相同与不同的清晰意识。框架化、类比、隐喻、语法以及常识推理都在这一看似简单的认识的无意识的生产过程中发挥了作用，而且贯穿于各个领域、年龄、社会层次以及专业程度。概念整合，我们也将其称为“概念合成”（conceptual blending），是另外一个基本的心理运作，具有高度的想象性，但却对即便是最简单的思维而言都至关重要。它也表现出了预料之中的高速和隐匿特征。我们在本章的目的在于通过阐释一些简单的例子，尤其是整合过程不易被忽视的例子，来让读者感受一下概念整合是如何运作的。这些例子中的重要之处与其说是内容，不如说是展示的整合过程。因此，重要的是不要被它们异常的表象误导了。我们选中它们作为开场展示的确是因为它们引人注目，但最为重要的是，整合是包含在人类生活方方面面之中看不见的、无意识的活动。

铁娘子和锈蚀地带①

20 世纪 90 年代初，英国首相玛格丽特·撒切尔以“铁娘子”闻名，她在美国的某些派别中很受欢迎。美国需要的是一位玛格丽特·撒切尔的说法随处可见。对此的回应中令我们感兴趣的一种说法是，“但是玛格丽特·撒切尔在这里绝不会当选，因为工会无法接受她”。

19 思考这句话需要将玛格丽特·撒切尔和美国的选举政治放在一起。我们必须想象玛格丽特·撒切尔在美国竞选，而且想象出足够的系统结构来才能看到妨碍她当选的相关障碍。至关重要的一点是，这一推理的要点跟玛格丽特·撒切尔不可能当选的客观事实毫无关系，因为在真实世界中她已经是另一个国家的元首，她也不是一个美国公民，而且她并没有明显的竞选兴趣。说话者的目的，不管对与错，在于美国和英国尽管有着明显的相似之处，但在文化和政治沿革上大相径庭，因此不会选举出相同类型的国家元首。这一观点的产生是通过构建一个情景（整合），既有英国的一些特征，又有美国的一些特征，还有其自身的一些特征。比如，在想象的整合场景中，正在竞选美国白宫总统的撒切尔夫人已经为美国工会所厌恶，但这并不是因为与美国或者其工会相关的任何经历造成的。相反，对撒切尔的厌恶是从原有的英国历史中被投射到想象的整合场景中的：在英国历史中（与美国工会很不一样的）英国工会讨厌她，因为她身为国家元首，对待工会很残酷。在历史情景中，撒切尔首先要当选，然后才能招来

① “锈蚀地带”（the Rust Belt）是指美国北方靠近五大湖的一片区域，因其昔日以钢铁生产和重工业著称，但在 20 世纪中叶因为美国使用国外生产制造商而开始大幅度衰退，就像钢铁开始锈蚀一样。——译者

工会的厌恶。在整合中，工会已经讨厌她了，因此会阻止其当选，但并不是因为她之前对工会的所作所为。

等我们理解了这一切之后，这里的类比看起来很明显：英国首相对应美国总统，工会对应工会，英国对应美国，英国选民对应美国选民。还有比这更简单的吗？但事实上这些对应关系都是想象的结果，我们思考一下会发现，在略微不同的情景中我们将会把所有这些对等成分识解（construe）为强烈的对立面。英国的议会体系，从某个角度说，几乎跟美国的州联邦的选举团没有任何相似之处。关于美国和英国的工会的根本区别也有整本整本的书去记录。在不同的语境下，比如在一个特定的副总统被视为在傀儡总统之后拥有一切实权的语境下，英国女王可能是美国总统的自然的、明显的和直接的对等成分，而首相玛格丽特·撒切尔正好是副总统的对等成分。整合被构建出来之后，同一性、相似性、类比这些对应关系看似客观地成为我们思考的一部分，而不是我们的心智已经构建出来的结果。我们感觉我们看见那只咖啡杯，只是简单地因为有那么一只咖啡杯在那里，让我们看见了。同理，我们感觉我们看到了类比，是因为有一个类比关系让我们去看见——也就是说即刻被我们直接感知到而毫不费力。然而类比的理论家和模拟者已经发现，尽管匹配关系看似直截了当，找到匹配关系也是个几乎难以掌控的问题，这令他们感到沮丧。没有人知道人们是怎么找到匹配关系的。似乎是无意识的心智给正在思考的人免费 20
奉上了匹配关系。

事实上，发现看似客观存在的对应关系需要构建新的想象意义，而这些意义无可争辩地是"无中生有"。纯粹的对应关系以发明性的构建为基础。比如，美国总统选举和英国历史的概念框架中都不包含任何一位在密歇根竞选的首相。这一结构不存在于对应的情景中。但是整合中有这个新发明，即有一位玛格丽特·撒切尔正在伊利诺伊和密歇根竞选，并且遭到美国工会的厌恶。在这个整合中，玛格丽特·撒切尔败选了，而这个结果不存在于两个对应的情景中。这是因为想象的整合场景一方面跟真实的美国情景连接，另一方面又跟真实的英国情景连接，通过在整合中创造新意义而产生的推理可被投射回两个真实的情景，产生最为重要的结论，即说话者正让我们去构建一个美国和英国之间的**非类比**（disanalogy）。这一非类比的意义可能在于，尽管美国可能需要某种类型的领导人，美国选举政治的复杂性使得该类型的领导人不可能当选。或者，其意义在于美国是幸运的，因为其工会有足够的警惕性，保证了英国工会的遭遇不会在他们身上重演。

要构建并使用这个整合，我们需要做的远比匹配两个对应情景多得多，这本身已是一个艰巨的任务。总之，我们需要创建一个场景，从两个对应情景中提取成分，但结果却包含了更多东西。我们需要将该场景作为一个整合的单元来进行运演，尽管它并不对应先前的事实或者经历。不知道是什么缘故，这个想象的场景的动态机制是自动的，尽管它之前从来未被运演过。这个整合最后使得一些我们看似明显的“匹配”成为可能，尽管我们之前可能从未将“退休的英国首相”和“美国总统竞选者”匹配在一起。不去构建这个想象的整合场景，你就无法将两个对应情景完全匹配，因为什么样的匹配才是好匹配取决于这个匹配是否给你提供了整合所需的东西。些许的匹配有助于整合的运演，而整合的运演有助于我们发现匹配。

匹配的发现不管多么令人印象深刻，跟在整合中创造新的意义比起来还是相对次要的。我们不能随意地运演整合，而是必须以指向当前目的的某种方式去运演。比如，一旦玛格丽特·撒切尔的竞选被工会阻止，她并不会转而支持别的候选人，尽管这是大家对实际上有望当总统的人的期望。不管怎么样，通过在整合空间中运作，我们必须能够找到适用于整合之外的推理。在美国选举中撒切尔的败选这个奇妙的想法被翻译成针对美
21 国政治现实的非常适用的评论。

然而，整合的那些奇妙的方面似乎并没有阻止任何人使用它来进行日常推理。这个整合跟任何可能存在的场景相去甚远，这没有关系。事实

上，正是其不可能性，使得推理显得更加形象和令人信服。我们将看到，整合可能具有或者不具有不可能性或者想象的特征。很多整合不仅是可能的，而且是如此令人信服，以至于它们最终在心理上表征文化、行为和科学中的新事实。

滑雪服务生

概念整合不仅对智能加工而言不可或缺，比如我们在“铁娘子和锈蚀地带”一例中看到的那样，而且对于学习日常的身体动作姿势而言同样如此。滑雪教练帮助我们学习如何在滑雪板上滑行的时候，会让我们假装是在滑轮滑时“蹬地”，看起来我们好像只是简单地把蹬地这个已知的动作加入滑雪之中，但却不是这么回事：原封不动地做轮滑中包含的动作会让我们摔倒。相反，我们必须有选择地把蹬地和滑雪的动作结合在一起，而且在整合中发展出新浮现的姿势，这就是我们所知道的（并不是巧合）“滑冰”。同样，现在有位滑雪教练提示我们中的一个人在滑下坡时恰当站立，面朝正确的方向，然后让他想象自己是法国咖啡馆的一名服务生，举着一个放着杯香槟和羊角面包的托盘，小心翼翼唯恐掉落。这看起来可能是在滑雪情景中的一个已知身体动作的简单执行——举稳托盘，但却又不是这么回事：我们举托盘的时候，通过用力克服托盘的重量来保持平衡；但在滑雪时，没有托盘，没有玻璃杯，没有重量。关键是注视的方向、身体的姿势以及整体运动。滑雪中最后的整合动作并不是举个托盘和在滑雪板上滑下坡的简单相加。

整合的创建在认知的压力和原则的引导下进行，但在滑雪的例子中，整合也受到了真实世界可供性的引导，包括生物物理学和物理学方面的。滑雪者能够想象的大多数动作是不可能实现的或者不适合执行的。但在教练提示的概念整合中，在环境允许的条件下，浮现的理想动作将会出现。

这位教练精明地利用了服务生动作的一个很小的方面和理想的滑雪动

作之间隐匿的类比。但是，独立于整合之外，这个类比将不会有任何意义。这位教练并不是在建议一个好的滑雪者“正好就像”一个称职的服务生那样运动。只有在整合中，即当初学者的身体在滑着雪，而心理上正尝试举好托盘的时候，目标结构（改进的身体姿势）才会出现。这个例子和其他所有例子一样，我们在其中仍旧构建了“服务生”与“滑雪者”之
22 间的“匹配”，但这些匹配的功能并不是类比推理：我们并不是从服务餐桌的领域中提取推理来投射到滑雪的领域。相反，关键之处在于动作的整合。一旦正确的动作经过整合而出现，而且初学者已经掌握了动作，那么跟羊角面包和香槟的连接就可以被抛弃了。滑雪者并不需要一直想着举托盘的动作来充分展现滑雪技能。

滑雪的服务生和铁娘子的整合都依赖于一个得到广泛承认，但本书还未论及的心理和神经生物特征：大脑是一个高度连接并且内部互连的器官，这些连接的激活状态处于不断的变化中。伟大的神经生物学家查尔斯·谢林顿爵士（Sir Charles Sherrington）在其名为《人类之于其本性》（*Man on His Nature*）的吉福德讲座（Gifford Lecture）中将大脑描述为：“一架施了魔法的织布机，成千上万闪光的织梭往复翻飞于此，织就的图案转瞬即逝，意义深远，从不停留；是一个个小图案构成的不断变换的和谐景象。”激活使得某些模型在某些时候可供使用，但却并非毫不费力。两个神经元在大脑中相连的事实并不一定意味着它们将会被共同激活。我们在铁娘子和滑雪服务生的例子中谈到的匹配事实上是将元素相互绑定在一起并激活它们的有力方式。什么才是“自然的”匹配将完全取决于当前大脑中激活了什么。这些激活中的一部分来自于现实世界对我们的冲击力，一部分来自于人们对我们说了什么，一部分来自于我们的目的，一部分来自于诸如疲惫或兴奋这样的身体状态，还有其他很多部分来自于从个人传记和文化中获取的我们大脑的内部构架，最后还有来自于生物进化。但这些激活瞬息万变，其中大部分都是寻求恰当整合的想象的结果。在铁娘子一例中，一个政治框架的激活使得很多不同的匹配更为可得：首相匹配总统，英国选民

匹配美国选民，等等。单词本身就是激活模型的一部分，因此，当相同的单词对两个成分而言都恰当时，我们可以通过使用相同的单词表示两个成分来提示某个人将其进行匹配。语言使得英国“工会”和美国“工会”的匹配显得微不足道：相同的表达将二者挑选出来，尽管二者存在根本的差别。但是“滑雪杖”和“服务生的托盘”不能用一个表达来表示，所以滑雪教练不得不明确地引导初学者建立二者之间的联系。但是，一旦激活，这个绑定非常牢固而且将被输入整合，变成新的合成动作。

计算机中的精灵

在看似相去甚远的技术设计领域，计算机界面是能够在概念结构和身体动作层面进行激活、绑定和整合的提示。最成功的界面是“桌面”，计算机使用者在模拟的桌面上到处移动图标，输入字母数字指令，而且通过 23
指向菜单上的选择项来做出选择。这个界面是成功的，因为初学者也能够通过利用其现有的知识进行初级水平上的直接使用，这些知识包括办公室工作、人际指令、指向和从名单中选择。这些知识领域是想象创造出一个整合场景从而“输入”，而该整合场景是整合表现的基础。一旦实现了这一整合，这个整合就提供了千差万别的成分之间的多重绑定，数量之大，令人吃惊，而这些绑定回想起来好像十分显而易见。屏幕上连续的像素的构造被绑定到了“文件夹”的概念，不管该构造出现在屏幕上的什么地方。文件夹具有同一性，并得以保留。从桌面的一个角度看文件夹下方的标签对应于从另一个角度看菜单中的一系列单词组。双击对应打开。当屏幕上的箭头被叠加到文件夹上时，单击对应“拿进视野”（lifting into view）。当然，在使这个整合成为可能的技术手段，即计算机界面中，并没有发生通常所说的拿起、移动或者打开，有的只是屏幕上有限数量的像素的亮度变化。这个概念整合不是屏幕：这个整合是一种想象性的心理创造，让我们有效地使用计算机硬件和软件。在概念整合中，确实存在拿起、移动和打开，但并非来自当前的技术手段，因为它只是一个媒介，而是来自于我们在真实的桌面上工作的心理构想。

当然，普及的伊丽莎效应使得桌面界面看起来好像完全携带着这些意义。事实上，桌面界面就好像婴儿的照片：它显然是供我们想象所使用的有效工具，但跟想象比起来又非常单薄和简单。在使用桌面界面时，我们进行的想象工作是幕后认知的一部分，我们看不见，并将其视为理所当然。

一旦学会了，使用桌面界面的整个活动就是连贯且整合的。它并不会被其字面上明显的不实之处妨碍：没有真正的办公桌，没有文件夹，没有将物品放入文件夹的行为，没有把物品从一个文件夹移动到另一个文件夹的行为，也没有将物品放进废纸篓的行为。桌面界面是一个极佳的概念整合的例子，因为对它的操作行为只能在整合中实现，而且如果整合不跟输入空间挂钩的话就会失去意义。

界面的使用者操作的是一个整合结构，其部分特征来自不同的输入空间——办公室工作、指令、菜单。但是，不论这个界面有多少是来自输入空间，它自身有大量的浮现结构：指向和点击按钮完全不是传统的办公室工作的一部分，或者从纸上的一列单词名单中进行选择的一部分；让一些二维小方块消失在另一些小方块之中既不是输入指令的一部分，也不是将纸张放进文件夹的一部分；用鼠标拖动图标既不是在桌面上移动物品的一部分，也不是点餐、输入标准的符号指令，更不是使用机器语言的一部分。

24 使用者操作计算机界面并不是通过精细的有意识的类比，而是通过一个自身有着连贯结构和特征的整合形式。从“客观”的角度看，这个行为是全新的——它几乎不共享移动真正的文件夹的物理特征，甚至对于传统的只能从键盘上发出指令而不能通过鼠标的计算机的使用者而言，它也是新的。但桌面界面的整体意义在于这个整合行为简单易用。论其原因，当然是得到了一个恰当的整合空间，这个整合空间自然地部分继承了若干输入空间的恰当的概念结构，然后将其发展成为更为全面的行为，且受到来自现实和背景知识的压力和约束。

桌面同样很好地阐明了整合的非任意性：并不是任何不一致的组合都能被投射到整合之中。有一些不一致的结构是无关紧要的，因为它们不会带来不良后果，比如废纸篓和文件夹都处于桌面之上，但是其他的不一致结构却很碍事。将软盘的图标拖进废纸篓作为弹出软盘的指令给使用者带来的麻烦就颇受诟病。在办公桌工作领域中，把东西放进废纸篓就相当于丢失的推理，和计算机使用领域中被删除的就无法恢复的推理，干扰了目标推理：废纸篓是两个世界之间的一个单向通道，即桌面界面和你的真实办公桌。

上面的例子阐明的另一点是，作为整合空间的输入空间，它们本身通常也是整合空间，通常有着精细的概念历史。计算机使用的领域包含且不限于如下输入空间：计算机操作领域和人际指令与表现领域。将文件的删除视为系统在使用者的指挥下对其进行完全销毁是人们正常的理解，但在现实的计算机操作中，文件并没有被那个指令永久删除，而且通常可以被恢复。使用者对“删除”的感觉已然是计算机操作和人类行为的整合。在更广泛的意义上说，通过整合，键盘操作已经被理解为输入与高层行为、交互的整合，因此为后来的类似带图标的桌面这样的整合，提供了恰当的部分结构。好的整合的存在能让更好的整合的发展成为可能。概念结构包含了很多先前概念整合的固化成果。

疯狂的数字

在铁娘子的例子中，整合是在线快速发生的，而且看似寻常。在计算机桌面的例子中，包含新计算机硬件的高效整合的开发经历了耗时费力的设计，然而一旦开发出来，使用者就能快速、自动且高效地利用它
来工作。在其他的例子中，整合的概念发展可能经历数年甚至数百年的 25
时间。科学发现领域通常就是这种情况。在第十三章，我们将深入地分

析复数（complex number）的发明问题。复数这一数学领域直到 19 世纪才被完全接受。结果发现复数是两个我们熟悉得多的输入空间的整合：二维空间和数。在这个整合中，复数包含了数的所有普通特征（它们可以相加、相乘，等等），但它们也包含了二维空间中的向量（vector）的特征（幅值、幅角、坐标）。这是一个优化的整合结构，没有相互矛盾之处，有的是重要的特征，有的是了不起的新数学能力。它具有其自身巧妙的浮现结构：数现在有了幅角，数的相乘现在成了包含幅角的相加运算，负数有了平方根。

所有关于数学发现的论述都承认类比至关重要，但只有类比是不够的：历史上，虚构的数和空间的点之间的类比到 17 世纪末已广为人知，而且进一步讲，这个类比所产生的形式操作也完全被认可。但是仅仅是类比并没有产生复数的整合概念，因此也没有被接受为数理论的一部分。后来直到 18 世纪末，诸如欧拉（Euler）这样的杰出数学家也认为这样的数虽没有什么坏处，但却是不可能的。

安全何以安全？

铁娘子、滑雪服务生、计算机桌面和复数是人类发展尝试中表面上看似不同领域的代表性例子。它们都展示了激活、匹配和意义构建想象过程的复杂性。复杂的整合一直在人类的任何思想和行为中发挥作用，但却往往不易被发现。我们多半认为理所当然的意义正是这种复杂性的最佳藏身之所。

甚至语言中非常简单的构建都依赖复杂的整合。认为形容词给名词赋予固定特征的想法是很自然的，因此“这头奶牛是棕色的”把固定的特征“棕色”赋予了“奶牛”。同样的道理，形容词“安全”（safe）也应该有一个与之相联系的固定特征，赋予被它所修饰的任何名词。然而，看看如下这些“安全”的常见用法，其语境是一个小孩在海滩上玩一把铲子：

“这个小孩是安全的”“这片海滩是安全的”，以及“这把铲子是安全的”。这里并没有“安全”一词赋予*小孩*、*沙滩*和*铲子*的固定特征。第一句陈述的意思是这个小孩不会受到伤害，但第二个和第三个也是相同的意思——并不是指这片海滩或者这把铲子不会受到伤害（尽管在其他语境中它们可能会受到伤害）。“安全”这个词并不是赋予某个特征，而是提示我们去唤起适合这个名词和这个语境的危险场景。我们担心的是小孩是否会因为 26
身处海滩或者因为使用铲子而受到伤害。从技术上讲，“安全”这个单词唤起的是一个抽象的*危险*框架，包含受害者、处所和工具等角色。用形容词来修饰名词提示我们将*危险*的抽象框架和小孩在海滩上的具体情境整合成一个*伤害*小孩的违实事件。我们构建一个具体的、虚构的*伤害*场景，*小孩*、*海滩和铲子*被指派到*伤害*框架中的角色中去。这个形容词并不是赋予一个简单的特征，而是提示我们去整合一个*伤害*框架和这个小孩在海滩上玩一把铲子的具体情境。这个整合是一个小孩受伤的虚构场景。单词“安全”暗示了针对名词所指称的实体，这个违实整合与真实场景之间的非类比。如果铲子是安全的，这是因为在违实整合中它虽然锋利到足以造成伤害，但在真实情景中铲子太钝，不足以造成切割伤。

我们可以从相同的输入空间中创造出很多不同的整合空间。其过程都相同，但其结果却不同。在“这把铲子是安全的”中，如果我们关心的是铲子对小孩的伤害，小孩是整合中的受害者；但如果我们关心的是小孩弄坏铲子，那么铲子是整合中的受害者。不仅如此，输入空间*危险*能够用于大量的角色。在虚构的“珠宝是安全的”整合中，珠宝既不是受害者，也不是工具，它们只是*财产*，而它们的*主人*才是受害者。如果我们要打包运输这些珠宝，那么在“包装是安全的”虚构整合中，珠宝是*受害者*，外力是*伤害原因*，而包装是*阻止外力的屏障*。其他体现可能的角色多样性的例子还有“用安全的速度驾驶”“安全的旅途”“这是一个安全的赌注”，以及“他处在一个安全的距离”。

名词-形容词组合能提示甚至更精细的整合，包含多个角色，试比较“The beach is shark-safe.”（这片海滩没有鲨鱼出没）与“The beach is child-safe. ”（这片海滩对小孩来说是安全的）。在超市买鱼的语境之下，金枪鱼罐头的标签上可能写着“The tuna is dolphin-safe. ”（本金枪鱼的捕捞对海豚无害），意思是此金枪鱼的捕捞采用了防止在海豚身上发生事故的方法。这个整合看起来更加不同寻常，但其构建的机制原则跟我们构建普通的诸如 safe beach（安全的海滩）和 safe trip（安全的旅途）这样的短语的机制原则是相同的。

“The beach is safe. ”（这片海滩是安全的）表明“匹配”的实现并非独立于整合，而且“匹配”并不是简单的事。真实情景中的海滩被匹配到伤害场景中的“施害者”的角色，因为我们已经实现了一个相对于真实情景被视为违实性的虚构整合。但是，这个匹配是某个框架中的角色与一个实际上并不是该角色的实例中一个特定成分之间的匹配。真实的 safe beach 不是一个“施害者”，这才是这句话的意义所在。伤害输入空间中的“施害者”角色被匹配到违实整合中的一片海滩，是一个虚构的施害
27 者。而真实情景中的海滩被匹配到违实整合中的海滩，因为二者对这个情景产生意义的方式是相反的：一个是施害者，而另一个不是。

“安全”并不是形容词中的一个例外，它有着特殊的语义特征，使其有别于普通的形容词。相反，我们后来发现在很多地方都需要前面提出的整合原则。甚至是色彩形容词，乍一看它们好像必须赋予固定的特征，但结果也需要非组构性的概念整合。red pencil（红色的铅笔）可被用来表示其木头表面被漆成红色的铅笔，留下红色记号的铅笔（铅是红色的，或者铅笔中的化合物跟纸张发生反应而产生红色，或者……），用来记录身着红色衣服队伍的活动的铅笔，黏上了口红的铅笔，或者只用于记录财政赤字的铅笔。语义学的理论通常更喜欢研究 black bird（黑色的鸟）或 brown cow（棕色的奶牛）这样的例子，因为这些例子被认为是意义的组构性的首选例子，但是，正如我们之后会展示的那样，甚至是这些例子也表明了概念整合的复杂过程。

幻想俱乐部

据推测，狗、猫、马和其他常见的物种必须进行必要的感知绑定才能看见一条狗、一只猫或者一匹马，而人类却异常善于整合两个迥然不同的输入空间进而创造新的浮现结构，其结果是产生新的工具、新的技术和新的思维方式。考古学家史蒂芬·米森（Stephen Mithen）为人类的这种能力提供了独立的证据，他提出，这个能力在人类进化中是新近才有的，而且它不仅为新工具的突然爆发负责，也为艺术、宗教和科学的发明负责。骄傲地指出复数的发明是很容易的，但是这一令人惊奇的双面整合的人类能力在人类各个领域中同样强大。对米森而言，被他叫作“认知流动性”（cognitive fluidity）的整合，使得种族主义的出现成为可能。在《心智的史前史》一书中题为“作为认知流动性的产品的种族主义态度”小节，米森写道：“物体可以依据个人的任何想法被任意操纵。认知流动性创造了人类被以同样的方式来考虑的可能性。……并不存在这样做的冲动，仅仅有任其发生的潜在可能性。而不幸的是，这种潜在的可能性已经在人类历史过程中反复实现。”比如说，对某个群体的大肆杀戮可以跟一般的官僚框架整合而产生一个作为官僚主义运作的种族灭绝的整合概念。因为向整合的投射只是局部的，不能将其自身带进种族灭绝框架进行运作的人，可能会发现他们自己在整合中的运作游刃有余。比如克劳德·朗兹曼（Claude Lanzmann）的纪录片《浩劫》（*Shoah*）细致入微地揭示了纳粹德国官僚何以将其效忠的庞大杀人机器说成、想成一般的货物和商品的转 28
移。整合空间的两个输入空间是种族灭绝和官僚主义，但是官僚可以引入第三个输入空间，战争，来支撑其框架。根据这个框架，强加给自己的无知变成了公民的美德，而且可能对于国家安全而言是必要的。

富有想象力的整合改变我们最为基本的人类现实，即我们生活中感受最为深刻的部分，以及意义深远的那部分。意义远远超出文字游戏。意义通过对个人、社会群体和物种的繁衍有相关性的方式产生影响。人类的性行为可能是有意义的行为的缩影，因为它们构成了一个感受深刻的心理、社会和生物生活的交集。引人注意的是，人类的性行为跟最近的相关物种的性行为相比较而言，有多么的不同。这一认识曾是无意识理论的核心，比如弗洛伊德的心理分析理论，但是令人难解的是这在认知科学内部几乎是禁忌。尽管现代认知科学强调心智的具身性（embodiment）和肉体中的哲学[①]，但还是拒绝将性作为数据的来源和分析的实验室。但是，意义构建和想象在对人类性行为的精细阐述中的作用却是显著的，而且具有直接的现实世界社会意义。从《奥德赛》（*Odyssey*）到《尤利西斯》（*Ulysses*），《奥赛罗》（*Othello*）居中，《洛丽塔》（*Lolita*）在后，世界文学作品探究了心理上的性幻想的狂热、剧烈与复杂性，及其在现实中的严重后果。文学中的这一基本主题——对性的心理理解和战争、强奸、自杀、联盟的历史模式之间的联系，只不过反映了我们的日常现实。这些与心理学、生物学和社会生活交织在一起的行为，而且通过这些行为，我们对自己做出了作为个人和文化的界定，这是我们的物种所独有的。我们相信人类生活的这一无处不在的方面，因为整合的充满想象的过程，而确有其丰富性和复杂性。

报纸按例报道了文化性行为中的最新发明和突变，当作奇闻异事一样。一篇题为“朴素的校服成为最新的春药”的《纽约时报》文章描述了东京的“数百家”风俗店（叫作“幻想俱乐部”）。店内的房间装修得像是学校教室，配有黑板，而因为长相年轻而被选中的妓女穿上高中校服，努力装得像是惶惑的少女，而嫖客则充当老师的角色。因为性事件和性幻想是很熟悉的问题，即便没被谈论，我们可能会认为这些例子很寻常，但

① 这其实是认知语言学的一本经典著作的书名：《肉体中的哲学：具身心智及其对西方思想的挑战》（*Philosophy in the Flesh：the Embodied Mind & its Challenge to Western Thought*），作者是乔治·莱考夫（George Lakoff）和马克·约翰逊（Mark Johnson），1999 年在基础图书出版社（Basic Books）出版。——译者

在这个例子中构建的富有想象力的浮现意义却令人惊讶。整合的输入空间是包含想象中的高中生的场景和包含“幻想俱乐部”中的嫖客和妓女（在报纸报道的这个例子中，妓女实际年龄为 26 岁）的真实情景。但在整合空间中存在的是一个老师和一个高中生。

尽管嫖客和妓女都没有被骗，那么为什么这个假扮的交易会强有力或者具有吸引力呢？答案在于，嫖客可以跟妓女发生性行为，但他不是和女 29
高中生发生性行为，除非是在整合空间中，在心理上他可以留在整合空间，同时又保留了对真实情景的掌握。这些都是心理空间现象，我们将在后面做更多相关阐述。心理空间通常跟不兼容的心理空间并存。当我们查看冰箱，发现里面没有牛奶了，我们必须同时构建没有牛奶的冰箱的心理空间和有牛奶的冰箱的违实心理空间。同样，幻想俱乐部的嫖客同时构建了有经验且受过训练的妓女的心理空间和想象中的不可能得手的女高中生的心理空间，以及一个整合的心理空间，其中俱乐部的妓女成了可以得手的无辜女高中生。女高中生从想象的输入空间投射到整合空间，而真实发生的性交易来自于跟妓女心理空间相连的物质现实。整合空间具有一个关键的新结构：跟女高中生发生性行为。

整合远不止毫不费力地把来自两个情景，即教室和妓院的特征混合在一起，而是要求输入空间的系统性匹配以及指向整合空间的选择性投射，而且整合要受到一系列制约，我们将在本书中深入讨论这些约束。老师在教室里的特权和责任大部分并没有投射到整合：嫖客并不能指望让妓女去学习如何分解多项式。很多其他投射也同样不合适。正如在铁娘子一例中，我们得把美国和英国的政治领域进行匹配，在本例中我们必须把教室和风俗店进行匹配。匹配并不是显而易见的，而且也不是预先构建好的。它是由意向整合驱动，而不是由校园和风俗店之间明显的类比驱动。与铁娘子和滑雪服务生的例子一样，来自输入空间的投射只会是部分的，但是产生的整合空间一方面必须包含整合的行为和意义，另一方面又必须包含足够的分解（disintegration），让参与者能够将其与两个输入空间联系起来。在铁娘子一例中，我们不能迷失在想象出来的玛格丽特·撒切尔的人生这种逃避现实的虚幻之中，而忘记了整合的意义在于向真实的美国政治情景逆向投射。在滑雪服务生一例中，我们并不想让这个滑雪者去相信他有一份在雪坡上给其他人递送食物的工作。在幻想俱乐部一例中，我们并不指望嫖客因为性侵了女高中生而向警方自首，而是指望他支付嫖资，跟风俗店输入空间保持一致。

同一性和类比理论通常关注同时连接起来的心理空间之间的兼容性，但整合同时也受不兼容性驱动。通常，整合的意义并不是在于模糊不兼容之处，而是多少有一些同时需要某事物及其对立面的意味。比如，我们来
30 思考一下两个输入空间和整合空间中的女性的性反应。可能性很多，但有一个标准的设想是在妓女输入空间中，一般的妓女没有真实的激情反应；而在想象的女高中生输入空间中，根本不存在反应，因为嫖客只有欲望但没有行动。但是，在整合空间中，这名女性会有一个惊人的、令人难以忘怀的兴奋经历。上述对立并没有被压制，相反，将它们同时激活正是空间网络的目的之一，而参与者必须能够将这些空间区分清楚。人类构建和连接截然不同的心理空间的能力，正是这样的性幻想和行为成为可能的首要条件。更不用说，这种能力能用在更广泛的地方。心理空间的目的是平衡真实世界中互不兼容的表征之间的关系。这一心理上的平衡带来的结果就包括了逻辑学家和语言哲学家称为"模糊性"（opacity）、"违实推理"和"预设投射"（presupposition projection）现象。

事实上，幻想俱乐部一例中甚至还发生了更为复杂的整合。整合中真实发生的可能依据来自两个输入空间的特定投射而存在很大变化，而且由参与者在不同时刻进行微调。还需要考虑的是妓女在这个经历中的表现要能够很好地维持该交易，同时又不能好过头了。

不管是令人厌恶还是充满诱惑，作为深思、讨论或者经历的对象，教室的整合不会让我们无动于衷。但就是这类的概念整合往往是以让我们无法自我意识到的方式在运作。道奇蝰蛇（Dodge Viper）跑车的车主告诉

美国《大观》(*Parade*)杂志，“我的蝰蛇就是我的莎朗·斯通[①]。她是路上最性感的车。”显然，他把自己置身于性趣与驾车的整合中时一点都不勉强。在我们的文化中，这一整合的通用版本无处不在，而且得到了公司企业和广告商的支持。性的整合空间充斥在文化中，但这一事实既没有造成长期的尴尬，也没有让公民长期沉浸在性幻想之中。

毕业

正如我们将在整本书中看见的那样，概念整合的核心好处之一在于其为零零散散排列的事件的人类尺度提供压缩的能力。毕业是一个人人皆知的例子。上大学包括很多学期的注册登记、上课、听讲座、修完课程以及走向其他行业。毕业典礼通常是通过整合来实现的一个压缩，整合的内容是刚才提到的零零散散的上大学经历，以及一个特殊事件的更普遍的图式，其中包含了演说者和限定时间，就像总统就职仪式那样。毕业典礼是一个“上课”和参加特殊活动的整合，把四年的学生生涯压缩到两三个小
时以内：你聆听知名人士传授智慧和知识；你的家人坐在你身边；你看着 31
你所有的大学朋友跟你一起经历相同的程序，而程序的顶峰是你的转变。足以让人惊奇的是，毕业典礼本身就是一个强大的压缩，却包含了其自身和上述压缩的压缩。实际给每位学生授予学位的30秒中，学生起立、走上台、进入包含与校方官员高度压缩的对话的转变时刻、走下台，然后变成一名毕业生。这30秒又再次被压缩成了一个时刻，即学位帽上的帽穗从一侧被拨到另一侧。这整个事件被压缩成一件永久的物质锚，你把它带走并挂到墙上——这就是你的学位证书。

---

① 莎朗·斯通(Sharon Stone)，美国演员，1958年3月10日出生于美国宾夕法尼亚州迈地维尔，毕业于爱丁伯罗州立大学。1992年，她出演情色电影《本能》，获得第50届美国金球奖电影类-剧情类最佳女主角提名。——译者

拓展思考

违实

我们本章开篇举了对于总统政治的思考这样的日常例子。

问题：

- 这样的例子中是否真有深层的事情发生？

我们的回答：

语言哲学家可能会把铁娘子的例子叫作“违实”，因为它跟事实相反。违实包含了反证法的证据。反证法中，数学家把想证明为伪的命题设置为真，而且将其按照真来运作，以期造成一个内部矛盾，而这个内部矛盾被认为可证明原来的命题为伪。违实包含了类似“如果这水被加热到了100℃，它可能已经沸腾了”这样的陈述。哲学家纳尔逊·古德曼（Nelson Goodman）极其精确地指出，违实思维的重要性以及使用违实思维时包含的陷阱是“对违实条件的分析绝非糊里糊涂的语法小练习。事实上，如果我们缺乏解释违实条件的方法，我们难以声称拥有任何合格的科学哲学”。继古德曼之后，很多哲学家、政治科学家、语言学家和心理学家都已经投入了大量精力去研究违实推理。他们的研究路径是将违实视为建立一个别样的世界，这个世界与真实世界的差异仅包含了由语言表
32 达所规定的那部分差异（比如，“如果这水被加热……”）及其直接的结果。直觉上判断，我们认为这听起来很简单，但这个问题的难以掌控之处在于确定我们的真实世界的一点点改变所导致的结果。我们怎么计算在万事万物相互联系、浩瀚而复杂的世界之海中的一个假想的改变所产生的涟漪呢？所以理论家们所理解的违实的逻辑已经是一个棘手的问题了。但是像铁娘子这样的例子事实上揭示了甚至更高级的复杂性。在铁娘子一例

中，我们并不是要建立一个可能的世界，使得撒切尔是美国总统初选和大选中的候选人，我们也并不关心这样一个选举的所有结果（比如，一名英国女性成了美国元首）。我们所做的是非常局部地匹配美国和英国的政治体系，创建一个整合：这个整合绝不是一个完整的世界，其自身就是局部的，只为当前目的服务。我们已经发现，并且会在第十一章详细记录：一般而言，违实是含有浮现结构的复杂整合，而理论家所聚焦的情况，即世界的最小改变，只是一个特例。

因此，我们对一开始提出的问题的回答是，违实被普遍认为是一个逻辑上和语义上都特别难的问题。不仅如此，铁娘子这类违实较之通常研究的例子具有更高级的复杂性，而且似乎是分析违实的常规方法中的谎言。这是因为常规方法极少注意违实想象中的动态力量。相应地，尽管违实可能让我们觉得很简单，但最后我们却发现违实有着深层的复杂性，我们对它的理解才刚刚起步。

违实所带来的问题并不仅仅对哲学家和语言学家而言重要。政治学家、经济学家、人类学家、社会学家，以及其他社会科学家经常发现，社会科学的最基本的方法似乎不可避免地依赖违实思维，这常让他们感到沮丧。“希腊的航运业在二战后繁荣发展，因为希腊的基础设施在战争中得到了很好的发展。”这样的一句断言令人费解，除非这样来说“如果希腊没能发展如此这般的基础设施，其航运业就不会得到繁荣发展”——这当然是一个明显的违实句。社会科学中的大多数分析断言结果都是隐含的违实句，而这已在近期的论著中明确指出。

人机界面

计算机的桌面界面很常见，似乎没有人在学习使用时遇到过麻烦。

问题：

- 计算机工程师真的不知道我们关于计算机桌面的评论吗？ 33

- 任何人都能学会这个界面，难道不能说明它不如我们说的那样复杂吗？

我们的回答：

计算机工程师和认知科学家很清楚界面设计中的隐喻问题，并将其视为设计者和心理学家共同的难题。但是，无意识的整合在界面设计中的作用以及在他们所使用和发展的隐喻构建中的作用，却不为人知。

“如果人人都能使用，这个界面真的这么具有想象力吗？”这个问题适用于我们将在本书中呈现的很多例子。我们目前为止的回答是可预见的：我们认为理所当然的这些无意识的心理过程为我们有意识的大脑递送看起来再简单不过的产品和表现，其实微弱无力的有意识无法理解这些创造，因为从一开始就太过于复杂了。说话、走路、看东西、抓物体等最后被发现包含了异常复杂的动态无意识过程，我们学会的最简单的本领，比如使用计算机桌面，事实上是最难分析的。的确是个人就会使用，但没有其他任何物种的成员会用，这个事实起码立即暗示我们使得这些本领成为可能所需要的进化发展。只有真正的大脑，通过特殊的方式连接起来，并按照其文化训练它们的方式去做很多动态的工作，才能去处理这些本领，甚至这也只是开始，即便是这些，强大的大脑都不能在意识层面搞清楚它们到底正在做着什么。

有趣的是，形式主义路径确实在形式这个层面发现和探索了“每个人都会”这个问题背后的错误假设。儿童对句法和语音的处理被公认为是人类心智的神奇之处。正是通过对句法的形式研究方法，诺姆·乔姆斯基让心理学家相信，学习语言远不止简单的联系（associations）。每个儿童都能掌握语法的事实，现在已成为让我们去研究语法的有力理由，并且预期，对于把语法仅仅看作是少数特殊个体的例外表现的分析者来说，语法将带给他们大得多的困难。从认知科学的观点来看，充分进化的人类心智的寻常能力是复杂性的最佳候选者，而且必将带来最有趣的普遍概论。

本书的主要思想激进却也真实：几乎所有重要的思维都发生在有意识

之外，而且通过内省无法获得；我们认为最令人印象深刻的心智本领跟日
常能力比起来都显得微不足道；想象一直在以意识无法理解的方式发挥作
用；有意识只能瞥见心智所为的蛛丝马迹；科学家、工程师、数学家以及 34
经济学家，尽管他们的知识和技术是那么引人注目，也同样搞不清他们是
如何思维的，虽然他们是专家，也不能只求教自己就找到答案。进化似乎
把我们造就成了无法直接观察自身的认知本质的样子，这就把认知科学置
于一个困境：尝试用心智能力去揭示这些能力本来就要隐藏的东西。

关于错误的心理学研究

正如我们在滑雪服务生一例中所见，人们以看似异乎寻常的方式来使用他们的心智能力，以此来学会正确地完成身体动作和日常交往。

问题：

- 从这些看似异乎寻常的事件中能学到什么？
- 学滑雪的例子是否牵强附会？这个例子有代表性吗？
- 这个例子跟心理学家的人类行为研究是怎么联系起来的？

我们的回答：

滑雪服务生一例体现了整合产生的人类行为的好的结果，因此算得上是一个成功的例子。但是整合总在无意识地进行着，也可能吸纳了最终产生不幸的后果的模型和运作。在关于错误的心理学研究中，一个焦点问题是犯错误的执行者是怎么犯错误的，而这通常是这样一个问题：他们是怎么运用了最终产生错误结果的意义和操作的？请思考一个整合带来坏结果的情景：一个司机，把注意力集中在了开车上，听不清坐在后排跟他说话的人在讲什么，“心不在焉”地伸手去够无线电广播的声音旋钮把音量调大。在短暂的一瞬间，广播音量和后排说话的音量被整合成都可以通过广播旋钮来控制。当然，这完全不是一个心不在焉的动作：这个司机的大脑正全力进行着一个天才般投机取巧的整合，从概念中解决了这个问题，结

果恰巧在真实的汽车里没有奏效。整合本身并不成功，但这也许能成为一个可以用来放大（或者静音）后排声音的装置的灵感——一个对司机和家长来说非常实用的发明。在心理学家看来，对错误的研究是关于真实的心理运作及其携带的种种看不见的联系的宝贵证据来源。

在滑雪者的例子中，我们看见教练能够通过使用一个创造的整合去提示初学者如何完成正确的动作。这个初学者正在做错误的动作，即看向自
35 己的脚，而这个方向转而成为滑雪板的方向。这个错误的动作本身也是一个滑雪和走路的整合，尽管更不容易被察觉。教练明确地让初学者放弃这个整合而去创建一个新的（可能会有些异乎寻常的）整合，即滑雪与举着放有香槟和羊角面包的托盘走过咖啡馆。这样做的同时，这位教练正使用一种对于任何包含人类身体动作的领域来说都是基础的教练技巧，不管是学骑自行车也好，还是学习武术也罢。在过去的几十年中，人类开发了精巧的模拟技术来训练坦克驾驶员、飞机飞行员、空中交通管制员，甚至是汽车驾驶员，让他们创建正确的整合而不是错误的整合。学习驾驶飞机的人在很早的时候就必须学会，尽管他们是在透过挡风玻璃往外看，而且也手握转向装置，但驾驶汽车的发动机例行程序在这个新的情景中可能是致命的。学习发动机程序的一部分就是用新的整合去取代旧的整合。

类比

本章中的所有例子都包含了将两个或者更多的输入空间中的成分联系起来，并在它们之间建立类比关系。

问题：

- 整合不就是类比的一种吗？而且我们不是已经知道类比的运作方式了吗？

我们的回答：

类比理论与类比投射有关。在标准的类比推理中，一个基础域或者来

源域被映射到目标域，从而使得来源域中容易获得的推理被输出到目标域之中。我们于是可以就目标域进行推理。但在学滑雪的例子中，发生的不是类比推理。教练并不是在教导学滑雪者“就像”服务生一样做动作。这样做的滑雪者将会卸掉他的滑雪板而开始走路。而只有在整合空间中，当滑雪者在心理上举着托盘而在身体上滑着雪的时候，恰当的浮现动作姿势才会产生。这个姿势并没有继承来自滑雪输入空间或者服务生输入空间的东西，如果只是类比转移的话，则会继承这两个输入空间的东西。

幻想俱乐部甚至是一个更吸引眼球的例子。在这个例子中，嫖客不能依据教室里老师的行为，通过类比来规范自己在幻想俱乐部中的行为这一点毫无疑问，反之亦然。任何一个方向的类比都将是灾难性的。在滑雪服务生和幻想俱乐部两例中，整合并不只是对推理的操控或者投射。相反，它指向全新的整合行为。此类整合并不是类比推理模型的一个特征，类比推理通常只依赖结构的映射。性幻想，不管是否入戏，是一个庞大而重要的系统性人类认知领域，具有想象性，却不能通过隐喻或者类比来 36
解释。

在数的概念的发展过程中，历史上曾经有过一个时刻是“虚构的”数字纯形式的使用（比如负数的平方根）。让数学家感到意外的是，虚数的形式运作在方程式中管用，尽管它有悖于数的基本概念特征。然后出现了欧几里得平面中的点和数的结构映射类比，包括虚数。结构映射类比在数学中产生恰当的运作和计算的意义上再次发挥作用。但光类比还不够：数学家又用了一个世纪才实现了整合，让复数成为纳入虚数的连贯范畴。这一整合的实现为如今扩展的“数”的范畴提供了整合的概念结构，于是对虚数的抵制不复存在了。

旧的和新的

我们已经讨论了很多领域，整合现象在这些领域出现，并指向了其中与整合的方方面面有关的研究。

问题：

- 那么，不是每个人都一劳永逸地了解整合了吗？

我们的回答：

在某种意义上说，我们都对整合了如指掌，完全是整合的大师。但这就好像我们都对于视觉有着完全的无意识的“理解”一样，我们几乎没有对无意识能力进行有意识的理解。拥有 30,000 年历史的旧石器时代晚期肖维岩洞（Grotte Chauvet）壁画艺术，反映了艺术家大脑中精巧的创造性整合。

因为整合的产品无处不在，有时候其惊奇之处大家有目共睹，因此修辞学、文学、绘画和科学发明的学生应该注意到了被我们称为“整合”的很多具体例子，同时也注意到了其中的有趣之处，这是自然的。我们发现这样的评论最早来自于亚里士多德，出现在《修辞学》（*Rhetoric*）的第三卷：

> 高尔吉亚（Gorgias）对那只在他头上飞过的时候把粪便拉在他身上的燕子说的话，最有悲剧意味。他说：“哦，菲洛梅拉！[①] 不！真不知羞耻！”若把菲洛梅拉当作一只鸟，你不能说鸟的行为不知羞耻；若把菲洛梅拉当作一个少女，你可以这样说。所以，以此来嘲讽先前是少女时的菲洛梅拉，而不是现在变成了鸟的她，这是巧妙的。

37 可耻的行为只存在于整合中：这个行为对女孩来说是不可能的，而评价其不知羞耻对燕子来说又是不可能的。尚不清楚亚里士多德是否认识到了这个整合的存在，或者认识到了这个“不知羞耻的行为”中的浮现意义，或者认识到了这个浮现意义只存在于整合空间中。他把高尔吉亚的表现更多地看作了一个异乎寻常的成功，而不是一个基本的心理运作的实例。这大概也是

① 菲洛梅拉（Philomela）：在希腊神话中，菲洛梅拉是雅典公主，被她姐夫忒瑞俄斯（Tereus）强奸后，又遭姐姐浦洛思（Procne）报复，后在逃离忒瑞俄斯途中，被变成了一只燕子或夜莺。——译者

为什么他没有去思考其理论价值的原因。很明显，将整合理解为想象力的一种普遍和常规的心理运作对于古典的修辞学家来说就是不可及的。

艺术史、文学批评和修辞学的传统中不乏类似的例子。很多颇有见地的作者注意到了某种创新过程正在发生，但却将其表述为相关例子的特质。很多关于身份和梦境的弗洛伊德式的分析，可被视为对于人类的境况而言处于核心地位的整合的研究。最近被我们称为概念整合的特殊例子，很多人进行过富有见解的讨论，包括欧文·高夫曼（Erving Goffman）、莱恩·塔尔米（Len Talmy）、H. 方（H. Fong）、大卫·莫泽（David Moser）和道格拉斯·郝夫斯台特（Douglas Hofstadter），以及Z. 昆达（Z. Kunda）、D. T. 米勒（D. T. Miller）和T. 克莱尔（T. Clare）。但是，所有这些作者都把整合视为意义的有些异乎寻常的、边缘化的表现。他们并没有聚焦于普遍的整合能力本身。事实上，他们似乎也没有将其视为某种普遍的能力。相反，他们只是指出了整合的局部产品的有趣方面，不管是绘画、诗歌，或者任何艺术。整合被想当然地视为可及的资源，而没有被恰当地视为给我们提出了挑战。高尔吉亚说出那句话是怎么做到的？这是一个甚至连亚里士多德都没认识到的问题。

有一位作者确实成功地在科学和艺术中体现了惊人的创造性，这样的个体例子在特殊和局部特征方面有所突破，他就是著有《创造的行为》（*The Act of Creation*, 1964）的亚瑟·凯斯特勒（Arthur Koestler）。看到了所有这些非凡的富有创造性发明的例子所共享的征兆，他将其命名为“矩阵异类联想”（bisociation of matrices）。他展示了其中的科学挑战之所在，即去解释某种模糊的理念，其中蕴含的思想是创造性涉及将不同领域的成分并置在一起。但凯斯特勒没有做进一步的跨越：去发现这些引人注目的例子中所包含的一般心理运作在日常思维和语言中也是无处不在的。同样，他甚至也未能给生成这些出众的例子结构上的运作过程提供任何具体的特征描述。

我们自己的研究项目提供了来自很多领域的决定性证据以表明概念整

合是一种普遍的、基础的心理运作，有着非常详细的运作原则和控制限制。自 1993 年启动这个研究项目以来，我们取得了令人振奋的发现，来自不同的研究角度、拥有不同类型数据的若干“创造性理论家”都坚信一种普遍的心理运作的存在，这被史蒂文·米森称为“认知流动性”，其结果是将不同领域的成分并置在一起。米森在 1998 年写道：

38 玛格丽特·博登（Margaret Boden）已经提出，创造性思维可以通过“有结构的概念空间的映射、探索和转化”来解释。她对概念空间的定义是模糊的，把它们描述为“音乐、雕塑、编舞、化学等所包含的思维方式”。尽管说得这么模糊，对概念空间进行转化的思想从直觉上讲就具有吸引力。这与凯斯特勒早期的理念有着紧密的联系，他将创造性思维描述为来自思维中两个原先不相关的技巧或者矩阵间突然的互锁；这还跟珀金斯（Perkins）当代的观点联系紧密，他使用了“克隆代克空间”（klondike spaces）这个术语，并提出这些空间通常在创造性思维过程中得到系统性的探索。在这点上，虽然创造性思维明显是一般思维的一部分而不是仅限于那些“天才”，但我们还是可以看到，特别具创造性的思维潜力如何产生于在特定环境中的特定个体所进行的非同寻常的概念空间转换。

之后发生的便是朝一个精髓的思想汇聚，即在很多不同的领域中的创造过程中包含了同一种心理运作。亚里士多德和其他人指出了少数引人注目的创造性例子中的某些有趣特征，凯斯特勒提出这些不一般的例子的基础是一种特殊的运作，当代创造性理论家已经提出这种运作并非为“天才”独有或者为卓越的创造性行为所独有。我们则将说明这种运作确实对人类心智的所有活动而言都是基础性的，而且我们将尝试构建一个精准而明晰的理论框架来研究这种运作。

我们从凯斯特勒止步的地方开始，先来看看“禅师”的例子。

第三章

39

整合的元素

有一天，一位禅师天亮出发往山上走，太阳落山的时候走到了山顶，并在那里打坐冥想了几天。直到有天天亮，他开始下山，太阳落山才到山脚。我们对禅师这段行程的动身或者歇脚或者走路的快慢不作任何假设。难解之谜：这位禅师在上山和下山的两次分开的旅途中，会不会在一天中的同一时刻经过同一个位置？

这是亚瑟·凯斯特勒在《创造的行为》一书中提出的绝妙难题。如果你暂时合上书并且尝试一下在没有任何提示的情况下自己去解决这个难题，我们接下来对于这位禅师的思考就会更加有效果。

既然你已经回过神了，现在试试这样思考：不要去想象这位禅师有一天信步上山，而后在几天之后又信步下山；假想他正在同一天同时上山和下山，应该存在一个禅师遇见自己的位置，而这个位置就是我们正在寻找的位置。这个位置的存在解决了关于禅师的难题。我们并不知道这个位置在何处，但是我们确实知道，不论这个位置在哪里，这位禅师就在上山和下山那天的某一时刻，肯定到达了那里。关于禅师的难题，这样的解决方法对很多人来说是令人信服的。

但是，解决这么一个小难题却给我们提出了一个大的科学性难题：我们是如何得到这样的解决方法的，而且为什么我们就相信这样的解决方法是正确的？那位禅师不可能同时上山和下山。他不可能“遇见自己”。然而，这样看似不可能的创造性的想象带给了我们所寻求的真理。显然我们不用去考虑这是可能还是不可能的，因为这跟我们的思维过程无关。但是，两个人遇见对方的情景不仅是可能的，而且也是司空见惯的。使用这个情景是找到解决方法的关键所在，尽管在原题中那个位置不存在，而那个难题也只是描述了一个人在不同的日子做不同的事情。

40 禅师遇见自己这样富有想象力的思维方式整合了上山和下山的行程，而且还包含了浮现结构（emergent structure）[①]“相遇”，但它并不存在于两段分开的行程。这一浮现结构使得上面的解决方法显而易见。

网络模型

禅师的例子揭示了概念整合网络模型的核心原则。我们将其罗列如下。

心理空间（Mental Spaces）

心理空间是我们在思考和说话的过程中为了局部的理解和行动而构建的概念集合（conceptual packets）。在禅师的网络中，我们有一个关于上山的心理空间和另一个关于下山的心理空间。心理空间跟长期图式知识（schematic knowledge）相连接，这些知识被称为“框架”（frame），比如*沿路而行*的框架；心理空间也跟长期的具体知识（specific knowledge）相连接，比如你对 2001 年攀登雷尼尔山（Mount Rainier）[②]的记忆就是具体知识。这个包含你、雷尼尔山、2001 年以及你的登山行为的心理空间，会通过很多不同的方式激活并达到很多不同的目的。“你在 2001 年攀登了

① 术语 emergent structure 也有国内学者译为“层创结构”。本书将其译为“浮现结构”主要是因为汉语中没有“层创”这一较为晦涩难懂的词语，而“浮现”不仅易理解，且更符合概念整合理论中 emergent 的含义：这个结构不存在于任何输入空间，而是在整合过程中“突然产生”了。——译者

② 雷尼尔山，亦译来尼尔山。圆锥形火山，在 1870 年爆发，现仅喷出少量蒸汽。雷尼尔山国家公园是华盛顿州的地标，许多器物皆以此山为图案。——译者

雷尼尔山”所建立的心理空间的目的在于报告一个过去的事件。“假如你曾在 2001 年攀登过雷尼尔山”建立了相同的心理空间，而其目的则在于考察一个违实的情景及其后果。“马克斯相信你在 2001 年攀登了雷尼尔山”也建立了相同的心理空间，但是这次的目的在于陈述马克斯相信什么。“这是一张你在 2001 年攀登雷尼尔山的照片”激活了相同的心理空间，其目的在于谈论照片上的内容。“在这本小说里你在 2001 年攀登雷尼尔山”报告的是小说作者在其作品中加入了一个可能是虚构的场景。心理空间都是非常局部性的，它们有其元素（element），而且通常由框架来组织结构。各个心理空间相互连接，并能伴随思想和话语的展开而进行调整。心理空间可广泛用于为思维和语言中的动态映射（mapping）提供模型。

在本书的论述过程中，我们会多次使用图表来探讨心理空间和整合（blend）。在这些图中，心理空间用圆圈表示，元素用点（或者图标）表示，不同心理空间的元素之间的连接用线条表示。在这些认知加工过程的神经阐释中，心理空间是激活的神经元集合的组合，而元素之间的线条对应某类元素的共激活绑定（coactivation-binding）。此外，心理空间所引入的框架结构表示为圆圈外面的长方形或者圆圈里面的图标。

输入空间（Input Spaces）　在关于禅师的心理空间网络中有两个输入心理空间。如图 3.1 所示，每个输入空间都是对应上山和下山两段行程之一的局部结构。上山行程的日期是 d_1，下山行程的日期是 d_2，上山的禅师是 a_1，下山的禅师是 a_2。

41

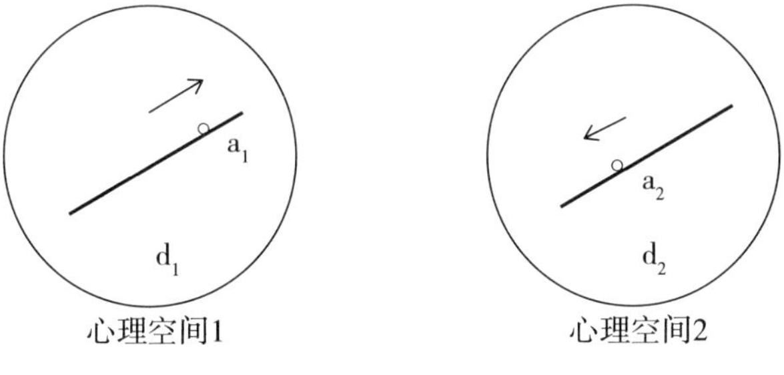

图 3.1　输入心理空间

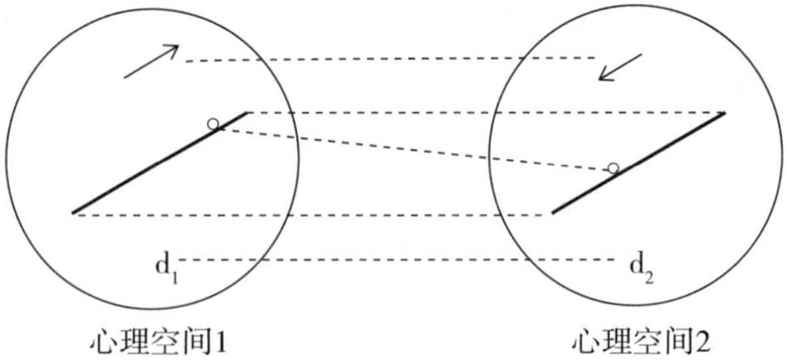

图 3.2　跨空间映射

跨空间映射（Cross-Space Mapping） 局部的跨空间映射将输入心理空间中的对等成分（counterpart）连接起来（见图 3.2）。跨空间映射连接了一个输入心理空间和另一个输入心理空间中的山、运动的个体、行程的日期以及运动。

类属空间（Generic Space） 类属心理空间映射到每个输入心理空间，并且包含了两个输入心理空间的共有部分：运动的个体及其位置、连接山脚和山顶的路线、行程的日期以及方向不明确的运动（在图 3.3 中表示为双箭头）。

42

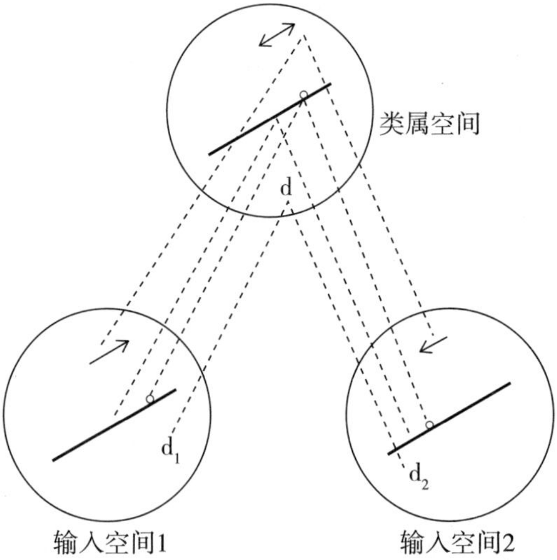

图 3.3　类属心理空间

整合（Blend）　第四个心理空间是整合空间，我们通常称之为“整合”（见图 3.4）。两个输入心理空间中的山坡被投射（project）到整合空间中的相同的一个山坡。行程的两个日期 d_1 和 d_2 被映射到了一个日期 d’ 从而融合到了一起。但是，运动的个体及其位置根据时间来映射，运动的方向也保留了，因而不能融合到一起。输入空间 1 动态地表征了整个上山的行程，而输入空间 2 表征了整个下山的行程。指向整合空间的投射保留了时间和位置。整合空间中有时间 t 和日期 d’，包含了在日期 d_1 的时间 t 处于 a_1 位置的 a_1 的对等成分以及在日期 d_2 的时间 t 处于 a_2 位置的 a_2 的对等成分。 43

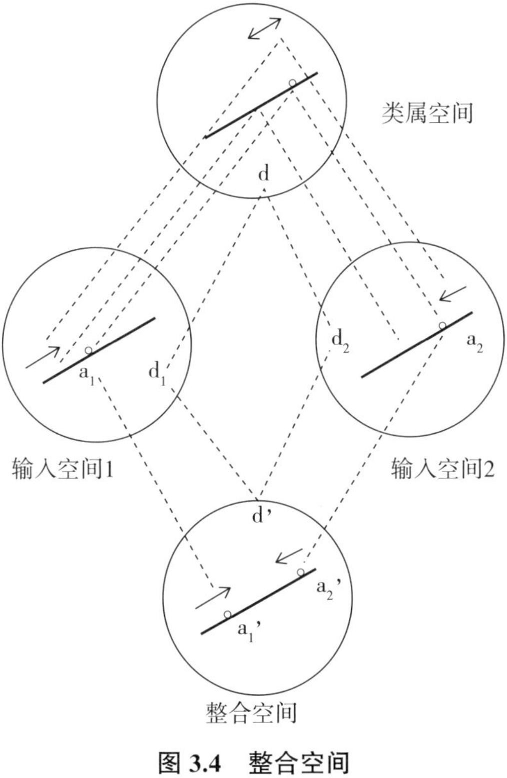

图 3.4　整合空间

浮现结构（Emergent Structure）

整合空间中形成了输入空间中不具有的浮现结构。首先，来自输入空间中的元素的组合（composition）使得在原来单独的输入空间中不存在的关系在整合空间中成为可能。在整合空间而非在任何一个输入空间中，包含了两个运动的个体而不是一个。他们从路线的两端朝相反的方向运动，其位置在行程的任何时间都是可比较的，因为他们是在相同的日期 d’ 运动的。其次，完善（completion）将其他的结构引入了整合空间。两个人在路上行进这一结构本身就可以被看作是大家所熟悉的背景框架中突显的部分：两个人同时在一段路程的两端出发。最后，通过完善，这个熟悉

45

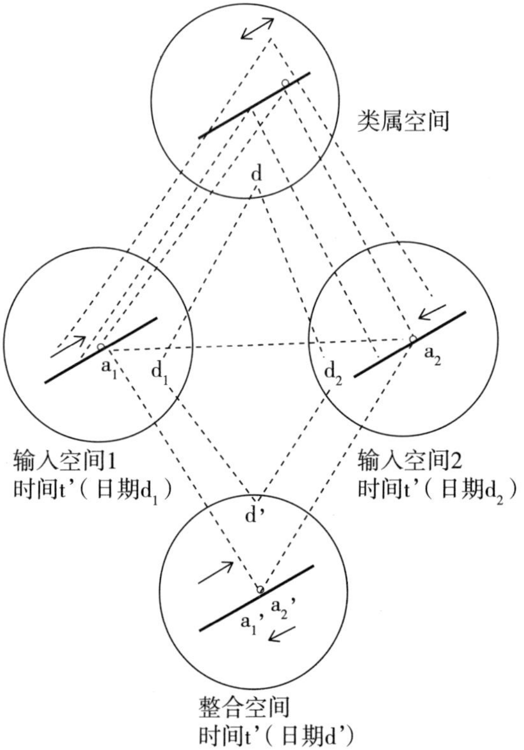

图 3.5　向输入空间逆映射

的结构被引入了整合空间。至此，整合空间中的整合完成了：这是一个大家特别熟悉的框架的一个实例，而这个框架就是两人在同一路线上相向而行。借助这个框架，我们现在可以动态地运演（run）禅师一例的场景：44
在整合空间中，这两个人在路线上行进。这个“对整合空间的运演”被称为**细化**（elaboration）。运演整合空间时对这个空间进行富有想象力的调整，进而实现二人实际的相遇。这是新的结构：在任何一个输入心理空间中都没有相遇，即便我们也对其进行动态的运演。然而，在整合空间中的两个人却被投射回两个输入心理空间中的“相同”禅师。相遇的位置被投射回每个输入空间中路线上的“相同”位置；而且，他们在整合空间中相遇的时间当然也跟输入空间中禅师到达相遇位置的时间相同。指向输入空间的逆映射产生的构建（configuration）如图 3.5 所示。

我们在运演整合空间的时候，一直保持着与输入空间的连接，因而跨空间的所有“相同性”联系似乎是自动跳出来的，产生了理解的灵光乍现，即凯斯特勒所说的神奇的“创造性行为”。但是，为了这个灵光乍现，即便对等成分连接跨越四个心理空间并动态地变化，这些连接必须在无意识中得以保持。特别需要指出的是，这些空间之间存在几何规则。考虑到我们构建整合空间的方式，我们知道整合空间中路线上的任何一个点投射到输入空间中的对等成分。更宽泛地说，融合在整合空间的任何事物都向输入空间的对等成分逆向投射。但是，关于时间中的相互关系、禅师的位置以及在不同空间中路线上的位置的“几何”知识是完全无意识的，而有意识的是理解的灵光乍现。这好像神乎其神，原因正是因为这些扩展想象发挥作用完全是无意识的。

我们发现了什么？

禅师的难题中的整合，事实上所包含的是概念整合（conceptual integration）的普遍特征。

构建一个整合网络涉及心理空间的建立、跨空间的匹配（match）、指向整合空间的有选择投射、共享结构的定位、指向输入空间的逆向投射、向输入空间或者整合空间引入新结构以及在整合空间中各种操作的运演。我们将依序讨论这些操作，但是我们需要始终明白的关键之处在于，这些运作中的任何一个都可能在任何时间运演，而且它们可能同时运演。整合网络尝试的是达到平衡。在某种意义上说，有一个使网络“开心”的处所。语境通常会指定某些平衡条件，正如我们被要求找到解决禅师的难题的方法那样。当整合空间中出现的结构自动向输入空间逆向投射从而发现了路线上那个特定点的存在时，整合网络就达到了平衡。在更普遍的意义上说，网络的平衡取决于其目的，但是也受到关于运演的各种内部约束的限制。

图 3.6 基本图示展示了概念整合的核心特征：圆圈表示心理空间，实线表示输入空间之间的匹配和跨空间映射，虚线表示输入空间跟类属空间或者整合空间之间的联系，整合空间的实线方框表示浮现结构。

46

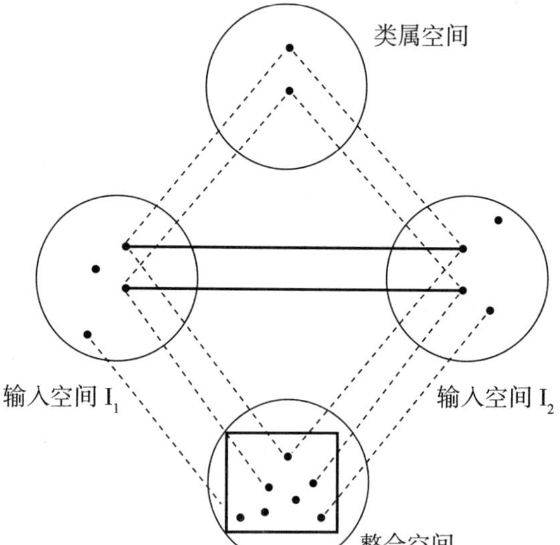

图 3.6　基本图示

虽然这一关于概念整合的方方面面的静态展现方式对我们来说很方便，但是这样一个图示只是一个富有想象力的复杂过程的一个快照，这个过程可能涉及撤销先前的联系、重新框架化先前的空间以及其他活动。我们把这个图示中的线条（表示概念投射和映射的线条）视为对应神经上的共激活和绑定。因此，整合的基本方面列举如下，而我们的列举顺序并不反映整合过程的实际阶段。

- *概念整合网络* 整合空间产生于心理空间网络。在基本图示展示 47
的网络中，有四个心理空间：两个输入空间、类属空间和整合空间。这是一个最简网络。概念整合网络可能有若干个输入空间，甚至多个整合空间。
- *匹配与对等成分联系*（counterpart connections） 在概念整合中，输入空间之间存在局部的匹配。基本图示中的实线表示的是匹配产生的对等成分联系。这样的对等成分联系有很多种类：框架和框架中的角色（roles）之间的联系、同一性或转化或表征之间的联系、类比联系、隐喻联系，以及更为普遍的“关键关系”（vital relations）映射（参见第六章的解释）。比如，在滑雪服务生一例中，滑雪杖是托盘的对等成分。一旦两个空间之间的匹配被创造出来了，我们就说它们之间存在跨空间映射。
- *类属空间* 在网络构建的任何时候，看似输入空间共享的结构被捕捉到类属空间中，反过来，又映射回每个输入空间。类属空间中的某个既定元素映射到两个输入空间中配对的对等成分。在铁娘子一例中，其类属空间大致相当于“包含工会和选民的西方民主”。类属空间中的*工会*映射到一个输入空间中的*美国工会*，以及另一个输入空间中的*英国工会*，二者相应地成为对等成分。在滑雪服务生一例中，类属空间中有一个运动的个体，手里拿着东西。类属空间中拿着的物体映射到一个输入空间中的滑雪杖，以及另一个输入空间中的托盘。同样，此二者也相应地成为对等成分。

- *整合*　在整合过程中，来自两个输入空间的结构被投射到一个新的空间，即整合空间。类属空间和整合空间是相互联系的：整合空间包含了从类属空间捕捉到的类属结构，但是也包含了更具体的结构，而且它们可以包含对输入空间而言不可能的结构，比如两位禅师实际上是同一位禅师。
- *选择性投射*（selective projection）并非所有输入空间中的元素和关系都被投射到整合空间。在禅师一例中，行程的日历时间没有被投射到整合空间。在滑雪服务生一例中，服务生这一输入空间中的走动、顾客以及香槟的价格都没有被投射。有时候两个对等成分都被投射（两个行程和两位禅师），有时候只有其中之一被投射（在铁娘子一例中，只有美国选民被投射了，而英国选民则没有被投射），有时候两个对等成分都没被投射（在禅师的例子中，日历日期都没被投射）。有时候输入空间中的对等成分在整合空间中被融合了（两段行程），但通常不被融合（两位禅师）。最后，有时候一个输入空间中的元素在另一个输入空间中没有对等成分，但该元素被投射到整合空间中去（滑雪服务生一例中的滑雪板）。

48

- *浮现结构*　浮现结构产生于整合空间之中，而不是直接从任何一个输入空间拷贝而来。浮现结构的产生有三种方式：通过组合来自输入空间的投射，通过基于独立组建的框架和场景的完善，以及通过细化（“运演整合空间”）。
- *组合*　整合可以组合来自输入空间的元素来提供在单个的输入空间中并不存在的关系。在禅师的例子中，组合产生了同一时间同一路线上赶路的两个行人，即便每个输入空间只有一个行人赶一段路程。对等成分元素可以通过单独被引入整合空间的方式而被组合，正如来自输入空间的禅师被单独引入整合空间，产生两位禅师；或者对等成分元素通过在整合空间中被投射到同一元素而被组合，正如两个输入空间中的两个日期被投射到整合空间中的同一日期。我们把这类投射称为“融合”（fusion）。

- *完善*　我们很少认清被我们无意识地引入整合空间中的背景知识和结构的范围。整合空间对这样的背景意义的引入是多种多样的。模型（pattern）完善是最基本类型的引入：我们看到熟悉的意义框架的某些部分，而该框架更多的意义被无声而有效地引入了整合空间。图 3.7 展示了这个有名的心理现象：图中我们看到了两条线段和一个长方形，然而通过模型完善，推断有条直线从这个长方形“后面”穿过。整合空间中的最小组合通常被自动地理解为一个更丰富的模型。在禅师的例子中，路线上两位禅师的组合被二人相向而行的场景自动完善，以至于我们得进行一番思考才能发现“相向而行”的场景比“两位禅师”的组合要丰富得多。

49

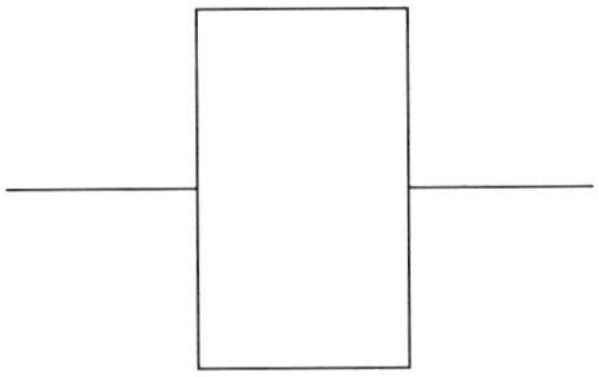

图 3.7　模型完善

- *细化*　我们细化整合空间的方式是将其视为模拟，并根据已为该空间确立的原则而进行富有想象力的运演。运演整合空间的有些原则会通过完善而被引入整合空间。我们运演禅师的整合空间来得到该整合空间中的“相遇”，这便解决了禅师的难题。我们能够运演整合空间，因为我们知道两个人在一段路程上相向而行的场景的动态原则，而这是通过模型完善实现的。这个场景给我们提供了涉及时间的消逝和自我运动（self-locomotion）等原则。整合过程的功效一部分在于总是存在多条不同的可能细化线路，而细化能够无限进行下去。我们可以选择对整合空间进行运演的程度、时间长度和其他备选方向。比如，这两位禅师可以相遇并就同一性的概念进行一番哲学讨论。这一特定的细化会分散我们解决禅师难题的注意力，但是这同样也可能把我们引向有趣和有用的发现。整合的种种创新可能性源自于完善和细化的开放性本质。这些创新为整合空间组建并发展新的结构，其方式是有原则的、有效的和无限的。整合运作发生在我们物质和心理世界的每一个角落。

组合、完善和细化导致了整合空间中浮现结构的产生，而整合空间包含了不是从输入空间拷贝过来的结构。请注意，在基本图示（图 3.6）中，整合空间里的正方形表示浮现结构。

- *调整*（modification） 在构建整合网络的过程中，任何空间都可以在任何时候被调整。比如，输入空间可以通过来自整合空间的逆向映射来调整。正如在禅师一例中，我们在输入空间中加入了解决该难题所要求的位置，方法是从整合空间中将“相遇”的位置逆向投射。
- *固化*（entrenchment） 整合空间通常是新颖的，而且是凭空生成的（比如禅师的例子），但是心理空间引入了固化的映射和框架。整合空间自身也可能变成固化的（比如在复数的整合空间中），从而产生该领域所共享的概念上的和形式上的结构。
- *事件整合*（event integration） 整合空间是实现事件整合的一个基础工具。在滑雪服务生和幻想俱乐部的例子中，事件整合是该想象性构建的目标。但是在禅师的例子中，事件整合仅仅是一个解决难题的方法，即存在一个具有某些特征的位置。
- 广泛应用（wide application） 尽管整合网络的运作机制是统一的，但它们却能够达到不同的目的。就目前我们看过的例子而言，这些目的包括感情的转移（幻想俱乐部）、推理（禅师和电脑桌面）、违实推理（铁娘子）、概念转变与科学创造（复数）、整合行动（计算机桌面和滑雪服务生）以及通过压缩而实现的同一性构建（毕业典礼）。

是否存在不同类别的整合网络和整合空间？富有想象力的整合网络和语言的形式系统之间是什么关系？整合过程是否受到制约？如果有制约，是什么制约？最初的输入空间又从何而来？整合跟范畴化、类比、隐喻、转喻和逻辑有什么关系？网络能复杂到什么程度？整合空间能否被再次整合或者成为其他整合空间的输入空间？类属空间确切地说又是什么？它是否参与整合网络运作机制，而且自身是否会演化？

整合对于我们人类而言就是小孩子的游戏，但是我们何尝不是玩着深奥游戏的小孩子。我们现在要尝试发现这些游戏的更多奥妙。

拓展思考

天马行空的认知

禅师的整合空间是一个不可思议的、不可能存在的场景。

问题：

- 那么整合是不是一个产生奇思妙想的特殊方式呢？

我们的回答：

禅师一例可能让你产生那样的想法。尽管滑雪服务生和幻想俱乐部的例子跟现实有一定的联系，但它们看起来还是有些异乎寻常。另一方面，在“安全的海滩”和“红色铅笔”这样的整合例子中却看不出什么异常，而且完全不被人注意。显而易见，整合空间既可以是不可思议的，也可以不是这样的，但如果是前者，它们就会格外显著。后面我们还将不断看到，不被注意的整合空间比引人注目或者不可思议的空间普遍得多。事实上，要费一番功夫才能找到一个其整合过程看起来直截了当的例子。我们为什么要从这么多看似异乎寻常的例子说起呢？因为我们得让整合现象很醒目，然后才能开始分析其运作。而且，类似禅师这样天马行空的例子才能以毋庸置疑的方式为我们展示整合运作。不妨用类比的思维方式来考虑
51 一下电流的话题。虽然电流是宇宙中普遍存在而且通常完全没被注意的一个方面，教科书却用奇特的且容易记忆的示例来介绍这一话题，比如本杰明·富兰克林（Benjamin Franklin）通过在一场暴风雨中放风筝把电流引下来。的确，我们只有在看似异乎寻常的例子中才能更清楚地认识原本一般的、普遍存在的过程，这非常符合情理。

铁娘子这个违实例子中的整合完全是异乎寻常的，但是在相应的语境中却没有人注意到其非比寻常之处。我们再看一遍这个例子：看起来平平无奇而且是字面意思的表达（比如“这片海滩是安全的”）最终却包含了错综复杂的整合，而且只有我们对其进行分析才能发现里面的整合。下面是一些跟禅师一样的例子，看上去完全正常却包含了不可思议的整合，而且在语境中不会被人注意到：“这一章正在写它自己”（This chapter is writing itself.），“你正赶在自己前面”（You’re getting ahead of yourself.），“诺默尔·梅勒喜欢读自己（写的作品）”（Normal Mailer loves to read himself.），“我赶不上进度”（I can’t keep up with the schedule.），以及“我的内心和我的大脑正产生分歧”（My heart is disagreeing with my head.）。

禅师一例的整合非常令人吃惊地出现在了真实生活中。埃德·哈钦斯（Ed Hutchins）研究了密克罗尼西亚（Micronesian）[①]航海者们为穿越太平洋而建立的神奇的心理模型。在这样的模型中，运动的是岛屿，并且以虚拟的岛屿作为参照点。哈钦斯报道了在理解对方的概念结构时都存在

① 密克罗尼西亚为西太平洋岛国，各岛之间常有贸易往来，擅长造船和航海，会用树枝和贝壳编制海图。——译者

问题的密克罗尼西亚航海者和西方航海者的一段对话。如大卫·刘易斯（David Lewis）所描述的，密克罗尼西亚航海者贝昂（Beiong）通过如下的方式成功地读懂了一幅方向交错的西方海图：

> 他最后成功地在想象中施展了这样一个绝技：他看见自己同时从欧娄鲁克（Oroluk）驶向波纳佩岛（Ponape）和从波纳佩岛驶向欧娄鲁克，并且在两次起航时都标出了伊塔克（ETAK）相对于伽提克（Ngatik）的方向。这样一来，他得以读懂海图并且确定海图上所标示的岛屿的位置是正确的。[伊塔克是虚拟的岛屿，而伽提克是待标定的岛屿。]

不可思议的不仅仅是整合空间。从某种意义上说，现实生活也可以是不可思议的。密克罗尼西亚航海家的绝技，对于掌握标准的西方航海技术的人类学家刘易斯来说是极不可思议的；但是，对这个密克罗尼西亚人来说，让他觉得不可思议的，而且在一开始他完全无法理解的，是有着错综复杂的方位标注的西方海图。密克罗尼西亚航海家贝昂创造的惊人整合空间的存在只是为了让他理解奇怪的西方思维方式。埃德·哈钦斯和杰弗里·辛顿（Geoffrey Hinton）在其文章《岛屿为什么移动》（Why the Islands Move）中解释了这些看似神奇的密克罗尼西亚系统如何在实际中运作，而且揭示了其了不起的精明和强大所在。

有人可能会反驳，认为这个例子尽管是真实的，也太超乎寻常了。然 52
而即便如此，这个例子较之其他更普通的例子不减分毫地代表了人类认知。认知科学家认为所有这样的例子揭示了认知的隐匿方面：航海家必须将整合作为随时可供其使用的标准工具，才能在他大脑中完成其航海绝技。人类进化并不只是给予我们强大的整合之力以便我们能够理解其他文化中的奇怪概念，或者解决像禅师相遇那样的难解之谜。我们强大的整合之力在我们的日常生活中也是有用武之地的。我们在此的目的是要说明不寻常的例子和日常的例子都是同等重要的。大家所接受的诸如“超过自己”（getting ahead of oneself）和“赶上自己”（catching up with oneself）

这样的习语，其构建过程使用的整合原则跟禅师一例的整合原则是相同的。这样的整合比我们所想象的还要普通。据保罗·罗德里格斯（Paul Rodriguez）报告，当他开车拉着客人在市里兜圈子的时候，其中一位客人说:“你这样来来回回拉着我们兜圈子，你会在街上碰见自己的。”保罗认为这句玩笑话里的整合空间跟禅师难题的整合空间基本上是完全相同的。于是他指出:

> 有意思的是构建这个整合空间几乎不需要语篇语境。短语“来来回回兜圈子”（driving around so much）暗示不止拉一趟，正如禅师难题中明确陈述有两段分开的行程。意识到这是一个整合空间的时候，我请我的客人给我解释一下，而她说:“小孩上学期间我得来来回回接送他们，于是我过去经常说‘这些日子说不定哪一天我就会在街上碰见自己。’”

运作的统一性

我们已经见过了直觉上让人觉得简单和让人觉得复杂的例子。

问题:

- 普通的整合简单吗?
- 不可思议的整合复杂并因此而更有意思吗?

我们的回答:

正如上文所述，正是相同的原则和复杂性被运用到了凯斯特勒那个极具创造性的禅师难题、贝昂的大脑绝技以及乘客对来回兜圈子的评论中。整合能在其需要的地方找到结构。禅师难题的另一个版本，其中引入了一系列完全不同的框架来创建了完全不同的整合网络，然而解决方法是相同的。这个不同的版本出现在西班牙短篇小说《英文页面》（Páginas inglesas）中，一个男子必须证明在同一个小时内他两次处于相同的位置。他刚用 20 分钟跑下了山。一天前，他用 5 个小时爬上了山。但是这 20 分钟被包含在了那天的 5 个小时的时段内。解决的办法在于想象昨天有一辆车在“相同的”20 分钟内开下了山。因此，我们首先有了一个非想象的整合，包含今天的快速行程和一辆汽车：在整合空间中，时间是昨天，而且是汽车完成那段行程。这样，我们知道，汽车昨天不可避免地从这个人 53
身边开过。这是第二个整合空间，而且也是非想象的。

通过比较这个不同的版本和凯斯特勒提供的版本，我们可以发现三点。

其一，不可能性对于整合空间来说并非至关重要的：凯斯特勒的整合空间是不可能的，但是西班牙短篇小说中复杂的双重整合（double blending）为我们提供了两个非想象的整合空间。

其二，整合空间中用于模型完善和浮现结构中的图式（schema）是经验性的。在凯斯特勒的解决方法中，引入的经验框架是两个人在一段路程上相遇。西班牙版本引入了更为丰富的框架：一辆迎面而来的汽车经过一个行人，而且汽车运动的速度比行人快得多。相遇的图式在凯斯特勒的解决方法中看似微不足道，但是在西班牙版本中找到正确的相遇图式看似是更具想象力的努力结果。事实上，小说框架中找到这个解决方法的人被认为是非常机智的：他创造了一个既熟悉而又直接明了的整合空间。因为西班牙版本中下山的时间比上山的时间短得多，找到汽车的图式就为我们利用有关不同速度的生活常识提供了途径。尽管西班牙版本的难题“在数学意义上”更复杂，因为涉及上山和下山的时间上的差异以及平均速度上的相应差异，但是有的人发现这个解决方法更容易被接受，因为最后的整合空间是一个熟悉情景中的直截了当的实例：迎面驶来的汽车从路人跟前呼啸而过。值得注意的是，在原来的和西班牙版本的解决方法中，如果按照字面理解“相同的位置”，我们得想象两个物体处于同一空间。在西班牙版本的解决方法中，汽车将轧过这个行人。但是在两个例子中大家都无意识地会在大脑中利用这样的常规：如果两个运动的物体近距离地经过，那么它们暂时处于“相同的位置”。

其三，两个解决方法都始于相同的输入空间（一个人的上山行程和下山行程），而且创造了相同的拓扑（topological）解决方法，但是二者构建的创造性网络是不同的。因此，输入空间并不决定整合网络。

整合的科学

我们已经知道整合并非确定性的。

问题：

- 我们不能从输入空间来预测整合网络，是否意味着来自输入空间的任何投射都是可以的？
54 • 整合的过程是否是模糊的、不科学的？整合的科学是否是模糊的、不科学的？
- 我们能否寄希望于找到某种跟整合一样很难控制的“神奇”科学？

我们的回答：

这些问题提得都很好。我们的研究项目的一部分就是要说明并非任何投射都是可以的。的确，我们将在第十六章看到，投射受到很强的制约。对于这个大难题我们已经取得了一定进展，而且我们将在第十六章中提出一些进一步的研究路径。

形式研究路径经常含蓄地认为只有生成性的算法模型（generative algorithmic model）才是科学的，因为它从既定的输入中确定独一无二的输出，因此整合具有的确定性不足的本质，正如我们对其展开的分析一样，给我们的理论打上了不科学的名号。简单地说，否定我们理论的科学性是错误的。如果理论都被要求提供具有确定的输入决定独一无二的输出的模型，那么有关概率、亚原子粒子、混沌（chaos）、复杂适应性系统、进化、免疫以及很多其他理论都不能作为科学发展起来。

“物种的繁衍”（descent of species）是不是一个不科学的概念？没人能够预测会出现什么样的新物种，或者甚至某个既定的物种会怎样进化；进化的输出物并不一定属于某个一清二楚的范畴（尽管每个范畴都有中心样例）；而且自然选择的结果也不能被算法确定。然而，进化生物学至今仍是科学的一个支柱。

从易到难？

我们已经从令人吃惊的例子开始论述，因为这些例子中的整合能被轻易地发现。

问题：

- 如果我们的论述先从解释“猫在垫子上”（The cat is on the mat.）的意思开始，而不是尝试去解决需要在同一时间身处两个位置的禅师一例这样的科学想象，那么我们的论述会不会更符合科学的意味？从易到难！

我们的回答：

如果简单的意义有简单的理论，而更复杂的意义有更复杂的理论作为补充，那么对意义的科学研究将变得容易些。但事实证明，简单的意义同样也是复杂的，而且正如我们将会反复说明的那样，为了构建整合网络，你必须要有所有的整合运作。整合也不例外。想要拥有常识也需要动用我们所有的认知力量。

从更普遍的意义上说，解释并不是从对简化的观察进行简化的论述，55
然后通过增加些花里胡哨的修饰进行引申而给出更好的解释。科学发展的方向恰恰相反：一条一般的科学论述解释所谓的简单例子，并将其作为一般论述的特殊例子。例如，当我们掉了某个东西，它会落到我们的脚上，这就是一个直觉本原（intuitive primitive）。但是这个直觉本原其实只是关于引力的一般理论的一个特定例子，而引力理论同样还能解释行星运动和抛射物的抛物线轨迹。没有引力的一般理论我们无法科学地解释一个掉下的物体是怎么落到我们的脚上去的。引力理论没有哪个部分是只适用于苹果的。相似的道理，我们进行整合所需要的也是一个普遍性理论，普通的例子和异常的例子这个理论都能解释。

可检验性

目前为止，我们给出了对整合空间的分析，但并没有对分析做预期和证实方面的说明。

问题：

- 科学不是还包括提出可检验的预期吗？
- 整合理论能得出什么可检验的预期？

我们的回答：

事实是，像进化生物学这样的科学并非旨在提出关于未来事件发展的可检验的预期。考虑到整合的心理运作本质，从两个输入空间来预期其必须出现的某个整合空间，或者预期特定的整合空间应该在如此这般的地点和时间出现，这都是毫无道理的。人类不以那样的方式来思维。当然，在强势的意义上说，我们希望能提出很多可检验的预期，包括预期整合的类别、整合好坏的标准、局部的目的如何决定整合的形成、形式如何提示整合、组合映射的可能性、创建连续的整合空间的可能性、整合过程中如何利用其他认知运作（比如转喻），以及范畴如何被延伸。

事实上，我们是这样理解的：我们已经证明了现有关于违实问题的论述不成立，因为我们证明了类似铁娘子这样的例子中违实的核心地位，而现有的这些理论论述基本上无法处理。我们还将随着论述的展开继续跟进，说明如果到了这些理论论述不承认整合的一席之地的地步，那么现有关于隐喻、类比或者语法的论述在某些方面也是“错误的”。从社会学和心理学的角度讲，理论倾向于解释数据，因此如果囿于某理论的概念思
56 维，很难使用数据来证明一个理论的错误。专攻违实问题的逻辑学家可能真的相信像铁娘子这样的例子不在逻辑学的相关数据范围之内，而只是自然语言中的一个异常现象，是一种“说话的方式”，而非真正的关于违实

“思维”的一个真实例子。像唐纳德·戴维森（Donald Davidson）一样声称研究意义的哲学家们也以类似的方式认定了对隐喻的研究不属于对意义研究的一部分。

整合的可见性

我们已经尝试让整合过程中的一些运作被有意识地发现。

问题：

- 如果意义是无意识地构建的，那么它又怎么可能被有意识地理解？
- 整合的哪些部分对于意识来说是可见的，而看不见的部分何时浮出水面？
- 禅师一例给了我们一种“尤里卡”或者“啊哈”效应[①]，在该例中整个解决方法突然出现，而且就像我们自始至终就都知道一样。这是怎么发生的？而且这跟经过漫长的论证过程一步一步地到达所得出的结论有什么不一样？我们突然理解到的意义和我们一步一步构建的意义之间是否存在差别？

我们的回答：

意识（consciousness）跟同一性、相同、差异一样，对有意识的大脑来说似乎是一种本原。数千年来，有意识和无意识的事实已经得到承认并引起关注，但最近理论家们才开始有能力提出人们为什么在根本上应该要有意识这个问题。以前，这看似是一个没有意义的问题。现在，这个问题被认为是认知神经科学的一个核心的、非常棘手的问题，而且已经提出了

① “尤里卡”效应中的“尤里卡”（Eureka）为古希腊语，是“我找到了”“想出来了”“有办法了”的意思。古希腊数学家阿基米德有一次在浴盆里洗澡，突然来了灵感，发现了他久未解决的计算浮力问题的办法，因而惊喜地叫了一声“尤里卡”，从此发现了阿基米德定律。“啊哈”效应中的“啊哈”（aha）是拟声叹词。这两个词表达的意思大致相当于中文的“顿悟”。——译者

若干的假设。我们请读者参考《意识研究期刊》(*Journal of Consciousness Studies*)和《大脑与行为科学》(*Brain and Behavioral Sciences*)来了解这一争议的丰富而简短的历史。

“如果意义是无意识地构建的，那么它又怎么可能被有意识地理解？”这个问题提出了一个错误的假设，即有意识地理解的内容必须是一个有意识的过程的产物。但是，如果我们从对一只咖啡杯的感知来看，在有意识的本质上讲，正是因为咖啡杯给了我们可以作用于它的效果，而且这些效果跟无意识的过程相关联。说到意义，对这些效果的理解通常引导我们去将意义具体化。意识发现某种效果并将其具体化，进而提供了原因：我看见一只杯子，而且按照通俗的理论，我看见一只杯子的原因是存在一只让我看见了的杯子。同样的道理，我听见一句话然后我“看见”(see)了这
57 句话的一个意思。而且按照通俗的理论，我看见了这句话的一个意思是因为有一个抽象的东西，即意思，致使我“看见”了它。我们已经说明了这种观点的错误。再说到整合，无意识的想象力发挥作用的效果被有意识地理解，而不是产生效果的运作被理解。在禅师一例中，一旦我们认识到整合空间中不可避免的相遇产生了解决最初的难题的方法，最终的意义突然出现在我们面前。整合空间和输入空间之间的动态连接网保持无意识状态。被有意识地记录下来的是整合空间中的相遇和两个输入空间之间“相应的”调整。

一旦一个整合网络经过细化，使其所包含的解决方法到了有意识的层面，真实可见的全局透视理解的时刻就到来了。在异乎寻常的例子中的解决方法的出现，能够产生“尤里卡”或者“啊哈”效应，这需要和另一种情形进行比较：我们在漫长的分析过程中一步一步前进，而且是包括最后一步的每一步都令自己信服，因此我们接受最后的结论，但却没有感觉到我们对整个问题有了整体的理解。相反，我们只知道在每一步中我们所解决的，不管解决的是什么，因此即便我们事实上并不知其所以然，我们还是认为结论是真实的。这看起来自相矛盾：在按步骤分析的时候，我们有

意识地解决每个步骤的部分，但却并没感觉到我们对事实有深刻的理解；而在整合的时候，分析的大部分是无意识地进行的，但得到的结果给我们更大的满足。我们提出，整合分析中，整个整合网络在解决方法出现的时候在大脑中仍处于活跃状态，即便是无意识的；而在逐步分析中，在得到解决方法的时候我们已经失去了之前步骤的大部分结构。

59

第四章

深层问题探索

这些书的作者参加了这次伟大的会话。

——莫提默 · J. 艾德勒

概念整合是看似需要解释的卓越创举和看起来非常简单的日常心理活动的基础。那些看起来简单而不需要解释的表现，往往却是最难解释的。认知科学家已经表明，在我们看来很容易的许多壮举——范畴化、记忆、框架化、递归、类比、隐喻，甚至视觉和听觉，都对科学分析具有特别的抵抗力，而结果也证明这些是最难解释的事物。哈里斯（Harris）和乔姆斯基之前的句法，贝特森（Bateson）和戈夫曼之前的框架化，以及根特纳（Gentner）、霍夫施塔特（Hofstadter）和霍利约克（Holyoak）之前的类比，都被认为是普遍存在的，但人们没有意识到有必要对它们进行系统研究。从某种意义上说，它们无法被感知，因为以前没有可以进行系统性探索的一个框架或一套技术。

既然我们已经有了概念整合的框架，我们就可以展示它在人类认知中如何系统地运作。

与康德的辩论

禅师的例子呈现了一种非常明显且直观的整合，这正是因为其中包含了有人遇到自己的奇怪事件。但是整合的所有结构和动态想象力的特性往往并不如此明显。我们来看一个例子，通过分析将不可见的整合变得可见。想象一位正在主持研讨会的现代哲学家说：

> 我认为推理是一种自我发展的能力。就这一点，康德不同意我的说法。他说推理是天生的，但我回答那是在回避他在《纯粹理性批判》（*Critique of* 60
> *Pure Reason*）中反对的观点，即只有天生的思想才拥有力量。对此，我提出的问题是：那又如何解释神经元组选择呢？他没有回答。

作为一个直截了当的报告，这段话描述了一个真实的历史事件，康德在面对现代哲学家的时候是哑口无言的。没有人会以这种方式解读这篇文章，这向我们提出了一个更大的问题：报告与死人的争论怎么能看作是一个人哲学立场的理智表达呢？哲学家以他们的逻辑思维和表达方式为荣。这里的现代哲学家并没有经历精神崩溃，在崩溃中妄想与康德交谈，并在辩论中羞辱他。相反，这段话或者说这段话的前半部分，是一个很好的逻辑思维表达的例子。一篇与一个已经死了几个世纪的人交谈的文章怎么可能是合乎逻辑的呢？康德怎么能因为不回答现代哲学家的问题而输掉这场辩论呢？因为众所周知，死了很久的人不能回答任何人的问题。

当我们的读者听到这篇文章的推理源于概念整合网络时，就不会感到惊讶了。因为在概念整合网络中，我们可以拥有一个有用但不真实的整合空间。禅师的整合让我们在输入空间中看到了真实的情况，而不是让我们相信真有人在山路上遇见了自己。同样，与康德的辩论概念整合网络告诉我们现代哲学家与康德及其思想的关系，而不是要求我们相信哲学家和康德真的面对面交谈，在这种情况下，甚至不要求我们去注意到整合正在发生。

与康德的辩论整合有两个输入空间。在一个输入空间中，有提出主张的现代哲学家；而在一个独立但相关的输入空间中，有康德、思考和书写。在这两个输入空间中都没有争论。整合空间中有两个人。此外，*辩论*的框架也被引入到康德和现代哲学家的框架中，即他们同时进行辩论，并能相互感知，运用同一语言来应对一个公认的话题。

通过模型完善，*辩论*框架很容易出现在整合中，因为它的大部分结构已经存在于两个输入的组合中。组合中有两位讨论理性问题但持有不同观点的哲学家。这种情景为我们提供了*辩论*框架的大部分结构，这种结构又可以进一步补充我们的结构，如康德对现代哲学家的认识、质疑和回答，以及在这场辩论中可能获胜的一方。一旦整合建立起来，我们就可以“运演整合”——也就是说在整合中进行认知运作，开发新的结构，并将各种事件作为一个整体来操纵。*辩论*框架带来了供我们使用的传统表达方式。我们使用这样的表达方式来直接挑选整合中的结构。但是由于整合和输入之间的联系
61 仍然是活跃的，所以在整合中发挥想象会对输入空间产生影响。例如，即使辩论是虚构的，我们假设现代哲学家在整合中的观点同时也是他在输入空间中的观点。在整合中，现代哲学家赢得了这场辩论，他的胜利证明了他有更好的想法，而这一想法会投射回两个输入空间中。投射回现代哲学家的输入空间中，证明他的想法很好，他的论证很好，而且他是一个非常优秀的哲学家。投射回到康德的输入空间中，无论康德的想法如何，都不是最重要的。

与康德的辩论具备整合的所有预期属性：

跨空间映射将康德及其著作与哲学教授及其讲座联系起来。对等成分包括康德和教授，他们各自的语言、主题、主张、活动时间、目标（如寻求真理）和表达方式（如书面与口头）。

向整合的选择性投射：康德、教授、他们的一些思想，以及他们对真理的探索都投射到整合中。康德的时间、语言、表达方式、他已经死亡的事实，以及他从未意识到的存在于未来的教授，都没有被投射。

组合产生了一个浮现结构：我们得到两个人同时在一个地方谈话。在完善过程中产生一个新的浮现结构：两个人同时同地的交谈唤起了对话、辩论或争论的文化框架。当他们意见不一致时，我们倾向于选择*争论*或*辩论*的框架。在这种情况下，我们选择*辩论*框架来构建整合。它是由专业的语法和词汇唤起的（“不同意”“回答”“反击”“关于……？”）。而通过细化又产生了一个浮现结构：在这种情况下，“运演整合”是一个通过细化问题和答案、反驳和让步，以及相应的防御、攻击、得意等情绪来运演

*辩论*框架的事件。运演这种整合为我们提供了现代哲学家的一系列论证，以及它们相对于康德论证的优越性，因为康德的论证早已处于顶峰，所以现代哲学家的论证更合理。

我们也看到事件的整合：康德的想法和教授的主张被整合到一个统一的事件中，那就是辩论。就像禅师和滑雪服务员一样，与康德的辩论被整合在单一的场景中，各种不确定的事件随着时间的推移而展开。整合提供了一个可以统一地操纵结构范围的空间。但是一旦整合空间形成，其他空间也不会消失。相反，整合空间之所以有价值是因为它在概念上与输入空间相连接。禅师的整合以及与康德的辩论整合使我们对输入空间进行了富有想象力的改变。禅师的例子看起来异乎寻常，但在与康德的辩论例子中我们甚至没有意识到其中的整合，因为它使用的总体整合模板对于与先贤的思想交锋来说是司空见惯的。

赛船 63

1853 年，“北极光号”快船从旧金山航行到波士顿用了 76 天 8 小时。1993 年，一艘现代双体船“美洲巨人 2 号”也在同一航线上航行，当时它的速度是有史以来最快的。在这艘双体船抵达波士顿的前几天，观察者们可以说：

> 到达此位置，美洲巨人 2 号比北极光号早四天半。

这种表达方式构成了两艘船于 1993 年在同一时期同一航线上航行的框架。它将 1853 年的事件和 1993 年的事件整合在一起。有一个跨空间的映射连接着两条航线、两条船、两个时间段以及航线上的位置，等等。整合的选择性投射带来了两艘船、航线，以及它们在航线上的实际位置和时间，但这不是 1853 年的时间，不是 1853 年的天气状况，也与快船曾在运输货物的事实无关。这种整合具有丰富的浮现结构：就像路途中的禅师一

62

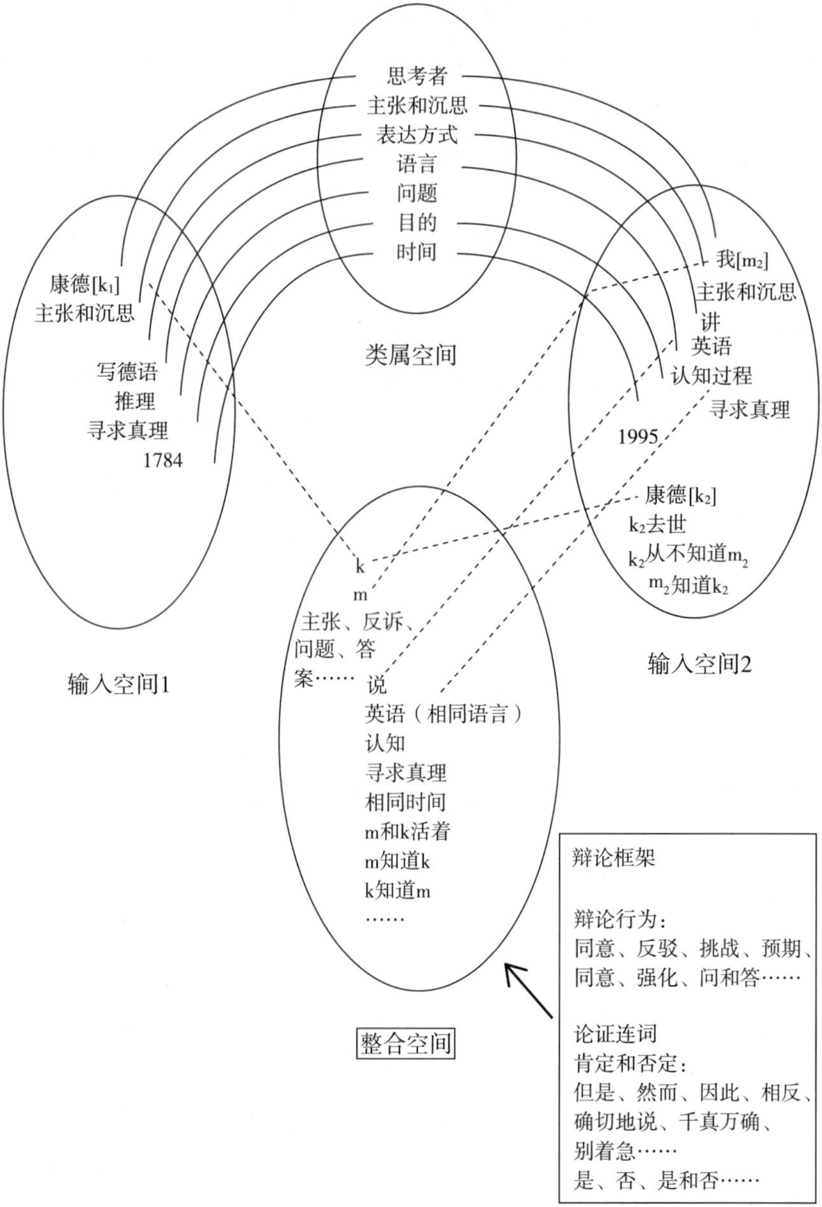

图 4.1　与康德的辩论网络

样，两艘船现在处于可以进行比较的位置，这样一艘船就可以“领先”另一艘船。两艘船在相同的航线上朝着相同的目标前进，并在同一天离开旧金山，这一场景符合一个显而易见的熟悉框架，即比赛的框架，它通过模型完善自动添加到整合中。这个框架让我们通过想象比赛中的两艘船来运演整合。就像在禅师的例子中一样，整合的细化受到输入中位置和时间投射的限制。整合空间中的比赛框架可能会被更显著地调用，如下所示：

> 在此位置，美洲巨人 2 号与其对手北极光号相比勉强保持四天半的领先优势。

“保持领先”是比赛的有意向性的一部分。虽然实际上双体船是单独航行，快船的航行发生在 140 年前，但这种情况是通过整合空间来描述的。所以没有人会被愚弄：快船并没有神奇地再次出现。整合与输入始终保持着牢固的联系，从整合推导出的结果可以投射回输入空间中：特别是如果我们知道在整合中美洲巨人 2 号比北极光号早四天半，那么我们就知道，在北极光号的输入空间中，其对应位置落后于美洲巨人 2 号在输入中的对应位置，而且我们知道从第一个位置到第二个位置需要航行四天半(乘坐两艘船中的任一艘船)。比赛框架的另一个值得注意的特点是它的 64
情感内容。比赛中的水手是由获胜感、领先感、失败感、获得感等相关的情绪驱动的。这种情感价值可以投射到美洲巨人 2 号的输入空间中。独自航行的美洲巨人 2 号被设想为与 19 世纪的快船进行比赛。它的独自航行可以让人产生相应的情绪，进而改变事件的进程。美洲巨人 2 号的船员们可以从把自己看作是在一场历史性的比赛中汲取勇气和担当的人；或者说如果他们被北极光号的表现吓倒，他们可能会一败涂地。

促使我们对“船赛”产生兴趣的确切词语摘自《北纬38度》(*Latitude 38*)杂志的一篇新闻报道，相关描述是这样的：

> 当我们的报道付印时，瑞奇·威尔逊(Rich Wilson)和比尔·别温伽(Bill Biewenga)与北极光号的幽灵相比只勉强保持了四天半的领先优势……

“幽灵”一词明确指向整合。其作用是指示如何在三个独立的空间中建立连接：在时间上较晚的输入空间中（即美洲巨人 2 号），有些人记得时间上较早的输入空间中的一个元素（1853 年的北极光号），且该元素不在晚期输入空间中，而是在整合中有一个对等成分（这里指“幽灵”船）。我们将会看到，使用“幽灵”来指示整合网络的构建是非常普遍的。不能将它解释为仅仅是表明单个元素的特性，它还告诉我们关于该元素连接网络的重要信息。在第二章中，我们看到了与“安全”一词类似的词汇现象，也不能简单地解释为表明元素的特征；相反，它告诉我们一些关于跨空间连接网络的重要信息，这些连接涉及一个违实的伤害场景。此外，“幽灵”一词表明，在整合中涉及“幽灵”的事件受到与其对应的原型事件的约束。那么在赛船例子中，幽灵船的航行必须跟其原型保持一致。它不能比 1853 年的速度更快，不能受益于 1993 年的天气，也不能与美洲巨人 2 号相撞，等等。所以，“幽灵”不是告诉我们两个空间中事件的具体特征，而是告诉我们这些事件具有特定的跨空间关系：这个“幽灵”至少必须复制它的原型。

在这一点上，没有人因为被愚弄而混淆了现实与整合。没有任何证据表明水手们确实看到了一艘幽灵船或者想象出一艘船。整合的构建和运作是创造性的，但也是常规性的，即读者无需有意识地付出努力就能立即知道如何解释这种整合。

因为整合既不是确定的，也不是合成的，所以有不止一种方法来构建一个可接受的整合，这在赛船上得到了证实。人们更倾向于认为四天半是与美洲巨人 2 号到达现在位置 (A 点) 时间 N 的差，即在 1853 年，北极光号到达 A 点的时间是 N+4.5 天。根据这一解释，这些船在原始空间 (1853
65 年和 1993 年) 以及在整合空间中的位置（A 点是美洲巨人 2 号，B 点是北极光号）是它们在航行 N 天之后的位置，其中 N 天是写报道时在 1993 空间中的流逝时间。在这篇文章中，四天半是 1853 年空间中的时间——也就是北极光号从 B 点到 A 点的时间。另一种可以想象的解读方式正好与之相反，取 1853 年空间中流逝的时间和当前 1993 年空间中的四天半来计算。根据后一种解释，北极光号在 N 天后到达 B 点，美洲巨人 2 号在 N 天之后到达 A 点，而美洲巨人 2 号花了四天半从 B 点到达 A 点。换句话说，整合中的北极光号正到达美洲巨人 2 号在四天半前经过的点。

当然还有其他可能的解读，假设美洲巨人 2 号所走的路线与它卓越的前辈不同，那这两段航程的位置不能直接进行比较，但专家们可以根据目前的位置，估算美洲巨人 2 号“应该”花多长时间才能到达波士顿。那么考虑到其目前的位置，“提前四天半”可能意味着，美洲巨人 2 号抵达波士顿的时间为 76 天 8 小时减去四天半（即 71 天 20 小时）。这一次，在 1853 年的空间和专家们假设的 1993 年的空间的整合空间中，美洲巨人 2 号比北极光号提前了四天半到达波士顿。

“四天半”的三种解读涉及在输入空间和整合空间中计算“四天半”的方式上存在最小差别的整合网络。每个网络都可以对现实世界中的真值条件进行精确的量化评估。每一种情况下的整合空间都是不同的，其结构决定了解释中真值的相应差异。这是一个很好的观点：这种整合不是模糊和幻想的，它允许对真值进行精确的规定。

心脏搭桥手术

禅师、铁娘子、与康德的辩论和赛船都引导我们将时间上分隔的输入空间整合在一起。在禅师的例子中，每个输入空间中的同一位禅师被作为独立元素引入整合中。现在考虑这样一种情况：输入空间中的相同元素被带到整合空间并且进行了融合，如图 4.2 所示。该广告旨在劝说读者支持提升美国学校的课程标准。广告上有三位医生在手术室里，他们似乎正把目光投向看广告的人。广告中的标题在给病人（即读者）介绍医生：“乔伊、凯蒂和托德将要给你做心脏搭桥手术。”令人不解的是他们只是 7 岁左右的小孩。广告的主体解释说，做任何复杂的事情，比如行医，都需要复杂的学习，但美国的孩子们正在接受降低难度的课程。他们不会理解化 66

学、激光技术或免疫学，所以他们不会成为好医生，而由读者化身的公众将面临危险。具体来说，乔伊、凯蒂和托德会给你做手术，你可能会死。因此，你应该帮助提高学校的课程标准。

一个输入空间中，这是三个需要接受教育的小孩，而另一个输入空间中他们是受过正规教育的医生。跨空间的映射把小孩和成人联系起来，被局部投射到整合空间并融合；被投射到整合空间的还有来自成人空间的外科手术框架。这样，整合空间出现了令人害怕的场景：7 岁的外科医生。我们都希望外科医生比 7 岁小孩强，这就直接引发了如何让这些小孩成为能胜任成人工作的问题——提升课程标准。广告告诉我们，如果我们什么都不做，这些孩子将在一个无法教会他们成为医生所需要的知识的学习体系中成长。但我们有一个选择：我们现在就可以迅速行动起来，提供教育，使整合网络不再可怕，因为*成人医生*的输入空间才是真正重要的。问题在于整合空间和成人医生空间之间用教育来衡量的距离有多远。在这个整合中，医生的外表与他们的能力相匹配：他们年幼，同时能力不足。在成人医生的输入空间中，他们有成人的身体，问题是，他们会有什么样的能力？我们现在不作为就会使成年医生能力低下。改善学校的教育，可使我们的成人医生具备高超的能力。正如广告上说的，“如果我们现在做出改变，就可以避免今后的很多痛苦”。

这则广告的强大之处在于运用整合来将现在的小孩和他们很久以后工作的框架结合在一起，而读者也被投射到了整合空间中成了病人。这就把原本时间上久远的一个情境带到了当前，从而变得很紧迫，因为它已经迫在眉睫了。在输入空间中，小孩接受糟糕教育的致命后果只会在很久以后出现，那时你已经老了并且需要心脏搭桥手术。在整合中，你马上需要做心脏搭桥手术，而且手术即将实施。你可能对 20 年后发生在你身上的事漠不关心，你可能对那些不是你的孩子的教育漠不关心，但你很难对那些即将打开你胸腔却专业能力不足的医生无动于衷。有趣的是，恐惧和焦虑也成了整合中产生的浮现意义的一部分，输入空间中不一定会附带。

67

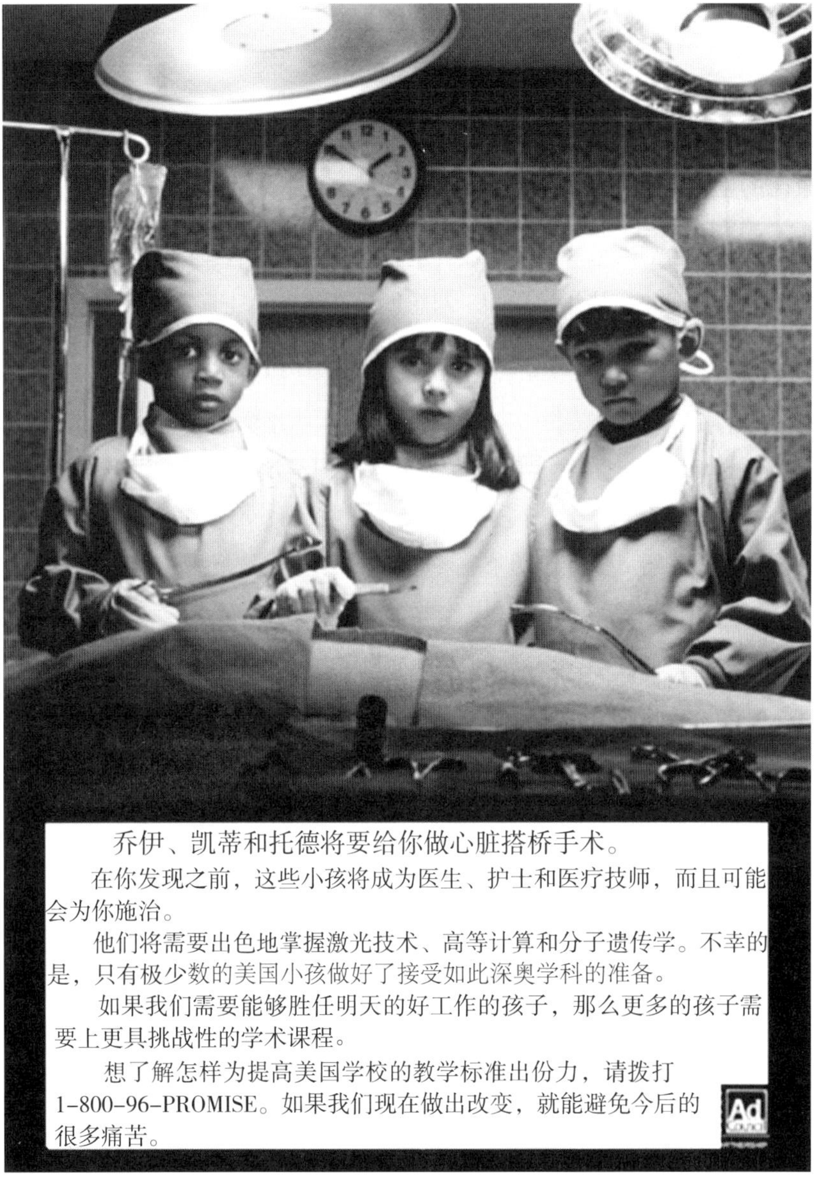
乔伊、凯蒂和托德将要给你做心脏搭桥手术。
在你发现之前，这些小孩将成为医生、护士和医疗技师，而且可能会为你施治。
他们将需要出色地掌握激光技术、高等计算和分子遗传学。不幸的是，只有极少数的美国小孩做好了接受如此深奥学科的准备。
如果我们需要能够胜任明天的好工作的孩子，那么更多的孩子需要上更具挑战性的学术课程。
想了解怎样为提高美国学校的教学标准出份力，请拨打1-800-96-PROMISE。如果我们现在做出改变，就能避免今后的很多痛苦。

图 4.2　心脏搭桥手术

［来源：卓越教育合作伙伴网站（Education Excellence Partnership Website），2001 年］

拓展思考

康德的整合是有意识的吗?

与康德的辩论是一个精心设计的整合，如果没有人指出来，这个整合是不容易发现的。其他像禅师、幻想俱乐部的整合凭直觉更加明显。还有一些，比如“海滩是安全的”，从直觉上根本感觉不到整合。

问题:

- 为什么整合在意识面前直觉上可见的程度会有变化，这种变化重要吗?
- 整合变得可见是因为有更多的整合在进行吗?

我们的回答:

可见性和复杂性是不同的问题。在禅师的例子中，整合非常明显，因为读者被明确告知不仅要进行整合，而且要知道如何进行整合。在与康德的辩论中，当我们将一位现在的思想家与一位过去的思想家作比较时，一般性辩论的整合就已经准备就绪了。我们不需要明确的方向来进行整合，所以我们通常不会注意到它。但是一旦指出，*辩论*的框架是非常突出的，使得整合在直觉上易于理解。同样的道理也适用于美洲巨人 2 号比北极光号提前了四天半。在我们使用“幽灵”这样的特殊词汇来挑选整合网络中三个不同空间中的对等成分之前，这种整合一直未被注意到。“幽灵”提示我们既要进行整合，又要知道这个过程；而“安全”一词，比如在“海滩是安全的”中，提示我们只进行整合，无须注意这个过程。

格莱斯的错误

在与康德的辩论、赛船、禅师以及其他很多网络中，提示我们去构建整合的陈述从字面上解释不通，但它却得到了被认为是正确的解释。例如，人们认为双体船比快艇早四天半，康德不同意现代哲学家的观点，这两种说法都正确。

问题：

- 格莱斯质量准则的简单应用难道不能把我们从表达的错误的意义引到我们给出的正确解释上去吗？

我们的回答： 69

这个问题由哲学家保罗·格莱斯（Paul Grice）提出的众所周知的关于反讽、隐喻和其他“比喻”意义的研究方法所引发。他提出了“合作原则”，根据这一原则，说话者的行为被认为是有益的、准确的和相关的。例如，我们假设说话者遵守质量准则：“不要说你认为是错误的东西。”因此，当一位说话者说“你是我咖啡里的奶油”时，我们认为他知道这句话的字面意思是错误的，但是我们打算给出一个正确的解释，比如“我爱你”。认识到说话者知道（并且知道我们知道）这个陈述是错误的，促使我们看到这个表达是反讽的，或者是隐喻的，或者具有某种比喻义，并且去寻找另外的意思。

然而格莱斯本人可能会第一个说，他的提议并不是用来解释另外的意思如何实现。这对我们来说是一个核心问题。我们已展示，构建整合意义并非易事，它取决于可供使用的复杂的认知能力。但是要形成整合并不需要经历形成和排斥字面意思的中间过程。举例来说，事实上我们很难形成一种字面上的解释：北极光号的“幽灵”出现在地球上，与美洲巨人 2 号同场竞技。然后我们判定这种解释是错误的，再去寻找其他意思。格莱斯的解释只打算到此为止，但即使到此为止也是不妥的。

此外，所谓的字面意义只是在最少指定语境中可能出现的缺省情况。目前尚不清楚“字面意义”这一概念在意义的在线建构中是否具有特殊的作用。

向整合的投射是非凡的

向整合的投射通常看起来是自动的，而且相当简单。禅师就是禅师，线路就是线路，观点就是观点。

问题：

- 向整合的投射有什么容易让人陷入误区的地方？

我们的回答：

让我们先来思考与康德的辩论。从直觉上看，整合中现代哲学家的思想似乎与现代哲学家主持研讨会的思想是一致的，这一点看上去显而易见。同样明显的是，直觉上康德在整合中的思想与历史上的康德的思想是相同的。但这样的想法有些操之过急了。整合中的康德理解现代哲学家的语言和术语，包括“自我发展能力”和“神经元组选择”等概念，而这些
70 概念可能是康德从未想到过的。他与现代哲学家共享优先级、关切点和语境。因此，即使原原本本地照搬一段论述，整合中的康德的思想也不可能与历史上的康德的思想别无二致。心理空间构型的一般属性是同一性联系跨空间连接元素，而不暗含它们是相同的或具有相同的特性或属性。当有人说，“我 6 岁的时候，我有 50 磅重。”他提示我们将现在的他和 6 岁的“他”建立起一种同一性联系，尽管处处存在明显的差异。与康德的辩论是一个非对称的整合网络：我们关注的是需要优先保留的现代哲学家的思想。如果两个来自不同世纪的人想要辩论，这必须要付出一些代价，所以康德的思想在我们运演整合的过程中进行了调整。

在心脏搭桥手术的例子中，医学输入空间中的医生和整合中的医生之间有一个同一性连接子，但是他们几乎没有什么相同之处。整合中的医生没有我们所联想到的医生的任何特征——成年、训练、法律地位——除了与手术有关的服装、设备、权限和职责之外。在与康德的辩论中，我们试图以直观的方式保留哲学思想的内容；但在心脏搭桥手术中，我们选择了不同的投射方式，并产生了惊人的结果：儿童医生们的想法既不属于真正

的儿童也不属于真正的医生。他们期待地看着读者，读者此时也是病人。也就是说，他们看着的这个人既是他们潜在的捐助者，也是他们潜在的受益者（或受害者）。

阿奎那、康德和我们

想象通常被认为是一种备选的能力，其使用更多的是为了修辞而不是为了严谨。

问题：

- 整合不总是依赖于更基本的思维方式吗？
- 整合不总是备选的吗？

我们的回答：

一般的辩论整合是我们理解不同时代的两位思想家的关系的基本方式［阿奎那把它作为《神学大全》（*Summa Theologica*）的明确修辞形式］。事实上在发展的过程中，除了通过某种类型的整合让两位思想家互动之外，没有其他方法来理解他们之间的关系。这种整合通常未被注意，恰恰是因为我们已经习以为常。例如，在各章的“拓展思考”部分，我们使用的是一种整合形式，读者——其中一些是我们赞同或不赞同的先贤思想家——可以向我们提问，而我们可以回答。然而这种形式的整合通常也不会被注 71
意到，直到我们指出来。一般的辩论整合有许多创造性的变体。报纸社论经常把与当选官员不同的意见作为官员与作者之间的隐性辩论。法国国家报纸《小花束》（*Le Petit Bouquet*）的电子摘要经常把在夜间写文章的作家之间的辩论以社论形式发表，而这些作家完全没有意识到对方的存在。例如，在总结法国对柬埔寨劫持法国人质的外交回应时，《小花束》上写道：

> *Or, rappelle* José Fort, “on ne traite jamais avec des tueurs, on les combat, on les isole, on les met hors d’état de nuire, mais c’est tout le contraire qui a été fait

lors de ces accords". "*Non*, la France n'a rien à se reprocher, *lui rétorque* Alain Danjou dans le Courrier de l'Ouest. La France a encouragé le retour d'un régime plus attentive aux droits de l'homme et la négociation engagée rendait possible une issue heureuse." ①

斜体字直指一个辩论框架，但在最初的社论中，福尔（Fort）和当茹（Danjou）并没有互相指名道姓，也没有使用“不”这样的词。

还有其他一些常见的表达引发辩论整合的情况，比如“豆卷饼是加州对法国三明治的回应”和“鹿跃酒窖霞多丽干白葡萄酒是加州对科尔登-查理曼特级园干白葡萄酒的回应”。像这样的表达方式引入了加州和法国之间竞争的想法，这种想法被框架化为一场奇怪的辩论，因为辩论中的挑战和回应是食物和酒。

选择性投射

我们使用“选择性投射”这个短语来讨论整合可以从输入空间中得到什么。

问题：

- “选择性”意味着有人正在仔细地选择某样东西。这种说法正确吗？

我们的回答：

当我们看到最终的整合网络及其所有连接就绪时，这可能看起来像是在展示其创建者在选择正确的投射时所掌握的高超技艺。当我们只看结果时，我们忽略了它的许多创建过程。在意义建构中，总是存在着大量的无

① 书后第四章的注释里有这段法语的译文，其大致意思是：“此外，”正如若译·福尔（José Fort）指出的那样，“你从不与杀人犯打交道；你跟他们战斗，你孤立他们；你阻止他们造成伤害。但这些协议的作用正好相反。”“不，法国没有理由自责，”阿兰·当茹（Alain Danjou）在《西部邮报》（*le Courrier de l'Ouest*）上反驳道：“法国支持重建一个更加关注人权的政府，而已经开启的谈判有望产生好的结果。”——译者

意识工作，整合也不例外。为了找到合适的投射，我们可能会做许多平行的尝试，然而只有那些被接受的投射才会出现在最终的网络中。当我们向 72
一个整合投射时，我们也是在整个网络上工作，例如，我们可能会为输入空间精确地引入新的结构，以使它可以用于任何可能的整合投射。在这之后，它看起来就像是一开始就存在于输入空间中的结构，就好像构建一个网络是一系列离散的操作；但这种表象具有误导性。输入空间的形成、投射、完善和细化都是同时进行的，许多概念框架是我们在最终结果中从未见过的。大脑总是做很多会被抛弃的工作。在第十六章中，我们将讨论支配原则，通过这些原则，我们会不知不觉地决定保留什么和抛弃什么。

但是整合不是在线从零开始的。文化在努力开发整合资源，然后可以相对轻松地传递下去。正如我们刚才看到的，辩论整合是一个广泛适用于具体案例的通用模板。有了这样的模板，投射和完善的一般形式是预先确定的，不需要重新发明。创造性的部分在于为特定的情况运演整合。在文化实践中，文化可能已经对特定输入空间进行了高度的特异混合，因此整个整合网络是可用的，并且具有其所有的投射和细化。这就是我们在复数中看到的情况，但在这种情况下，文化需要几个世纪才能实现理想的整合。事后看来，似乎正确的投射一直都在那里，只是需要被“挑选”出来。但是，发现的过程实际上是痛苦的且不可预测，包含一系列混乱的试验和错误，其中还会发生许多幸运和不幸的事故。控制在线运作的个体大脑的最优性原则也适用于以分布式方式共同工作的大脑社区，以形成合适的共享网络。

除了特定的整合和整合模板之外，文化还为我们提供了设置整合的方法。人类认知学家埃德温·哈钦斯（Edwin Hutchins）指出，许多文化都把轨迹法作为一种创造整合的方法。他是这样描述轨迹法的：“为了记住一长串的想法，人们会把这些想法按顺序与物理环境中的一系列地标联系起来，而这些地标需要被记住。轨迹法在环境中建立了跨越一组特征……的简单注意轨迹。”轨迹法引导我们创造一个整合的空间，在这个空间中，需要记住的东西是沿着熟悉路径的物体，因此，采用能被沿途的旅行者感知的必然顺序。在西方文化中这是一种非常古老的方法。西塞罗（Cicero）详细讨论了一个例子，其中的路径穿过说话者自己的房子。

其他整合，如禅师的例子，在文化中似乎是即兴的，因此具有高度的想象性，但它们不会被视为是对其他重要目的有用的东西，因此一直被当作趣闻，而不是深刻的洞见。但历史上不乏各种各样异乎寻常的趣闻，而且后来在文化中变得重要起来。

虽然很难想出好的投射，不过一旦文化有了好的投射，它们就变得容
73 易学会，这正是因为文化发明了形式系统，如语言，其目的是提示选择性投射之类的想象各种工作。要找到一种文化之前没有构建过的整合，可能需要相当多的无意识认知探索，但这种整合一旦被发现，使用文化提供的形式提示来重建这种整合就要容易得多。富有想象力的阿喀琉斯将他的形式的盔甲发挥了很好的作用。

第五章

75

因果关系

任何数学论证，不管有多复杂，在我看来必须是独一无二的。除非我能成功地用一个全局的思想来把握，否则我并不觉得已经理解它了。

——雅克·阿达马

因果关系是人类生活中的基本。把一体的事件分解成由许多基本事件组成的因果链，使每个事件都是前一个事件的结果和下一个事件的原因是数学、科学和工程的重大成就。这种分析给我们的感觉是，我们理解了复杂的事件，并且有意识地把它归结为一组不言而喻的基本事件。这种解释特别适用于形式主义路径的表达，因为我们可以符号化地编码基本事件和因果关系，将对形式的物体的操纵与其编码的复杂系统中的变化相关联。

举个例子，生死是最大的谜团，死亡的时刻来得突然且精准，但是医学将事件分解成复杂的因果链，包括基于心率、血流、氧气输送、神经元激活等简单的细胞代谢事件。与之类似，数学真理看起来惊人且神秘，但是证明方法把这种神秘分解成一系列逻辑步骤，每个步骤看起来简单明了，每个步骤都通向随后的步骤，直至得出结论。这是亚里士多德的见解，也正是它驱动了现代计算机的发展。

全局透视

我们在第三章末尾看到，这种循序渐进的理解只是一方面。把一个事

件分解成一组较小的事件，每个小事件都被有意识地分开进行理解，这种
76 自相矛盾给我们一种理解的不太透彻感，因为我们觉得还是没有抓住整体的本质。人类理解能力的强项就是能够同时做到这两件事，而我们最大的把握来自于我们能以这两种方式理解同一件事。对于像雅克·阿达马这样的数学家来说，理解一个复杂的数学结果既需要对整体的直观理解，也需要详细理解每一步证明。前者通常被认为是所有创造力的本质。后者当然也很有价值，但通常被视为一种抑制直觉和公开分享发现结果的方法。

从进化的角度来看，我们的先辈通常处于需要能在瞬间识别出潜在的整合事件的境地：正在倒下的树必须立即与潜在的伤害和此时人站的地方正确与否联系起来；咆哮的老虎需要（假想，或者我们希望是在违实的情况下）与它会要了我们的命联系起来。在心理学中，高等动物在进化过程中已经具备了识别各种面部表情、姿势、手势和声调的能力，并以此作为随后行为的提示，这是司空见惯的情况。甚至说某人**看起来**或**听起来**“很暴力”或“像罪犯”，但我们的意思是，他们的外表让我们认为他们可能会导致暴力或犯罪行为。简而言之，能够在我们的理解中统合因果关系在进化上是有利的。看到原因中的潜在影响是件好事，看到结果中的潜在原因也是件好事——咆哮声后面可能是一只老虎。我们畏惧死亡的场景，我们喜欢吃东西的场景。听到响尾蛇发出的声音我们就退缩，那是因为我们正在把它和它的潜在结果整合起来。我们被美味的水果吸引，也是因为我们正在把它和它的潜在结果整合起来。当然，在遗传上这种能力的一小部分可能会被同化，但是高等动物能非常明显地进行这种整合，甚至在新的文化领域也是如此。

事实上，刺激反应条件作用的典型案例——巴甫洛夫（Pavlov）的狗，实验中多次铃铛响后都会给它一块肉，狗只因铃声而流口水——展示了因果整合有多么普遍。进化建立了为肉类产生唾液的部分，但不包括对铃声分泌唾液的部分，这是后天习得的。这只狗看起来很笨，但在某种程度上说却很聪明，因为需要复杂的认知运作才能以这种方式形成条件反

射。压缩因果本身并不是愚蠢的表现，只有当狗完全失去了因果的区分，吃掉了铃铛，那才是愚蠢。把因果联系在一起并非易事，二者必须以正确的方式在一个心理空间中结合在一起，同时在其他空间中保持不同。适当地把因果关系结合在一起，是件有得也有失的事情。

巴甫洛夫的狗学会了将食物与铃声整合在一起，而逃亡的羚羊，也有 77
将死亡和老虎咆哮整合在一起的遗传倾向，它们在最高智力层面都有类似情况。再比如伟大的数学家雅克·阿达马的评论："任何数学论证，不管有多复杂，在我看来必须是独一无二的。除非我能成功地用一个全局的思想来把握，否则我并不觉得已经理解它了。"这种全局透视涉及因果整合的问题。证明的每一步都是前面步骤的结果。可以把所有这些原因和结果作为一个序列来遵循，但实现全局透视需要将这些因果全部整合到一个空间中。这在一个自古已知的例子中显而易见——对毕达哥拉斯定理（Pythagorean theorem）的视觉理解。在图 5.1 中，我们看到左边的一个正方形由一个较小的正方形和四个相同的直角三角形组成。显然较小的正方形是以三角形斜边（h）为边长的正方形。右边的正方形由相同的四个直角三角形和两个正方形组成，显然这些正方形是以三角形的两条直角边（a 和 b）为边长的正方形。显然，左边的总方块和右边的总方块具有相同的面积。当我们减去四个三角形时，左边留下一个正方形（h^2），右边留下两个正方形（a^2+b^2）。左右正方形的面积一定是相等的。也就是说，$h^2=a^2+b^2$。

这也可以通过代数一步步来证明，但大多数人依据阿达马的直觉，即理解需要整体把握，发现视觉上的表征更具吸引力。如此一来，因果被放到了一起。这个定理的原因以及它为真的原因，都在于几何特性，其中一些特性可以由视觉表征准确传达。如果所有人看到的都是直角三角形，那么这些几何特性的结果，即定理本身是不易被直观察觉的。但是在有创造性的视觉表征的情况下，我们认为该定理不言自明，也就是说，我们直接在原因中看到了这种结果。直接在原因中呈现结果也就是寻找正确的表征形式，而这本身就具有高度的创造性。一旦找到，它可以提示并引导我们获得必然的创造力和整体性的理解。在《美诺篇》(*Meno*)中，苏格拉底只是向一个对几何一无所知的男孩提出一些问题，就可以让这个男孩发现一个定理。这个男孩的发现应该可以证明，既然苏格拉底实际上没有向男孩断言任何东西，男孩就不可能从苏格拉底那里学到知识，因此男孩必须已经以某种方式了解了这个定理，而苏格拉底的问题仅仅是提醒。不过这根本不是这个事例想要说明的问题。相反，它表明像苏格拉底这样已经拥有知识的人可以用非常有效的表征和表达方式来提示和引导其他人相对迅速地获取它。在这种情况下，结论就是结果，推理的步骤就是原因。这个男孩看到了原因所包含的结果，并对他们的整合有了全局透视。

78

图 5.1　毕达哥拉斯定理的视觉理解

当然，两次禅师的行程也正好展示了在原因中呈现结果。原因是两个输入空间行程的动态变化，结果是路径上存在一个位置是两次行程在某天的同一时间的重合点。在整合中，位置和相遇直接呈现为构成原因的动态运动的一部分。

在认知科学中发现适当的表征对于解决各种类型的问题来说都至关重要。现在我们开始看到整合是多么的富有想象力，能够将原因与结果整合在一起，提供有启发性的表征。这些表征的形式通常采用可以运演的动态场景。

感知与知觉

因果的整合是感知的核心特征。我们在第二章中讨论过，对于单个实体（如杯子）的感知是神经生物学家至今仍很难解释的富有想象力的壮举。意识可以感知到大脑与其环境之间复杂的相互作用的结果。我们将这种结果与其原因整合，以创造出新的意义：存在一个原因——即杯子——直接呈现其结果——即杯子的整体、颜色、形状、重量，等等。因此，结果现在存在于它的原因之中：即现在杯子的颜色、形状和重量固有地、原始地和客观地呈现在“杯子”上。

在感知的意识层面，我们通常只能理解因果的整合。我们不得不建立 79
这种整合，且无法超越这种整合。因此，这种整合在我们看来是最基本的现实。有几种方法可以使因果之间的区别最小化，有时甚至小到难以察觉。脑损伤、精神活性药物和某些神经生物学综合症可能导致整合崩溃以及随之而来的感知异常。但在大多数情况下，当我们大脑正常运作时，我们的意识就无法看到整合网络的其余部分。因此，我们会认为，对视野中某个点的感知是源于我们眼中所接收的从它那里反射的光所引起的，但事实并非如此。报纸标题中的黑色字母在阳光下反射到我们眼睛的光量，大约是白纸在光线昏暗的办公室中反射的光量的两倍，但我们仍然看到字母为黑色而纸张为白色。我们会认为字母是黑色的，是因为它总是“黑色的”，但这种看法源于因果的整合。一个大的均匀的照明点，如白墙上的紫色圆盘，似乎圆盘边界和内部色彩一样强烈，但神经节细胞实际上只对其边界而不对其内部有反应，这使得其内部的生动性无论多么明显，都处在大脑计算的下游。我们认为中心的紫色直接导致我们对圆盘的感知为紫色，但这实则是因果的整合。同样，当两盏灯连续闪烁时，如果它们之间相隔恰当的距离，且闪光灯恰当地定时闪烁，我们会发现，无论我们怎么努力，都会不由自主地看到一束光从一盏灯扫到另一盏灯。如果第一盏灯是一种颜色而第二盏灯是另一种颜色，那么我们会看到光束在从第一盏到达第二盏灯之前的中点位置颜色发生转换，尽管第二盏灯此时还没有闪烁。我们对光束的感知，以及我们实时观察光束的感觉，都是结果。所以在这个例子中，我们整合了结果和原因，创造了一个客观的延伸光束，它会在第二次闪烁之前改变颜色。结果似乎为原因所固有。在这种情况下，通过盖住一盏灯或另一盏灯，我们可以获得证据表明我们的感知是一种整合。

知觉投射（sensory projection）是感知的一个普遍特征，也来自于整合。踝关节疼痛的知觉构建于我们的中枢神经系统中，但我们能“感觉”到的疼痛当然只位于踝关节。我们在概念上整合了原因的一部分和心理结果，产生“疼痛的脚踝”，这样一来因和果现在一起被定位在我们的关于脚踝的心理概念中。构成“疼痛”的神经生物学结果分布在整个中枢神经系统中，但整合的因和果只在“脚踝”这一个部位。显然，我们为疼痛的知觉做因果整合是有道理的：解剖学上的脚踝确实需要注意和保护。幻肢现象也明显表现出相同类型的整合，只是踝关节在这种情况下实际并不存在。截肢者不仅可以感觉到缺失的脚踝的疼痛，而且还因此感觉到自己是有脚踝的。他可能会“健忘地”伸手去触摸实际上并不存在的脚踝。事实是，过去连接到脚踝的神经元仍可以被激活，它们造成疼痛的感觉，并引发通常的因果整合。大脑实现因果整合的压力是如此巨大，以至于它会使
80 用概念整合来提供一种浮现结构，该结构不仅包括局部疼痛，而且包括发生疼痛的幻肢部位。截肢者无法控制这种知觉，即使它与他所相信的一切截然相反。在这种情况下，知觉的因果整合存在严重的误导，但是正在进行整合的大脑阔步向前，未受阻碍。

人类仪式

因果的整合通常是仪式的核心理据，在仪式中我们即使看到因果的

整合，也可以有意识地感知因果之间的差异。婚礼中的新娘将花束扔向一群单身女性，而抓住新娘花束的人，就是下一个要结婚的人。部分结果——拿着新娘花束——成为原因的一部分——接住花束。时间上较远的结果——即下一个婚礼——成为抓住花束的人的一个特征：她是下一个要结婚的人。仪式也创造了下一次婚礼的原因：现在有一位女性接住了花束，因此排在下一位。一个与之平行的仪式是新郎扔吊袜带，它经常被约定为新娘扔花束联合仪式的一部分，且出于象征目的，接住吊袜带的单身男性和接住花束的单身女性可能被认为是般配的一对。该仪式最初包含两个输入空间：第一个是现在的婚礼，新娘和新郎的角色由两个特定的人填补；第二个是不可避免的下一个婚礼，新娘和新郎的角色空缺。接住花束和吊袜带填补了这两个空缺的角色。它创造了一个象征性的虚构事件，代表不可避免的未来婚礼。单身男性和单身女性成为未来新郎和新娘的对等成分（即他们自己，通过同一性对应），而且，通过类比，是现在的新郎和新娘的对等成分。在整合网络中，这些复杂的映射形成了一个丰富的整合空间，单身女性和单身男性在这个空间中扮演着现在的新娘和新郎的角色。在整合中，原因和结果被放到了一起：作为未来婚礼原因的单身女性和单身男性，是作为结果的想象中的新娘和新郎，至少出于仪式的象征性目的而言是这样。花束和吊袜带，使他们成为未来的新娘和新郎，同时也是假想的求爱和婚礼所需的象征性道具。

伊芙·斯威策（Eve Sweetser）讨论了一个含义非常丰富的公共仪式，即婴儿上楼梯（Baby's Ascent）的例子，在仪式中新生婴儿被抱着上父母家里的楼梯。这种仪式旨在提高孩子人生崛起的机会，并通过整合网络获得其意义。在一个空间里，婴儿将被抱上楼梯。在另一个图式空间中，某人会经历某种人生。这个图式性的空间已经结构化，即人生以某种方式沿着一条道路前进，并且好运即将到来，不幸将会消散。之所以选择了楼梯仪式，是因为它有许多元素可以自然地映射到人生空间的图式运动中。在
跨空间映射中，上楼梯的路径对应于人生的“历程”，婴儿是要经历这种 81

人生的人，上楼梯的运动方式对应于人如何“经历”人生，等等。“人生历程”空间的主要部分被投射到整合中，因此轻松上楼梯决定了孩子平步青云的人生。而目标当然是顺利爬到楼梯顶部。这时整合的运演充满了深刻的象征意义，因为无论仪式中发生什么，婴儿的未来人生中也会发生什么。这有一个有趣的结果：抱着婴儿上楼梯，尽管在第三步上趔趄一下是不足为道的，但这个动作在整合中却具有重要意义，而且与在最后一步趔趄一下的意义又大不相同。

婴儿上楼梯的仪式在一个非常简短的具体事件中整合了复杂的、延伸的人类生活因果模型。在整合中，到达楼梯的顶部是期望的结果，即成功的人生。但到达楼梯顶端也是成功的人生的仪式的原因，是因为举行仪式就是为了能够在人生中取得成功。该整合直接呈现其原因中包含的结果。这种仪式是相当具有代表性的，表明这种基础的和精明的人类活动在动物世界中是无与伦比的，它利用概念整合的运作来作为其富有想象力的发明的基本工具。

劝说与启示

就像数学中的复数一样，抱婴儿上楼梯的仪式是一个根深蒂固的神经网络，由文化孕育并向年轻一代传递。但这些因果整合也可以被飞速地发明出来并传播开去。例如，加利福尼亚州最近开展了一项广告牌宣传活动，以劝说人们戒烟。其中一个广告牌展示了一个光鲜、阳刚的牛仔形象，下方写着标语“警告：吸烟导致阳痿”。牛仔的香烟下垂着。理解该广告需要具有多个输入空间的整合网络。阳刚牛仔的输入空间中有如卷烟广告中所示的著名的吸烟牛仔。他喜欢吸烟，吸烟是展示其社会独立性和性权威的一部分。吸烟男人的输入空间有一个图式的男人，他有着持续吸烟史。在这两个输入空间中，抽烟都象征着“是一名吸烟者”。而阳痿男人的输入空间中有一个患勃起障碍的男人。首先，在广告的引导下，我们将吸烟男人输入空间和阳痿男人输入空间整合在一起，创造出一种吸烟会导致阳痿的整合。在这个整合中，香烟是造成阳痿的原因。阳痿吸烟者现在成为第二个整合的输入空间，这个整合中的另一个输入空间是原始的阳刚牛仔的输入空间。在第二个网络中，阳刚牛仔的香烟、阳痿吸烟者的香 82
烟，以及阳痿吸烟者的阳痿都投射到相同的成分上，即一根下垂的香烟。阳刚牛仔和阳痿吸烟者是跨空间的对等成分，融合在整合空间中，得到一个阳痿的吸烟牛仔。在整合中，因果融合并直接相互呈现。认识到一个就是认识到另一个，真相就存在于整合之中。它与原始的阳刚牛仔输入空间的含义相冲突，而这就是重点：我们要将阳刚牛仔输入空间视为假象，而应该像整合所呈现的那样去看待事物。

像这样的广告看上去并没有人类仪式、全局的数学理解和人类感知那样严肃。然而，所有这些人类活动都在使用相同的基本心理运作，即概念整合，通过富有想象力的方式有效地整合因果来达到全局透视。无论如何，广告本身比我们想象的更需认真思考。它是很多人耗资数百万美元创新努力的结果，针对的是富裕且强大的产业。它有一个相当严肃的目的，即使人们的社会习惯和社会观念发生重大转变，从而消除一系列重大健康问题。这个广告事关生死。

这些因果整合同样也是精神上生死攸关的问题。没有文学作品比但丁（Dante）的《神曲》（*Divine Comedy*）更严肃了，它为人类存在的最基本的道德问题提供了全面指导。在第一部分《炼狱》中，我们将看到炼狱，看到它的地形，以及其中的规则和人物，以便了解罪的种类和性质。《神曲》中最著名的罪人之一是贝尔特兰·德·博恩（Bertran de Born）。当我们遇见他时，他正像拿灯笼一样拿着自己的头。途经炼狱的但丁与他的头交谈。贝尔特兰·德·博恩在世时，在英格兰国王及其儿子之间制造了冲突，所以他自己在炼狱中的位置是跟“冲突制造者”在一起：

因我将紧密相连的二人分离，
我拿着我的断头，唉，

与它在这个躯干里的根分离。
因此这看来是我的报应。

其中一个输入空间有活着的贝尔特兰·德·博恩，他是导致国王和王
83 子分裂的原因。另一个输入空间是一个将物体分为两部分的人的图式框架。根据一个标准的隐喻联系，社会上的“分离”与物理上的“分离”相对应，贝尔特兰是分离者的对等成分，国王和王子作为一个单位是一个整一的物体的对等成分，贝尔特兰罪恶地分离国王和王子是分离一个整一物体的对等成分，被分离的国王和王子是被分离物的两半的对等成分。在整合中，贝尔特兰与分离的物体整合，从而将一个空间的原因（贝尔特兰）与另一个空间的对等成分的结果（分离的物体）整合在一起。所受惩罚与其所犯的罪是相符的。贝尔特兰的身体是一个物体，在整合中自然地匹配物理分离的图式，即作为一个被斩首的人。在整合网络中所实现的富有想象力的联系为我们提供了因果整合的形象。这总的来说是但丁的目的：引导我们在罪恶本身之中看到罪恶的后果。在这世上，我们可能无法正确地看到我们灵魂的本质及其与上帝的关系，而《地狱》则直接给出了恰当的推断。

拓展思考

生活在整合中

只要我们的感知和感官系统正常运行，意识几乎不可能看到在因果整合之外的事物。在其他情况下，例如仪式和广告，有意识地分离因果会更容易一些：接住花束不等同于结婚，上楼梯不等同于人生成功，吸烟不等同于阳痿。在涉及高等抽象思维（如数学）的活动中，我们既需要逐步分离因果关系，也需要全面理解它们的整合。我们有意识的理解的程度受限于整合的程度，而整合的程度又取决于整合所服务的活动类型。在知觉和

感知的例子中，我们有意识的体验完全来自于整合——可以说，我们“生活在整合中”。在其他活动中，有意识的理解有更多的回旋余地，可以说我们“生活在完整的整合网络中”。

问题：

- 如果被判处只能生活在整合中，为什么会是一件好事呢？

我们的回答： 84

我们在本章开头提到，我们生活在对生存至关重要的活动的整合中，比如感知、知觉、兴奋、对基本环境威胁的及时反应。面对这些威胁，首要的是全局和直接的透视，而逐步核实如何实现全局透视几乎没有意义。因此我们进化为只能意识到整合。出于显而易见的原因，我们也生活在基本的数学和物理推理的整合中：我们可以立即看出三个苹果要多于一个苹果；除非我们跳到一边，否则从树上掉落的树枝将会砸中我们。这些普适性的见解在体育赛事中体现得最为深刻——例如当中场球员截住飞起的球时。相比之下，科学的发展使意识存在于整个网络中：全局性和创造性的透视需要整合空间。理论的证明、分析、验证和交流需要明确地分解因果关系。

人们通常希望减少意识在整个网络中的活跃程度。在许多方面，成功的整合网络的结果是获得专业知识，而生活在整合中为人们提供想要的结果，且不会有意识地关注其他空间。回想一下，滑雪服务生从两个完全独立的空间和一个指导开始，尝试整合两个独立的空间。获得整合模型，并且可以清醒地认识到这种获取是出于原始本能，则可视为达到了专家水准。儿童学习字母时，在看到形状和看到一个字母之间存在着强大的区别：前者是后者的原因。但很快，孩子无法区分原因和结果：只要看到形状，她无法对字母视而不见。

鱼和熊掌兼得

现在我们已经看过各种各样的例子，其中看起来矛盾的表征需要同时得到维持。在婴儿上楼梯的仪式中，即使我们仍能意识到人生和上楼梯之间的巨大差异，但在整合中，因为它们呈现在输入空间里，所以婴儿的一生在爬楼梯所需的时间内流逝。在贝尔特兰·德·博恩一例中，我们理解了但丁的教导在整合中的全部作用力，整合中贝尔特兰被斩首——尽管在输入空间中他从未掉过脑袋。

问题：

- 持有矛盾的表征不是不合理的吗？

85 *我们的回答：*

显然是合理的，因为多重表征和整合在多个认知水平上都是高效的，我们现在已经看到了这背后的许多原因。通常，网络中的每个内部空间都是一致的，即使空间之间可能相互矛盾，如存在违实的情况。整合有时可能会产生一些内部矛盾，但内部矛盾对网络的其他部分很重要。例如，在数学的反证法中，整合空间的自相矛盾表明，一个输入空间中的新假设在数学系统中没有合法的位置，却在另一个输入空间中可以被全面激活。

仪式投射

仪式在严肃甚至肃穆的气氛中被谨慎而准确地执行。仪式中重要的不仅仅是核心事件——如让婴儿上楼梯，仪式的执行的“次要”方面也至关重要。

问题：

- 人们为什么会如此坚持仪式？
- 为什么仪式必以其所呈现的方式那样执行？
- 如果仪式是复杂的整合，那么在这样的整合中，执行仪式的“次要”方面有什么作用？

我们的回答：

仪式将因果结合起来，因此仪式执行的任何方面都可以在整合中或是未来生活中同时作为原因及其结果存在。因此进行整合具有深刻的意义。为整合编写脚本是一回事，运演它又是另外一回事，而仪式的执行可能包含脚本中没有的事件。这是我们在整合中称为浮现结构的一个例子。在第三步意外趔趄，在爬楼梯的输入空间中显然无关紧要，但仍然可以使仪式的旁观者们集体发出忧虑的叹息。异常迅速地爬上楼梯可能会被视为一段成功但过于短暂的人生，因此也是一种不好的仪式表现。由于生命如此丰富，仪式的执行也是如此，从仪式到人生的投射的可能性是开放的，仪式脚本的保守性旨在避免一些无意的投射，它们可能意味着对婴儿的伤害。该仪式旨在给予婴儿最好的人生，所以任何对规范的偏离都会被视为对婴儿有害。进行网络整合并不需要相信其有效性，但运演它足以激活整合中的情绪。人们不希望仪式出错，与其他任何信仰无关，而是因为对于信徒 86
和非信徒而言，仪式的差错会引发真实的情绪，而情绪是重要的社会情境的一部分。

虽然许多参与者可能不太相信仪式有效，但让仪式的执行与仪式意图捕捉的现实之间达到最佳对应，对仪式的参与者有益处。仪式的执行可以给参与者贴上标签，而标签可以随着时间的推移产生社会影响，最终使仪式的执行得到自我实现。出于社会原因，整合可以产生其自身的有效性。例如，一个人经历过骑士册封仪式，包括身披铠甲、整夜跪地祈祷，然后站起来跃上马背，那么人们就期望这个人成为可堪重任、虔诚且勇敢的人，这种期望可以激发他身上的责任感、虔诚和勇气。而社区成员就会对他产生偏见，甚至将他有些出格的行为判断为负责任、虔诚和勇敢。标签是一种全局透视，整合了广泛的因果关系。骑士的优良品质使他成为一名骑士，但同时正是他作为一名骑士使他具备了这些品质。

这种整合的一个极端情况是巫毒死咒（voodoo death）[①]，其基本条件是

① 指的是对人施法或者诅咒而致其死亡的现象，而且受害者（及其亲戚和朋友）相信施法或者诅咒的毁灭之力，令死亡无法避免。——译者

社区和受害者对整合网络有效性的信念。事实上，这些信念的结果是社会之躯和生理之躯共谋导致死亡的发生。在整合中，受害者已经死亡，因此其身体也只能尽其所能来匹配整合。

有些仪式则是审判：整合的成分在脚本中未定，而是要通过仪式的执行来确定。在用水审（trial by water）[①] 的仪式中，有罪还是无罪在脚本中未定，但婴儿上楼梯的仪式并不被当作一种审判。在该仪式中，整合的脚本包含渴望的结果，唯一的问题是其执行能否与脚本匹配。由于人们故意使脚本易于执行，因此执行将与脚本紧密匹配。

显然，仪式整合需要额外的规定才能算作审判，一种对未来的预测，模拟我们想要发生或不想要发生的事情，瞥见另一个世界，或是一种发现历史的技术。在浸礼仪式上给婴儿施洗意味着使其有资格获得精神上的救赎，而不是保护婴儿免于溺水或使其善于深思。但即使仪式受到社会目的的限制，新的意义也会不经意地出现，就像在楼梯上的趔趄一样。这是人类认知的显著特征。人工智能程序能严格按照其脚本运行，而人类仪式虽看似脚本性很强，却依赖于整合，浮现结构始终是整合过程的一部分。仪式的发生镶嵌于人类生活的丰富性中，而浮现意义的原则总能从这种丰富性中获益。

87 隐性的违实空间

在本章中的背景中出现了多个二选一的概念：婴儿将过上好日子或是坏日子，牛仔是阳刚的或是阳痿的，有人犯罪受到惩罚或是没有犯罪并获得奖励。

问题：

- 整合理论中的这些二选一的替代概念在哪里？

---

① 古代的一种审判方式。将被告的胳膊浸入沸水中，或将其投入水中。如果他的胳膊未被烫伤或他沉入水中，则认定其无罪，如果他的胳膊被烫伤或他浮于水面上，则被认定有罪。——译者

我们的回答：

这是一个微妙而深刻的问题。它涉及大的概念化的理论原则——即概念化总是具有违实性，并且通常将其用作基本资源。前面讨论过，即使要理解“冰箱中没有牛奶”如此简单的句子，也需要构建一个具有违实空间的网络：所需空间的冰箱里有牛奶，另一个空间对应于现在的情况，并且整合中有一个牛奶的对等成分，而输入空间之间的非类比对应于整合中的特性“没有”。该整合就所需的输入空间而言是违实的。语言提供了许多表达式，通过这些表达式，我们提示听众构建违实：

我确实有辆车；要不然我就骑自行车了。

我不会听的。

你明天就要走了吗？太糟糕了！你本可以来参加我的聚会的。

他没接住球。

整合不仅不受概念化中不兼容性这个普遍特征的阻碍，而且还因为能够在不兼容的空间上运作而吸取力量。在吸烟牛仔的网络中，阳痿的吸烟者空间带来了隐性的对比心理空间，其中非吸烟者是一个风流男子，以至于如果阳刚的非吸烟者空间被激活，将与阳刚的吸烟牛仔的空间发生冲突。实际上，它是作为被认可的和期望的场景而被强势激活的。

阳痿吸烟牛仔整合有两个输入空间：阳刚吸烟牛仔和阳痿吸烟者。第一个是要去效仿的，第二个是要去避免的，因此它们在一个中心成分上发生冲突。整合在冲突中有效运作以产生下垂香烟的整合空间。在那个空间里，牛仔保留了他所有表面上有魅力的面貌和服装特征，但他的真正本质则通过下垂的香烟揭示出来。这个整合的牛仔促使阳痿投射回原始的阳刚牛仔的输入空间，从而导致对其原始含义的重要修正。

89

第六章

关键关系及其压缩

一颗沙粒看世界，
一朵野花窥天堂。
手掌握无限，
须臾纳永恒。

——威廉·布莱克

本书开篇作了一个大胆的断言，即在我们所进入的这个时代，我们智力上的主要目的并不是为了颂扬想象力，而是为了对想象力进行科学研究。即使是最平凡的意义建构，想象力也在其中发挥作用，有时还是无形的，而且从最具创造性的现象到最平常的现象，想象力的基本认知运作在截然不同的现象中是相同的。这些认知运作是人类的物种特征，虽然被人类视为理所当然，但以任何其他标准来看它们都非同寻常。

概念整合是想象力的核心。它将输入空间和投射选择性地连接到一个整合空间，并通过整合中的组合、完善和细化来构建浮现结构。以前没有对这种基本认知运作的研究，那么研究这项运作意义何在？是否认识这种现象并对其进行宽泛的描述就足够了？这本书应该在这里结束吗？还有什么需要研究？

与化学的类比

原子通过共享电子结合形成分子无疑是化学的基本原理。但是当考虑到我们所熟悉的分子世界时——水、盐、柠檬酸、血清素、葡萄糖、花岗岩，这个基本原理却无法解释这个世界。对该原理的了解并不会提供分子的范畴，也不会告诉你哪些分子是可能存在的，而哪些分子不可能。它不会预测哪种形式比其他形式更可能存在，不会表征单个分子的稳定性，也不会描述如何制造新的医疗用途分子。原理是真实的基本原理，但它并没 90
有解决任何特定的化学问题，而是开辟了一种系统阐述某些问题并考虑解决方案的方法。多年来，化学及其后来的有机化学和生物化学的发展形成了非常细致且详尽的原子分类系统。这个系统研究了原子之间区别的原则，如原子如何与其他原子结合、以何种比例结合，此外还研究了化学键的复杂性质。

整合的科学需要遵循相同的轨迹。我们现在转向研究可识别类型的整合网络、形成整合网络的指导原则和压力、建立联系的约束和倾向，以及更进一步的子原则，涵盖诸如整合和网络中的浮现意义这样的话题。

化学的奇妙的系统产品——酸碱、滴定的颜色、新陈代谢——原子结合成为分子的原理未能预测；而整合的奇妙的系统产品——在感知过程中“生活在整合中”、违实空间中的推理、复数等数学概念的出现、计算机界面的设计，以及提示特定整合模型的语言形式的演变——在输入空间的整合产生具有浮现意义的新空间的原则中也未被预测。要解释化学的奇妙的系统产品就需要追溯到原子结合时的细节，因此解释整合的奇妙的系统产品就需要追溯空间整合时出现的细节。我们希望说明，跟化学一样，对整合的研究可能改变我们对世界的看法，包括许多异类的现象，我们已对其进行了部分的描述，将这些现象连接起来，并发散出去，探索我们没有看到过的新现象。许多现象我们已经进行了部分描述——范畴、数学发明、隐喻、类比、语法、违实思维、事件整合、各种学习和艺术创作、整合诸如因果关系等关键关系的全局透视——这些现象都是相同的可以精准定义的想象力的产物。化学过程的整体是科学基础，可以解释其产品的多样性以及不同的化学制品，因为多样性源于过程发展的多种方式。列出表面现象并不能解释多样性：水是清澈的，醋尝起来是“酸的”，砷是有毒的，铁会生锈而金不会。虽然这些表面现象对我们的生活至关重要，且化学的动机很大程度在于试图解释这些现象，但化学科学不能将它们自身作为解释本身或是作为科学解释的原始形式。同样，整合的产物存在关键意义上的不同。正如在化学科学中，整合运作的统一性是解释其产物的惊人
91 的多样性的科学基础，因为多样性源于整合的基本原则发挥作用的多种方式。

与进化的类比

生物进化的简单原则和一般原则是，系统中的元素在选择压力下变化和遗传，从而产生很大的生物学变化。理查德·道金斯（Richard Dawkins）写道，“如此多的事实能被如此少的假设所解释，这样的情况以前从未出现过。”不过道金斯夸大了理论的简单性。生物进化的一般原则本身解释不了什么。解释生物进化的任何一个有趣的事实都需要一个庞大的、详细的、系统的理论，这个理论解释这个一般原则如何在不同的边界条件下，沿着发展路径，在不同的生态位发挥作用。这个探究过程吸引人的地方在于将我们周围的现实世界与这个神秘的物种变异、遗传和选择的一般过程联系在一起。我们想知道鸟类从何而来，熊猫的拇指是怎么长出来，大型凶猛动物为何数量稀少，美洲叉角羚为什么仍然会逃离掠食者的幽灵。我们想知道进化之河是如何流出伊甸园的。这种令人着迷的求知过程就是发现什么才算作是元素、变异、遗传、继承，或者选择压力，并发展出一套理论来阐释进化过程的这些部分是如何相互作用的。

概念整合理论也面临同样艰巨的挑战。第三章介绍的简单的概念整合网络的一般模型涵盖了很多基本内容，且从表面上看，它似乎适用于人类的大部分思维和语言。这是一个涵盖许多概念事实的强大体系，但体系本身没有解释力。

解释概念演化的有趣事实需要对网络模型进行大规模、细致且系统的研究，研究其在不同概念生态位中，沿着概念发展的路径，带着不同的目的，在不同的背景下，以不同的可见性，在怀有不同的希望、信念和欲求的人们之间发挥作用的方式。与进化理论一样，该探究过程吸引人的地方在于将我们周围的真实心理世界与这个神秘的通用网络模型联系在一起。我们想知道科学发现来自何处，我们如何思考可能存在的东西，我们如何理解美洲叉角羚从过去的掠食者的幽灵那里逃跑。我们想知道为什么在所有的生物物种中，唯独我们人类有丰富的、充满情感的仪式。我们想知道我们的心理生活中的概念河流的蜿蜒曲折。我们想知道想象力所选择的路径，并探索宇宙中最具挑战性的谜团：我们的思维方式！

关键关系的压缩 92

我们不会无缘无故地建立心理空间，建立空间之间的联系，或者建立整合空间。我们这样做是因为这为我们提供了全局透视、人类尺度的理解以及新意义。这使我们既高效又有创造力。我们的效率、透视和创造力最重要的方面之一是通过整合实现压缩。在上一章中，我们可以在阳痿的吸烟牛仔、婴儿上楼梯和贝尔特兰·德·博恩三个例子中看到原因和结果的惊人压缩。

某些概念关系，例如因果关系，在整合的压缩中一次又一次地出现。我们将这些至关重要的概念关系称为“关键关系”。

让我们再来看看心脏搭桥手术一例。我们就输入空间之间的跨空间连接进行了一般性的讨论。这些连接的细粒度结构非常有趣，包括因果连接、时间和空间连接、变化连接以及同一性连接。一个输入空间中有上学的孩子们与他们的受教育质量，另一个输入空间是经验颇丰的医生，前者是后者的原因。这是输入空间之间的因果连接。孩子和医生之间至少有几十年的间隔，这是输入空间之间的时间连接。在一个输入中的教室物理空间与另一个输入中的手术室物理空间之间存在置换，这是一个空间连接，在本例中我们指的是物理空间。处在生命的一个阶段的孩子和后来的医生之间存在对等成分连接，这是一个同一性连接。最后，从孩子变为医生有一个转换，这是一个变化连接。

整合通过这些连接施展奇妙而富有想象力的技巧。再来看看心脏搭桥手术中的整合空间。在概念整合网络的输入空间之间的每一个“外部空间”连接在整合中都有一个压缩的对等成分！整合中仍有因果关系，但现在孩子们必须一次性学完所有的东西。从现在到手术之间仍然存在一段时间间隔，但是这个间隔已经从二十多年压缩进了钟表刻度和手术时间之间的短短几分钟里。在整合中，教室就是手术室，这是空间压缩。在整合中，孩子就是医生。在外表、经验和信仰迥异的人之间跨越三十多年的个人同一性“外部空间”连接被压缩成整合空间中所谓的“唯一性”。少年变为工作的成年人这种“外部空间”长久变化也被压缩成唯一性。

心脏搭桥手术一例非常生动地展示了输入心理空间之间的联系，即我们所说的“外部空间”连接可以被压缩成整合内部空间的关系，即我们所
93 谓的“内部空间”联系。在整合中因果关系和时间关系缩小为更紧密的因果关系和更简短的时间关系。不兼容的物理空间被压缩进同一个物理空间。同一性和变化被压缩成唯一性。这个例子就整合中将“外部空间”连接压缩成“内部空间”关系这一过程做了一个微缩展示。它为“关键关系”这一列表开了个头，这些关系在整合过程的压缩中反复出现。因果、时间、空间、同一性、变化和唯一性是我们在心脏搭桥手术一例中所看到的关键关系。

关键关系的类型和子类型

变化

变化是一种非常普遍的关键关系，它将一个元素连接到另一个元素，将成套元素连接到其他成套元素。在心脏搭桥手术一例中，孩子们变成了成年人。从概念上讲，树苗和它长大后的树木建立了两个由变化相连的心理空间。人随着年龄而变化，文本随着翻译而变化，“美国化”将一些外来的东西变成适合美国人的东西。心理空间是动态的，因此变化可以发生在个体心理空间内，就像我们有火光一闪的心理空间，或推动一个物体的心理空间，或是变得饥饿或寒冷的心理空间，或一根火柴被吹灭的心理空间。

变化的外部空间连接通常与同一性外部空间连接捆绑在一起。例如，在心脏搭桥手术中，变成医生的孩子跟孩子仍然是同一个人。无论是否有同一性，变化都可以在整合中压缩为唯一性。如果魔鬼将希特勒“变化”为圣母玛利亚，他们之间没有同一性连接，但在整合中他们是一个唯一的存在。即使外部空间连接中的特定元素之间没有同一性关系，但在整合中唯一性的出现却很显著。例如，图 6.2 中恐龙进化为鸟类这一演变。在图中，我们看到一只追逐蜻蜓但无法抓住蜻蜓的恐龙。我们还沿着路径看到一系列位置上的恐龙。每过一个位置，恐龙看起来越来越像鸟，而蜻蜓保持不变。在最后一个位置，恐龙变成了一只鸟，嘴里叼着蜻蜓。

在恐龙进化阶段之间的外部空间联系中，特定恐龙之间没有同一性关系，而是存在着因果（遗传进化）、类比（一种恐龙跟另一种存在类比关系）和非类比（恐龙的显形在代与代间的不同）关系。这些外部空间联系是相关联的：非类比是由生物进化的因果关系来解释的。但在整合中，有一只独特的恐龙，它在其生命周期中经历了变化。我们不会被这种呈现所迷惑：我们知道并没有某只独特的变为鸟的恐龙。但是这种整合使我们能 94
够有效地将变化压缩为人类尺度的唯一性，这使我们能够处理从恐龙进化为鸟类的变化网络。整合和输入空间之间的连接永远不会消失。我们不仅研究整合，还研究整个整合网络。

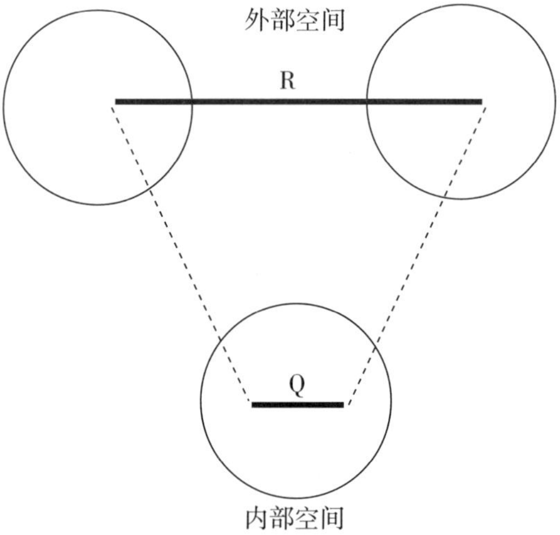

图 6.1　外部空间关系压缩为内部空间关系的一般方式

95

图 6.2　恐龙进化为鸟类

（来源：Wexo, 1992）

日常语言包括自动将非类比压缩为变化的表达。如“我的税单每年都在增加”，这是一种人类尺度的压缩整合，其中有一个东西的分量发生变化。我们会自动将整合中的变化解压缩进不同的税单之间的外部空间非类比中。

同一性

同一性可能是最基本的关键关系。正如我们在第一章中所解释的，同一性被理所当然地认为是既有的原始关系，但它实则是想象的产物，是经由想象构建或解构而成的。尽管有着明显的差异，但我们把包含婴儿、儿童、青少年和成人的这种心理空间与个人同一性之间的关系联系起来，然后将这些同一性关系与变化、时间以及因果等其他关键关系联系起来。在这个过程中我们可以认识到，整合对于创造及解构同一性而言是多么有力而灵活的工具。

在禅师一例中，一个输入空间中的禅师与另一个输入空间中的禅师是“一样的”。这种关系看似简单明了，但同一性连接子总是包含有趣的差异：例如，这位禅师比那位禅师大几天，就像是婴儿“玛丽”和 50 岁的首席执行官祖母“玛丽”之间，都是由一个时间上跨越独立空间的同一性连接子所联系起来的。这种联系与客观相似性以及共同的特点无关。相反，跨空间的同一性是一种规定性联系。跨空间同一性关系的复杂性导致了诸如指称不明确等现象，这些现象长期以来一直困扰着语言哲学家。同一性连接子无须跨输入空间一一对应。“如果他是双胞胎，他可能会恨他自己”会提示这样的网络：在一个输入空间中的一个人在另一个输入空间有两个同一性对等成分。在整合空间中，双胞胎是第一个输入空间中的那个人的同一性对等成分。“玛丽”的例子体现了典型的同一性关系，而且 96
一个像“玛丽”这样的专有名词可以跨空间持续追踪其对应的元素。但是同一性还与一些不那么具体的元素有关——尤其是角色。比如在理解“在法国，总统经选举产生，任期七年；而在美国，*他*由选举产生，任期四年”时，我们认为在法国这个空间中总统的角色与美国中总统的角色是一样的，这也是为何我们可以用“他”来替代“总统”。就像“玛丽”的例子一样，同一性联系也是制造出来的：这两个总统角色在两国有明显的不同。同一性关系也可存在于高度不确定的元素之间，例如在一个空间中的“领导”与另一个空间中的“领导”，一个空间中的原因与另一个空间中的原因，等等。我们可以这么说（当然，这种说法不正确），“罗马帝国衰亡的原因是哥特人的入侵，而至于大英帝国，它是毁于现代化的失败。”

时间

时间也是一种关键关系，它与记忆、变化、连续性、同时性和非同时性有关，也与我们对因果关系的理解有关。禅师、赛船和心脏搭桥手术都有时间上独立的输入空间，但整合把这些输入空间结合在一起。在抱新生婴儿上楼梯的例子中，整合将其一生压缩为不到一分钟。从概念上讲，2000 年的元旦和 2001 年的元旦是由时间连接的两个心理空间。

空间

空间也是一种关键关系，就像时间一样。“与康德的辩论”和许多其他整合网络，如第七章研究的神奇的比赛，其输入空间在物理空间中都是独立的，但其整合确有着单一的物理空间。整合频繁地压缩空间。

原因-结果

我们已经讨论过因果关键关系。壁炉中的火由因果关系联系到冷却的灰烬。仅仅看到一件事是由另一件事引起的是不够的；相反，我们需要两个恰当的心理空间，一个是木头在燃烧，另一个是灰烬。它们由关键关系时间（一个空间比另一个空间迟）、空间（它们在同一个地方）、变化（木头燃烧成为灰烬）和因果（火造成变化使灰烬产生）联系在一起。因果关系也有子类型，生产者-产品就是其一。

部分–整体

对部分–整体关键关系的有用整合比我们想象的要普遍得多。当我们 97
指着一张脸的照片时我们会说“那是简・多伊（Jane Doe）”，而不会说“那是简・多伊的脸”。我们已经建立了一个网络，将这个人映射到在我们看来她最为突显的那部分——脸的照片上。在整合中，脸部从一个输入空间中投射而来，而整个人则从另一个输入空间投射而来。在整合中，脸部与人融合：脸代表了个人身份。在输入空间中，脸与人之间的部分–整体的连接在整合中变为唯一性。指纹、X 射线，以及在特殊情况下的其他身体部位也是如此，就像我们看到一个戒指的广告，只看到手，说：“那是简・多伊。”输入空间之间的关键关系是部分–整体关系，它通过整合为唯一性而得到压缩。对我们大多数读者来说，一个更不寻常的例子是伏都死亡。一个输入空间包含一个人的部分（头发、指甲、面部照片）；另一个包含那个人。空间之间有部分与整体的联系。在整合中，这些部分和整体整合在一起，使部分的因果关系成为整体的因果关系。例如在整合中，焚烧头发会杀死人。焚烧头发（原因）和死亡（结果）同时发生在整合中。

表征

一个输入空间可以是另一个输入空间的表征——就像一个人的素描或婴儿的照片一样。当我们视输入为一种表征时，我们便构建了一个概念整合网络。一个输入空间对应于所表征的事物；另一个输入空间对应于表征它的元素——就像画布上不同颜色的油彩一样。在整合中，所表征的事物和表征它的事物之间的联系通常被压缩为唯一性。我们看着画布上的画会说：“这是伊丽莎白女王。她装扮成了印度皇后。”我们看到演员在舞台上时会说：“理查二世（Richard II）在监狱里。”我们看着大理石雕像会说：“他们正要接吻。”我们通过在整合网络中构建整合空间进入“表征世界”。我们总能看见这些输入空间。我们保持心理空间的活跃性，其画上的油彩只是油彩，而不是女王；演员只是好莱坞的美国员工，而不是理查二世；大理石也只是大理石。

当我们看一张简的脸的照片说“这是简”时，我们实际上是在使用一个具有多重整合和压缩的复杂网络。我们有一个基本的自动的整合网络，其中一个人与她的身体相联系，它们在整合中被压缩成一个唯一的元素。此外，在身体和人脸之间还有系统的一对一映射。神经生物学中有这样一
98 个事实，即通过人脸识别，人脸这个对于辨别身份最突显的身体部位促进了另一种整合，其中的部分–整体以及人体与脸部之间的同一性连接子在整合中被压缩成唯一性。比如你“见过简”，“遇见了简”，或者“看了简一眼”，这些言下之意都是你见过她的脸。正是这种人与脸的整合，成为“挽回面子”（saving face）、“千人一面的官僚”（faceless bureaucrats）和在改变身份的意义上“丑化”（defacing）某物等概念的基础。此外，在简的脸和简的脸的照片之间还有一个表征联系。但是，既然我们已经有了简的脸等同于简这样的整合，那么简的脸的照片就自动成为简本人的表征，而且在新的整合中，它就是简。当我们对一张照片说“这是简”时，就涉及以上的整合。

角色

角色是一种无处不在的关键关系。林肯曾担任*总统*，伊丽莎白是*女王*，而总统是*国家元首*：角色有其价值。在 1863 年，林肯意味着总统；现在伊丽莎白意味着女王；而在美国，总统是国家元首的价值。在心理空间内，以及在各个心理空间之间，一个元素可以作为一个角色连接到另一个被视为其价值的元素。元素不是某些绝对意义上的角色或价值，而只是相对于其他元素而言。对于*林肯*这个价值而言，*总统*是一种角色，对于*国家元首*这个角色而言，*总统*是一种价值。压缩角色的标准条件是有趣的。在看起来最简单的情况下，一个输入空间中有像*教皇*这样的角色，另一个

输入空间中也有像*卡罗尔·沃伊蒂瓦*（Karol Wojtyla）[①] 这样的价值，而在整合中有一个特有的元素：教皇约翰·保罗二世。一旦我们有了一系列这样特有的元素，教皇约翰二十三世、教皇保罗六世、教皇约翰·保罗、教皇约翰·保罗二世及其所有前任，我们就可以形成另一种整合，在其中有一位独特的教皇经过了很多次循环，我们可以说“他一直是一个意大利人，但在 1978 年，他平生第一次成了波兰人。”在原名乔瓦尼·蒙蒂尼（Giovanni Montini）的教皇保罗六世去世之后一个月，原名阿尔比诺·卢恰尼（Albino Luciani）的教皇约翰·保罗也随之去世，于是报纸上刊登了“教皇再次去世！”这样一则新闻。

类比

类比依赖于角色–价值压缩。假设我们有一个网络，其中一个输入空间中有*教皇*，另一个输入中有*乔瓦尼·蒙蒂尼*，而整合中则是*教皇保罗六世*；同样存在另一个网络并有着相同的角色，其中一个输入空间中有*教皇*，另一个中有*阿尔比诺·卢恰尼*，而*教皇约翰·保罗*在整合之中。在这种情况下，一个网络中的“角色”输入空间和另一个网络中的“角色”输入空间之间有一个同一性连接子。当我们说教皇约翰·保罗和教皇六世是类比关系，我们确切的意思是说，我们的两个角色–价值压缩网络具有相同的角色输入空间。换句话说，通过整合，两个不同的整合空间获得了共 99
同的框架结构时，它们就由类比这一关键关系联系在一起。

有另一个例子：美国西海岸的斯坦福是一个“模拟”哈佛。这两个整合网络对于美国大学框架有着同样的认识，即有着著名的美国私立研究型大学这样的角色。其中一个网络在另一个输入中具有斯坦福的意义；另一个网络在其他的输入中则有哈佛的意义。因为这些输入角色具有同一性，

① 即约翰·保罗二世，罗马教皇（1978—2005），生于波兰，卡罗尔·沃伊蒂瓦是他的原名。——译者

所以这两个网络中的整合由类比链接。

我们在“教皇再次去世”的例子中所看到的，也将在第七章中就叉角羚进行详细的讨论，类比通常很容易压缩成为唯一性和变化。在恐龙进化为鸟类而能够捕捉蜻蜓的例子中，进化的多种恐龙的类比和非类比首先被压缩进数量更少的心理空间之间的同一性和变化之中，对应于我们看到的少量的在路上追逐蜻蜓的恐龙。将类比压缩为同一性使所有这些恐龙变成了一样的。随着进一步的压缩，尽管图片只是向我们展示了几只看起来截然不同的动物，但我们可以“看到”追逐着一只特有的蜻蜓的这只特有的恐龙处于变化过程中。

非类比

非类比建立在类比的基础上。我们不会说一块砖头和大西洋是非类比关系，但我们会说大西洋和太平洋是非类比关系。非类比与类比耦合在一起。心理实验表明，当被要求就两件完全不同的事物说出它们的不同之处时，人们通常会感到陷入困境；但当这两件事物有着密切的类比关系时，人们通常能立刻给出回答。非类比常被压缩为变化。因此在整合中，不同进化阶段的各种恐龙之间的非类比，对应于一只特有的恐龙的变化。此外，如果在整合中同一个角色对应多个价值插槽，则可以将不同价值分别作为这些多个插槽的独立价值引入，例如在赛船一例的整合中，引入非类比的船只作为竞争船。又比如在与康德的辩论一例中，非类比的康德和现代哲学家被作为辩论中的哲学家来引入。

特征

特征是一种很明显的关键关系：例如一个蓝色杯子的特征是蓝色。圣人的特征是神圣。一个杀人犯的特征是有罪。作为内部空间关键关系是特征最明显的性质：在蓝色杯子的空间中，杯子本质上是蓝色的。而整合往往将某
100 种类型的外部空间关键关系压缩为特征这个内部空间关系。例如，外部空间

的因果关系连接在整合中可以压缩为特征关系。一件暖和的外套是可以使你感到暖和的东西；外套本身不暖和，但在整合中，它有暖和的特征。

相似性

相似性是一种内部空间关键关系，它将具有共同特征的元素联系在一起。人类的感知机制可以直接感知相似性（从神经生物学的角度来看是极其复杂的），比如把两块织物放在一起，我们就能看到它们颜色的相似性。这种对相似性的直接感知是在人类尺度层面上的。在心理空间网络中，更加弥散的外部空间连接在人类尺度层面的整合中可以压缩为相似性。例如，外部空间类比在整合中可以压缩为直接的相似性。

范畴

范畴像特征一样也是一种关键关系。作为内部空间关键关系是范畴最明显的性质：在 1853 年*北极光号*航行的这个空间中，*北极光号*是一艘快船。整合可以将外部空间关键关系，比如类比，压缩为范畴。例如，最初作为生物的病毒与悄悄滞留在您的计算机上的多余的破坏性计算机程序之间的外部空间类比，在整合中压缩成为范畴关系：在整合中，计算机程序是一种*病毒*。

意向性

意向性涵盖了与希望、渴望、欲求、恐惧、信仰、记忆以及其他内容指向的心理态度以及和倾向性有关的一系列关键关系：我们害怕天会下雨，我们希望能回家，我们相信我们在加州，我们记得我们曾在法国。我们对彼此的理解基于这样的观点，即人们的行为和反应从这种专业角度来看是有意向性的。意向性至关重要，因为我们的一切所做所思所感都是建立在意向性所涵盖的关系的基础上的。玻璃是不小心打碎的，还是我们故意打碎的，这对我们来说是不一样的。正如欧文·戈夫曼（Erving

Goffman）所指出的那样，当事情发生时，我们构造事件的两个主要选择，要么是自然的、无意的“发生”，要么是涉及意向性的脚本式的“发生”。我们可以说，“他死于癌症”，也可以说“癌症夺走了他的生命”。第二个选项有意地添加了某种框架。宗教思想作为其系统的全局透视的一
101 部分，经常为自然世界增加带有意向性的框架：比如死亡不是纯粹的自然事件，而是涉及天堂或地狱的某种意向性的事件。

在整合中，意向性往往会得到加强。例如，在赛船一例中，*美洲巨人2号*的船员当然意识到*北极光号*航行的历史空间。在整合中，双体船的船员直接与*北极光号*竞争。比赛框架促成了一种意向性的紧密关系，不仅涉及对事实的了解，还涉及欲望、恐惧、竞争和努力。在与康德的辩论一例中也是相似的情况。在其他情况下，压缩会在整合中创建意向性。在恐龙飞行的例子中，输入空间中的恐龙并不是为了吃到蜻蜓而尝试进化成鸟类的，但是在整合中那只特有的恐龙却是这样的。

唯一性

我们想当然地认为整合中的元素会自动获得唯一性。从专业的角度来讲，唯一性的重要性在于许多关键关系在整合中压缩成唯一性。

下面的这些关键信息我们将反复遇到：

变化
同一性
时间
空间
原因–结果
部分–整体
表征
角色
类比

非类比
特征
相似性
范畴
意向性
唯一性

我们将会不断遇到的关键关系的压缩有着一些规范的模式。压缩可以调节时间、空间、因果关系和意向性。类比可以压缩为同一性或唯一性，因果关系可以压缩为部分–整体关系，同一性本身通常被压缩为唯一性。这也是我们的思维方式将表征、部分–整体、原因–结果、范畴和角色压缩为唯一性的一项基本能力。随着研究进程的推进，我们会考察其他压缩。102

关键关系的扩散也有其规范的模式。因果关系可以添加到类比中，意向性可以添加到因果关系中，表征表示可以添加到因果关系中，而变化通常伴随着唯一性或是同一性。

我们的生活离不开关键关系，但它们并不像我们想象的那样静态和单一。概念整合不断地压缩和解压它们，并随着时间的推移而产生新的意义。认知结构的某些基本元素使整合和压缩成为可能，我们接下来就探讨它们。

基本结构和联系

现在我们来看看心理空间的一些基本属性以及它们之间的联系。

什么是心理空间?

正如我们之前所了解的，心理空间是我们思考和说话时为了局部的理解和行为而构建的小概念包。它们是包含元素的部分集合，由框架和认知模型组成。正如第二章所解释的，我们的假设是，在加工时，心理空间中的元素对应于激活的神经元集合，而元素之间的连接对应于某种神经生物捆绑，如共同激活。在这种观点看来，心理空间在工作记忆中运作，但部分却是通过激活长期记忆中的可用结构而建立起来的。心理空间在工作记忆中是相互关联的，可以随着思想和话语的展开对其进行动态调整，一般也可以用来为思维和语言中的动态映射提供模型。

空间有其元素，而且元素之间往往有关系。当这些元素和关系被构建成我们已知的一个整体时，我们会说心理空间是*有框架的*，而且我们称这个构建为一个“框架”。例如，在朱莉在皮特咖啡店买咖啡的心理空间中，个别元素是由*商业交易*所构建的，也是由*在皮特店买咖啡*的子框架构成的，这对朱莉而言很重要。

空间的建立是多源的。来源之一是我们已经知道的一系列概念领域（例如，吃喝、买卖、公共场所的社交谈话）。单个的心理空间可以从许多不同领域的知识中建立起来。例如，朱莉在皮特咖啡店这个心理空间，涉及了刚才提到的所有概念领域。它可以由*商业交易*以外的框架构成，比
103 如*放下工作休息一下*，*去公共场所娱乐*，或者*对日常的坚持*。建立心理空间的另一个来源是即时体验：你看到朱莉在皮特咖啡店买咖啡，于是建立朱莉在皮特咖啡店的心理空间。此外，建立心理空间的另一个来源是人们对我们说的话。“朱莉今天早上第一次去皮特咖啡店喝咖啡”这句话让我们建立一个新的心理空间，而且毫无疑问，随着谈话的继续，这个空间将被细化。在一段完整话语的展开过程中，一个丰富的心理空间通常是建立在相互联系的基础上的，其观点和焦点从一个空间转移到另一个空间。

心理空间是在工作记忆中动态地建立起来的，但也会固化于长期记忆之中。例如，框架是固化的心理空间，我们可以随时激活。其他类型的固化的心理空间有十字架上的耶稣、桥上的荷雷西奥（Horatio）[①] 和土星环。

---

① 来自罗马勇士 Horatius Cocles 独自站在桥上孤独奋战的故事。公元前 6 世纪，伊特鲁丽亚军进攻罗马，后者毁掉得比列河上的桥来阻止敌军。Horatius 独自在桥头奋战，直到和桥共同坠河。因此，“Horatio at the bridge”有孤胆英雄、独自奋战的意思。——译者

一个固化的心理空间通常以一种固化的方式连接其他的心理空间，并被瞬间激活。十字架上的耶稣会激活罗马十字架刑罚的框架、婴儿耶稣的框架、上帝之子耶稣的框架、圣母玛利亚在十字架脚下的框架、十字架受苦像的绘画风格的框架、与其相关的礼拜仪式时的框架，等等。

我们将看到，固化不仅可能普遍存在于个人的心理空间，也可能普遍存在于空间网络。动态建立的整合网络尤其可能会固化，并且可以被瞬间激活。事实上，我们的大部分思维都是通过激活固化的整合网络来处理当前的话题。

为了我们当前的目的，即概括网络变化的来源，我们将心理空间最相关的特征表述如下：元素的具体化程度及它们的框架化程度，我们对空间的熟悉程度和它固化的程度，以及它是与我们的经验相关的程度。

输入空间的具体度和熟悉度

输入空间可以有不同的具体度。一个空间只要包含图式的原因概念、图式的结果概念以及它们之间的图式关系，这个空间就可以是整合网络中的输入空间。一个非常具体的空间也是如此：2000 年 4 月在安纳波利斯举行的艾利森和奇普的婚礼。*艾利森*比*女儿*更具体，*女儿*比*女人*更具体，*女人*比*人*更具体，*人*比*物体*更具体，围绕这些具体程度中的任何一个均可建立输入空间。

输入空间在空间框架化程度上可能有所不同。具有最低程度框架化的空间可能只有两个图式元素，且之间没有任何关系。一个空间可能有两个不相关但均有名字的人（保罗和伊丽莎白）。它可能包含最低程度的框架化以及缺乏具体度的元素（*这个导致那个*）。它可能有进一步发展的框 104
架，包含与角色相对应但没有具体价值的元素（与一个人相关的亲属角色框架，如父亲、母亲、叔叔等）。它可能有两个人（*保罗*和*伊丽莎白*）通过一个子框架（父–女）构建，使保罗和伊丽莎白建立一个空间，并在他们之间建立父女亲属关系。框架本身可以包含不同的具体程度。行为是一个框架，但却是一个很不具体的框架。*在皮特咖啡店买咖啡*也是一个框架，是一个*行为*的例子，也是一个更具体的例子。

心理空间的组织框架具体规定相关活动、事件和参与者的性质。像竞争这样的图式框架不是一个组织框架，因为它没有指定认知上可表征的活动类型和事件结构。*拳击*是一个组织框架，它规定活动、事件及其顺序和参与者。输入空间不需要有组织框架。

一个输入空间对我们而言可以有或高或低的熟悉程度，或高或低的固化程度，或者是或多或少地与我们的片段式的经历联系在一起。有时我们可以激活一个我们很熟悉的框架，并用它来组织整个空间。有时我们可能需要努力构建和调整框架。而在某些情况下，学习一个心理空间是为了学习构建它的框架。一个心理空间易被激活的程度也不一样。它还可以有其自身的有趣的子概念。许多心理空间是整合的产物。

在构建单个心理空间时的这些参数差异对可能出现的整合网络类型产生影响。

心理空间的拓扑结构

一个心理空间包括元素和关系，它们可以作为单个的整合单位同时被激活。通常情况下，一个心理空间由我们所说的概念框架来构建。例如一场特定的拳击比赛。它是由概念框架*拳击比赛*构建的。这样的框架往往包括尺度——例如，某人的打击力有多大，比赛结束的速度有多快，拳击手赚了多少钱，观众有多少，裁判有多腐败。这样的框架往往包括*力动态结构*：手臂挡住刺拳，拳头突然击打下巴，教练将拳击手限制在他的角落，一个人慢慢跪倒，地板使他没再继续倒下。这样的框架往往包括*意象图式*：拳击“环场”其实是正方形的一个容器，刺拳对应一个特定的动态意象，两个拳击手是**对立**的。尺度、力动态模型、意象图式和关键关系之间存在着很强的相互作用，它们在人类的概念结构和认知中都是无处不在的。人类必须去找到这些结构并赋予其属性：如果不去高度关注关键关系、尺度、力动态关系和意象图式，我们将无法看到或想到一个场景。

再回到我们的例子，考虑到拳击比赛的持续时间取决于时间这个关键关系，当然是在某种尺度上的时间。我们理解这个事件，即我们构建相应的心理空间是通过：角色，如拳*手*和*裁判*；同一性，如拳手的身份；因果关系，如*上勾拳和击倒*之间的关系；变化，如拳手的节节败退；违实的非类比，如"失误"；意向性，如意图击中对手；物理空间，如拳击场；时间，如表示回合间隔的铃声；还有唯一性。

心理空间可以由一个具体的框架如拳*击*，和一个更抽象的框架如*战斗*，以及更加抽象的框架如*竞争*，来构建。其中每一个框架都有其尺度、意象图式、力动态模型和关键关系。人们还可以在一个组织框架层次更低的心理空间中使用更精细的拓扑结构。组织框架拳*击比赛*没有告诉我们拳手的鞋子大小，也没有告诉我们拳手手套的重量，或者拳手是否戴着防护头盔，但更精细的拓扑结构可以包含这样的细节。

空间映射

空间的映射是富有想象力的网络构建的一个重要组成部分。回过头看，映射通常看起来像明显的匹配，就好像它们是由空间本身即时提供的一样。这是一个伊丽莎式的幻觉，正如道格拉斯·霍夫施塔特注意到的类比的例子一样，类似于认为我们对杯子的感知是由杯子的客观存在直接引起的，而不带有任何想象力的识解。所实现的完整的整合网络是想象力的产物，通过伊丽莎效应，我们倾向于认为这是由先前存在的"客观条件"直接造成的。但构建输入空间和它们之间的联系往往是一种极具创造性的行为。

我们刚才看到的各个空间的不同拓扑特征自然会引起它们之间匹配的不同可能性。一方面，我们可以看看内部空间的东西，并根据类似的拓扑结构在一个空间和另一个空间之间建立对应关系。因此，例如，我们可以将一个空间中的线性尺度映射到另一个空间中的线性尺度上，或者将一个空间中的源–路径–目标意象图式映射到另一个空间中的源–路径–目标意象图式上，或者将一个空间中的“致使移动”（caused motion）的力动态模型映射到在另一个空间中“致使移动”的力动态模型。在所有这些情况下，关键关系同一性或类比都是跨空间应用于心理空间内的尺度、意象图式和力动态模型的拓扑结构。

另一方面，我们可以在它们的内在关键关系层面匹配心理空间。一种
106 类型的变化可以映射到另一种类型的变化，就像一个心理空间中的时间（或部分–整体或原因–结果）可以映射到另一个心理空间中的时间（或部分–整体或原因–结果）一样。

关键关系同一性和类比也可以提供组织框架之间的连接。比如有这样一种情况，即一个空间的组织框架可以通过同一性连接到另一个空间的组织框架。在这种情况下，这两个空间具有许多相同的角色，因为它们具有包含这些角色的相同框架。框架的同一性可以一次性将所有角色组织在一起。例如，在*北极光号*空间中的海上航行框架与在*美洲巨人 2 号*空间中的海上航行框架之间存在同一性映射。

当存在适用于两个空间的更抽象的框架时，这两个空间中的组织框架是类比关系。在这种情况下，类比连接着两个空间的组织框架。例如，在拳击比赛框架和斗鸡框架之间有一个类比映射。

一个空间中的组织框架可以通过一系列角色关键关系整体地连接到其在另一个空间中的角色的价值，就像一个空间中的*父亲*与*女儿*与另一个空间中的*保罗*与*伊丽莎白*的连接一样。

网络的类型学研究

在接下来的两章中，我们将研究反复出现的整合网络的类型。我们将开始用化学区分分子和进化生物学区分物种的方式区分这些类型，并列出单个空间可能拥有的一系列拓扑结构，以及连接两个空间的可能的方法。

这些空间和连接的可能性原则上为我们提供了大量可能的方法来构建包含输入空间、类属空间和整合空间的网络，当然还有包含多个输入空间或多个整合空间的更复杂的网络。可以为理论上可能的不同整合网络绘制蓝图，事实上，许多这些理论上的可能性已经存在于人类意义和表达的世界中。其结果将是一个相当详细的类型学的日常概念整合网络，也是我们的思维方式的重要工具。然后，我们将看到，这个分类的主要原型有着不同的连续统，这些连续统将我们直观的日常概念意义锚定到对运作中的无意识加工的统一理解之上。那些表面上看起来不同的意义变体，如范畴、类比、违实、隐喻、仪式、科学概念、数学证明和语法结构，其实是整合之神的化身。 107

拓展思考

事实、错误和警告

整合系统性地缩小关系尺度，将关系压缩为其他关系，甚至创造新的关系。

问题：

- 所有这些压缩难道不会扭曲我们对现实的理解吗？

我们的回答：

在初始阶段，任何科学都面临着来自通俗理论的强大阻碍。通俗理论是日常生活中复杂而不可或缺的思想体系，它们通常也是科学的起点。科学必须利用通俗理论来取得进展，但也必须克服它们的一些最基本的原则。在化学的发展中，通俗理论认为，土、气、火、水是世界的原始组成部分。而在物理学的发展过程中，有一种通俗理论认为，你必须一直推着某个东西才能使它保持运动。但在作为一门科学的化学中，土、气、火、水都不是元素；在作为一门科学的物理学中，运动中的物体倾向于保持运动的观点则是一个基本的发现，是牛顿定律之一。

对通俗理论来说，关键关系的压缩往往是必不可少的，但它需要被一门科学解开。大众对进化论的理解恰恰要克服这样的障碍。需要解释的结果是复杂生物物种奇妙的多样性，这关键取决于几十亿年的间隔，也就是说，时间足够长，进化机制才能够带来这样的效果大观。人类没有任何类似时间间隔的直接经验。但整合可以让我们通过压缩时间这一关键关系，从而思考这样的间隔。通俗理论的问题在于，在共同的整合空间中，进化时间与“超长”的人类时间整合在一起。但超长的人类时间还不够长，无法进行变异和选择并产生我们现在所看到的生物世界，而人类知道这一点，因为看不到物种的诞生是为我们的经验的一部分。因此，一个通过全局透视而实现的时间压缩的整合产生了，但这并不令人信服，导致许多人
108 拒绝进化论。时间压缩通常会提供一个有用的全局透视，但在这种情况下，它也给了我们一个有着错误推断的透视，即进化论不可能是正确的，因为它没有足够的时间按照应有的方式来运作。进化的整合与另一个不同的整合相比是很糟糕的，即我们周围复杂的生物系统是一个超凡的设计大师和工匠的杰作。像理查德·道金斯（Richard Dawkins）和斯蒂芬·杰伊·古尔德（Stephen Jay Gould）这样的进化论推广者，为了破坏上帝是设计师这一整合，他们花了很多时间试图引导人们撤销或搁置那些让进化看起来不可能的时间压缩整合。令人惊讶的是，在他们的说服过程中最强大的工具之一便是整合，在生物时间内宽泛的、多样的、分散的事件被压缩和统一成单一的力量：大写首字母 E 的进化（Evolution）。在这个整合中，进化被含蓄地描述为一个设计师，一个拥有许多陌生怪异技术的设计师，而进化反复使用了这位设计师几十亿年。上帝作为设计师的整合和进化作为设计师的整合之间的差异非常重要，包括在过程上的差异和时间尺度上的差异，但整合的主要概念形状非常相似。

伊丽莎的危害性

关键关系的压缩是人类洞察力和理解力的核心引擎之一。但正如我们刚才所看到的，对关键关系的压缩会产生伊丽莎效应。我们压缩感知的因果关系，所以认为感知很容易：有一个具有各种特征的“杯子”，它让我们感知到一个具有这些特征的“杯子”。还有什么可以解释的呢？我们在第一章中看到，伊丽莎效应使我们用意义压缩形式，用产生它们的过程压缩想象的产物，让我们以为意义和想象只是我们可以在意识中领悟的形式的组合。

问题：

- 我们怎样才能避开伊丽莎的陷阱？

我们的回答：

正是由于我们认知方式的特点，无论我们多么警惕，伊丽莎效应都会反复产生。开展整合的科学研究的主要障碍是伊丽莎效应的阻滞，它总是隐藏在需要解释的重要的想象操作中。正如我们要尊重进化的运作，并了解它如何能够实现生物多样性，那么我们就必须透视时间压缩整合；所以，我们也必须透视所有产生伊丽莎效应的关键关系压缩。

这并不容易做到，因为伊丽莎效应具有诱惑性。关于伊丽莎效应如何在我们观察计算机形式时愚弄我们，有一位思想家的观点非常有见地，他就是理查德·道金斯，他仔细地引导我们避免了我们观察进化过程的计算机模拟时可能犯的许多错误。道金斯开创了计算机生物形态建模的路径。109
在这种路径中，计算机可以模拟遗传和随机突变，因此我们可以看到进化就在我们眼前的电脑屏幕上发生。这个名为“盲人手表制造商”的程序彻底压缩了一代的时间，这样很多代就能在半个小时左右的时间内生生死死。我们在屏幕上看到的“生物形态”是复杂的形状，隐约让人想起甲壳虫、蜘蛛、雪晶和微小的橡树。道金斯谨慎地指出，我们在这些形状中看到的比实际存在的要多得多。例如，我们必然会看到的“腿”与生物的腿相去甚远：它们甚至不具备功能。它们在“生物形态”的进化中没有作为“腿”的统一功能。也就是说，它们不会因为更稳定、更强、更敏捷，或者腿的任何其他可能的功能而使其生物形态更具适应性。道金斯指出，计算机模型不是自然选择的模型，因为它不包含选择压力。

生物形态计算机程序，是一种使我们越过误导性的时间压缩整合的方式。我们看到的这些生物形态由极其简单的机制形成和进化而来，它们拥有惊人的一系列迷人而复杂的形状。但正如道金斯所展示的，它将我们带入了另一个伊丽莎陷阱——因果关系压缩：我们在计算机程序的输出中看到了自然的多样性，所以想象它来自于程序中的自然选择，而不是我们自己对于所见的富有想象力的识解。

道金斯不仅想把我们从这个特定的计算机程序中拯救出来，他还想把我们从伊丽莎的错误中拯救出来，这个错误认为计算机模型可以捕捉到“进化”。道金斯对这样的计算机模型有如下构思：

> 我们理想的做法是模拟一个完整的物理环境和一个完整的生态环境，有模拟的掠食者、模拟的被掠食者、模拟的植物和模拟的寄生生物。所有这些模拟生物本身必须能够进化。避免不得不做出人工决策的最简单方法可能是从计算机中完全脱离出来，并将我们的人造生物构建为三维机器人，在真实的三维世界中相互追逐。但是，这最终可能还不如完全抛弃电脑，看看现实世界中真正的动物，从而回到我们的起点来得容易！

道金斯在这里想要表达的是，自然选择不能缩小尺度，也不能压缩。真正的进化模型不能压缩代的数量或世界的丰富性。进化取决于其在数量极多的代上的运作，以及世界在进化展开的每一个时刻实际无处不在的丰富性。同样，我们认为整合的运作正是取决于大量的映射以及整合过程中
110 无处不在的物理和概念世界的丰富性。

如果进化和整合不能在计算中建模，那么它们是否就因此不适合进行科学的研究呢？关于进化论，道金斯得出了相反的结论。抽象的进化论思想是由自然界来实现的。如果这个抽象的思想存在于柏拉图的天堂，那

么还有什么比创造我们的宇宙，观察会发生什么更好的实现方式呢？观察自然界中发生的事情，达尔文就是这么做的，而且现在进化生物学家仍在这么做。正是在大自然的巨大实验室里，我们才可以准确地研究进化的特征、结果和规律。原则上，压缩模型不允许我们这样做，尽管它可能有助于探索过程的一些形式特征。进化生物学家现在可以在实验室中进行实验，其中实验室是自然的一部分，又是生物学家所占据的并向某个方向所推进的一部分。这些实验直接与进化生物学本身共同作用，所以它们不像计算机模型，计算机模型并不是生物世界本身的实例。

化学科学也是按照相同的观点和方法发展的：自然是一个巨大的化学实验室，我们可以通过调查世界上实际发生的事情来研究化学的特征、结果和规律性。办公楼里的化学实验室是一个精选的自然子集，在实验室里化学家可以沿着精心设计的某条路径直接观察大自然。化学实验也属于化学本身的现实世界，因此它们不像化学事件的计算机模型，不是化学的实例。

对想象力的科学研究必须遵循同样的思路。大自然已经准备好了一个巨大的实验室，在这个实验室里，想象力已经发挥了最大作用。因为整合不仅仅是偶然的，而是本质上取决于概念世界的丰富性，我们只能通过调查人们在真实情景中实际构建的意义来研究它的原则。大自然的巨大的整合实验室产生了杂志广告、双曲几何、语法构建、违实论点、因果关系压缩、文学寓言、计算机界面设计以及其他许多发明。达尔文发现加拉帕戈斯群岛（Galapagos）是一个有用的现实世界实验室，正是因为它是孤立且陌生的；同样，为了调查整合的原则和参数，我们常去调查一些看起来异乎寻常，但同属人类世界一部分的事物。进化生物学家或化学家可以在自然界中设计出实验一样，我们也可以照做，要人类去做一些事情，理解一些事情，解决一些事情，等等，并观察他们在这些情况下实际的所作所为。

模块、差异和统一 111

我们已经看到了许多不同种类的整合——长达几个世纪的数学理论的

文化发明、滑雪服务生的浮现行为整合、话语中出现的违实论点等。这些整合不仅看起来不同，而且它们所涉及的加工显然也并不完全相同。

问题：

- 怎么会有人，如此大智若愚、大繁若简地想到把所有这些多样性放到一起呢？

我们的回答：

也许化学和进化生物学最大的优点是发现在水和尼龙、甲壳虫和大象这惊人的多样性背后有着一般性的原则。这些截然不同的产物可以通过完全不同的过程产生。一方面，燃烧是一种常见的化学现象，另一方面，在实验室里制造尼龙是一个奇怪的事件，需要大量的文化付出。一方面，无性繁殖一直是一个常规的进化过程，而另一方面，克隆是一个奇怪的事件，需要大量的文化付出。一些化学过程和进化过程发生得相对较快，而其他过程，如趋同进化或玻璃在重力作用下的变形，发生得相对较慢。但化学和进化生物学表明，在最多样化的产品和最多样化的过程背后，有着共同的化学和进化原理。

在这本书中，我们研究了通过完全不同的过程而经常出现的几种截然不同的概念产品。笑话和数学发明看起来相去甚远，我们可以立刻理解其中的一个，而对于另一个的理解可能需要几个世纪有意识的努力才能实现，但两者都依赖于概念整合的原则。

这一共同的基本的运作是我们所有例子的基础。认知神经科学清楚地认识到，人脑不是一个没有区别的主体：没有人认为我们可以用我们的视网膜去听，或是可以用我们的小脑去看。但同样无可争辩的是，重要的生理规律发生在整个中枢神经系统。即使是视网膜和小脑也有相同的生理规律。同样，概念整合普遍运作于认知意义上的现代人类的许多创新和想象能力之后。

第七章

113

压缩与冲突

我看到人生如河流逝
变幻不定；我曾是这一切——
波涛中的一滴露珠，
剑锋上的一缕光芒，
山丘上的一株冷杉，
一个推磨的老奴，
一位金座上的国王——
这一切都美好壮丽；
现在的我通晓一切，却什么都不是了。
啊！德鲁伊，德鲁伊，
沉重的哀痛正潜藏于不起眼的事物中啊！

——威廉·巴特勒·叶芝

多样且分散的生命在广阔的时间和空间里快速流动。人类的心智通过不断压缩关键关系来构建明白易懂的意义。

当我们在商店看到波斯地毯并想象它在我们家里会是什么样子时，我们正在压缩两个不同的物理空间。我们在概念上忽略了将真实地毯与真实房屋分开的所有实际物理空间。当我们想象现在的我们会对几年前针对我们的批评作出怎样的回答时，我们是在压缩时间。在某些情况下，更宏大地去理解这一事件，就会意识到这一过程压缩了两个空间。在购买地毯的例子中，这一过程包括：我们想要一张地毯的欲望，考虑它可能放置的地方，做笔记，去商店，以及看另外几张地毯。我们在这件事中选择了两个心理空间进行压缩。当我们去想象现在的我们如何回应过去受到的批评时，我们会有一个阶段在思考这一想法以及试图寻找应对之道。我们在其中选择了两个时间上分离的心理空间，并对它们进行压缩。

114 整合是一种极佳的压缩工具。来自不同相关空间的选择性投射和在整合空间中的整合提供了异常强大的压缩过程。我们已经看到整合在禅师（在历史的不同时间发生的两个不同的旅行被整合空间放在一起，因此有效避开了在历史中将它们分开的时间间隔）和船赛（两次时间上相隔久远的海上航行放在一起，将分开它们的世纪抹去了）的例子中完成了时间的压缩。在心脏搭桥手术中，小学生与手术行为的整个时间跨度的尺度被缩短到几分钟。婴儿的成长一例中，婴儿的一生可以想成它是在爬楼梯，但是时间跨度被缩短。

在第五章中，我们看到了许多通过整合而产生的因与果的压缩。在阳痿的吸烟牛仔中，香烟作为起因与阳痿作为结果相融合。在心脏搭桥手术中，儿童早期教育和成人医生的能力之间的长因果链被压缩为最短的跨距。

在与康德的辩论中，我们看到整合对地理空间进行压缩，将康德和一位现代哲学家带入同一个房间。这场辩论还实现了复杂的时间压缩，最明显的是将相隔几个世纪的人们压缩到同一对话时刻，但也将分散在康德一生中的不同主张压缩在短短几分钟的辩论中。

一些关键关系带来了一个间距，范围或链，我们称之为“线”。这些关键关系是时间、空间、因果、变化、部分–整体和意向性。例如，在研究恐龙飞行的网站中，贯穿所有恐龙的时间线缩小至一个生命周期。并且，该生命周期中只有某些时刻被激活。这部分激活了线上的点，我们称之为“切分”。类似地，在心脏搭桥手术中，从小学到做手术的三十余年时间被缩短到几分钟。因果线也被切分成只有学校学习和最后的专业能力被激活。当你想象地毯铺在客厅会是什么样子时，客厅和地毯店之间的空

间线就会消失。在毕业典礼上，一个大学生四年来经历的一长串变化被切
分压缩成只有某些大学活动被激活，比如上课、听讲座、与同学交往。学
生在四年内所经历的根本变化缩放成简单快速地将流苏从学位帽的一侧拨
到另一侧。部分-整体线也可以在整合中压缩：考虑以下案例，一家国际
航空公司有明显来自不同国家的机票代理商，当他们用各自的语言一个接
一个说“欢迎”的时候，就是对部分-整体关系的压缩。我们知道，对公
司来说，存在许多层级的部分与整体关系。国际公司设有各国分部；各国 115
分部有许多不同的区域办事处；每个区域办事处都有许多不同类型的员工
从事不同的活动，包括作为运营的一部分的票务销售；一个区域办事处的
票务代理组又有许多成员。在这样的整合中，从国际公司到个人票务代理
的部分-整体的整个系列步骤变为一步：国际公司是一个包含这些部分的
整体。一长串的意向性也可以被压缩。在船赛中，*美洲巨人 2 号*的船员们
之所以能够了解*北极光号*，仅仅是因为在 1853 年至 1993 年之间有一长串
的报道；但在整合空间中，船员们可以直接看到快速帆船。知识的扩散传
播已经被压缩成直接观察。

同一性、压缩和解压缩

正如我们在开篇所说，同一性是心灵的三个 *I* 之一。它不仅是一种关键关系，而且可能是最基本的关键关系，没有这种关系，其他的关系就没有意义。如果没有涉及同一性的持续压缩和解压缩，人类的精神生活是不可想象的。一个语言系统若要真正有用，就必须有广泛而强大的资源阵列来提示这种压缩和解压缩。同一性似乎是一种原始的、无法分析的概念，但它却是想象造就的。为了感受想象的作用，以及整合和压缩在建立同一性中的重要性，让我们来看看下面这个故事，它登载于 1996 年 12 月 24 日星期二《纽约时报》科学版的头版上。这个故事的标题是《曾经的掠食者的幽灵》（*Ghosts of Predators Past*），附有一张插图，图上是一只美洲

叉角羚被钢笔画的史前猎豹和长腿犬追逐着。叉角羚比它的任何现代掠食者跑得都快。为什么进化会选择代价如此高的极限速度，即使这种速度并不会带来额外的繁殖益处？科学家们提出：

> 叉角羚跑得如此之快是因为它被幽灵追赶——曾经的掠食者的幽灵……随着研究人员开始观察，这种幽灵的证据似乎越来越明显，对其他物种的研究表明，即使掠食者已经消失了几十万年，它们的猎物可能也没有忘记它们。（p. C1）

这一段话的概念整合网络非常复杂。我们将重点讨论一些涉及同一性的压缩和解压缩。

116 在史前故事中，美洲叉角羚几乎没有逃脱像猎豹和长腿犬这样凶猛的天敌的追捕。在现代故事里，它轻而易举地逃脱了所有现代掠食者的追捕。在报纸的整合中，叉角羚正被凶猛的史前掠食者追赶，它们被标为"幽灵"，以表明它们在现代世界中并不存在。我们对这种巧妙的整合并不感到困惑。我们不希望看到幽灵追逐真正的叉角羚，我们认为任何现存的叉角羚都不会记得史前的掠食者。相反，我们知道如何将这种整合与叉角羚的故事联系在一起：对于叉角羚的祖先来说必须适应高速奔跑，它们面对的是凶猛的掠食者，尽管这些掠食者现在已经灭绝，但叉角羚在生理上的速度能力依然保留了下来。

在这个整合网络的整合空间中，只有一只叉角羚，而这只叉角羚记得曾经追赶它的掠食者。它已经适应了那些追赶，所以现在当任何掠食者试图追赶它时，它就会以它原来的速度奔跑。

但是我们得停下来思考。这只叉角羚是谁？显然不是任何一只单独的个体，明显也不是当今世界叉角羚的典型代表。它也不是现代美国物种的代表，因为该物种中没有任何成员见过这些凶猛的掠食者，所以没有人能"记得"它们。让我们对进化真相有全局透视的是同一性对物种、个体和时间的巨大压缩。

很明显，要实现这种整合，我们必须输入一个空间，其中有一只快速奔跑的现代叉角羚，但不是因为快速的掠食者而奔跑；并输入另一个空间，其中有一只史前叉角羚因为疾速且凶猛的掠食者而快速奔跑。请注意，整合空间中的这只叉角羚对应于输入空间中两只完全不同的叉角羚。但这些输入空间来自哪里？我们从哪里得到“史前叉角羚”被猎豹追赶和“现代叉角羚”周围没有猎豹追赶？无论是“史前叉角羚”还是“现代叉角羚”都不是一个真实的个体。每一只都是该物种在一段历史时期内其唯一性的压缩。每一只叉角羚都是从一组理想化的“典型叉角羚”中挑选出来的，这组叉角羚本身就是根据赋予每只“典型叉角羚”在其相关时期所具有的真实的叉角羚群体的特征而通过想象构造出来的。

要得到原型还需要更多的压缩和解压缩，但让我们只考虑到目前为止我们所看到的压缩的复杂性。在外部条件限制下，我们对这两个时代中的任何一个时代中存在的所有叉角羚个体进行了解压缩。首先，它们被压缩成两个独立的组，每一组都构成了一个子范畴——古代叉角羚和现代叉角羚。每一组叉角羚都随着时间和空间的推移而被压缩（进化的因果关系也是如此，因为每一组叉角羚都是由当时的所有叉角羚组成的，它们要么是祖先，要么是后代）。我们通过假设所有成员都具有相同的性质、经验和行为来压缩每个这样的组。因此现在两组中所有成员在组内都是一样的。然后我们通过巧妙的策略选择一个成员（任意一个成员，因为它们都是相 117
同的）来压缩每个组。这种压缩使这两组成员变成了两只独有的动物——古代叉角羚和现代叉角羚。现在通过对典型的古代叉角羚和典型的现代叉角羚进行几次压缩后，我们终于有了我们要做的真正与众不同的整合，即在整合空间中得到一只叉角羚，它能有如今的飞奔技能（与古代的飞奔技能一样）和曾经被猎豹追逐的记忆。这种记忆是整合空间中的浮现结构，因为无论是理想化的现代叉角羚，还是现实生活中的叉角羚，都不可能拥有这种记忆。

输入空间由时间和因果的关键关系连接起来。现代叉角羚之所以跑得如此之快，是因为各代的叉角羚都继承了古代叉角羚的奔跑能力。这种输入空间之间的进化继承的跨空间关系被压缩到整合内部的结构里——即叉角羚的记忆。这是我们在第六章中看到的用于构建整合网络的一般策略：将空间之间的关键关系压缩到整合内部的结构中。这个叉角羚的例子说明了一般策略的第二种用法。人们很容易认为，古代的叉角羚已经被凶猛的掠食者训练成跑得飞快，好像它已经学会了必须跑得飞快。但这当然不涉及学习。古代叉角羚跑得如此快的原因是，它们的先辈叉角羚跑得足够快才能够逃脱掠食者的追捕。跑得慢的堂兄弟们都被吃掉了。适应能力的存在连接了许多不同世代的叉角羚，这种连接是一种跨空间的变化关键关系。对于古代叉角羚来说，各个空间借由适应实现的变化，压缩成通过学习实现这种变化。

当我们要做所需的最后的压缩时，我们有一个古代叉角羚的输入空间和另一个现代叉角羚的输入空间，它们通过遗传相联系。首先，将古代叉角羚与现代叉角羚的范畴联系压缩为一种外部空间部的同一性关系。古代叉角羚和现代叉角羚在一生中不同的阶段成为相同的个体，即幼年叉角羚和成年叉角羚。古代叉角羚和现代叉角羚之间的进化时间被压缩到一个生命周期内。现在，意向性连接可以添加到两个空间之间，因为这两个空间中的个体是相同的。因此，现代的叉角羚能够“记住”古代叉角羚曾经“学过”的东西。

在最终的整合空间中，这两只叉角羚间的同一性和意向性连接被压缩
118 为唯一性和内部空间的意向性：有一只独有的记忆超群的叉角羚，它记得自己学过什么。为什么这只成年叉角羚在不必要的情况下还跑得这么快？因为年幼时恶劣的生活环境使它学会了这么做。换句话说，跑得快，是古代叉角羚的一种特征，在整合空间中这种特征被投射为“叉角羚”的一种能力，这种能力它们从小就学会了。物种中这种能力被持续性投射到一个人身上的话，即他在年幼时所学到的某样东西在整个一生中保留。就像我

们不会忘记在整个班级前面的班长或校园里教会我们奋起反击和自立的霸凌者一样，成年叉角羚也不会忘记年幼时教会它快速奔跑的猎豹。

那些创建出那只记忆超群的叉角羚形象的压缩过程可以在分析中得到梳理。它们看起来很有用而且相当自然，也许还有点超自然。我们已经看到了对唯一性的压缩，这种压缩看起来更加自然。我们压缩一个人的一生以产生一个唯一的人和一个我们称为名字的标签。我们看到了这种压缩，但它似乎在某种程度上真实反映了人类生活的本质。还有一种更不明显的压缩，它能让我们感知到一个“蓝色杯子”。在这种情况下，我们甚至需要一位神经生物学家来解释同一性压缩——正在进行的绑定。但从记忆超群的叉角羚的例子来看，有些对唯一性的压缩似乎更加超自然。灵魂转世就是一个很好的例子。你会对你所做的压缩感到震惊，如果你发现：你、克莱奥帕特拉（埃及艳后）（Cleopatra）、圣・芭芭拉（Saint Barbara）、伊丽莎白一世女王（Queen Elizabeth the First）、你的曾祖母（著名歌剧女主角）和萨拉・伯恩哈特（Sarah Bernhardt）是同一个人，这刚好解释了为什么你在埃及做美梦，曾经被闪电击中却毫发无损，喜欢骑马，认为你自己可以完美地唱出夜之女王的咏叹调，并且（你的朋友们说）拿腔拿调。与其他压缩不同的是，这种唯一性的压缩并不是由一种文化引起的，这种文化为个人提供了姓名，为家庭群体提供了姓氏，以及像“叉角羚”和“杯子”这样的普通名词用于指代相应的压缩，但却没有提供表达或结构来挑选出唯一元素，完成从克莱奥帕特拉到你的一系列完全相同的人物的压缩。因为它没有在语言中以常规方式表达，所以它的突出之处在于，随着时间的推移，既不存在对个人同一性的传统压缩，也不存在群体到单个个体的传统压缩。但这并不意味着它不存在于我们的文化中。我们经常使用常规的结构“你的前世一定做过某某人”，以强调“你”正在做一些需要解释的事情，将由你曾经做过某某人提供解释，就像叉角羚的速度需要一些解释一样，这将由叉角羚对快速和险恶的掠食者的记忆提供。这种跨越历史的同一性压缩是任何支持它的文化中都存在的一种深刻的生活原则——例如，一种包含转世的信仰体系。

对跨越历史的唯一性进行压缩能够给一个物种、一个有机体和人类分
119 散而多样的历史提供全局透视——就叉角羚而言，是一个物种的历史；就生物同一性而言，是一个有机体的历史；就个人身份而言，是一个人的历史。在这一章的题词中，威廉·巴特勒·叶芝描述了赤枝（Red Branch）国王费格斯（Fergus）一旦打开德鲁伊给他的“石板色的小东西”，就能意识到他的转世。压缩成同一性，继而压缩成唯一性的运作贯穿一个民族的历史及其环境和文化。

网络如何压缩和解压缩

整合和压缩好比是硬币的一面，而另一面是分解和解压缩。叉角羚的整合本身无法提供恰当的理解；它必须连接网络的其余部分，其中在整合空间中压缩的内容被解压缩并保持分离。禅师一例也是如此：如果没有与分解开去的输入空间的连接，整合就无法解谜。就其本身而言，发现在同一条路上朝相反方向行进的两名禅师相遇，并没有提供任何洞见。只有当这次相遇使逆向投射回上山和下山的输入空间并保持分离，我们才能获得对谜题的全局透视。当我们处理整个网络的全部解压缩和压缩时，整合空间中的相遇会自动连接到输入空间之间的结合排列，并且具体来说这两个行程的结合排列是谜语的答案。因此，理解的关键是在整个网络中同时激活并连接压缩和解压缩。

原则上，概念整合网络包含其压缩和解压缩。通常，在使用和加工时，只有部分网络可用，其余部分必须动态构建。在某些情况下，解压缩将是构建网络的主要途径；而在另一些情况下，压缩将是构建网络的主要途径。但在大多数情况下，在加工、识别、科学发现或艺术创作中，两个都会用到一些。

压缩与解压缩的多种可能、心理空间的拓扑结构的多种可能、心理空

间之间连接的不同类型、投射与浮现的不同类型以及世界的丰富多彩产生了各种可能的整合网络。在这种多元化中，四种整合网络脱颖而出：简单网络、镜像网络、单域网络和双域网络。网络模型根据理论原则预测它们的存在，事实上，当我们观察大自然这个实验室，我们发现了确实存在的强有力的证据。

简单网络 120

在简单网络中，人类的文化和生物历史已经提供了有效的框架，并应用到某些价值元素上；该框架存在于一个输入空间，而某些类型的元素存在于另一个输入空间。*家庭*是人类亲属关系的一个现成框架，它包括父亲、母亲、孩子等角色。这个框架原型适用于人类。假设一个整合网络中，有一个空间只包含这个框架，另一个空间只包含两个人——保罗（Paul）和萨莉（Sally）。当我们认为保罗是萨莉的父亲时，我们创造了一个整合空间，其中*家庭*框架的一些结构与保罗和萨莉元素整合在一起。在整合空间中，保罗是萨莉的父亲。这是一个简单网络。输入空间之间的跨空间映射是框架-价值的连接——即一系列有组织的角色连接子。在本例中，*父亲*的角色连接到价值*保罗*，*女儿*的角色连接到价值*萨莉*。

在简单网络中，一个输入空间中框架的相关部分及其角色被投射，而另一空间中元素被作为整合空间中角色的价值被投射。这个整合空间以最简单的方式整合了框架和价值。一个输入空间中的框架与另一个输入空间中的元素兼容：这种简单网络中输入空间的组织框架不存在冲突，因为含有价值元素的输入空间中没有组织框架。因此，简单网络直观上看起来一点也不像一个整合空间。但它是一个完全符合常规的整合网络，可以从整合空间的理论原则中预测出来。英语中的一个句子会提示这个整合的结构，即“保罗是萨莉的父亲”。稍后我们将看到这种语法结构，“X 是 Z 的 Y”（X is the Y of Z），这是构建任意类型的整合网络的一般提示符。

但是“保罗是萨莉的父亲”这个句子被认为是语义组合的原型，在一阶弗雷格逻辑（Fregean logic）中很容易表达为F(a，b)，其中F是父亲，a是保罗，b是萨莉。并且这是正确的！我们刚刚发现的是，弗雷格逻辑形式对应于简单网络中的跨空间映射。在这样的网络中整合空间是组合性的，即来自两个输入空间的全部相关信息被带入整合空间中。这种组合在以下意义上是真值条件句：如果整合符合该“世界”的当前状态（即，如果保罗确实是萨莉的父亲），则该句子在世界中被视为是“真实”的。

令人惊讶的是，这种复杂的整合网络，即简单网络，只不过是我们的老朋友“框架”（framing）而已，正如在人工智能中研究过的那样，以及在谓词演算标记法（predicate calculus notation）中正式得到的那样。如果它是一种组合形式，那么它就不可能是一个整合空间。但恰恰相反，一阶
121 逻辑和整合并不是对立的关系是一个奇妙的发现：一个是另一个的简单例子。同样奇妙的发现是，点、线和三角形都是圆锥截面的特殊情况，就像双曲线、抛物线、圆和椭圆。这使我们的描述更加简洁；但更重要的是，它对正在研究的现象进行了深入的概括。概念整合网络多种多样，且这种多样性解释了我们思维方式的多样性和创造性。这样一种网络，即简单网络，它具有特殊的性质：在很大程度上它具有组合性和真值函数性。我们认为它具有用于外部计算和顺序符号操作的理想特性，这就是为什么它被形式主义路径所利用：它既易处理又较为基础。这些特性解释了逻辑在计算方面的成功，与此同时，它也帮助我们理解了为什么尽管经过数十年的
122 集中努力，却无法将语义和其他重要的思维形式简化为符号逻辑。因为除了简单网络外，意义的构建还需要多种类型的整合网络，大量的语义研究并不属于符号逻辑范畴。

经过检验，我们发现，即使在简单网络中，也出现了比经过验证的逻辑方法更多的东西。它表明简单网络的概念优势之一是它能够压缩角色，并将压缩作为整合中的一个新角色建立起来。例如，在设想保罗和萨莉是父女关系的输入空间中，我们在一个输入空间中有一个图式的父亲角色，

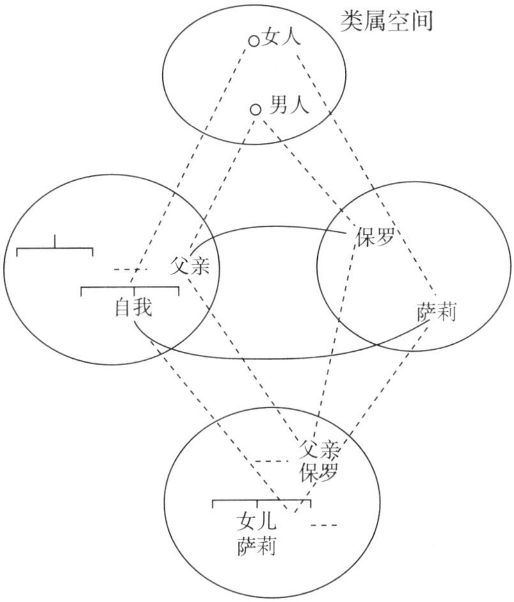

图 7.1 简单网络

这幅图里，一个输入空间包含一个具有角色但没有价值的框架，另一个输入空间包含无框架元素，并且输入空间由框架–价值联系来匹配。

在另一个输入空间中有一个具体的人物*萨莉*。简单网络整合空间继承了这些元素，但也创造了一个新的角色：*萨莉的父亲*。这个新角色一旦被建立，就可以直接引用，如"保罗是萨莉的父亲。因此，保罗需要为萨莉的违停罚单负责。"正如我们在第六章所见，角色–价值是基本的关键关系。在简单网络中，它通过框架–价值的组织方式连接两个输入空间。与其他关键关系一样，角色–价值可以通过整合来压缩。这就是在简单网络中发生的事情。*父亲*与*保罗*之间的关系是输入空间之间的*外部空间*角色–价值关系，*自我*与*萨莉*之间的关系也是如此。但在整合中，一个输入空间里的*内部空间父亲–自我*关系被压缩，伴随着外部空间部的*自我*和*萨莉*之间的角色–价值关系被压缩，形成了一个单独压缩的新*内部空间*角色：*萨莉的父亲*。在整个整合空间中，这个角色又与它的唯一价值保罗压缩了。

当然，任何价值本身都可能具有内部的复杂语义结构。以简单网络整合为例，*体育*框架作为其第一个输入空间，这个角色既可以是*粉丝*也可以是*体育赛事*，另一个输入空间是特定的体育赛事，*自行车比赛*和特定的人*萨莉*。在整合中，我们可以让萨莉成为自行车比赛的粉丝。一个角色连接子（从体育赛事到*自行车比赛*）和另一个角色连接子（从粉丝到萨莉），它们和从粉丝到运动赛事的框架关系一起在整合空间中被压缩。在这种特殊情况下，价值*自行车比赛*本身具有框架结构，又有诸如选手、裁判和机修工之类的角色。

显然，这样的简单网络中输入空间的组织框架不存在冲突，因为含有价值元素的输入空间（*保罗*和*萨莉*）没有组织框架去跟其他输入空间（*父亲--自我*）提供的组织框架相竞争。因此，这些网络进行了不可或缺的角色压缩。

镜像网络

我们已经看到了几个镜像网络的例子——禅师、与康德的辩论和赛船。镜像网络的整合网络中，所有的空间（输入空间、类属空间和整合空间）共享一个组织框架。正如我们在第六章中看到的，心理空间的组织框架是指定相关活动、事件和参与者的性质的框架。像*竞争*这样的图式框架不是一个组织框架，因为它没有指定一种认知上可表征的活动类型和事件结构。

123

输入空间之间互成镜像，就意味着它们具有相同的组织框架。类属空间也是如此。整合空间也有这个框架，但通常在整合空间中，网络的共同组织框架存在于一个更丰富的框架中，而这个框架只有整合空间才有。例如，在赛船中，共享组织框架*沿着航线航行的船*存在于更精细的框架内，即*沿着航线竞赛的帆船*这一整合。在与康德的辩论中，共同组织框架*思考问题的哲学家*存在于更精细的框架内，即*哲学家就某问题进行辩论*的整合中。而在禅师的例子中，共享组织框架*沿着山路行走的人*存在于更精细的框架内，即*两个人在山路上相遇*的整合中。

组织框架为其组织的空间提供拓扑结构，也就是说，它提供了空间中元素之间的一系列组织关系。当两个空间共享相同的组织框架时，它们共享相应的拓扑结构，因此可以很容易地形成对应。在输入空间之间建立跨空间映射变得简单明了。

镜像网络中的空间在组织框架层面共享拓扑结构，但在更具体的层面可以有所不同，出现冲突。例如在赛船网络中，有两个元素适合组织框架中的角色*船*，因此在组织框架级别上具有相同的拓扑结构。然而，更具体的关系定义了异于寻常的更精细的拓扑结构。例如，在赛船中，其中一个元素适用于更具体的框架 *19 世纪的快速帆船*，另一个元素则适用于更具体的框架 *20 世纪末奇异的极速双体船*。这两个特定的框架是不同的，因此该特定层面的拓扑结构也不同。

镜像网络可以整合许多不同的空间，前提是它们共享一个组织框架。1999 年 7 月 8 日，《纽约时报》报道，奎罗伊（Hicham el-Guerrouj）以 3 分 43 秒 13 的成绩打破了 1 英里赛跑的世界纪录。该文章附图显示了赛道的 1/4，上面有 6 个人，表明他赢了罗杰・班尼斯特（Roger Bannister）（自 1954 年打破 4 分钟记录以来，他是 10 年里跑得最快的 1 英里赛跑运动员）。奎罗伊正在冲过终点线，将所有人都甩在了他后面，而班尼斯特还落后 120 码。这个插图提示我们构建一个概念集合，它将来自 6 个独立的输入心理空间的结构整合在一起，每个心理输入空间都有一个 1 英里赛跑，这个 1 英里赛跑的世界纪录被一个跑步者打破。整合空间将 6 名选手全部放在一个跑道上，起跑时间相同。

这种整合具有概念整合网络的所有常见特性。有一个跨空间映射将这 6 个空间中的对等成分连接起来：胜利者、跑道、终点线、1 英里的距离，等等。124 有一个类属空间，包含适用于所有这些空间的结构和元素，构成了相当丰富的*跑 1 英里*和*打破纪录*的组织框架。对整合空间进行选择性投射：从 6 个输入空间中的每一个空间，我们向整合空间投射的是*跑 1 英里*的整个框架，但不是赛跑的特定位置，或者除了获胜者以外的任意一个跑步者等。一些对等成分投射到整合空间中被融合，例如赛道；其他的则不然，如破纪录者。最后，在整合空间中还有一个浮现的动态结构——在任何输入空间中都找不到的结构：整合是对运动健将之间的神奇的竞赛的模拟，他们中的大多数人实际上从来没有相互较量过。在这场神奇的比赛中，奎罗伊以 120 码的差距“战胜”了班尼斯特。

这种整合是直接可理解且有说服力的，但它的结构非常复杂。投射到奎罗伊的整合空间、他在终点线的位置，以及他越过终点线时获胜的时间并没有告诉我们如何确定他后面其他选手的位置。历史记录并未显示他们在 3 分 43 秒 13 时的位置。他们当时在赛道上的位置必须分别计算。在这种情况下，计算是通过假设每个跑步者匀速跑完他自己的比赛来进行的，尽管这种情况从未发生过。因此，我们所看到的从输入心理空间到整合空间，无论多么有用，都是与启发它们的真实情况不完全相符的虚构。有了这些虚构，就很容易计算出每个跑步者在 3 分 43 秒 13 时所跑的距离，3 分 43 秒 13 作为 1 英里的结果并作为奎罗伊的获胜时间与跑步者获胜时间的比值。减去 1 英里跑的路程，得出跑步者落后于奎罗伊的距离。具体来说，班尼斯特的历史时间是 3 分 59 秒 4，比奎罗伊落后 [1,760 码] − [（3 分 43 秒 13/3 分 59 秒 4）×（1,760 码）]=120 码（120 码是四舍五入的结果）。为了进一步了解这个镜像网络没有任何自动的或不可避免的东西，我们可以将它与打破固定时间内自行车骑行距离记录的历史记录这一整合空间进行比较。在标准的 1 小时自行车骑行比赛中，骑行时间不变，但骑行距离有所不同。其中一个人打破了纪录，因为在 1 小时内他骑得比任何人都要远。对于这一整合空间，我们可以预测每个前纪录保持者的时间和距离，而不需要进行任何计算。我们只是把所有的纪录保持者放在同一条跑道上，每个人都按照他 1 小时后完成的骑行距离计算。自行车运动员的整合空间看起来就像跑步运动员的整合空间，但后者需要一些积极的操作才能完成。在自行车骑行比赛中，输入空间和整合空间中的参赛者确实在相同的时间（即 1 小时）后停止。在赛跑中，整合中的选手一旦获胜就会立即停止比赛，即使他们的对手还在输入空间中继续进行比赛，完成 1 英 125 里赛跑并打破保持在每个输入空间内的 1 英里世界纪录。

*冲突*在镜像网络中，由于框架是相同的，所以在组织框架层面的输入空间之间不存在冲突，但是在框架以下的更具体的层面上会有冲突。在赛船一例中，两个空间中的世纪和船的类型相冲突。在禅师一例中，两个空间的行程方向和时间发生了冲突。在与康德的辩论一例中，不同输入空间中哲学家使用的语言、他们生活的世纪、表达方式等方面发生了冲突。这些更具体层面的冲突可以通过两种方式解决。第一种方式，是只向整合空间投射一个冲突的元素。例如，在与康德的辩论中，框架元素*语言*在两个空间中是相同的，并且从两个空间中被投射以在整合空间中融合；但是在更具体的层面上，两个输入空间内的价值之间存在冲突——分别是德语和英语，且只有英语被投射到整合空间中。在解决更具体层面冲突的第二种方式中，冲突元素作为单独的实体被投射到整合空间中。例如，在赛船一例中，框架元素*船*在两个空间中都是相同的，并且从两个空间中投射出来，但它们没有在整合空间中融合。更具体的冲突元素*快速帆船*和*双体船*都被纳入整合空间中，以产生两艘不同类型的船。在整合空间的框架层面上，这*两艘船*的投射满足了整合空间中出现的框架*海上竞赛*。但是在整合空间的具体层面上，会得到一种奇怪的比赛，因为快速帆船通常不会和双体船比赛。这种奇怪的现象对构建镜像网络的目的——即要确定船只的相对速度和位置没有任何影响，但是很明显这种竞赛是两个输入空间的概念整合。

*压缩*镜像网络对时间、空间、同一性、角色、因果、变化、意向性和表征的关键关系进行压缩。事实上，它们使得寻找合适的压缩候选对象和进行可接受的压缩变得异常简单和直接，因为不同空间中的框架之间没有冲突。任何赛跑都发生在单个赛场的单个跑道上，因此整合只有单个跑道

的赛跑是很容易的。

禅师、赛船、神奇的比赛、叉角羚以及与康德的辩论等例子中，都采用了时间压缩，由关键关系时间分隔的两个空间同时存在于整合空间中。这种同时性适用于整合空间的框架：相遇需要两个人同时走近对方，赛船和赛跑需要竞争对手同时进行，捕食需要掠食者在猎物逃跑时追赶，而辩论需要互动。然而，同时性并不是唯一的可能性。将时间进行选择性投射到整合空间
126 的其他模式会产生其他结果，例如时间重叠、连续进行或短时间隔的分离。我们已经看到，大段的时间是可以切分的：在禅师一例中，融合了他上山和下山的时间，导致他到达顶峰和从顶峰下来之间的时间被切分。

禅师、船赛和神奇的比赛等例子中不涉及时间缩放，因为它们保持了时间尺度不变。然而镜像网络可以使用时间缩放，它保留了时间间隔的拓扑结构，但改变了时间间隔的长度。叉角羚一例是一个镜像网络，因为所有的空间都有叉角羚因掠食者而逃跑的框架，所以在整合过程中，很长的*外部空间*进化时间被缩短到叉角羚的一生。

在镜像网络中，空间压缩也很容易。例如，在整合空间中，神奇的比赛的不同输入空间之间的空间距离被压缩为零，其中所有赛跑者都在单个赛场的单个跑道上。

所有其他的关键关系——同一性、变化、因果关系等都同样可以压缩到镜像网络中。叉角羚一例是关键关系压缩的奇迹。最明显的是对同一性和唯一性的压缩，这种压缩在整合过程中将曾经存在过的每一只叉角羚，逐步变成为生存而拼死冲刺的单个叉角羚。叉角羚在适应和遗传的相互作用下，产生了细微却具有变革意义的*变化*，这一外部空间部长链被压缩成个体叉角羚心理的意向性变化的整合空间。它的一生都在通过学习专长和记忆来努力避免死亡。并且，在叉角羚整个种系血统内的因果关系的外部空间长链，被压缩在了被追逐和快速学习飞奔和逃跑的整合空间中。

镜像网络中的概念整合通常对网络的共享框架调节的内部空间或外部空间关键关系进行压缩。共享框架自动提供连接的角色。

单域网络

在单域网络中，两个输入空间含有不同的组织框架，其中之一被投射进而组织整合空间，其典型特征是整合空间中的组织框架只是两个输入空间的组织框架中的一个的扩展，具有很强的非对称性。

进行拳击比赛的两位拳手的场景为我们理解商业竞争中的两个 CEO（首席执行官）提供了简洁有力的框架。我们假设一位 CEO 击中对手一拳但另一位 CEO 缓过来了，一位绊倒了而另一位占优势，一位把另一位打晕了。对这种情况的识解构建了一个概念整合网络。拳击的输入空间和 127
商业的输入空间之间存在跨空间映射，例如，每个拳击手都映射到一位 CEO，一次出拳映射到一位 CEO 的努力，一次击中映射到一次有效行动，坚持拳击比赛映射到继续商业竞争（见图 7.2）。简而言之，在一个简单的单域网络中，对整合空间的投射是高度不对称的：其中一个输入空间提供了组织框架（拳击），而另一个没有提供组织框架，因此形成了框架-拓扑结构。（例如，刚好有两个施事，空间上接近、时间上邻近，进行了身体对抗活动。）

单域网络是非常传统的来源-目标（source-target）隐喻的原型。为整合空间提供组织框架的输入空间（框架输入）通常被称为“来源”。作为理解焦点的输入空间（焦点输入）通常被称为“目标”。

在第一种类型的单域网络中，输入空间不被包含在更宏大的历史中。例如，在拳击和 CEO 的例子中，我们认为拳击手和 CEO 不属于一个统一的叙述。拳击输入空间和商业输入空间之间没有历史联系。这些 CEO 不是拳击里的拳击对手，他们的商业也不是拳击商业的子公司，他们出售的也不是某种改造的拳击手套。更宽泛地说，没有直接连接输入空间的时间、空间、变化、因果和意向性之间的关键关系，并且在两个不同的输入空间中，也没有该拓扑结构层面以下的组织框架角色或元素之间的外部空间的同一性的连接。因此，框架空间中的个体拳手与焦点输入空间中的个体 CEO 并不是直接等同关系，并且框架空间中的角色拳手与焦点输入空间中的角色 *CEO* 也不是直接等同关系。

但是，在第二种类型的单域网络中，输入空间被包含在更宏大的历史中。外部空间关键关系可以将它们的组织框架和该层面以下的元素连接起来。一个输入空间与另一个输入空间的相关性是不可否认的。假设一个男人告诉他的姐姐他目前的烦恼，她回答说：

> 你还记得你小时候，你是怎样一心要把你的宝贝藏起来，即使你再也找不到它们了吗？你还记得你四岁时把你的新硬币藏起来了，我们再也没找到它吗？你对安杰拉（Angela）就是这么做的。关于你所有的烦恼你已经谈了两个小时，但归结起来就是你把你对她的爱藏得太深了以至于你自己都看不见。你再次藏起了你的硬币，甚至不让你自己找到。

这是单域网络的一个例子。为了便于理解，在整合空间中使用的框架是一个输入空间框架（将珍爱的硬币隐藏得太好），而这个整合空间的重点是为了阐明另一个输入空间（成年弟弟的生活烦恼）。隐藏硬币是框架输入空间，而生活烦恼是焦点输入空间。当这两个输入空间之间存在一个关键关系时，网络的作用会远远超过类比。它为整个过程的时间连接增加了一种全面的因果关系模型。曾经发生过的事情将会以另一种形式再次发生。“隐藏硬币”揭示了一个更深层次的心理特征和行为原则，也揭示了后者的输入空间。这个单域网络揭示了弟弟更深层次的心理本质。实际
129 上，这种关键关系的单域网络有很多用途。假设这个姐姐说：“小心！你还记得你把硬币藏起来的时候吗？你马上就要对安杰拉这样做了。别再对自己这样做了！这一次，你要损失的可不止一个硬币了！”在这种情况下，她会警示她的弟弟注意这个网络及其潜在的可能性，希望他现在就采取行动阻止该网络“成真”。或者，也有可能是弟弟自己回家发现安杰拉不见了，突然得到启示，有一种似曾相识的感觉，在这种感觉里，他脑海中突然浮现出自己四岁时泪流满面地在房子里寻找硬币的样子。这

128

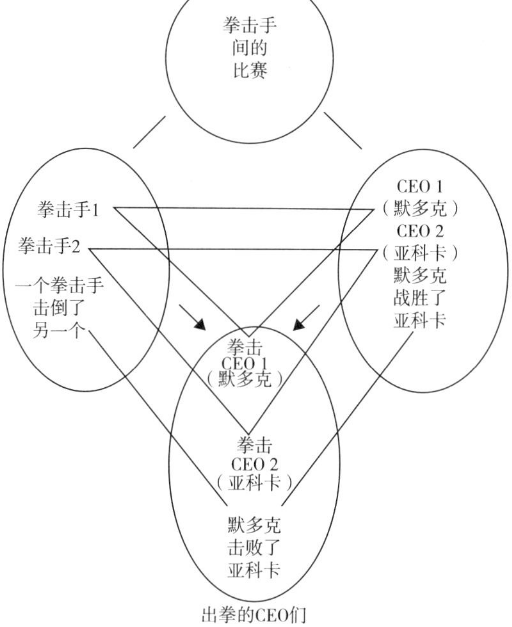

图 7.2　单域空间映射

种网络背后的通俗心理学要么是本性已定无法改变（“江山易改，本性难移”），要么是早期习惯不易改变（“树苗弯了，树也长弯”）。在本性已定无法改变的这一说法中，人具有使“同一件事”反复发生的本性或不变的性格，使第一个这样的事件成为对后来相似情况的警告信号；在早期习惯不易改变这一说法中，人在生命早期就建立了一种会持续存在的模型。因此，在第一种说法中，网络中的因果关系是从类属空间中的不变的个人性格流向这两个输入空间；而在第二种说法中，因果关系来自早期的框架输入空间。

单域网络提供了一种高度可见的概念冲突类型，因为输入空间具有不同的框架。在这种情况下，典型的冲突解决方式是提供框架的空间含有预置的巧妙压缩，并被用来引发另一个有待我们去理解的输入空间中的压缩，让我们感觉借助一事物而洞见另一事物——正如隐喻的奇妙之处，它们之间有着强烈的不对称性。这种洞察力有三个原因：整合运用了从框架输入空间中获得的推论；运用了已经存在于框架输入空间中的有用的压缩；并且唤起了似乎锚定在可信的框架输入空间中的情绪，让我们觉得这些情绪好像已经明明白白。正如我们一般所看到的整合，整合中出现的强烈情绪可以引起全局透视的感觉，因为高度压缩的整合空间仍然在积极地与整个网络保持连接。

在典型的单域网络中，整合不会破坏框架输入空间的框架。人们会觉得在整合中所经历的东西一直存在，因此，人们会觉得所获得的洞察力确实是关于焦点输入空间的可靠发现。

在单域网络中最明显的一种压缩是使用来自框架输入空间的预置的压缩。这种网络的主要工作是将来自焦点输入空间的分散结构投射到已经压缩的内部空间关系，而这些关系已经从框架输入空间投射到了整合空间中（见图 7.3）。

130

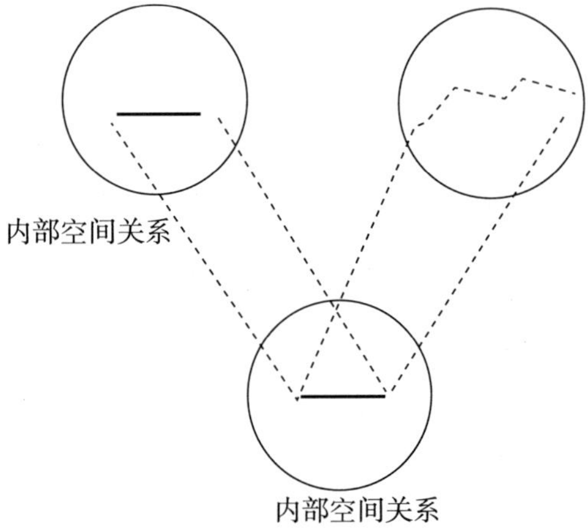

图 7.3　内部空间关系的投射

在拳击输入空间中，同一性、事件、时间、空间、角色-价值关系和因果关系分别有着紧密的压缩，构建它们的关系集合也被压缩。两个拳击手在拳击擂台上打了半小时左右，其中一个被击倒。在焦点输入空间中，同一性、事件、时间、空间、角色–价值关系和因果关系是离散的。这些CEO 是一个大的施事组织的一部分，他们领导的企业与其他机构和外部财务事件有着复杂的关系。相关行为可能在很长一段时间内发生，涉及许多施事，并且发生在许多物理位置。尽管框架输入空间和焦点输入空间之间存在这些明显的冲突，但这两个空间的拓扑结构仍保留在跨空间映射中：因果关系、施事–行为关系和时间排序在这两个空间中有序排列。由于这一重要原因，将商业结构作为价值投射到拳击框架中（例如，每个CEO 都是拳击手）可以使这个框架完好无损。这种投射是一种富有想象力 131
的成就。通常，需要大量的工作来找到一种投射焦点输入空间的方法，使得框架在整合中保持不变形。

“他消化了这本书”引出了一个单域网络，实现了事件的完美整合。一方面，网络整合了饮食和阅读这两个空间中的概念对等成分。另一方面，它帮助我们从阅读空间中整合了一些不同的事件序列。在框架输入空间中，“消化”已经构成了几个不同事件的整合空间。但是，如果把焦点输入空间看作是独立于网络之外的，那么它对应的就是一系列离散事件——拿起书，阅读它，分析它的各个句子，读完它，思考它，将它作为一个整体来理解。框架输入空间中的整体性被投射到整合空间中，以便焦点输入空间中的事件阵列在整合空间中获得其从几个事件到一个整体的概念整合。

双域网络

在双域网络中，输入空间包含不同（通常相互冲突）的组织框架，而整合空间的组织框架包含了每个输入空间的组织框架的一部分，且有着自身的浮现结构。这样的整合网络中，两个组织框架都对整合空间有重要贡献，而且它们的截然不同创造了丰富的冲突的可能性。这些冲突非但没有阻碍网络的构建，反而给想象带来了挑战；实际上，由此产生的整合可能极具创造性。

计算机桌面是一个双域网络。这两个主要输入空间具有不同的组织框架：一方面是包含文件夹、文件和废纸篓的办公室工作框架，另一方面是传统计算机指令的框架。整合中的框架借鉴了办公室工作的框架——扔掉垃圾、打开文件，以及传统计算机指令框架——“查找”“替换”“保存”“打印”。一些框架，皆以兼容的方式为整合活动做出贡献。“把东西扔进废纸篓”和“打印”并不冲突，虽然它们不属于同一个框架。

双域网络还可以对完全冲突的两个输入空间进行操作。想想我们熟悉的隐喻“你在自掘坟墓。”它通常用以警告以下情况：(1)你正在做傻事，将遭受损失；(2)并且自己还不知情。习惯把钱藏在床垫里的保守父母可能会说“你在自掘坟墓”，以此表示不赞成已经成年的孩子在股市投资。

132 乍一看，这个传统的表达方式看起来像是一个简单的单域网络，其中坟墓、尸体和埋葬的组织框架被投射来组织整合空间——在整合空间中，某人无意中做了错误的事情，最终导致失败。失败就是死亡和埋葬；先于和导致失败的错误行为即是“自掘坟墓”。使自己被埋葬和失败的这些行为是愚蠢的。没有意识到自己的行为，尤其是那些可能导致自己灭亡的行为也是愚蠢的。

然而，仔细观察就会发现，这不可能是一个单域网络，因为在单域网络中，跨输入空间映射将输入空间的拓扑结构有序排列，并且拓扑结构会出现在整合空间中。但是在挖掘自己的坟墓时，输入空间里的拓扑结构在因果关系、意向性、参与者角色、时间顺序、同一性和内部事件结构上都存在冲突。在所有这些情况下，整合从“做傻事”这一输入空间中获取拓扑结构，而不是从“掘墓”这一输入空间中获取！整合中的因果结构来自于“做傻事”这一输入空间，而不是“掘墓”这一输入空间。愚蠢的行为会导致失败，但掘墓不会导致死亡。通常是某人的死亡导致其他人去掘墓。如果坟墓是事先准备好的，是为了确保有一块墓地，是为了让工人们忙个不停，或是因为这个人预计会死亡，那么挖掘和死亡之间仍然没有丝毫的因果联系。即使是在囚犯被迫挖掘自己坟墓的特殊情况下，导致死亡的也不是挖掘这一动作。因为无论如何，囚犯都会被杀死。

意向性结构来源于“做傻事”这一输入空间，而不是“掘墓”这一输入空间。教堂司事们不会在他们的睡梦中挖掘坟墓而不自知。相比之下，用来比喻的自掘坟墓被认为是无意识的错误行为。

施事、受事和事件序列的框架结构同样来自于“做傻事”这一输入空间。我们的背景知识是“受事”死亡，然后“施事”挖掘坟墓并埋葬“受事”。但在整合中，这些角色被融合且事件的顺序被颠倒。“受事”进行挖掘，如果坟墓足够深，除了死亡和躺在里面之外别无选择。即使在不寻常的现实生活中，一个人可能会提前挖掘自己的坟墓，但在挖掘完工和死亡之间也没有必要的时间联系。

内部事件结构来自“做傻事”这一输入空间。在这个输入空间中，你遇到的麻烦越多失败的风险就越大，这是千真万确的。麻烦的数量被映射到坟墓的深度。但同样，在“掘墓”这一输入空间中，某人的坟墓深度与他的死亡概率之间没有相关性。

自掘坟墓的整合继承了“自掘坟墓”这一输入空间的坟墓、挖掘和埋葬的具体结构。但它从“做傻事”这一输入空间中继承了因果、意向性和 133
内部事件结构。这两个输入空间不是简单并置的。相反，针对整合空间的浮现结构被创建出来，并具有上述所有奇特的特征。符合要求的坟墓的存在会导致死亡，而且是死亡的必要前提。很明显，坟墓越深，离完工越近，坟墓的预期居住者死亡的可能性就越大。在整合空间中（与“掘墓”这一输入空间相反），某人为自己挖掘坟墓是一个严重的错误，它会使死亡更可能发生。在这一整合中，没有意识到自己的具体行为是可能的——这种情况从“做傻事”这一输入空间中投射出来，在这种情况下没有意识到自己行为的性质或重要性，这完全有可能且很常见。但是在这一整合中，没有意识到这些具体的行为仍然是非常愚蠢的——这种判断从“掘墓”这一输入空间中投射出来，并将投射回“做傻事”这一输入空间中以产生适当的推论（即突显个人行为的愚蠢及对其不察）。

我们希望强调的是，在整合的构建中，因果结构的单一转变——*坟墓的存在导致死亡*，而不是*死亡导致坟墓的存在*，足以产生针对整合的浮现结构：挖掘一个人的坟墓的不可取性，没有意识到这种不可取性的极度愚蠢，以及坟墓深度与死亡概率的相关性。因果倒置是由“做傻事”这一输入空间引导的，但是浮现结构可以在新的因果结构和熟悉的常识背景知识的整合中被推导出来。这一点至关重要，因为浮现结构虽然从字面上看不可思议，但对于把预期的推论转移回“做傻事”这一输入空间从而进行现实世界的推论是非常有效的。这种浮现结构不在输入空间中——它是整合空间中认知构建的一部分。但是，它也没有明确说明它是整合空间的一部分。它只是高度自动地遵循了未明确说明的理解，即因果结构从“做傻事”这一输入空间而不是“掘墓”这一输入空间中投射而来。

整合空间中事件的整合仍然与两个输入空间中的事件相关联。我们知道如何将整合空间中的结构转换回输入空间中的结构。整合空间是一个用于组织和发展其他空间的整合平台。考虑一个稍微完整一点的表达：“每投资一笔，你都在把你的坟墓挖得更深一点。”在“财务破产”这一输入空间中，没有坟墓，却有投资；在“掘墓”这一输入空间中，坟墓不是财务上的，而是一个人挖出来的；在这一整合中，愚蠢的投资是一把铁锹，而挖出来的是一个人的*财务坟墓*。单一行为是同时投资和挖掘，单一情况是掘完墓又丢了钱。自掘坟墓不会害死你，但自掘财务坟墓会导致你的死亡 / 破产。

134 自掘坟墓是一个双域网络。死亡和坟墓由“死亡”的输入空间投射，但是关键的框架由“做傻事”这一输入空间投射，即导致失败的不谨慎行为和错误决策。

复数也是一个双域网络。输入空间分别是二维空间和实数 / 虚数。框架结构由每个输入空间投射：二维空间的角度、旋转和坐标；数字空间的乘法、加法和平方根。在整合中，存在一个含有幅角的数字和包含旋转的乘法的浮现结构。我们将在第十三章中再讨论这个整合。

在同性婚姻中，我们也看到了一个双域网络：一个输入空间是传统的婚姻场景，另一个输入空间是包含两个相同性别的人的家庭场景。跨空间映射可以连接原型元素，例如伴侣、共同居住、责任和爱情。选择性投射从每个输入空间获取框架结构。它从第一个输入空间“传统婚姻”中获取社会认可、婚礼仪式和税收模式，从第二个输入空间中获取相同性别、没有生物学上的共同孩子，以及人文意义上的伴侣角色。浮现特征将描述这个整合所反映的新社会结构。

*高度不对称的双域网络*在一些双域网络中，虽然整合空间接收来自两个输入空间的组织框架拓扑结构的投射，但是整合空间的组织框架仍然只是一个输入空间的组织框架的扩展。

一个人注意到罗马教廷在与堕胎行为进行隐喻意义上的拳击比赛时显得手足无措，假设他说：“我想，当你头上戴着一顶主教法冠时，身体很难躲闪和迂回。”教皇与对手之间的较量被描述成一场拳击赛，教皇作为拳击手，在拳击赛中被他作为教皇在宗教仪式场合必须佩戴的主教法冠所妨碍。我们将此理解为（关于教皇的输入空间）他作为教皇必须保持尊严的承诺妨碍了他的比赛。在关于教皇的输入空间中，教皇与有尊严的行为以及教皇与他的主教法冠之间存在着一种组织框架层面的关系。输入空间之间的跨空间映射不会为输入空间 1 中*所需的尊严*或输入空间 2 中*所需的头饰*等元素提供对等成分。在输入空间 2 中，教皇的承诺和他的头饰都投射到拳击的教皇的头饰这一整合空间中。

在拳击输入空间的组织框架中，拳击手不会受到头饰的阻碍。在整合空间中，组织框架略有不同：它包含了角色*使比赛变得困难的沉重头饰*。这种组织框架是拳击框架的延伸，而不是教皇和罗马天主教框架的延伸。具体来说，整合空间的框架具有*拳击*的所有角色。但是，头饰——主教法

冠是从输入空间 2 投射而来的。在输入空间 2 的框架中，有一个至关重要
135 的关系 R：教皇的尊严让他更难与人竞争，因为他必须一直诚实和有礼。在输入空间 2 中，*主教法冠*的角色直接与*教皇的尊严和承诺*角色联系在一起（作为一种象征）。输入空间 2 中的关键关系 R 被投射到整合空间的 R’中：*主教法冠 / 尊严*使教皇更难打拳。输入空间 2 中的*主教法冠*和*尊严*都投射到整合空间的相同元素上，但关键的是，它们在输入空间 1 中没有对等成分。该整合空间从输入空间 1 得到一个组织框架，也从输入空间 2 得到框架层面的关系 R。这就是为什么它是双域网络。

在整合空间中，我们发现*拳击*框架的所有元素加上一个沉重笨拙的主教法冠。事实证明，头戴重物会妨碍拳击，因此我们有一个非常自然和自动的模型完善整合空间，导致出现*受到沉重头饰阻碍的拳击*的新框架。此框架是输入空间 1 的组织框架的扩展，而不是输入空间 2 的扩展。这是使其不对称的原因。

回想一下，在自掘坟墓一例中，跨空间映射连接了不兼容的对等成分关系，例如因果关系的方向，以及将因果方向投射到整合空间中，因此有必要在这些对等成分关系中选择一个而不是另一个。在教皇的例子中，因为输入空间 2 中的关系 R 在输入空间 1 中没有对等成分关系（更准确地说是没有不兼容的对等成分关系），所以可以将其投射到整合空间（通过完善适当地扩展），并且我们不需要在不兼容的对等成分关系之间进行选择。

非冲突性双域网络 当然，双域网络的两个组织框架并不是一定要存在冲突。有时，它们可以都合并在一起。例如，如果在一个特定的企业团体，商务出差的搭档通常是情侣，我们可以发展出具有浮现结构的商务出差搭档 / 情侣框架，这种框架会在文化中变得常见和常用。同样，如果在冷战期间，一个超级大国派去另一个国家巡回演出的所有交响乐团都有间谍，那么我们可以发展第二个*小提琴手间谍*框架，这是一个双域网络，其输入空间组织框架之间没有框架层面的冲突。

拓展思考

三角巧克力

一些网络在组织输入空间的两个框架之间具有乍看上去极其脆弱的跨
空间映射，但它们最终会带来极其丰富的浮现意义和全局透视。网络的构 136
建在输入空间之间产生了牢固且必要的关键关系的连接，即使它们在最初
看起来只沾了一点边。

例如，思考一下下面的三角巧克力广告：这是一种金字塔形状的巧克力糖果，有三种尺寸——小、中、大。这则广告展示了著名的埃及吉萨（Giza）金字塔群，其中两座小，一座中等，一座相当大。广告也展示了一组形状相同，但尺寸小很多的四个三角巧克力。说明文字写着“古老的三角艺术？”广告中还有一句“三角巧克力：启发世界”的标语。眨眼间，它表明吉萨金字塔和三角巧克力之间形状和比例的匹配绝非偶然。一定有某种深刻的因果关系将它们连接起来！在整合空间中，三角巧克力激发了古代世界建造这些纪念碑的灵感。在*纪念碑*的框架中，纪念碑是为了纪念伟大的事物而建造的，而且往往是与之相似的。正是这样，在整合空间中，金字塔的建造是为了纪念和模仿三角巧克力。这里的浮现结构是三角巧克力在整个历史中一直存在，并且它是启发所有其他伟大事物的世界奇观。

这个整合网络近似于一个单域网络：*伟大的事物*和*纪念碑*的框架组织了整合空间，其中三角巧克力现在扮演“伟大的事物”的角色。*吃巧克力*和*制作巧克力*的框架几乎不需要被引入。但是，网络在输入空间之间建立了深刻的因果关系、意向性和时间关系的关键关系：三角巧克力现在成了金字塔群的因，它启发了想要纪念三角巧克力的金字塔建造者。重要的外部空间关键关系是这个（讽刺）网络的主要浮现结构。金字塔和巧克力这

两大主要元素虽然有相似之处，但在输入空间的框架中却不是对等成分：三角巧克力不是纪念碑的对等成分，而是启发了纪念碑这样的伟大事物的对等成分。因果关系、意向性和时间的浮现关键关系在直觉上方向是错的，因为我们现在必须让三角巧克力出现在金字塔之前并且比金字塔更重要。这个例子完全是通过整合网络的一般结构和运作机制原则产生的，它表明了整合网络使用这些原则从原型出发可以走多远。

三角巧克力网络看起来微不足道，但是在输入空间之间的细微连接中构建一个丰富的浮现结构是一个深刻的科学原理。苹果和月亮之间的联系乍一看似乎只是形状和某些运动的最细微的类比，但在牛顿物理学的整合空间中，苹果和月亮是相同的，是宇宙运行规律的例证。同样，心理分析学家也在寻找看似“偶然”的同一性和类比，它们贯穿童年经历、梦想和成年行为（“你说你总是穿红色的鞋去马戏团。你去看望临终的祖母时，你戴着什么颜色的帽子？你说马戏团是‘生命的庆典’。当然，你的
137 意思是‘死亡的庆典’。”）从空间之间的微弱联系中构建全局透视的心理分析案例，依赖于整合空间中浮现结构的基础，在早期空间和后期空间之间构建同一性、因果、时间和意向性的关键关系。在三角巧克力网络中，外部空间的关键关系是浮现的。三角巧克力和心理分析整合空间都发展了理论，以创造输入空间之间缺失的关键关系。在三角巧克力网络中，这个理论是具有讽刺意味的，因为它完全违背了我们的知识。在心理分析网络中，该理论旨在传达最深刻的现实原则，而网络的细节特征则解释了无法解释或难以理解的行为。

产品的多样性来自过程的统一性

现在考虑一个几何学的简单例子。双曲线、椭圆、抛物线和圆——它们显然是不同的形状。直觉上，它们属于不同的范畴。在数学上，它们可以被赋予不同的、精确的几何特征，具体到每一种曲线。而且，直观地

说，一条直线，甚至一个点，似乎都与圆锥曲线有着极大的不同。然而，所有这些几何形状都可以看作是单一主题的变种：三维（二次曲面）圆锥体的二维平面部分。保持二维平面垂直于圆锥轴，就得到了所有的圆；倾斜二维平面可以得到椭圆，再倾斜一点会得到抛物线，再倾斜一点可以得到双曲线。将平行于圆锥的一边的平面移动，直到抛物线凝聚成一条直线为止。将平面向圆锥的顶点移动，直到椭圆或圆缩成一个点为止。所有这些不同的形状都是圆锥的截面，并且符合同一个概念连续统。在这个连续统中，我们找到了原型：椭圆形中的卵形，发射的炮弹在空中飞行形成的抛物线，圆形啤酒杯垫，双曲线渐近线。我们还能找到一些极限案例：直线、点、相对于椭圆来说的圆本身，或者作为椭圆的一个极限案例无穷延伸的抛物线。

圆锥截面理论提供了一种方式，可以在形状和图形的多样性背后看到一个有用的数学统一性，而不会将这种多样性简化为一个单一的原型：我们并不是说这些形状或多或少地都是圆形，只是因为，从这个角度看，它们属于同一个连续统，其中圆形是原型。同样，概念整合网络提供了一种方式，可以在意义构建的多样性背后看到统一性。与圆锥截面的例子一样，我们先从系统阐释上面提到的一般特征（跨空间映射、通过完善和细化投射到一个整合空间、浮现结构等）开始，然后我们探讨这种通用的结构化动态过程的具体变体。

139 第八章

多样性背后的连续性

现在的每一分钟都应该成为某种战略之父。

——威廉·莎士比亚

简单网络、镜像网络、单域网络和双域网络被证明是强大的、广泛展开的想象工具。我们已经说明所有原因，这些网络的外观和感觉都不同，但是它们之间有着深层次的连续性。它们不是四个独立而不相关、存在于整合空间世界之外的类型，而是在一片连续的景观中引人注目的突出部分。在这里，我们将沿着这片景观走一走，一步一步地展示我们如何从一个地方到达另一个地方，在途中遇到的存在于两端中间的例子。

这次探究的结果会是什么？更具体地说，潜在的连续性有何重要性？对于概念整合的理论家来说，运作的规则以及运作在其结果中创建的相应规则是科学探究的核心。对于已经直接关注意义如何被构建和语言如何提示意义的语言学家和认知科学家，我们将对这些构建和提示进行解释。对于那些对创造力和其他领域的意义构建感兴趣的人——如推理、发明或新知识框架的文化发展，我们的探究将会有所帮助，我们还希望有助于了解这些领域的连续性如何表现出来以及它们如何在语言现象中延伸。

这次探究的重要性远不止于此。本章的研究结果为语言起源的基本假设奠定了基础，我们将在后续部分论述这一假设。关于语言的起源有一系列令人着迷的跨学科谜题。在物种的进化过程中，我们发现了具有原始结构的中间化石（intermediate fossils），我们还发现了生活在现代的物种，它们有着相似的器官，但复杂程度不同——如“翅膀”的不同层次。但对于语言来说，没有中间化石，我们所知道的每一种人类语言，无论是存在的还是消亡的，都是高度复杂的。在世界上所有的成人语言中，没有简单的语言，也没有哪 140
一种语言比其他语言更简单。即便原始的洋泾浜语码（pidgin code），只要孩子把这些代码当作母语来学习，成为通用语言，也几乎会立即变成非常复杂的克里奥尔语（Creole Language）。我们也发现，许多物种有发声技能，却没有语言；我们还发现，人类语言可以有不同的形态——口语或手语，且具有相同的语法复杂程度。此外，人类有许多不同的语言，而不仅仅是一种语言，而且它们实现信息传达的方式往往存在出乎意料的差异。人类语言会随着文化的变迁而变化，但不会因此变得更加复杂。事实上，似乎在任一特定的时间，语言都呈现出相同的多样性和相同程度的复杂性。我们将在下一章根据我们在这一章中所发现的内容来考虑这些难题。

让我们从上一章的一个例子开始：“保罗是萨莉的父亲”这一简单网络。类属空间有两个人，且他们没有关系。框架输入空间是更普通的亲属框架*父亲-孩子*的子框架。输入的价值只有*保罗*和*萨莉*这两个人，他们之间没有关系。这样的网络在整合空间中创建了角色和价值的压缩。这个简单的网络只是复杂性不断增加的漫长梯度的开始。让我们看看所有使用*父亲-孩子*这一输入空间的网络梯度，最重要的是“父亲”这个词。“父亲”这个词似乎有许多不同的含义，但事实上，这个词总是扮演着同样的角色，让我们发挥潜力来构建一个以*父亲-孩子*作为输入空间的网络。思考下面这句话：

> 宙斯（Zeus）是雅典娜（Athena）之父。她诞生于他的脑袋，全副武装。

现在，从亲属关系空间，我们引入了人类生殖方式的一般图式，例如后代来自父母的身体，但是我们从我们的神学知识引入了非寻常出生的可能性。依据第二句话，我们明确地在整合空间中构建了一种不寻常的既不涉及母亲也不涉及婴儿的生殖方式。

*宙斯–雅典娜*输入空间中的神性为许多奇妙的整合提供可能性，每一个整合都包含一个父亲和一个创造性的生殖方式。例如，宙斯也是阿佛洛狄忒（Aphrodite）之父——这一次是由于他阉割了克罗诺斯（Chronos），并将他的生殖器扔进了海里，阿佛洛狄忒诞生于浪花中。

宙斯的例子不蕴含比喻或类比。宙斯仍然被认为是雅典娜和阿佛洛狄忒的父亲。家庭结构是推断出来的，以及随之而来的情感和情绪也是推断出来的。

现在思考下面这句话：

约瑟是耶稣的父亲。

141 在这个整合中，我们没有投射父亲在生育过程中通常扮演的角色结构，也没有投射母亲的非童贞性。但我们可以投射家庭结构和情感。我们也知道，人们所居住的社区在各方面大部分都把约瑟当作耶稣的父亲。同样，“父亲”的这种用法也不被认为是隐喻或类比。

现在，假设有一个邻居在保罗不在的时候照顾萨莉，履行父亲的职责，如帮她做午饭、陪她上学、给她读睡前故事。那个邻居可以对萨莉说：“今天我是你的父亲。”就像宙斯和约瑟的整合一样，一些家族结构和家谱被投射。就像约瑟的整合（但不是宙斯的整合）一样，生殖方式没有被投射。父亲–孩子关系的许多典型方面都被投射（惯例、关心、责任、情感、保护、指导、权威，等等）。这种情况意味着组构性（compositionality）不再是本例要说明的一个选项。很多我们认为是中心的特征不存在了。我们从简单网络的一个极点沿着连续统移动。但很明显，我们还没有到达连续统上直觉地被认为是隐喻的那个点。父亲角色不是邻居所做事情的隐喻。事实上，虽然现在已经有一些类比对映射做出了贡献，但是这种整合的功能比单纯的类比更强大。邻居确实在相关方面扮演着父亲的角色，而不仅仅是做一些与父亲“相似”的事情。整合的灵活性、选择性投射以及语境细化允许这种中间情况，但这并不符合对父亲的常规概括。

这些“父亲”网络揭示了词汇运作的一些有趣的原理。当一个词连接到一个输入空间时，它也可以被投射到这个整合空间中，从而在那里挑选出意思。我们将这一原理称为“词汇投射”。例如，在宙斯和约瑟的例子中，“父亲”被投射到父亲-自我这一输入空间的整合中，但现在是在整合空间中挑选出了新的含义。因为整合空间和框架输入空间保持联系，我们可以把“离开宙斯的头部”称为诞生，就像我们把“离开子宫”称为出生一样。许多类似的表达方式，每种方式都使用已经应用于输入空间的词汇，它们只能在整合空间中挑选意思。我们也可以将约瑟称为“耶稣的凡人父亲”，赋予“凡人父亲”一种对比而非多余的含义，这同样不适合父亲-*自我*的输入空间。

思考这些与“父亲”相关的其他示例：

> 教皇是所有天主教徒的父亲。
> 教皇是天主教会的父亲。
> 乔治·华盛顿是我们国家的父亲。

第一个例子在两个输入空间中仍然有人的存在。从提供“父亲”这个词的“亲属关系”输入空间来看，我们根本没有投射出生殖方式，而是权威、家庭规模、责任、领导、社会角色等。从第二个输入空间来看，我们 142
投射天主教的特定特征。

“教皇是所有天主教徒的父亲”这句话无疑将孩子的角色投射到单个的社会实体（教会）。这种整合反映了一种社会文化模式——具体来说是一个社会实体（教会、国家、社区）是其领导者的“孩子”的模式。“父亲”这个词现在被认为有不同的含义，但不是一个特别的隐喻。同样的句子也可以理解为教皇在机构中的角色与父亲在家庭中的角色的整合。

利用乔治·华盛顿的这个句子，我们进一步强调了父母和孩子之间以及开国元勋和国家之间在时间上的因果关系。这种抽象增加了两个输入空间及其域之间的感知差异。给人的隐喻的印象无疑更强烈。当这两个域被更加明确地区别开时，这种主观印象会达到一个更高的层次，就像“牛顿是物理学之父”中描述的那样。物理学，不像教堂和国家，甚至与人和群体之间没有转喻关系。然而，牛顿和华盛顿作为成年男子具有所有可能成为父亲的生物学特征，外加一些陈规式的社会特征（权威、责任等）。概念整合网络直接从两个输入空间引入了框架结构。

更具有主观隐喻性的是埃兹拉·庞德（Ezra Pound）的“恐惧是残忍之父”这样的表达。在这个表达中，这两个域（情感 / 品质和人 / 亲属关系）在字面上完全没有重叠，而投射的因果关系这一共同图式，则相对抽象。最后，华兹华斯（Wordsworth）巧妙的隐喻“孩子是人类的父亲”通过使用背景知识（孩子长大成人）创造出一种浮现结构，在整合空间中以一种非正统的方式将亲属关系映射到人类的境况。它的对等成分连接之间的奇特性，以及对两个输入框架的广泛吸收，为整合创建了一个新的组织框架，这有助于使华兹华斯的句子让人感觉是比喻。但是“孩子是人类的父亲”的句法和映射方案与“保罗是萨莉的父亲”的句法和映射方案是相同的。

我们一直在讨论的整合空间通常是用语言构建的。语言之所以能激活整合空间从而使得相同的词产生不同的意义，是因为语言不能直接表征意义，反而是它系统地提示了意义的构建。所有“父亲”的例子都是熟悉的 XYZ 构式（“X 是 Z 的 Y”）的例子，其目的是系统地提示整合。

我们感觉“父亲”有不同的意义是因为它们在不同的例子中被附加到某个输入空间，作为适用于这些输入空间的概念运作来整合。然后“父亲”在整合空间中挑选出元素，并参与短语的构建进而在整合空间中而
143 不是输入空间中挑选出结构。“父亲”的含义不是“父亲”这个词的特征，而是概念整合运作的副产品，也是词汇可以跟其他任何属于输入空间的东西一样可以被投射到整合空间这一事实的副产品。概念整合的认知运作及其选择性投射和细化机制，并不局限于语言实例，而是一种心智，它能够进行整合并且知道语言将不可避免地通过整合来发展词汇的意义。如果词汇出现在输入空间中，它们可以像输入空间中的任何其他元素一样被投

射。词汇一经投射，就可能改变了原来的使用域，而且绝大多数情况下都不易被觉察，除非其在整合空间中的浮现意义看起来与其他输入空间中的意义相去甚远。这种情况下，我们可能将其称为延伸、漂白、类比、隐喻、置换等。事实上，这样的"一词多义"现象是概念整合的标准副产品，只不过很少被我们注意到。

我们可以把语言看作是整合的提示符系统。由于有许多概念结构需要被整合，每个概念结构都附带一系列的词汇，因此，提示恰当整合的表达必须结合词汇，而语言必须具有使这些组合成为可能的形式。最明显的例子是断言（"这片海滩是安全的"）和复合词［"可能的故事"（likely story）、"可能的解决方案"（possible solution）、"符合条件的单身汉"（eligible bachelor）、"假枪"（fake gun）］。例如，考虑一下我们在第二章中讨论的，"这片海滩是安全的"这句话。描述这个句子的意思的一种常见但误导的方式是认为，一个特定的特征*安全的*，是由一个物体*海滩*，通过单词"安全的"和"海滩"相结合来断定的。以这个观点看来，"这栋房子是安全的"要求我们将相同的特征*安全的*，应用到不同的物体*房子*。所以，"安全的"只有一个意思。当我们想让孩子在那里玩的时候，可以直接说"这片海滩是安全的"。在这种情况下，"这个孩子是安全的"也是同样正确的。但是现在我们看到，"这片海滩是安全的"里的海滩和"这个孩子是安全的"里的孩子的所谓"安全"的特征，必须是两个不同的特征：大致在第一句话中是*没有潜在危险*，而在第二句中是*不可能受到伤害*。同样地，"这片海滩是安全的"这一句子中的"安全的"一词可以表达许多不同的特征，这取决于海滩是否受到法律保护而免于开发，具有统计意义上较低的溺水人数，是一个低犯罪率区域，它的主人的所有权不会被剥夺，或者是一个可以毫不犹豫地推荐给某人的度假胜地［如在"安全的赌注"（safe bet）里］。因此，仔细思考会发现"安全的"似乎意味着许多不同的东西，但是这个词的使用者觉得它是同一个词且概念相同。

为了恰当地解释"安全的"的含义，我们必须把它看作是对一种特殊的整合的提示，而不是表达一种特殊的特征。整合考虑了伤害框架和表达的其余部分中提到的具体情况。它要求我们把它们整合起来以创造一个有
144 明确危害的违实场景，并了解目前的情景与该场景有何不同。事实上，这种语言表达单独指出了不相同的对等成分。例如，“这片海滩是安全的”，意思是孩子不会溺水，挑出一个违实的对等成分——具有激流和致命波浪的海滩，并需要我们明白在目前的情况下，海滩并没有这些危险。“安全的”的含义不是一组不变的特征，而是一组基于*危害*场景而构建的一个合适的概念整合网络的指令。

在概念整合网络中，非类比、因果和同一性等涉及会发生伤害的违实空间的复杂的关键关系，它们被压缩为整合空间里的内部空间关键关系——特征，而且被应用于危害场景中的一个角色。

我们能否找到其他的语言证据来证明一个统一的操作——概念整合，正被用来在所有这些连续统中构建意义？有一种非常有力的语言证据：如果我们认为不同的一系列意义——简单框架化的、类比的、隐喻的——确实都是概念整合的实例，那么可能就会有一种句法形式提示所有这些不同意义的构建。事实上，英语在这方面的例子几乎理想得令人难以置信，它的构式正是以这种方式进行的。这种 XYZ 构式看起来很普通，却非常强大，比如“需求是发明之母”或“他是公元前 5 世纪的爱因斯坦”。在这个“X 是 Z 的 Y”构式中，“X”“Y”和“Z”是名词或名词短语。“X”和“Z”在一个输入空间中标识元素“x”和“z”，“Y”在第二个输入空间中标识元素“y”。系动词*是*（*be*）表示“x”和“y”是对等成分。并且理解的人必须辨别两个相关的域，建立隐含元素“w”是“y”的对等成分。在“虚荣是理性的流沙”中，一个输入空间是与人类相关的特征，如理性和虚荣，而另一个输入空间与旅行和掉进流沙相关。缺失的元素“w”是旅行者。在旅行输入空间的结构中，一个旅行者掉进了流沙中，因此他的计划失败了（也许到了死亡的边缘）。在理性的输入空间中，我们知道理性也同样受到了虚荣的伤害。因此，与语法上的 XYZ 构式相对

应的整合空间有一个元素是理性 / 旅行者，另一个元素是虚荣 / 流沙。

然而，非常有趣的是，我们已经看到同样的构式如何提示简单网络的构建。“保罗是萨莉的父亲”和“虚荣是理性的流沙”有着相同的句法形式。它将亲属关系子框架*父亲–自我*映射到*保罗*和*萨莉*两个人身上，并将这两个输入空间整合到一个更丰富的结构性整合中。映射方案与隐喻的例子完全相同：在一个空间中，“x”和“z”是*保罗*和*萨莉*；在另一个空间，“y”是*父亲*的角色，是“x”（*保罗*）的对等成分。缺失的元素“w”是亲 145
属关系框架的*自我*。

英语的 XYZ 构式是构建 XYZ 整合网络的通用提示符。这种构式不仅包括简单网络、单域网络、双域网络，还包括所有的中间整合网络（“宙斯是雅典娜的父亲”“我是你今天的父亲”“教皇是天主教会的父亲”，等等）。

但是，我们也看到“of”这个词经常表示“……的某一部分”，比如“车的门”（the door of the car）或“建筑物的顶部”（the top of the building），这又如何解释呢？实际上，这些例子也是更常见的映射方案的简单实例。“顶部”这个词本身并不表示建筑物的一部分。更确切地说，它是“y”的一个更通用的框架（大致指的是具有垂直方向且受空间约束的事物）的一部分。因此，当我们指向建筑物的一个位置并说“这是建筑物的顶部”时，我们正在构建一个简单的 XYZ 整合，就像在其他例子中一样。如图 8.1 所示，“这”用建筑物标识在焦点输入空间中的“x”位置，“顶部”用*整体与部分*框架输入空间标识垂直末端“y”，“建筑物”标识建筑输入空间中的元素“z”。缺少的元素“w”是在*整体与部分*框架中一个整体呈垂直方向的物体的通用概念。整体“w”映射到建筑物“z”上。

是否有 XYZ 短语提示镜像网络？当然有！假设保罗有一个女儿伊丽莎白，她在 10 岁时去世了，两年后，他又有了一个女儿萨莉。伊丽莎白的离去给他带来了巨大的创伤，使他变得不外露情感，因为他与伊丽莎白的关系温暖而自然，在萨莉的成长过程中他分外疏离。最后，当萨莉 16 岁的时候，保罗看到了她在伊丽莎白从未经历过的阶段的成长，保罗清醒过来，突然对萨莉表现出满满的热情和主动性。萨莉很困惑，问他为什么要用这种新的方式对待她。他沉默了许久，回答道：“因为你是我失散已久的女儿”（Because you are my long-lost daughter.）这个表达相当于“你是我失散已久的女儿”（You are the long-lost daughter of me.）在一个由*父亲-女儿*框架组织的空间中，保罗作为*父亲*的价值，伊丽莎白作为*女儿*的价值。在另一个以同样的框架组织的空间中，保罗作为*父亲*的价值，萨莉作为*女儿*的价值。类属空间和整合空间也由*父亲-女儿*框架组织，使之成为一个直观的镜像网络。在整合中，父亲与父亲整合，女儿与女儿整合，保罗与自己整合，伊丽莎白与萨莉整合。在这种整合中，伊丽莎白是萨莉。通过这种整合，保罗找到了他失去已久的亡女伊丽莎白，他也找到了他以另一种方式失去的女儿萨莉。输入空间之间有许多关键关系，所以这是一个关键关系的镜像 XYZ 网络。这种整合在两个人以及记忆中的第三个人中都有着惊人的突发情绪和戏剧性的心理变化。

146

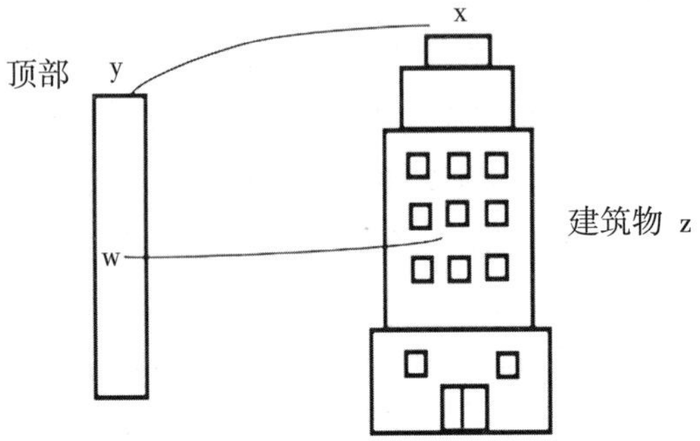

图 8.1　一个简单的 XYZ 整合

组构性

当我们看到纸上的文字时，这些文字是否直接代表外部现实？并非如此。正如我们所看到的，词汇和词汇所对应的模型是想象的触发条件。它们是我们用来试图让彼此唤起我们所知道的一些东西，并创造性地研究它以达到某种意义的提示符。整合是这一富有想象力的工作的关键部分，我们看到，整合不仅仅是为了获得总和而将一个现有意义添加到另一个。关于词汇提示我们去构建的含义，词汇本身几乎不能提供任何信息。

我们构建的任何整合网络最终都有映射方案。例如，简单网络将一个输入空间中的角色映射到另一个输入空间中的价值，并在整合中融合它们，正是由于整合不仅是加法，而是具有高度的创造性。但是，组合和重组的能力也是人类思维的一个标志。整合能通过利用这种重组能力变得更有力吗？能。将重组与整合结合在一起使用是想象力的一个异常强大的技巧。

到目前为止，我们已经看到了各种映射方案，这些方案在两个输入空间、一个类属空间和一个整合空间中运行。我们已经看到了语言的各种形式——“安全的”、“如果”、“……的……”等，它们提示我们使用一些映射方案。这些例子告诉我们，整合是一种持续的心理活动：我们一次又一次地整合，从早期的整合空间中构建整合，一直到最后的整合空间出现。现在我们问一个关键问题：整合空间组合的方式是否有规律，或者我们是否必须为每个复合网络发明新的、独特的映射方案？令人惊讶的是，无论创造性整合在每个阶段有多么难以预测，无论其结果看起来多么不同——简单的断言、笑话、隐喻、违实、数学发现、类比、范畴扩展、事 147
件整合、动作整合等，它都可以一次又一次地使用相同的基本映射方案，并以相同的简单方式组合它们。我们将看到，我们以简单的方式组合了提示这些基本映射方案的语言表达式。这种方式非常有效且简练：表达式的组合提示了它们所唤起的基本映射方案的平行组合。将语言形式组合成更复杂的语言形式，从而告诉我们要构建什么样的映射方案，尽管这些语言形式几乎没有说明我们将在其指导下构建哪种类型的意义。意义本身是整合的想象产物，无论是简单还是复杂的整合，而且从用于唤起它们的形式中是无法预测意义的。相比之下，映射方案可以从用于唤起它们的语言形式中预测。整体的意义不能从部分的意义预测，但整体的映射方案可以通过部分的映射方案来预测的。*形式*的这个组合方面，已被形式研究路径解释为告诉我们思维本身的性质。但恰恰相反，它只是用于指导思维的形式的一个特别巧妙、有用且高效的特征。

类似于“形容词是词性的香蕉皮”的 XYZ 表达式可能表示粗心的作家经常在形容词上出错；形容词是一个非常有用的元素，可以帮助我们抓住附属于这个名词的信息；形容词吸引了我们，但名词是真正的内容，形容词迷惑性的外表隐藏了重要意义；等等。所有这些不同的含义来自相同的 XYZ 映射方案：第一个输入空间中的 X（*形容词*）是第二个输入空间中 Y（*香蕉皮*）的对等成分，第一个输入空间中的 Z（*词性*）是第二个输入空间中未提及的 W 的对等成分。将合适但未确定的 Y-W 关系（*香蕉皮 -W*）投射到整合空间中并将其在此与 X 和 Z 投射整合在一起。语言形式“X 是 Z 的 Y”将我们引向这种映射方案，但并未表明我们要用它做什么。构建意义涉及更多：框架、拓扑、常识、背景、同一性和角色的关系以及关键关系，还有最重要的，整合。

例如，我们在充分了解人类、生育、家庭结构等知识的基础上，构建了“萨莉是保罗的女儿”的意义。使用*相同的*语言形式和*相同的*映射方案，我们为“雅典娜是宙斯的女儿”构建了完全不同的意义。在宙斯-雅典娜的整合中，女儿与*没有母亲*、*从父亲的头部中诞生*、*作为一个穿着盔甲的成年人诞生*等结构兼容，因此，女儿的看似必备的特征没有被投射到
148 整合之中去。“法兰西是教会的长女”这句话有着同样的语言形式和同样的映射方案，但是向包含浮现意义的整合空间的投射更有创造性。

语言形式通过组合来唤起映射方案的有序结合。通过观察任意长度的复合 XYZ 表达式，可以很好地说明这种便捷性，例如“伊丽莎白是保罗的女儿的老板”或“吉姆是迪士尼总裁的妻子的秘书”或“伊丽莎白是迪士尼总裁的妻子的秘书的女儿的老板”。为了说明这一点，我们需要后退一步，看看 XYZ 表达式的主干——即“*名词短语 +of*”。我们将这个主干称为“Y 表达式”。

例如，思考一下如图 8.2 所示的短语“……的老板”（the boss of）。它提示我们调用一个由*老板–员工*框架构成的输入空间去构建一个整合空间，从输入空间中投射*老板*以在整合空间中创建*老板'*，在输入空间中提供一个“w”（几乎可以肯定是*员工*），投射*员工*以在整合空间中创建*员工'*，在输入空间中投射*老板–员工*关系到整合空间中的*老板–员工'*关系，从整合空间中的*老板'*和*员工'*构建一些开放式的连接子，并且期望来自*员工'*的开放式连接子连接到一些元素，这些元素可以从“……的”后面的名词短语中识别出来。

一般来说，Y 表达式的形式非常简单：

名词短语 + of

像“……的老板”“……的秘书”和“……的初学者”都是 Y 表达式。Y 表达式中的名词短语通常在一个共同的框架中扮演一个角色，通常是一个关系框架，如*父–女*、*夫–妻*、*师–徒*、*公司–总裁*，等等。Y 表达式提示进行整合。具体来说，它提示我们执行以下操作：

- 为包含“y”（由“y”命名的元素）的关系框架调用输入空间。
- 构建一个整合空间。
- 投射元素“y”以在整合空间中创建元素“y'”。
- 在输入空间中提供一个与“y”具有适当关系的“w”。
- 投射“w”以在整合空间中创建元素“w'”。
- 将“y-w”关系投射到整合空间中的“y'-w'”。
- 提供来自整合空间的“y'”和“w'”的开放式连接子，如图 8.3 所示。这些连接子预计在某个时候进行连接。
- 在整合空间中，“w'”的开放式连接子可以连接到跟在“of”后面的名词短语中选取的内容。

149

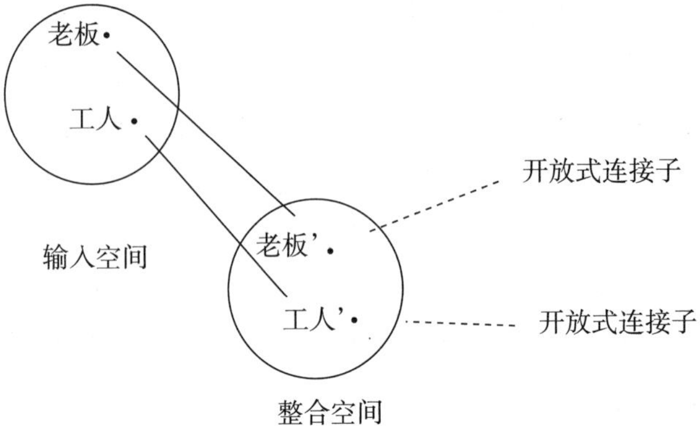

图 8.2 “……的老板”

这些开放式连接子是什么？对于“w’”，“……的”后的内容将告诉我们如何连接这个开放式连接子。例如，“希罗尼穆斯·博施（Hieronymous Bosch）的老板”提示我们建立一个包含画家希罗尼穆斯·博施的空间，并将“w’”与他连接起来。“这个公司的老板”这句话提示我们构建一个由*公司*框架构成的空间，并将“w’”与该空间中的角色*公司*连接起来。对于“y’”，开放式连接子可以通过显性连接进行定向，就像我们在上面讨论的简单 XYZ 表达式中所讨论的那样，如“伊丽莎白是希罗尼穆斯·博施的老板”或“伊丽莎白是管弦乐队的老板”。或者，也可以通过手势来明确表达，比如你指着某人说“管弦乐队的老板”。如果没有显性连接，那么“y’”元素会自己作为一个角色独立存在。

在默认情况下，开放式连接子将连接到同一空间中的元素。这正是我们在原始的简单 XYZ 构式中看到的，例如“保罗是萨莉的父亲”。“……的父亲”是建立图 8.4 所示“Y-of”网络的 Y 表达式。

在完整的 XYZ 表达式“保罗是萨莉的父亲”中，*保罗*被明显地连接到父亲角色。因为“萨莉”跟在“……的”后面，所以“*萨莉*”在整合空间中必然与“w’”（*孩子*）连接在一起。在这种情况下，我们的“Y-of”

网络得以完成，如图 8.5 所示。

150

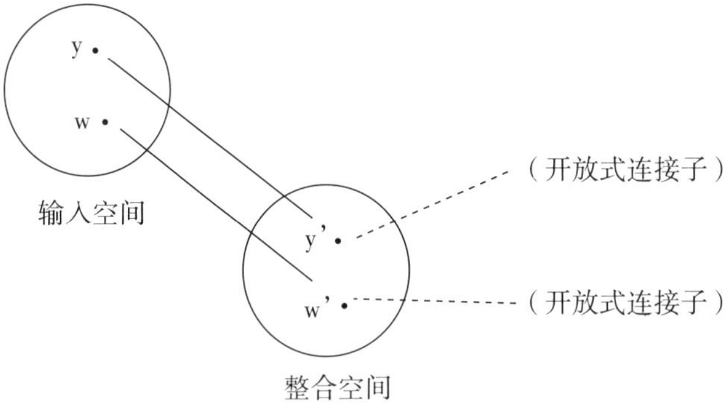

图 8.3 “Y-of”网络

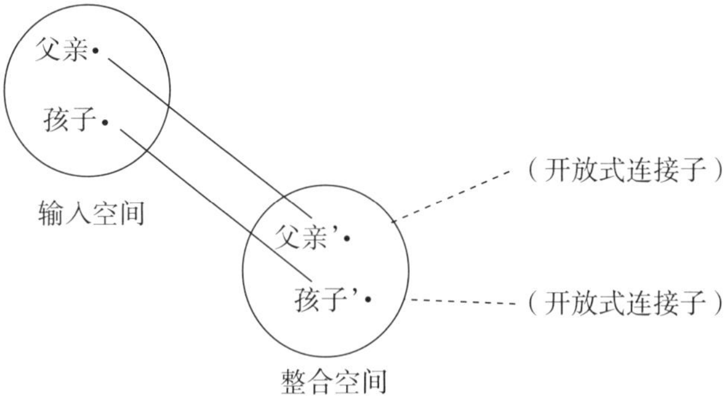

图 8.4 “……的父亲”

最重要的是，我们可以通过让开放式连接子连接到其他角色来构成 Y 表达式。也就是说，第一个 Y 表达式中的“……的”后面可以是另一个 Y 表达式，只要我们喜欢就可以构建如下句子：“希罗尼穆斯·博施的老板的姐姐的医生……”（或者，更一般性的“……的 y4 的 y3 的 y2 的 y1”）。之前，我们看到了 Y 表达式所要求的映射操作。因为这些操作具有开放式连接子，所以它们可以重复，因此一个“Y-of”网络的开放式连接子会连接到另一个“Y-of”网络。重复表达式只是要求我们重复映射操作。在“……的 Y2 的 Y1”中，它包含两个 Y 表达式，我们被要求做两次映射操作。我们从“Y1”开始构造“Y1-of”的网络。这为我们整合空间中的元素“w1’”提供了一个开放连接子。然后通过将开放连接子连接到“y2”以将该网络连接到“y2”。这正是映射指令告诉我们所要做的：“……的”后面的内容告诉我们在何处连接整合空间中的“w”。在本例中，“……的”后面是“Y2”，因此我们将“w1’”开放连接子连接到“Y2”上。然后我们继续构造“Y2-of”网络。组合映射方案如图 8.6 所示。

“总裁的妻子的秘书”这个表达有三个 Y 表达式，如图 8.7 所示，它提示我们重复三次映射操作。

151

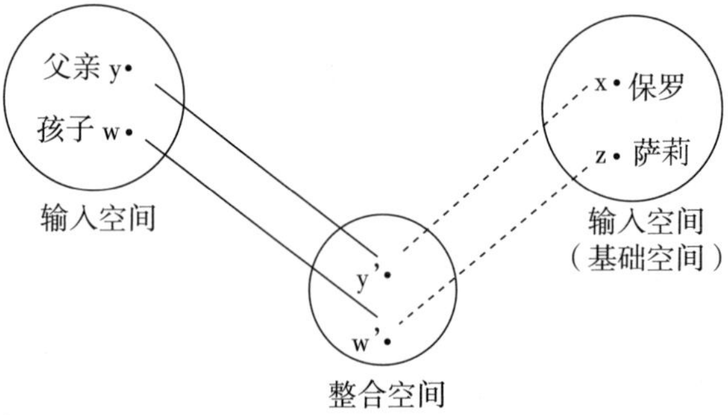

图 8.5　XYZ 网络

152

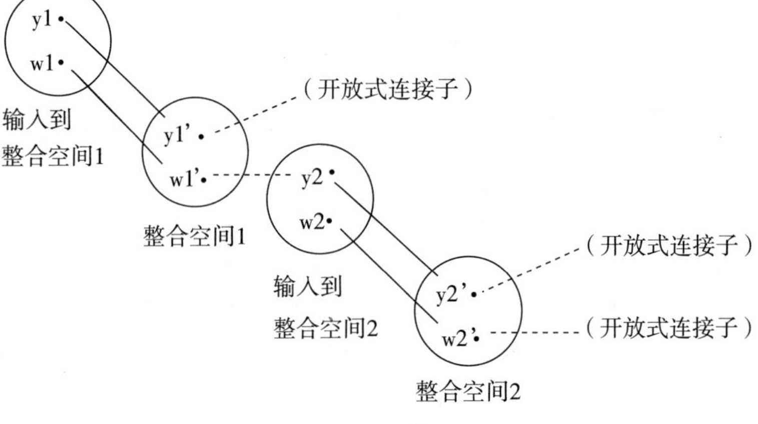

图 8.6　“Y-of²”网络

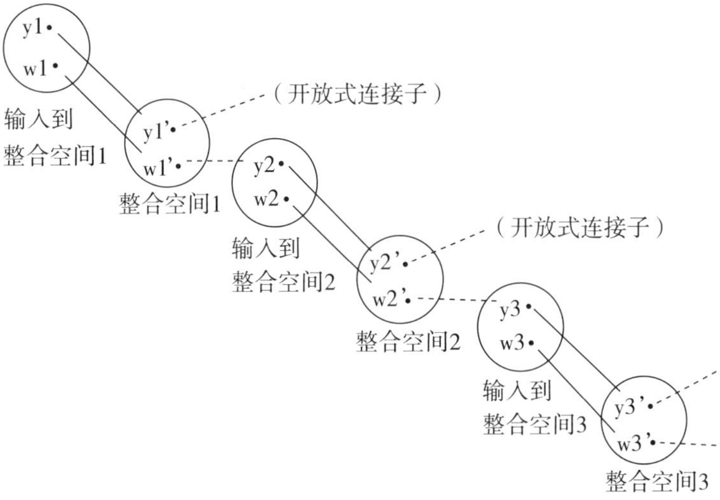

图 8.7　"Y-of³"网络

这种类型的一般网络我们称之为 Y^n 网络，"n"是重复的次数。原则上，Y 表达式的数量或映射方案的数量没有限制。但在实际中，我们很少找到大于"Y-of³"的例子。这样做的一个重要原因是，在这些网络中，除了简单地沿着空间进行连续的整合之外，还有更多的事情要做。正如我们已经讨论过的，全局透视的压缩是认知的一般价值。在 Y 网络中，新的意义正在整合空间中被构建。因此，当整合空间出现时，如果它们是相容的，压力就会使它们整合在一起。在构建整合空间 2 时，我们尝试将它与整合空间 1 整合，每次出现新的整合空间时，我们都尝试将它与之前所有整合中最近的大整合空间（megablend）整合。任何时候，大整合空间的整合都是对整个网络最好的全局透视。例如，"总统的秘书的贴身男仆"提示了一个压缩的大整合空间，如图 8.8 所示。在映射方案给出的连续整合中，我们得到了整合空间 1 中的*秘书的贴身男仆*和整合空间 2 中*总统的秘书*的新角色。在大整合空间中，压缩给我们提供另一个角色*总统的秘书的贴身男仆*，它可以成为常规的，有自己的浮现结构的，而不是单个角色的特征的组合。例如，我们可能会说，"总统秘书的贴身男仆是世袭头衔”，或者，在另一个域中，“总统的秘书的妻子是政府中最重要的职位”。这种角色不存在于任何中间整合内，也不存在于这些整合的任何输入空间。这为构建大整合空间提供了依据。

153

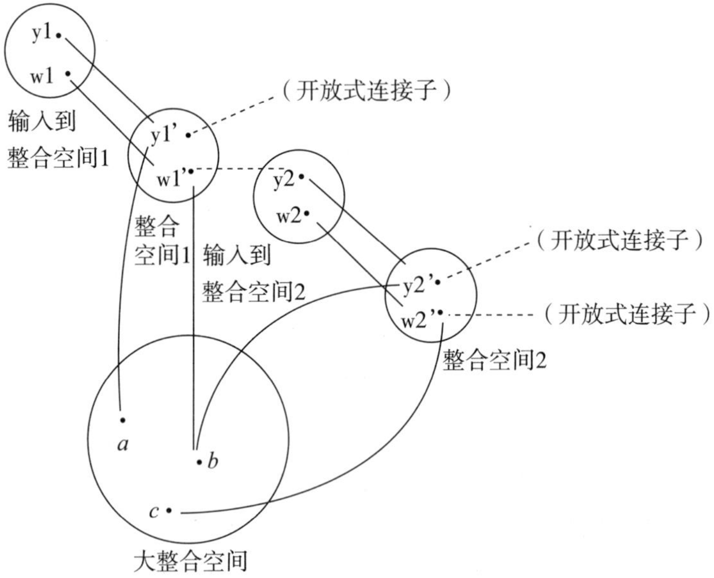

图 8.8　大整合空间 #1

图 8.8 只描述了向大整合空间的映射，而没有描述其浮现意义的丰富程度。例如，大整合空间中的“*a*”现在是一个压缩角色，在这个空间里，总统有一个秘书，秘书有一个贴身男仆，而“*a*”就是这个贴身男仆。一般来说，当我们从整合空间到大整合空间以及从早期的大整合空间转移到晚期的大整合空间时，框架会变得更复杂并且会进行更大的压缩。像*总统*、*贴身男仆*和*秘书*这样的无关联角色最终被整合到一个浮现框架中。

映射方案的组合和浮现的全局整合具有真正的巧妙性和简洁性。在连接、压缩和整合这些原则的指导下，Y^n 表达式并不罕见。在第十七章中，我们将讲述一个更普通的故事，在那个故事中，语法结构通常是预先压缩的整合网络，且带有可连接的开放式连接子。语法形式可以提供多种方法来建立相同的复杂整合。例如，“总统的秘书的男仆”（the valet of the secretary of the president）和“总统的秘书的男仆”（the president's secretary's valet）最终形成了同一个复合整合网络，“of”和所有格形式（“'s”）的映射操作都是从连接、压缩、整合的一般原则出发的；然而，构建这一网络的运作机制在系统性方面有所不同。这两个表达提示我们开始构建相同的网络，但是从不同的起点和不同的方向构建。“总统的秘书的男仆”（the valet of the president's secretary）为我们提供了另一种紧密相关的网络构建方式。我们强调，像“the valet of”和“the president's”这种简单和基本的形式从根本上提示了复杂的整合。例如，每个短语都要求我们构建一个输入空间、一个整合空间、每个空间里的元素、从输入空间 154
到整合空间的投射，以及来自整合空间中两个元素的两个开放式连接子！

现在，让我们回到一开始的 XYZ 表达式，并绘制一个复合图表，例如“安（Ann）是马克斯（Max）的女儿的老板”。这个表达式包含 Y^2 表达式“女儿的老板”，它构建了已经讨论过的包括大整合空间的整合网络。此外，它还将三个开放式连接子连接到特定的心理空间中的元素：安和马克斯，以及在大整合空间中是员工 / 女儿的对等成分的元素。生成的图如图 8.9 所示，除了标签和特定空间中开放式连接子的确定外，与前一个图看起来完全相同。

这个例子清楚地展示了概念整合的标准特性，因为它们在组合的整合网络中运行，该网络由组合的句法线索提示。连接和空间的构造系统地遵循了句法顺序。

隐喻整合的组合

我们所看到的语言形式和对应的映射方案在隐喻的情况下运作方式是相同的。隐喻整合通常是单域或双域网络，它们与简单整合网络如“保罗是萨莉的父亲”有很大的不同。它们涉及意义的不同投射和构建。但在意义的想象构建里，不同之处是一回事，其语言形式和映射方案是另一回事。

我们现在对形式和意义是如何驱动的有了一个令人兴奋的见解。产生直观字面意义的语言形式也可以给我们直观的隐喻意义，这些隐喻意义似乎属于截然不同的思维方式。然而，这些相同的形式提示人们采用相同的映射方案来指导这些不同的意义构建。这些映射方案以相同的方式组合在一起，不管最终的意义是纯文字的、诗学隐喻的、科学类比的、超现实暗示的还是晦涩的。令人震惊的是，我们再一次看到语法是一组提示符，用来指导我们非常准确地运用想象中的思维运作。语法指明了一条路。但是，在这条路上最终会发生什么，取决于具体遇到了什么，以及在这条路上进行的富有想象力的运作。尽管我们在无意识中运用了相同的映射方案，但从主观上看，结果似乎贯穿了不同的思维领域。

155

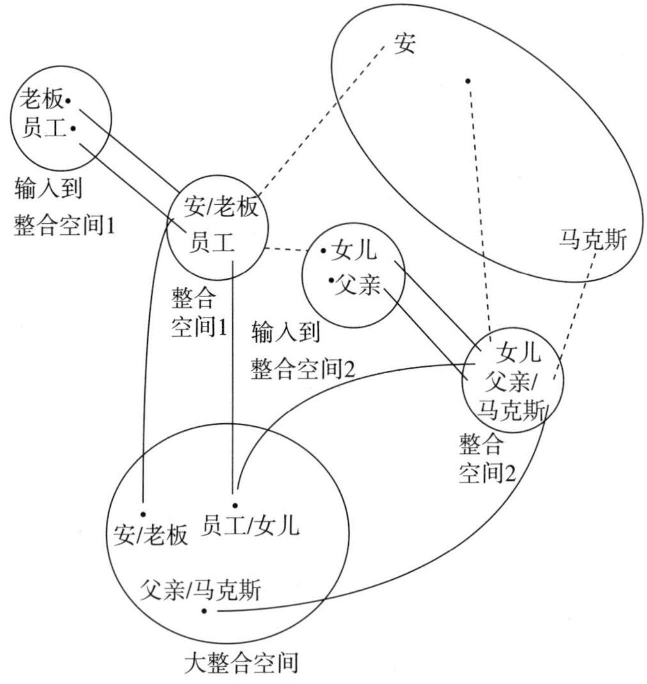

图 8.9 大整合空间 #2

到目前为止我们的探究进展到哪一步了呢？我们已经展示了相同的XYZ语言形式，这些语言形式提示我们使用相同的整合映射方案，而不管概念内容如何。它适用于简单、镜像、单域、双域阵列以及每种中间类型的阵列："保罗是伊丽莎白的父亲"，"你是我失散已久的女儿"，"宙斯是雅典娜的父亲"，"恐惧是暴力之父"，"虚荣是理性的流沙"，"因果关系是宇宙的黏合剂"（Causation is the cement of the universe.）。我们还详细说明了Y表达式如何提示整合映射方案以及这些表达式如何在语法上组合并调用相应映射方案的精确组合。

如果我们所进行的探究是正确的，那么任何包含Y^n表达式的复合XYZ表达式都应该提示使用相同的组合映射方案，而不管表达式中的名词是什么。这是对我们所提出的理论的必然预测，但它不是我们所知道的任何其他语言、隐喻、逻辑、修辞或认知理论的特征。大多数意义理论都认为这些不同的表达式是不可比较的，对于隐喻这样的比喻现象来说，像 156
组构性这样的概念没有意义。

这是一个主要的预测。它是真的吗？那么，选择任何可以接受XY^nZ构式的名词，并将它们拼接起来，产生的句子可能难以理解，但我们的预测表明，你将知道你能在所有这些空间中运用的映射方案。有些表达，比如"琼是约瑟之子的母亲的姐妹"会显得很常规。其他的表达，比如"我的办公室是绝望的替角的秘书"（My office is the secretary of the understudy of despair.）会显得很奇怪，但它们都有相同的映射方案，我们选一个具有双重隐喻性的映射方案并仔细琢磨它就能看到。思考一下双重隐喻的表达式"祈祷是灵魂的黑暗的回声"（Prayer is the echo of the darkness of the soul.）。它的语法形式和映射方案与"安是马克斯的女儿的老板"相同。两者都是XY^2Z表达式。事实上，我们已经在图8.9中看到了"安是马克斯的女儿的老板"的映射方案图示。如果我们是对的，这个贴有适当标签的图示应该直接反映"祈祷是灵魂的黑暗的回声"（如图8.10所示）所提示的复杂的复合映射方案。

157

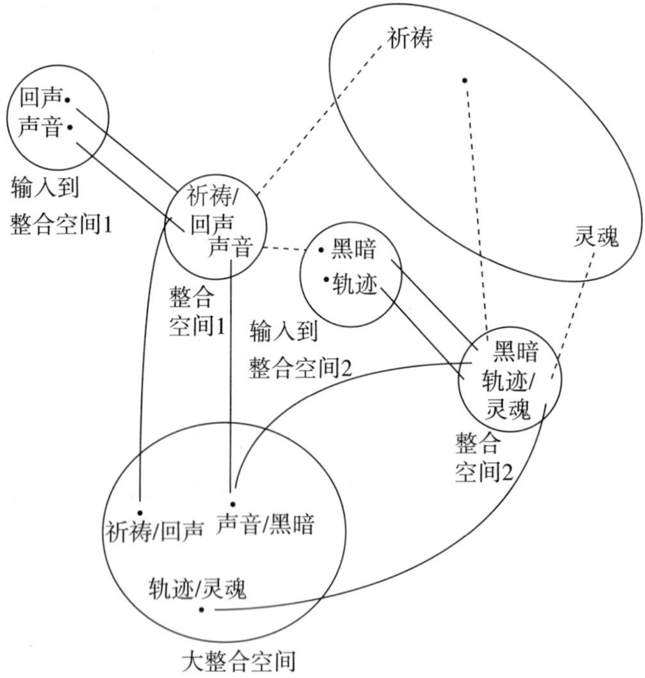

图 8.10　大整合空间 #3

对于后一个例子，我们有一个起点——一个包含诸如*祈祷*之类内容的宗教空间。第一个 Y 表达式“……的回声”提示一个整合空间，其中带有*回声*的空间是一个输入空间。对于这种输入空间，一个明显的临时选择是一个对声音有回声的空间。*回声*在那个空间被“is”连接到宗教空间的*祈祷*，从而成为整合空间的第二个输入空间。此时，经过临时处理的语言形式部分是“祈祷是……的回声”，整合空间 1 已经与来自*声音*的开放式连接子一起被设置好。现在，Y 表达式的映射方案指示我们将这个开放式连接子从*声音*连接到“of”之后的内容（在本例中是“黑暗”）所做的选择。再次，这取决于用想象去构建一个合适的包含*黑暗*的空间，而想象照例可能会做出许多不同的选择，其中任何一个都可以在之后被修改；但是一个显而易见的选择是在该轨迹中存在光的轨迹和梯度的空间。Y 表达式

的、人声的、有意义的、人类的、深沉的，而*回声*是非故意的、自动的、物理的，不一定是人声且没有意义，只是一种微弱的、变形的复制品。*声音*与*黑暗*、*轨迹*与*灵魂*之间的类似冲突，会立即浮现在脑海中。然后，这两种中间整合在作为大整合空间的输入空间时就会发生冲突。在所有这些不匹配中，我们要找到一个非常有意义的压缩角色，将*祈祷*与*灵魂*连接起来。我们很可能已经在祈祷和灵魂之间建立了连接：祈祷“来自”灵魂，祈祷是灵魂“与上帝交谈”，*祈祷*是拥有*灵魂*的“证据”，等等。这种情况下的冲突不会导致失败，而是会带来有效的新的意义。

对于“安是马克斯的女儿的老板”和“祈祷是灵魂的黑暗的回声”，整合网络都在特定的空间（一个有安和马克斯，另一个有祈祷和灵魂）建立了一个元素。在第一个例子中，这个元素既是一个员工又是一个女儿，但她的姓名不详，我们不需要在一开始就知道她的存在。在第二个例子中，是一个与祈祷和灵魂有关的元素，我们没有这个元素的共同名称，而且我们同样不需要在一开始就知道它的存在。这个特定空间中的宗教元素可能是深刻而独特但不可言说的，复合表达式允许我们像这样来提示它。

如果我们在图 8.10 中绘制 XY^2Z 的图示仅仅是为了描绘*祈祷*的双重隐喻定义的映射方案，那么它似乎是合理的，因为每个人都认识到解释神秘和具有暗示性的隐喻的涉及复杂而富有创造性的映射。当我们理解“安是马克斯的女儿的老板”的意思时，同样的图示可能看起来难以置信，因为逻辑方法通常不是这样分析这种情况的。但适用于两者的整合网络解释比传统的逻辑解释更准确、更简洁、更普遍。它更准确，是因为逻辑解释忽视了大整合空间的许多压缩，包括具有压缩角色的浮现框架。实际上，逻辑符号只是输入框架的标签。它们假定心智可以获得这些框架，并且对浮现的新框架只字不提。整合网络解释更简洁，因为相同的整合和映射方案解释了许多表面上不同的意义现象，通常被描述为字面的、隐喻的、类比的、范畴的，等等。一般解释摒弃了一堆高度专业化的操作，每个操作都是为一种现象的欺骗性表面特征量身定做的。最后，整合网络解释更为普遍，因为它深刻地解释了形式和意义在一个庞大而开放的数据阵列中的和谐性。这种和谐由形式和映射方案的配对构成，且以形式的组合与映射方案的组合相对应的方式构成。

拓展思考

160 超自然的父亲

我们已经讨论了在其输入空间中存在父亲的 XYZ 整合。

问题：

- 父亲能被借用到多远，仍然是一个父亲？

我们的回答：

文学作品常常需要高度复杂的整合。弥尔顿（Milton）在《失乐园》（*Paradise Lost*）第二卷中对撒旦（Satan）作为父亲的描述是一种双域整合。

撒旦这个老生常谈的概念是一个概念域已被详细阐述过的整合。撒旦是人类个体——思考、说话、欲望、意图以及神学本体论的整合。在神学空间中，他既有邪恶的永恒特征，也有非人类的力量和限制。他是拟人化的，但他具有神学特征和非人类的条件。撒旦的整合域非常复杂：他有着跟他想法相同的同行，他们以一群恶魔的形式在一起组成了一个复杂的社会群体等级组织，等等。这种整合域在概念和语言上都是固化的。因此，虽然整合网络在某种程度上是双域的，但是很多这样的表达让人感觉不到比喻性，比如“魔鬼让我这样做的”或“撒旦，退到我后面去！”——还有基于进一步整合的表达，如将儿童称为“小魔鬼”。

弥尔顿以一种看似惊人的比喻和寓言的方式扩展了这种整合网络。他的神学空间包括邪恶、悖逆、罪孽、死亡以及它们之间的关系，还有面对精神死亡的罪人的心理状态。他的亲属空间包括了生殖方式和亲属关系，尤其是父亲的角色；他还加入了雅典娜从宙斯头部诞生的早已存在的整合。简而言之，他给了我们两个双域神学整合网络：撒旦是罪恶 / 西恩（Sin）之父和撒旦是死神 / 迪阿思（Death）之父。

在弥尔顿的整合中，撒旦孕育了罪恶的概念；一个成年女人，罪恶 / 西恩，从他的额头上跳了下来。撒旦被罪恶 / 西恩所吸引：他和她发生了性关系。虽然他当时不知道，但事后死神 / 迪阿思出生；在这一整合中，死神 / 迪阿思是撒旦与罪恶 / 西恩乱伦的男性后代。死神 / 迪阿思强奸了他的母亲，让她生下了一窝具有寓意的小怪物。

在撒旦被送到地狱并决定逃跑后，他在地狱门口遇到了两个守在那里 161
不让他出来的人。他们是罪恶 / 西恩和死神 / 迪阿思。他没有认出他们。

促成这个整合故事的心理空间——亲属空间和神学空间在某些方面是一致的，但在其他一些方面却不是。弥尔顿从这两个空间中有选择地加以借鉴，创造了一种双域整合。例如，当撒旦和死神——父亲和儿子处于可怕的争斗边缘时，他把罪恶 / 西恩在死神 / 迪阿思和撒旦之间的调解专门从亲属空间中拿了出来。

他还专门从神学空间获取了许多核心特征。在神学空间，有一种罪恶的思想，不承认肉体和精神的死亡是罪恶的产物，当它必须承认这些后果时，最终会感到震惊。因此，在整合空间中，罪恶 / 西恩对孕育了死神感到惊讶，并且发现她的儿子令人憎恶。其次，在神学空间里，死亡和精神死亡掩盖了罪恶的吸引力，并且比罪恶更强大；承认死神 / 迪阿思是其子使罪恶 / 西恩感到被贬低；任性的、罪恶的欲望无力阻止这种贬低。因此，在整合空间中，罪恶 / 西恩无力阻止她被死神强暴。在神学的空间里，精神死亡给罪恶的心灵带来了无尽的悔恨和痛苦，地狱的折磨给罪恶的心灵带来了永恒的惩罚。因此，在这一整合空间中，死神 / 迪阿思强奸罪恶 / 西恩生出了可怕的后代，他们的出生、生命、行为和与母亲的关系，在人类的亲属关系的域中是不可能存在的：

生下这些狺狺狂吠的一大群怪物，
你看他们不断地吠叫着，围着我，
我每时怀孕，每时生产，给我
无穷的痛苦；因为他们随意地
回到我的肚子里来，仍旧吠叫着，
咬我的肝肠作食物，然后又
破迸出来，用恐怖包围我，
使我烦恼，不得休息，不得中止。

弥尔顿在亲属空间和神学空间之间创造了微妙的对应关系。例如，他将不喜欢孩子这异于常规的场景与对死亡的恐惧相整合。他将儿子强奸母亲的异常情节与死亡对罪恶的影响整合在一起。也许最巧妙的是，他将创伤性顺产这种不同寻常的医学框架与罪恶整合在一起，创伤性顺产会使母亲身体变形，从而降低她的吸引力，而一旦死亡被认定为产物，罪恶 / 西恩的吸引力也会降低：

终于，你看见的这个可厌的孽种，
你自己的儿子，撕裂我的柔肠
162 挣扎出来，恐怖和痛苦扭绞我，
使我的下半身变成这个样子。

虽然弥尔顿对撒旦作为父亲的描写是双域的，但它保留了相当多与父亲和*出生*有关的结构。首先思考死神的父亲身份。“父亲”具有人形，会说人类语言，对女性的美感到兴奋，在典型的人类场景中与拟人化的女性发生拟人化的性行为。这里还包括了通过阴道分娩，儿子继承父亲和母亲的特征，父亲和青春期的儿子在权力上有冲突。现在来看看罪恶 / 西恩的父亲身份。在这里，“父亲”也有人形，说人类的语言。有一个人形的后代，从一个像容器的身体部位出现，发育成一个有性能力的存在。

弥尔顿的读者从来不会停下来问自己，撒旦是否或者在什么意义上，是罪恶 / 西恩和死神 / 迪阿思之父。弥尔顿在他们问这些问题之前就给出了答案。尽管许多可能被认为是父亲的标准特性或真值条件的特征被遗弃在这两个双域整合中，这两个整合本身通过关键关系连接起来，并压缩成一个巨大的大整合空间，弥尔顿富有想象力的工作提供了一个清晰的全局透视，其中父亲身份归属撒旦是明确而又真实的。如果我们记得将撒旦变成父亲是最初推动这个网络创建的巨大挑战，这尤其令人吃惊。父神有一个儿子基督（Christ）。圣三位一体的另一个成员是圣灵（*Spiritus Sanctus,* the Holy Ghost），永生的气息。弥尔顿打算给我们一幅与神权相反的地狱的画面。他需要创造一个地狱的三位一体，其中撒旦是上帝的对等成分。如何让撒旦成为父亲是一个难题，弥尔顿解决得很好，以至于它似乎永远不会成为一个问题。

思考组构性的方式

关于逻辑、语义、人工智能和语言哲学的组构性已经说了很多。

问题：

- 这里的组构性故事有什么不同？

我们的回答：

首先，我们必须将一般意义上的组构性与狭隘的、真值条件的组构性区分开来。在逻辑系统中，必须存在组构的语法和组构的语义，使得命题的任何句法组合就是命题本身，都能从部分的真值中编码出整体真值的计算。例如，命题逻辑中表示连接的“v”（表示包含的“or”）是组构的，因为存在一个真值函数，它由“p”的真值和“q”的真值，得到“$p \vee q$”的真值。 163

语义理论中总是假设某种形式的组合性，因为人们似乎可以在句法组合的基础上以一致的方式构建意义——尤其是在相互理解的基础上。组合性自然地解释了意义的生成本质：可以从有限数量的形式的组合构建无限数量的意义。

语义组构性的最基本观点是逻辑系统的基本观点：孤立的语言表达式具有可从其各部分的真值条件特征计算而得到的真值条件。例如，像“棕色的母牛”这样的表达式对于某物而言是否正确，可以根据“棕色的”对某物而言是正确的条件和“母牛”对某物而言是正确的条件来计算。许多版本的形式语义学，例如蒙塔古语法（Montague grammar），试图维护这种基本的组构性观点。但人们普遍认为，这种基本观点被经验证据所驳斥。本书中讨论的例子属于经验证据的一部分。

除了由表达式的一部分的真值条件给出的内容之外，更广义的组构性观点允许来自上下文的元素进入真值条件的计算。一个明显的例子是像“我在这里”这样的表达，其中*我*和*这里*的指示词必须在上下文中给出参照。一个不太明显的例子是“报纸在梅恩街”（The newspaper is on Main Street.）这样的表达，我们需要从上下文中了解报纸指什么，以及可以理解的指称是否是编辑部、一份报纸，还是正在报道当前场景的前方记者的即时位置。

在这种广义的组构性观点中，说明上下文的目的是在计算真值条件时添加所需的参考赋值，而不是重新制造稳定的那部分的真值条件。但是在“雅典娜是宙斯的女儿”的整合空间中，*女儿*现在与*没有母亲*、*从父亲的头上诞生*、*以身披铠甲的成年人的形态出生*、*具有永生性*等结构兼容，所以看起来好像女儿的真值条件没有被投射到整合空间中。在这一例子中，确定上下文从而达到确定所有合适的真值条件的程度，这需要确定所有的输入框架、跨空间映射中的对等成分、选择性投射的细节、拓扑结构的匹配程度，以及概念整合的网络模型的所有其他部分。

真值条件的组构性观点——无论是狭义的还是广义的，都不足以解释人
164 们实际获得的意义构建的多样性。但这并不是说意义的构建在其他基本方式上不是组构性的：人们确实是在句法组合的基础上以一致的方式构建意义。我们在本章中看到，一致性由这样一个事实来解释：在一般映射方案本身的层次上，以及在提示这些方案的句法形式的层次上，存在着组构性。

这种两个层级的组构性的一般模式是：既定的句法形式（例如“……的”构式）提示在整合空间中创建结构，并且还提供了引用该结构的方

式。然后，在其他语法构建的提示下，该整合可用于构建进一步的映射。映射方案本身跟语法构建一样都在进行组构。

虽然弗雷格的组构性作为一种根据复杂句法的提示构建复杂意义的模型，具有直观的吸引力，但它无法解释意义的实际构建。网络模型一致适用于假定的弗雷格组构性的例子和明显超出弗雷格模型的例子。此外，在简单网络中，一个输入空间中的价值是另一个输入空间中的严格分类的框架的原型（“保罗是萨莉的父亲”），其整合映射方案在真值条件上等同于弗雷格组构性。在所有其他例子中，包括更松散的框架、镜像和单域或双域网络，网络模型仍然适用，但是弗雷格的组构性原则上失败了，因为它预先假定了这些例子所不具备的严格分类的特征。即使镜像网络碰巧有一个严格分类的共享框架，并且它的角色具有绝对的原型价值（例如“你是我失散已久的女儿”），该整合网络也不会被弗雷格组构性捕获。

更令人惊讶的是，网络模型对语境的依赖程度要小于我们前面讨论过的弗雷格组构性“更广义”的版本，该版本试图通过在计算真值条件时加入话语信息来保留弗雷格的真值-条件的组构性。网络模型显示了句法组构和映射组构之间的关系，它独立于对域、情景和语境的引用。我们在“安是马克斯的女儿的老板”和“祈祷是灵魂的黑暗的回声”的例子中发现，组构性映射方案在本质上是相同的，以及基于句法组构的“……的”构建也相同，即使它们的概念域和语境完全不同。当然，语境非常重要——但却是针对整合空间的富有想象力的细化，而非映射方案。

同样值得再次强调的是，映射方案的一般构建非常紧密地遵循句法构建的顺序，从而提出了一种合理的模型，说明这些意义实际上如何加工。我们看到，相同的最终整合空间可以从许多不同的起点构建，这样不同的 165
语言可以使用不同的句法构建，并且实际上相同的语言可以有不止一种方法来提示相同的映射方案。the valet of the secretary of the president（总统的秘书的贴身男仆）和 the president's secretary's valet（总统的秘书的贴身男仆）提示了相同的最终映射方案，但起点不同。

在本章中，我们还研究了句法线索组合提示映射方案组合的方式，并且我们使用了句法组合“名词短语 1 是名词短语 3 的名词短语 2”（Noun-Phrase 1 is the Noun-Phrase 2 of Noun-Phrase 3）作为我们的例证，其中名词短语 3 有“名词短语 5 的名词短语 4”的形式。也就是说，我们使用了 XY^2Z 构建的句法部分。我们所提出的观点适用于所有的句法组合。事实上，像“语言是灵魂的化石诗歌”“拉斯维加斯（Las Vegas）是美国的蒙特卡罗（Monte Carlo）”“保罗的女儿是迪士尼的总裁”“社会运动同时是进步的症状和工具”，以及“正如诗歌是语言的和谐，对话是思想的和谐”这样不同的句法组合都构成了句法线索，提示映射方案的组合。

……的曾祖父

我们已经看到了 n=3 时的 Y^n 表达式。

问题：

- 如果映射方案可以无限复合，为什么我们不经常看到 n 大于 3 或 4 的 Y^n 表达式？

我们的回答：

语言形式“Y of”提供了无限复合的能力，更重要的是，复合 5 到 6 次且仍然可以给出一绝对好记和好读的句子。但是作为在线加工的问题，大整合空间必须在整个网络中保持活跃的连接，以便让我们感受到整体的全局透视。我们的假设是，大整合空间及其连接会影响工作记忆。解决这些限制最显而易见的方法是构建和制作复合网络的常规子体系。思考一下一个 Y^3 网络，其中大整合空间中的压缩角色是*父亲的父亲的父亲*。英语为这个压缩角色起了一个名字：great-grandfather（曾祖父）。大整合空间和这个压缩角色的词可以从长期记忆中作为组块提取出来，所以它们对工作记忆的要求比一个新的 Y^3 网络要低，比如“母亲的母亲的母亲的父亲”。通过提供一个可作为一个单元从长期记忆中提取的压缩，以及一个

附加给这个压缩角色的词，*曾祖父*使得“你父亲的曾祖父的母亲”的大整合空间的在线构建变得相对容易。 166

解读的自由和限制

我们已经指出，对于相同的 XYZ 表达式，可能有不同的解读。

问题：

- 如果映射方案相同，这些差异的来源是什么？
- 解读有什么限制吗？

我们的回答：

首先，我们应该注意语法将形式与映射方案配对时，同样的语法形式可以与多个映射方案配对。例如，“Y of”是与我们讨论过的“Y-of”网络映射方案配对的一种形式。但是，同样的形式与另一种映射方案也相匹配，在这种映射方案中，y 是 of 后面的名词所选择的内容的对等成分，如在 the state of Alabama（亚拉巴马州）中。查尔斯·菲尔莫尔（Charles Fillmore）举了一个例子：“一个人不需要将个人*道德的婴儿*跟*传统宗教的洗澡水*一起倒掉。”这些对等成分不必是隐喻的，正如我们可以从 the nation of England（英格兰民族）、the island of Kopipi（科皮皮岛）、the stigma of cowardice（懦弱的耻辱）、the feature of decompositionality（分解性的特征）、the condition of despair（绝望的状态）等例子中看到。在本章中，我们完全没有讨论提示我们使用这种不同映射方案的“of”表达式。当然，也有可能找到一个模棱两可的表达。the fire of love（*爱之火*）可以这样理解：*爱*是隐喻性的火，或者火是与爱相关的事物的隐喻性对等成分，比如情欲或痛苦。因此，解读差异的一个来源是与相同语言形式相关联的不同映射方案。但这不是我们关注的焦点。

假设我们只关注一种映射方案。我们已经看到，想象在吸纳、投射和整合额外的背景知识、语境和记忆等方面具有广泛的自由度，以便在特定映射方案以及特定域和对等成分元素的选择的基础上，发展出完整的意义。但是映射方案本身在选择域和对等成分元素时留有余地。想想“虚荣是理性的流沙”。这一映射方案提示我们在*流沙*空间中找到一个未命名的“w”，以及*流沙*与该元素“w”之间的未命名关系。选择*旅行者*作为“w”似乎很简单，因为*流沙*对旅行者来说是一个潜在的陷阱，就像虚荣对理
167 性来说也是一个潜在的陷阱一样。考虑到映射方案中元素的选择，我们似乎自然而然地得出结论：虚荣是理性想要避开的东西。但奥斯卡·王尔德（Oscar Wilde）或许会提供这样一种解读：只有虚荣的美德，才能阻止理性在荒芜未知的沙漠中漫无目的地游荡；虚荣提供了清晰的想象、令人兴奋的事物和目标。至关重要的是，映射方案本身并没有指导我们选择*旅行者*作为“w”。相反，想象有充分的选择余地，例如，*沙漠*作为“w”，因为*流沙*是*沙漠*的*一部分*，而且“*是……的一部分*”是一种非常普遍和基本的关系。在这种选择之下，我们可以形成一种整合，其中*虚荣是理性*的一部分。例如，我们可能会认为没有虚荣就没有理性，尽管虚荣是理性中最薄弱和最不可靠的部分。

这种想象的自由是否意味着任何事情都可能发生？相反，从这个世界提供的无限可能的连接中找到一两个这样的整合是极其困难的，而且绝不是随机的。对于将建立什么样的连接以及由此产生的什么样的网络才是令人满意的，存在几种不同的影响因素。为了使用连接，例如*流沙*和*旅行者*之间的连接，它必须被激活，除非它开始就存在或已经被构建，否则它不能被激活。不同的连接可能被激活，这取决于它们的固化程度，以及在任何既定时刻激活它们的难易程度。假设你听到“虚荣是理性的流沙”，它启动了 XYZ 映射方案，你的大脑现在正在寻找一个“w”。再假设你的大脑拥有完全的自由，并尝试*细菌*，在追求整合网络细化的过程中会发生什么？我们在*流沙*–*细菌*输入空间中需要一个框架，该框架将投射到整合中，并对其浮现意义做出贡献。对该框架的最低要求是，它必须包含元素*流沙*和*细菌*以及它们之间的关系。但对大多数人来说，这样的框架是不可用

的，因为这个框架没有常规的公共知识或个人记忆。因此，即使大脑确实尝试了*细菌*，它也不会产生任何结果，不会形成任何整合，也不会有意识地记住这种尝试。或者，假设在“虚荣是理性的流沙”出现之前，我们就引入了合适的框架。然后这个框架将被激活，而且可能会被尝试使用。在这种情况下，*细菌*可能是缺失的“w”的一个非常成功的候选项。这种预测很容易得到证实，通过在下面的背景下解读“虚荣是理性的流沙”：

> 你知道吗，有些细菌只能生活在流沙中，且生存的一切都依赖于流沙。对它们来说，流沙不是陷阱，而是它们生活所需。那么，对一些人来说，虚荣是理性的流沙。他们的虚荣给了他们去好好思考的自信。

在任何意义理论中，激活都不是自由的。框架、知识、经验、场景 168
和记忆的存在也不是自由的。激活的轻松和固化的程度本身就对想象和语言的使用施加了很大的限制。语言学家、逻辑学家以及大多数心理学家也倾向于关注那些已经被建立而且通常很容易激活的固化的例子。当只使用严格和固化的模型时，意义就可以根据映射方案和这些模型变得可预测。这可能就是语言学家、逻辑学家和语言分析哲学家经常错误地将发明性的、比喻性的、创新性的和文学性的实例排除在他们的研究领域之外的原因。错误的观点是，只有可预测的意义组合才能具有科学上的可操作性和重要性，只有可预测的意义组合才能支持真正的理性思考，而不是昙花一现的异想天开。正如我们反复发现的那样，思想的力量——无论是理性的还是异想天开的，情感上的还是务实的，都存在于相同的基本心理运作中。只关注固化的例子，就是对我们的思维方式视而不见。它不仅模糊了我们思维的一般运作，而且几乎模糊了固化情况本身所发生的一切。固化的例子中，正在发生的活动之所以可能，只是因为想象的翅膀有更大的活动空间。

即使是最固化的例子，也可以指出想象的范围。例如，“玛丽是保罗的妈妈。”强有力的默认映射是*保罗*是输入空间中具有亲属关系框架的*儿*

子的对等成分。这种默认是想象做出的选择，尽管由于激活和固化，它是最简单的选择。但它是可废除的，我们可以用同样的思维原则做出其他需要不同的激活的选择。假设在一个有孩子的核心小家庭中，保罗是男性家长，有一些关于孩子的分工或心理角色的方案。在这个场景中，保罗的核心小家庭有一个角色*妈妈*，玛丽为保罗扮演这个角色；可以说，她是*保罗作为男性家长的家庭中的母亲*，我们可以说“玛丽是保罗的妈妈”来表示这个意思。无论我们选择*儿子*还是*家庭中的男性家长*作为保罗的对等成分，我们都有相同的通用 XYZ 映射方案。但是这两个解读有不同的实际映射，因为跨空间映射选择了不同的对等成分，因此无疑在整合空间中进行了不同的整合。

第九章 171

语言的起源

每个孩子生来都是天才。

——巴克敏斯特·富勒

语言是一个谜团，因为它颇具独特性：只有人类才拥有自然语言中的那种语法。但语言不是唯一的独特性：动物心理学家付出了相当大的努力，也没有发现任何证据能表明其他物种在构思违实情景（如那些表象之下的伪装）、隐喻、类比或范畴扩展时有较强的能力。即使是最令人印象深刻的非人类物种，使用工具的能力也非常有限，更不用说设计和制造工具了。人类有着复杂的仪式，这些仪式构成了文化意义，而不与进食、战斗或交配的当前场景联系在一起，但其他物种能达到的最接近“仪式”的东西，都是与这些当前场景直接联系在一起的本能表现。正如梅林·唐纳德（Merlin Donald）所言，“我们的基因可能与黑猩猩或大猩猩的大致相同，但我们的认知框架却不一样。在我们的认知进化达到一个关键点后，我们是使用符号的网络性生物，与我们之前的任何生物都不同。”

正如我们在第八章开头所讨论的，很难对语言作出合理的解释，认为它是渐进步骤的产物，每个步骤都通过让之前的语法稍微复杂一点来生成语法。这样的解释必须提出一种观点，即一群人从一种非常简单的语法开始，一代又一代地逐渐变得越来越复杂，直到它达到我们今天所看到的世界语言的水平。然而，这种解释与事实相悖：我们不能指明哪种语言是简单的，甚至不能指明某种语言比其他语言更简单。有许多进化发展，可以相对容易地看到其渐进的道路：我们可以看到早期哺乳动物逐渐进化为灵长类或鲸目动物的过程。但在哺乳动物的历史中，我们没有看到任何经历许多代的日益复杂的语法的渐进发展路径。

172 现有理论

对语言的起源的探寻正在进行之中。什么可能导致了这种独特性的出现？认为语言是一种非常具体的人类产物，进而探寻语言是如何产生的，这是一种思路。语言能力被认为有别于人类的其他能力，因此与人类的其他独特之处的相关性没有理论依据：这些其他能力有别于语言，需要其他解释。这种思路为许多不同类型的理论提供了空间。

先天论（nativist theories）——乔姆斯基在这方面是个响当当的名字——将语言的独特性置于特定的基因禀赋中，用于由特定基因指导的语言模块。根据这种观点，语言习得所涉及的学习很少。语言模块的大部分早已就绪。实际使用哪种语言——是汉语、班图语还是英语——就相对表层：跟既定语言很少的接触，就可以对控制语言模块输出的参数进行设置，让我们使用某一种语言而不是其他语言。但目前尚不清楚在人类大脑的进化过程中，什么可能是语言模块的前身。鉴于没有发现中间阶段，我们也不清楚是因为自然选择中的什么压力产生这样一个模块。这就解释了为什么许多先天论者会认为人类进化史上一个突然的、巨大的、也许是独一无二的事件，一下子产生了一个与大脑先前的资源完全不同的语言模块。

其他先天论的语言观点认为，语言是通过渐进的自然选择而产生的。例如，史蒂芬·平克（Stephen Pinker）和保罗·布卢姆（Paul Bloom）认为，“一定有一系列步骤，从完全没有语言过渡到我们现在发现的语言，每一步都小到足以通过随机突变或重组产生。”

虽然把语言视为与其他人类能力截然不同的特定产物可以与先天理论

的语言模块论联系起来，但对于“语言是一种独特能力”这一观点而言，先天论和模块论都不是至关重要的。激进的联系主义论者认为，认知是在儿童时期通过神经元之间的连接的形成、加强和减弱而发展起来的，他们很容易把语言看成是网络中出现的一组非常特殊的操作。按照这种观点，语言将与网络中的其他能力有本质上的区别，尽管它们在基本的联想操作中有共同的特征。虽然语言能力不会局限于网络的任何领域，但在操作上仍然是不同的。

一些联系主义理论强调进化在发展强大的学习机制中的作用，这些机制对经历进行统计推理。这些观点认为，大脑已经进化出丰富的、特定的 173
结构来进行统计提取，而语言是可以通过那些领域通用的统计推理过程来学习的能力之一。语言错综复杂，取决于这些学习能力的演变，但我们学习它的方式并不是语言特有的。儿童听到的语言绝不贫乏，足以达到通过统计推理来汇聚语法模型的目的。这里的进化故事是，大脑在进化学习能力时对学习诸如语言之类的东西有一定的偏向，但并没有进化出“语言”或神经“语言模块”。正如特伦斯·迪肯（Terrence Deacon）写道：“相关的偏向必须不同于其他任何物种的偏向，并且以特殊的方式夸大，因为符号学习具有非同寻常的性质。”当然，要解释这些特殊的语言学习能力和偏向是如何演变的，仍然是一个挑战，而且在这种解释中，我们仍然不清楚为什么没有证据表明存在中间的、简单的语言形式。

与威廉·加尔文（William Calvin）、德里克·比克顿（Derek Bickerton）和弗兰克·威尔逊（Frank R. Wilson）等理论家有关的一种思路试图寻找语言的预适应阶段——如手的发展或互惠利他主义的发展，这一阶段可以实现一些语言需要的计算能力。按照这种思维方式，语言有逐渐发展的过程，但是早期的步骤看起来不像语言，因为它们的确不是。它们只是一些使后来复杂的语言成为可能的能力。

还有一些共同进化观，包括特伦斯·迪肯最近提出的一个颇具影响力的观点。他认为，语言不是本能，在我们的大脑中没有遗传安装的语言黑匣子；语言是通过认知和文化创造慢慢产生的。两百万年前，拥有猿类非语言思维能力的南方古猿（australopithecines）断断续续地努力构建了一个极其粗糙的符号系统——脆弱、难学、低效、缓慢、僵硬，并且与婚姻等社会契约的仪式化表达联系在一起。我们不会将其视为语言。但语言此后通过两种方式得到了改善。首先，发明的语言形式经历了漫长的选择过程。一代又一代，新生大脑放弃了它发现的不合理的语言发明。新生大脑的猜测能力和复杂的非语言偏向对语言发明的产物起到了过滤作用。今天的语言是幸存下来的语言形式系统。儿童的大脑并没有天生的语言结构。相反，语言体现了儿童心智的倾向。

在迪肯看来，语言改善的第二个次要手段与大脑的变化有关。粗糙和困难的语言给建立和维持符号的关系网络带来了持续的认知负担。这种苛
174 刻的环境有利于基因变异，使大脑更善于使用语言。语言始于认知适应，而遗传同化（genetic assimilation）则减轻了一些负担。随着语言和大脑的共同进化，认知努力和基因同化相互作用。在迪肯看来，语言是"借助灵活的类人猿学习能力获得的"。它被移植到猿类的大脑上。因此，语言并没有与解释和推理等其他认知功能隔离开来。语法形式并非独立于概念意义。不存在语言的黑匣子，也不存在语言的遗传装置。

一些引人入胜的人类的独特之处

在人类史前时期，在人类舞台上似乎同时爆炸性地出现的三个最大的独特现象是艺术、宗教和科学。正如史蒂芬·米森（Stephen Mithen）在《创造性的爆炸》（*A Creative Explosion*）一文中所写的：

> 艺术在考古记录中具有引人注目的外表。在第一批石器出现250多万年后，我们最接近艺术的莫过于不成形状的骨头和石头上的几处划痕。这些划痕可能具有象征意义——但这种可能性极小。它们甚至可能不是故意制造的。然后，仅仅3万年前，至少在解剖学上的现代人类出现7万年后，我们在法国西南部发现了洞穴壁画，这些壁画表现出高超的技术，充满了情感力量。

米森对宗教和科学也提出了同样的主张，并且自然地问到是什么导致了这些独特之处。他的回答是，人类突然发展出了一种全新的“认知流动性”能力，即“知识和思想在行为领域之间的流动”能力，如“社会智能”和“自然历史智能”。虽然他没有关于“认知流动性”原理的理论，并将其视为用于将不同领域组合在一起的特殊目的的高阶操作，但是米森的基本观念与我们的概念整合观点有一些相似之处，甚至他的图表也看起来非常像图 3.1，我们用来说明禅师谜题一例的那个图。什么引起了认知流动性？在米森看来，肯定会有一些奇特的、爆炸性的进化事件导致了一种完全不同的大脑的产生。

米森注意到，理论家们一次又一次自信地（即便有些模糊）把将两种事物放在一起的能力看作是人类独特的认知能力。亚里士多德写道，隐喻是天才的标志。我们在第二章看到，凯斯特勒提出，创造行为是不同母体间“异类联想”的结果。

我们所遗留下来的史前景象具有神秘的独特性：在新的人类活动中一 175
些可能同时发生的爆发。关于所有这些奇特之处，还有一个问题，即在能力的缺乏和能力完全成熟之间基本上没有中间阶段的记录。而这个史前的故事，至少在语言方面与现代的发现是一致的：我们没有发现任何人类群体只有最基本的语言，不管是多么离群索居的群体。我们也没有发现有基本语言的灵长类动物。乍一看，这似乎是完全不正常的情况。我们发现物种的进化没有相似之处，例如，没有复杂的有机体会在没有初体的情况下从黏液中跃出。那么，我们需要什么样的理论才能解释这样一幅奇特而又史无前例的景象呢？

语言起源的恰当理论应该是什么样的？

达尔文指出，进化论的主要技巧似乎是渐进的变化，因此适应主义者的说法必须表明每一步都是适应性的。进化不允许我们想：“嗯，如果我能进入第十阶段，那就太好了，所以在我晋级前九阶段时让我休息一下吧。”在其他条件相同的情况下，我们更喜欢进化论的观点，它认为有变化的连续性，而不是惊动一时的独特性。甚至“间断平衡”理论（“punctuated equilibrium” theories）也只提出相对小的跳跃，而不是从无到有地进化出眼睛或语言这样的跳跃。

但是我们面临一个问题：我们如何通过大脑和认知的相对连续的变化来解释人类引人入胜的独特性的出现？

要思考这个问题，我们必须抛开两个主要的谬误。首先是因果同构的谬误。压缩原因和结果对于认知是不可缺少的，但对于科学思维来说，往往会产生不好的后果：认识到一种结果，我们就会认为原因与结果属于相同的情况。假如结果是突如其来的，我们就认为原因是突如其来的事件。假如结果是不寻常的，我们也会期待有一个不寻常的原因事件。这种思维方式是如此普遍，以至于大众科学报道经常提供有趣的演示，来说明不同寻常的结果如何从无聊的、常规的原因中得来。通常用以下故事来表达进化论或混沌理论的通俗说法：甲虫的腹部长成了一种覆盖式的外表，使它看起来像一只白蚁，所以它可以生活在白蚁巢中，这是通过逐步自然选择的最常规操作产生的。

因果同构谬误会使我们认为，结果的不连续性必然是来自原因的不连
176 续性，因此语言的突然出现必须与突发的神经事件联系起来。我们反对这种谬误所需的唯一证据就是压垮骆驼的那根稻草，但实际上我们在科学中随处可见这样的证据。在热量作用下，冰从固体突然变为液体包含了因果关系的平稳的连续性。从固体到液体的变化是独特的，但在原因或因果过程中没有潜在的独特性。往满满一杯水中加一滴水会导致大量的水突然流到桌子上，但流出的不仅仅是添加的那一滴水。多一克身体脂肪，可以让你在南太平洋中间不费力地仰面漂浮；而少一克，你会沉下去。在最后一种情况中，生死之间的独特性蕴于原因和因果操作的平稳连续性。你溺水而亡时，流体动力学或浮力的原理没有任何改变。

因此，原则上，语言的突然出现并不是反驳进化连续性的证据。连续性中的独特性是正常现象。剩下的唯一问题是，生物进化能否以这种方式进行？是否有特定的进化过程可以从因果连续性中获得非凡的独特性？在这里，我们遇到了第二个主要谬误，功能-器官同构谬误。众所周知，新的器官功能的出现需要新器官的进化。根据这种谬误，因为负鼠的尾巴悬挂在树上，所以尾巴是执行悬挂于树上功能的器官；因为人们用舌头说话，所以舌头是说话的器官。但生物学家经常指出，随着器官的进化，它可能会获得新功能或失去旧功能，或两者兼而有之。语言产生之前就有了复杂的哺乳动物舌头，舌头不需要重新发明。在负鼠悬挂在树上之前，负鼠的祖先就有尾巴。器官的不断进化并不一定与功能的不断演变相关。功能可以是独特的，但器官的进化是连续的。就像水中的身体一样，器官可能只需要最微小的变化增量就可以促进一个惊人的新功能的出现，例如漂浮。

在关于恐龙如何进化为鸟类的理论中，我们就看到了这一点。没有人提出器官（翅膀）的不连续性理论，但也没有人提出功能（飞行）的连续性理论。相反，根据这样的理论，翅膀是逐渐出现的：鳞片似乎慢慢地长成羽毛，羽毛提供了温暖，更长的臂和羽毛的存在使得额外加快一点地面速度成为可能，于是臂变得更长，更像羽毛。在所有理论中，飞行都是突然出现的：在一个临界点，生物体真的可以飞行了，于是现在它可以飞逐蜻蜓并吞掉它。没有人认为飞行这种独特的功能，是因为突然从无到有演变出了一个飞行器官。也没有人认为，因为现代鸟类飞行高度过百英尺，所以必须存在中间阶段，在这些阶段，鸟类飞一英尺的高度，然后许多代后 177
达到两英尺；以此类推，一直到一百英尺。真正的空中飞行是要么会要么不会，因此飞行的行为基本上也是有或无。有机体要么会飞，要么不会飞。

在思考语言的起源时，必须摒弃因果同构和功能-器官同构的谬误。语言不是器官，大脑才是，而语言是大脑在各种其他器官的帮助下提供的功能。语言是能力的表面体现。它是一种独特的功能，因此没有什么能阻止它从基本连续的和适应性的进化过程中产生。这种功能可能是最近才出现在人类进化中，但带来这种功能的持续性变化可能已经经历了数百万年。原因很久远，而恰好最近才出现了一个特别的结果。这就是我们的观点。

语言起源的最佳理论将具有以下特征：

- 对语言独特性的认识。目前尚无系统证据表明存在持续的中间阶段，也无证据表明现存的人类语言是初级的。
- 否认某特殊事件为某特殊能力负责。换句话说，没有因果同构。
- 语言的起因是语言在很长时期内的不断进化演变，因为进化几乎总是这样进行的。
- 一条路径是个看似合理的适应性故事：沿路的每个变化本身都必须是适应性的，不管这条路径最终引向何方。
- 因此是一条连续的进化之路产生了独特性。
- 需要一个模型，可以说明在该路径上会发展出何种心理运作以及它们以何种顺序发展。
- 明确说明连续变化产生了什么样的独特性，以及它们是如何做到的。
- 许多方面的有力证据来表明，人类实际上是在那条假设的路径上进行心理运作的。
- 中间步骤不是服务于语言本身的功能，而是服务于最终使语言作为产物而出现的认知能力。
- 今天人类解剖学或行为学上的证据指向这些步骤的历史，就像今天的人类解剖学证据指向我们曾经有过尾巴一样。
- 其他条件相同的情况下，这是一种简明的方式，用来解释许多相关的人类独特现象的出现，而这些独特现象是沿着相同的连续进化路径产生的。

178

语言的核心问题

人类意义的世界远比语言形式丰富得多。虽然人们认为语言可以创造出无限多的形式，但相比我们所生活的丰富的物质世界和精神世界所提供的无限种情况，语言提供的可能性要小得多。要理解这一点，可以用任何形式，比如用“我的牛是棕色的”这句话，尝试想象它可能适用于的所有可能的人、牛和棕色色度，以及这句话的所有不同用法，比如反讽、分类或隐喻，包括它在本段中作为一个例子的使用。

像“食物”（food）或“那里”（there）这样的词如果要发挥它的作用，就必须非常广泛地使用。语法结构也是如此，它独立于输入其中的单词。以英语中的动结构式（resultative construction）为例，其形式为“A–动–B–形容词”，其中形容词表示属性 C，意思是“A 对 B 做了某件事，使 B 拥有属性 C”，如“Kathy painted the wall white.”（凯西把墙刷白了）。我们希望这种结构能提示人们对人类的广泛生活中的行动和结果形成概念：“She kissed him unconscious.”（她把他吻得失去了知觉），“Last night’s meal made me sick.”（昨天的晚餐让我恶心），“He hammered it flat.”（他把它敲平实了），“I boiled the pan dry.”（我把锅煮干了），“The earthquake shook the building apart.”（地震把建筑物震开了），“Roman imperialism made Latin universal.”（罗马帝国统治让拉丁语普及了）。我们发现，动结构式的意义显然可以应用于所有这些不同的领域，但是其应用也因此需要复杂的认知操作。这里描述的事件是完全不同的领域（罗马帝国与铁匠），并且具有惊人的不同时间跨度（语言兴起的时代与地震的几秒钟），不同的空间环境（欧洲大部分地区与炉灶），不同程度的意向性（罗马帝国统治、健忘的厨师与地震），以及因果之间大相径庭的联系（敲击会使物体立即变得扁平，但先前的进食则会通过一连串的生物学事件引起后来的恶心）。

这种非常简单的语法构式使我们能够进行复杂的概念整合，这个整合实际上压缩了同一性（例如罗马帝国统治）、时间、空间、变化、因果关系和意向性。语法构式提供了具有相应语言形式的压缩输入空间，然后在网络中将其与另一个输入空间整合，后者通常包含未整合且相对离散的事件链。所以，如果有一口锅，锅里有西葫芦煮在沸水里，我们的工作是关掉锅底的炉子，但是我们忘记了，所有的水都蒸发了。我们可以坦白地说，“今晚没有西葫芦，我把锅煮干了。对不起。”在离散输入中，原因链从遗忘到炉子开关未动，到气体流动，到火焰，到锅的温度，到水的温度，到水的高度，再到锅被烧干。施事完全没有对锅进行直接或间接的操
179 作。但在整合中，与语法构式相关的压缩结构一起投射到了离散输入空间中离散事件链中的一些选定的参与项上。在整合中，施事直接作用于锅。此外，虽然烧水是一个事件，其原因是施事做了或没做什么，但在整合中有因果压缩，因此在整合空间中（虽然在输入空间中不存在），煮是施事对锅实施的动作。

如本例所示，最简单的语法构式不仅需要域上的高度抽象，还需要复杂的双域整合。这是语法构式的一个普遍特征，我们将在第十七章中进一步用更多证据加以证明。

矛盾的是，只有当语言可以用有限数量的可组合的语言形式去涵盖大量有意义的情境时，语言才有可能形成。前一章的一个例子可以说明这种情况。我们看到了一个简单的形式“Y of”，它提示了一种有效涵盖广泛意义的整合映射方案。我们还看到了这种形式如何更具体地结合以提示更大的映射方案的形成。

完全有理由认为，某些物种能够在单独的领域，如工具使用、交配和进食中进行有效操作，但不能进行这些抽象和整合。如果是这样，那么语法对它们而言就没有用处了，因为它们不能进行通过语法来提示的概念整合。但是它们就不能有一种更简单的语法吗？它们可以拥有更简单的语法并用语言描述所发生的事情的唯一方法就是，为所有不同的域中所有事件提供单独的形式和词汇。但是这个世界太丰富了，这种做法无济于事。试图使用这种规模的“语言”后果严重。证据并不表明灵长类动物能够通过发明出什么来补偿语言的缺失，例如发明一百万个特殊用途词，每个词都表达一种特定情景。相反，尽管灵长类动物能够发出特定的“声音”（如对潜在的掠食者作出反应），但是付出最大的努力教黑猩猩单词也只能让

它们学会两百个左右的单词，无法再突破。会几个发声显然有所帮助，但进化上发现，这一策略可以扩展的程度极为有限。语言在任何情况下都能被运用，这一惊人能力是语言给我们的非同寻常的进化优势。我们将语言的这个关键属性称为“等势性”（equipotentiality）。对任何情况，无论是真实还是虚构的，总有一种方法使用语言来表达对那个情况的想法。语言的等势性具有惊人的力量，我们认为这是理所当然的，在任何情况下都可以毫不费力地为我们所用，其关键在于*双域概念整合*。

概念整合的渐变与语言的出现 180

基于相互独立的证据，我们必须承认，今天的人类具有强大而普遍的概念整合能力。特别是，双域网络是人类最容易完成的一种心理技能，而其他物种却无法做到。到目前为止，我们已经看到双域网络在语法构式、科学和数学概念的发明、宗教仪式、违实场景、说服性陈述和关键关系压缩中的关键作用。

我们还看到概念整合网络随着复杂性的渐变而下降。最高端是网络，其输入空间中有冲突的组织框架和对这些框架即双域的整合。底端则是简单网络，有常规的框架及其角色的一般价值。在第八章中，我们考察了从最严格和最基本的简单网络到拓扑冲突的双域的复杂性连续体。在此过程中，我们发现了其他原型：镜像和单域网络。而且我们发现，这些类型的网络不是单独的范畴，而是概念整合的基本心理运作的产物。它们在各种整合网络中脱颖而出。

我们对语言起源的假设如下：

- 双域概念整合是人类的特征，但不是其他物种的特征，并且在艺术、宗教、推理、科学和其他人类特征的独特心智能力中是不可或缺的。
- 先进的整合能力的标志性优点在于它提供了高效、易懂、跨意义范围的有力压缩，否则这些意义将是离散的，难以处理。有许多人们可以立刻理解的场景：朝特定的方向扔石头，打开坚果取得果仁，抓住一个物体，走路去一个可见的地方，杀死动物，认出配偶，区分朋友和敌人。双域整合给我们提供了极有价值的、可能是界定物种的认知工具，用于在高度压缩的整合中锚定其他意义，就像这些立即可以理解的基本人类场景一样，因为这些场景通常用来帮助构建整合框架。

- 整合能力的发展是渐进的，需要很长的进化时间：基本整合早在哺乳动物的进化中就已显而易见。
- 181 整合能力发展的每一步都是适应性的。从非常简单的简单整合到极具创造性的双域整合，这种能力的每一步都是适应性的，因为每一步都会提高认知能力，以进行压缩、记忆、推理、分类和类比。
- 有充分的证据表明整合能力发展中有中间阶段。例如，某些物种似乎只能进行一般的简单网络整合，而其他物种似乎能够做一些稍微不同寻常的简单网络整合。
- 也有充分的证据表明人类有中间阶段，这是因为我们可以进行双域整合，当然也就可以进行简单整合。
- 在有限数量的可组合形式的表达系统可以涵盖无限数量的情况和框架之前，概念整合必须达到特定水平。
- 语言所需的不可或缺的能力是进行双域整合的能力。
- 双域整合的发展不是一个突然性的事件，而是随着整合能力的连续发展而取得的成就，因此在语言起源中没有因果同构：原因是连续的，但结果是一种独特性。
- 语言是作为一种独特之处出现的。一旦整合能力发展到双域整合的关键水平，语言这种新行为就自然而然地出现了。
- 语言就像飞行：一种能或不能的行为。如果一个物种还没有达到双域整合的阶段，它根本就不会发展语言，因为语法的最小的方面都需要双域整合。但如果它已达到双域整合的阶段，它可以非常迅速地在某文化时期内发展出一种完整的语言，因为它具有完整的语法整合所需的所有必要先决条件。文化不能停留在一种“更简单”的语言上，例如，只有“主语–动词”的句子结构。语法体系要满足等势性的关键条件，就必须具有一整套可能的整合和相应的形式，这些整合和形式可以组合起来构成适合任何情况的表达。因此，语言会自动变得复杂，具有多重双域。语言的发展在达到这个水平之前不会停止，因为产生等势性的双域整合引擎会完全就位。

- 语言起源的故事确实有中间阶段的空间，就能力而言：人类仍然有能力做简单形式的整合。但是语言本身没有中间阶段，因为一旦达到关键阶段，完整的语法就会作为整合能力的独特产物迅速形成。这里的“迅速”不是指瞬间，而是指文化中而非进化中的 182
时间。
- 语言的显著优点是，它能够使用适用于基本人类场景的语法模型来捕捉和表达不那么有条理的意思。这是通过双域整合提供的大量压缩来实现的，这种整合可以实现对这些基本人类场景相关语法模型的恰当整合。（在第十七章中，我们将考察语法的基本结构依赖于双域整合的方式。）在严格的意义上讲，语言必须是等势的。它必须适用于我们遇到的无数新情况。但是，唯一能使它具有等势性的方法是，人类的大脑能够将这些新情况与我们已知的情况结合起来，使我们能够明白地将这些新情况与所附的语法模型结合起来，从而使那些现有的语法模型能够表达新情况。说一些新的东西，我们不需要发明新的语法——这也是一件好事！相反，我们需要设想一个让现有语法发挥作用的整合。只有这样，一个掌握少量且相对固定词汇和基本语法模型的人，才能应对一个极为丰富和开放的世界。

- 如果我们遵循史蒂芬·米森的观点——根据人类能力和社会中的其他独特爆发（例如工具设计、艺术、宗教和科学知识）是“认知流动性”的结果，那么可以得出结论：一旦整合能力的不断提高达到双域整合的关键水平，所有这些人类表现的巨大变化就会出现。米森明确地指出，语言的起源远远早于“认知流动性”的发展。对于他来说，语言是“认知流动性”的输入。相比之下，对于我们来说，它是双域整合最令人印象深刻的行为产物。

总之，整合能力的不断提高达到了双域整合的关键水平，然后语言作为一种独特之处突然出现。但为什么双域整合应该是语言成为可能的关键整合水平呢？表达的核心问题是，我们和其他哺乳动物可能有大量的、无限制的框架和我们操纵的临时概念集合。即使我们每个框架只有一个单词，要管理的单词也太多。但双域整合允许我们将词汇和语法用于一个框架、域或概念集合来说明其他事情。它带来了一定程度的效率和通用性，使表达的挑战性思维逻辑突然变得易于处理。语言的形式之所以起作用，
183 并不是因为我们成功地在语言中编码了这些广泛而无限的意义，而是因为它们使我们有可能在我们已经掌握的概念阵列之上进行高级整合。概念操作和概念阵列都不是由语言形式编码、携带、包含或以其他方式捕获的。形式不需要，实际上也不可能对具体情况进行全面的识解，而是通过提示人们以适当的方式思考各种情况来达到识解的目的。

我们的理论可以解释语言出现的显而易见的不连续性：没有找到早期简单语言的“化石”，因为根本没有。语言的出现具有独特性，就像尘埃落入过饱和溶液时发生的快速结晶。当一个群体在概念层面上进行双域整合时，通过特定的双域整合解决的任何局部表达问题都会提供解决表达的一般问题的模型，使得这个一般问题易于处理，进而导致复杂的独特系统的出现，用有限数量的可组合形式来涵盖无限数量的情况。它“涵盖”这些情况不是通过编码它们的识解（如通过真值条件组构性），而是通过使用有限数量的形式来提示完全识解的在线创造性整合。

认知意义上的现代人类的起源

以下是一些关于进化和现代人类起源的有趣的单个真相，它们（虽然完全不同）被广泛地承认，但从未被组合成一个连贯的故事：

- 生物进化是逐渐发生的。
- 用进化的话来说，人类语言在最近的史前时期很突然地出现。
- 在最近的史前时期，艺术、科学、宗教和工具的使用也很突然地出现。
- 人类与所有其他物种的不同在于拥有上述行为上的独特性，他们在这些领域表现非常高级。
- 解剖学意义上的现代人类出现在 15 万年前。
- 但是行为上的现代人类可以追溯到大约 5 万年前。也就是说，考古记录中有证据表明在大约 5 万年前的工具使用、艺术和宗教实践中出现了高级的现代行为。
- 没有证据表明其他物种有“简单”语言。
- 没有证据表明在其他人类群体中有“更简单的”语言。 184
- 儿童学习复杂语言非常容易。但他们会经历貌似中间阶段的一个过程。

以前的理论都没有将所有这些真相放在一起，而且这些理论确实相互冲突，有时甚至是极端的冲突。

一些理论家提出，一个引人注目的生物学事件产生了截然不同的人，这些人都拥有了语言。乔姆斯基认为语言来自这个引人注目的生物学事件。但是米森提出了一种神经学上的“大爆炸”，用于认知流动性，而不是语言。对于米森来说，最早的解剖学意义上的现代人类已经拥有了语言，但是他们需要再花上 10 万年的时间才能获得艺术、宗教、科学和精细的工具使用能力，而他们这些能力的获得，一切都是一夜之间发生的。

这种行为上的改变由高度适应性的人类大脑中的特殊变化所触发。对米森来说，这种引人注目的生物学变化与语言的起源无关，而是产生了非凡的人类创造能力。已经为人类所用的语言依附于这些新的能力。根据这种说法，语言是认知流动性的受益者，但它本身并不具有创造性。对乔姆斯基来说，只有句法是这个引人注目的生物学事件的直接产物；对于“适应性在语言出现过程中发挥任何作用”的说法，乔姆斯基也持怀疑态度。乔姆斯基和米森都看到一个独特的结果或多个结果，并通过假设一个独特的生物学原因来解释它们。通过这种方式，他们能够有效地处理中间阶段的缺失：原因迅速导致完整的结果。对乔姆斯基来说，生物学的突然变化的独特结果是语言，它爆炸性地出现在人类舞台上。但对于米森而言，是艺术、科学和宗教在人类舞台上爆炸性地出现，而不是语言。然而，这些理论的提出并非没有代价。它们违背了进化论中的渐进原则。乔姆斯基甚至似乎违背了自然选择。他和米森都凭空想象了一个具有推测性、灾难性、不确定性但全能的生物学事件。他们的解释有内在的限制，不能超越这些限制。乔姆斯基需要一个额外的理论来解释人类所有其他的独特之处，而米森需要一个额外的理论来解释语言。他们的理论是因果同构驱动的。乔姆斯基添加了最强意义上的那类功能器官同构。由于这些同构给我们带来压缩并因此带来全局透视，因此它们是有吸引力的。

其他理论，如特伦斯·迪肯的一种理论以及史蒂芬·平克和保罗·布卢姆的另一种理论，提出语言能力的逐步进化或共同进化发展。这两种理论都避免了提出引人注目的生物学原因的陷阱，但它们面临着解释“为什么没有留存至今的中间阶段”这一问题：它们都提出存在中间阶段，但是
185 拥有它们的人已经不在，并且没有留下这些阶段的痕迹。平克和布卢姆还面临着解释人类其他独特之处的困难；他们的理论，与乔姆斯基的理论一样，只针对语言的起源，而不针对某些概念思维的形式的发展。迪肯是我们名单上的一位理论家，他为语言的起源与其他文化行为的起源之间的联系留下了足够的空间。他提出了关系能力的逐渐的、适应性的进化，这种

能力是人类一系列行为的基础。然后那些行为再与心智能力和生物能力共同进化。从我们的观点来看，迪肯对于语言的起源有正确的总体框架，但是他的理论缺少对这种关系能力所蕴含的心理操作的解释。迪肯提出他的观点时，我们在这本书中的发现还不能为他所用。从更普遍的意义上说，离散的人类的心理技能，如简单架构化、违实思维和事件整合可能始于相同的认知能力，并存在于一个共同的连续体上，这样的观点在认知神经科学领域中尚未出现。我们已经看到，概念整合是不断进化的心智能力的很好的备选项目，可以产生语言的独特性。这开启了迪肯无法考虑到的可能性。我们的研究发现的另一个结果是，语言的形成的速度要比迪肯提出的要快得多，在数千年内就已完成，而不是数百万年。但另一方面，认知能力的演变使语言作为独特之处出现，而这一演变可能早在人类、原人甚至灵长类动物存在之前就开始了。

还有其他的理论，比如威廉·加尔文（Williams Calvin）和德里克·比克顿（Derek Bickerton）的《机器语言》（*Lingua ex Machina*）中提出的预适应理论。根据这些理论，进化需要很长时间才能产生最终支持语法的能力。因此，这些理论避免了假设一个独特的灾难性原因。相反，它们是循序渐进的故事。加尔文和比克顿还详细介绍了这些进化的能力是什么（如投掷抛射物的能力和互惠利他主义的能力）以及它们能为语法提供什么计算能力。当然，认为预适应在使语言起源成为可能这一方面发挥了重要作用，这样的想法是没有错的。事实上，我们调用的能力，即概念整合，远远不限于语言，还可以扩展到行为、推理、社会互动，等等。概念整合的出现会受到预适应的青睐。我们与加尔文和比克顿的不同之处在于，他们认为进化提供了语法能力；而我们认为，进化提供了概念整合的能力，一旦达到双域整合阶段，语法就产生了。

我们所看到的观点中，没有一个明确地将语言、科学、宗教、艺术等所有独特事物联系起来，认为它们源自共同的原因。但是确有观点优先考虑这样的联系。例如，理查德·克兰（Richard Klein）在《人类事业》

186 （*The Human Career*）一书中就提出了这样的假设：大约5万年前，一个巨大的突变产生了神经学上的变化，而这种神经学上的变化给人类带来了一些显著的能力，比如语言。一旦这种特殊的能力就位，就可以引发先进工具的使用、艺术的发明以及或许其他的能力的发展，而这些神经意义上的高级人类遍布全世界。

我们关于语言起源的观点有足够的空间将5万年前出现的人类行为中的独特之处完全联系起来，但它并不要求其中任何一个是造成其他几个的原因。相反，有一个更深层次的根本原因，即整合能力的不断发展直至双域整合的关键点，而人类所有这些惊人的新表现都源于这种能力，都是作为其产物平行发展的。我们认为，这些新的表现在文化时期相互加强。双域整合的进化成就仍然需要文化时期来结出果实。新认知能力的有形产物都是社会和外在的——艺术、宗教、语言、工具使用。完全有理由认为，一旦能力达到，文化产物开始出现，它们就会相互加强。随着文化之树推出这些与众不同的新产品，语言辅助社会互动，社会互动辅助语言的文化发展，语言辅助工具使用的精细化。语言和艺术成为宗教的一部分，宗教成为艺术的一部分，语言又成为工具技术的一部分，一切都交织在一起。当然，这就是我们今天看到的人类的样子。下一章说到整合和物质文化时，我们将提供更多关于这种交织的证据。

我们同意克兰的观点，即独特之处之间是有联系的，但这并不意味着其中之一导致了其他。它们都是双域整合能力的基础性进化的产物。然而，克兰的研究的另一个方面对我们来说至关重要。他把语言的起源追溯到其他独特之处的起源。为什么像米森这样把认知流动性视为人类进化“大爆炸”的理论家没有把语言看作是那次“大爆炸”所产生的艺术、科学和宗教等一系列独特之处的一部分呢？答案很简单：他假设语言是大脑和现代发音器结合的产物。米森写道：“在过去的几年里，有观点认为古代智人（*H. sapiens*）和尼安德特人（Neanderthals）都有大脑能力、神经结构和发音器用于可以叫作语言的高级发声方式，这种观点很有说服力。”

这个说法将把语言的起源放在 10 万到 40 万年前，也许多达 78 万年前。因此，米森认为语言一定是人类记录中的艺术、科学和宗教爆发至少 5 万年前出现的。187

然而，米森本人认为，大约 5 万年前，人类发展出了惊人的新智力，这种能力不需要改变大脑大小或解剖结构。我们认为这完全正确，但是该语言是源自该进化的一组产品的一部分。这个统一假说得到了近期考古学和遗传学研究的有力支持，这些是米森当时无法获得的信息。

克兰提供了考古学证据，证明现代人类有两种截然不同的类型——解剖学上的现代人类和行为学上的现代人类。解剖学上的现代人类有我们的解剖结构，但没有我们的特征性的行为。行为学上的现代人类则两点都有。解剖学上的现代人类可追溯到大约 20 万年前，在某个时候与更古老的人如尼安德特人共同居住。行为学上的现代人类则可以追溯到近一些的时候，大约 5 万年前，他们从非洲向东扩散，最终取代了所有其他人类。

克兰的观点得到了两个遗传学研究的更强有力的支持，一个是西尔瓦娜·圣基亚拉-贝内雷塞蒂（Silvana Santachiara-Benerecetti）的研究，另一个是拉塞尔·汤姆森（Russell Thomson）、乔纳森·普里查德（Jonathan Pritchard）、沈沛东（Peidong Shen）、彼得·奥夫纳（Peter Oefner）和马库斯·费尔德曼（Marcus Feldman）的研究。圣基亚拉-贝内雷塞蒂关于线粒体 DNA 的研究使她得出结论，行为学上的现代人类大约在 6 万年前在非洲出现，并向东迁移到亚洲，而不是向北迁移到欧洲，正如先前对更古老的解剖学上的现代人类的发现一样。反过来，拉塞尔·汤姆森（Russell Thomson）和他的同事们研究了当今世界的人们的 Y 染色体，并计算出与我们最近的共同祖先大约出现在 5 万年前。这种追溯在很大的不确定性范围内进行，但无论如何把行为学上的现代人类的起源向我们推近了数万年。

路易吉·卢卡·卡瓦利-斯福尔扎（Luigi Luca Cavalli-Sforza）迈出了最后一步，将语言界定为行为学上的现代人类的发明。他把语言与船和筏的发明和旧石器时代晚期技术（Aurignacian technology）即珠子和垂饰，以及其他用于社会和仪式目的的个人装饰品放在一起。虽然卡瓦利-斯福尔扎将语言的起源提前到大约 5 万年前，但其他研究人员会把诸如绳索制作和织造等工艺技术的发明时间推后几万年。詹姆斯 · M. 阿达瓦索（James M. Adavaso），一位专门研究纺织品的人类学家，估测编织和制作绳索的历史大概可以“至少”追溯到公元前 4 万年，还可能更早。

这些新发现汇聚在一起，暗示现代人类行为的一套协调快速的文化发明，可追溯到大约 5 万年前的同一时代。我们认为，所有这些在人类进化中表现为独特之处的现代人类行为，是人类思维已经达到关键整合能力水平——即双域概念整合的共同结果。

188 拓展思考

整合引领科学发现，但也导致科学谬误

我们在前面的章节中提到，通过整合进行压缩可以产生全局透视，如在复数的例子中所见。但在本章中我们也看到，压缩的全局透视也可能是谬误。因果同构和功能-器官同构就是压缩传递误导性全局透视的例子。

问题：

- 如果通过整合产生的压缩导致错误，那么它的优点是什么？

我们的回答：

整合得到的压缩常常引起对有用的事实的深刻透视。当地震导致建筑物倒塌时，我们看到在地震和建筑物的震动之间存在紧密的因果同构。颤抖的建筑物成为地震的一部分。在文化、神话和魔法的人类学研究中，这种想发现因果相似性的冲动已经得到了详细的研究，如詹姆斯 · 乔治 · 弗雷泽爵士（Sir James George Frazier）在《金枝》（*The Golden Bough*）中

的研究。

虽然压缩因果关系使其相似或同构可能是件好事，但假定它们必须相似或同构则是错误的。毕竟，几个世纪以来的长期磨损可能导致一堵墙在几秒钟内倒塌。我们已经看到这种谬误在灾难性的基因突变理论中发挥了作用，这种基因突变从零开始立即产生了语言能力。在这些理论中，同构将结果的独特性与原因整合起来，赋予原因独特性。相反，如果我们假设原因是渐进的，就像在渐进的自然选择中一样，那么假设结果也应该是渐进出现的，这便是错误的。有理论认为，虽然没有原始语言的证据证明，但渐进的自然选择必然产生了渐进发展的原始语言，这也是因果同构谬误。迪肯、平克、加尔文和比克顿等不同的理论家都认为存在这样的原始语言，它是完整语言进化道路上的阶段。我们认为，语言是已经达到双域整合的关键水平的一种独特之处和外部社会表现。早期概念整合能力水平 189
不需要任何外部的类似语言的表现，人类达到双域整合水平之后也不需要出现任何额外的生物进化：文化时期内的文化进化就已足够。因果同构谬误认为存在因果关键关系，并假定它同样是一种相似关系：因果在某种程度上是相同的。

克兰的观点中还出现了另一种压缩谬误，即语言是导致人类进化中其他独特之处的大型神经事件。在这种情况下，由于语言、装饰、技术等能力在某种程度上具有相似性关系，我们假定它们也必然具有因果关系：其中一个不仅在某些方面变得与另一个相似，而且因此成为另一个形成的原因。这是因果同构的另一面。三角巧克力广告中，把巧克力糖果和金字塔之间的相似性变成了糖果是金字塔的原因，这之后我们把这种谬误称为三角巧克力谬误。

所有这些都是假定某种压缩的谬误。然而，事实证明，压缩往往是正确的。我们自己现在提出对人类行为的许多独特之处的压缩，把它们看成是单一原因即双域整合的结果。但我们没有使用因果同构压缩：根据我们的观点，原因是渐进的、连续的和认知的，而结果是非凡的、快速的和社会的。

心理整合与社会语言

概念整合能力是内部过程。语言，与艺术、科学和宗教一样，是一个依赖于交流的外部社会过程。

问题：

- 从整合角度来看，语言本身似乎对语言的起源没有作用。语言是否只是副产品？

我们的回答：

我们对语言起源的分析不同于其他学者，我们认为，一个独立于语言的功能在长期的进化过程中形成了一种内部的认知运作，而这种运作的某一阶段——双域整合是语言外部交际能力的必要条件。拥有语言能力意味着拥有一套语法结构，这些语法结构虽然与世界的丰富程度相比微不足道，但却是等势的。为了使相对较少的语法结构具有等势性，也就是说，要普遍适用而不是仅适用于少数受限制的场景，它们必须是双域概念整合。因此，在达到双域整合阶段之前，就没有真正意义上的语言。但从这
190 一点来看，复杂结构的发明原则上是没有限制的。第十七章将为我们详细展示，这种双域能力对于日常使用的基本语法结构甚至是基本词汇是必不可少的。要想掌握像 father（父亲）这样看似简单的单词，需要复杂的双域整合。所有的开放类单词也是如此，如 house（房子）、red（红色）、fly（飞）。闭合词如 of（……的）、that（那）、here（这里）、后缀 -ed 等，它们本身，正如我们所看到的，提示映射图式，而且通常涉及整合。

忽视这一点就会犯坎济谬误（Kanzi Fallacy）——伊丽莎谬误（Eliza Fallacy）的一个实例。坎济是一只倭黑猩猩（bonobo），又称侏儒黑猩猩（pygmy chimpanzee），迄今为止，它是猿类手语使用者中［包括尼姆·钦

斯基（Nim Chimsky）和萨拉（Sarah）][①] 手语使用得最好的。在6岁的时候，坎济似乎已经掌握了大约150个单词，并且能够做出两个单词的序列。关于坎济和他的研究者的激烈争论跟坎济是否掌握句法这一问题有关。大家一致认为坎济掌握了一些词汇，因为它可以操纵一些符号；对我们来说，这些符号与我们知道的单词相对应。然而，如果认为在坎济操纵我们认为是单词的符号的时候，它一定在处理与人类儿童使用词汇时使用的相同的等势双域概念整合，那就是一种谬误。

我们想要明确的是，我们不反对坎济在操作符号甚至是组合符号时必须使用强大的概念整合的说法。坎济和人类确实是在智力的连续统上。但是我们注意到，坎济所证明的行为中还没有一个表现出等势性的能力或达到双域概念整合的水平。

人类儿童对词语的使用看起来与坎济完全不同，因为它是等势的。儿童对新单词的快速习得和广泛应用显然是没有限制的，儿童不断地使用他们遇到的每件事、每个人的单词。然而，坎济的词汇很少，应用也很有限。很明显，它并没有想要自己开发或使用它们的冲动，除非是为了有限的目的，比如提出请求。我们认为，坎济的“词汇”与有限应用的有限框架有关，由于没有更高层次的整合能力，这些框架不能流畅地整合，流畅的整合是整合力所在，也是语言的必要条件。这里的伊丽莎谬误是，坎济进行单词组合时，其心理过程和儿童进行同样的单词组合时一样。原则上，我们不否认坎济或萨拉可能知道意义，可能将符号与这些意义联系起来，可能将这些符号中的一部分通过与对应意义的并置相联系的方式组
合在一起。但我们要提出不同的看法：这种符号意义的关联不一定是等 191
势的。对于坎济使用的有限的框架，他的行为和儿童的行为可能非常相似，虽然潜在的心理过程是不同的。认为坎济和儿童做的脑力工作基本上

① 尼姆·钦斯基（1973—2000）是一只会使用手语的黑猩猩，他的名字来自语言学家乔姆斯基。萨拉（1959—2019）也是一只被用于研究的黑猩猩，她的认知技能被记录于戴维·普雷马克（David Premack）和安·詹姆斯（Ann James）的 *The Mind of an Ape*。

是一样的，是一种谬误。就好比在假设：因为一台国际象棋机器可以下国际象棋，所以它就像人类在下棋时一样进行着所有绝妙的双域整合。我们认为，我们的说法可以通过以下事实得到印证：坎济的词汇量最多不超过200个，而且应用有限；但6岁的儿童却可以使用13,000个单词，而且应用非常广泛。事实上，人类广泛使用的词，哪怕是最基本的一个，也是一项重大的想象力成果。

儿童的语言

十八个月大的幼儿说话不像大人。

问题：

- 儿童语言是简单的语言吗？
- 如果是的话，难道不是“语言直接产生于双域整合”这一理论的反例吗？因为儿童当然有双域整合的能力。
- 这难道不也是“没有语言比我们的语言更简单”这一说法的反例吗？

我们的回答：

如果我们给一个两岁儿童的语言拍一张快照，它是等势的吗？它是基于等势的语法结构吗？绝对是的。它的语法结构体系是否比我们的更简单？也绝对是的。那么，准确地说，为什么我们要说没有更简单的语言呢？答案是，儿童肯定有能力进行双域整合，即使在他刚开始使用语言的时候，这种能力将在正常的发展过程中使他非常迅速地掌握高度复杂的语言。从儿童开始发展语言的那一刻起，除了死亡、脑损伤或者几乎不可想象的社会支持的缺乏，没有什么能阻止他发展完整的语法。我们认为这个故事类似于语言的起源：一旦人类具备了双域整合的能力并开始使用它来发展语言，他们就会在一个文化时期内形成非常复杂的语法结构体系。但从一开始，无论是经过几年发展的儿童语言，还是经过“短暂”的文化时期发展起来的史前人类语言，都依赖于双域整合，并强烈倾向于实现等势性。

根据我们的解释，在具有语言能力之前，一个物种有可能使用符 192
号——如坎济就使用符号。语言起源于人类的一个社会群体，这个社会群体已经有了符号、精细的社会实践和交流。这是认知现代性的进化，赋予这个群体进行双域整合的能力。这种变化具有巨大的适应性，因为它带来了在自然和社会环境中取得成功的力量。认知意义上的现代人类得以蓬勃发展。然后，他们使用双域整合的共同能力来表达和唤起双域整合网络，而不仅仅是以受限的方式表示单个框架。这便是语言的诞生。

自行车

自行车的发明是近代人类文化史上一件伟大而独特的事件。它的发明经历了一个漫长的进化过程——车轮、齿轮、座椅、抓握把手，以及更早时期的金属开采和钢铁生产。还有刹车、气泵，以及从树上提取橡胶。在早期的进化中，没有产生较低级的自行车：自行车是一举成形的，但之后几乎没有什么改进。有趣的是，学习骑自行车就像发明自行车一样。一个人可以靠两个轮子移动似乎有悖常理，以前所有的交通方式都使用轮子，保持静止比骑行更容易——骑上相对静止的马或坐上马车比跟着它一起移动更容易。但对于自行车，你骑得越快，就越容易待在上面，这违反直觉，直到你掌握了窍门才会接受这个事实。人只能逐渐学会骑车，但成功学会具有独特性。经过多次徒劳甚至痛苦的尝试，你终于可以在这个两轮的装置上移动了。

没有人会认为，首先我们必须学会骑一种没有车把或踏板的单轮装置，然后一步一步地学会骑越来越复杂的机械，直到我们最终会骑现代自行车。没有历史学家会在车库中寻找自行车的中间阶段，他们只会寻找什么是真正的自行车的雏形。没有人认为儿童必须先学会骑独轮车，然后才会骑更复杂的自行车。相反，他们从三轮车开始，然后放弃第三个轮子。

撞坏自行车而没有受伤的人，可以看看那辆被撞坏的自行车还能不能骑回家——可能车把变形了，或刹车片少了一块，或车架撞瘪了。通常情况下是可以的，但没有人会因此争辩说，自行车在发明的中间阶段一定有一台像这样瘪了但还是能骑的机械。

193 骑自行车具有系统发生的、个体发生的、技术发生的独特性，它之所以会出现，是因为我们在非常平稳、相交的数个连续统上达到了一个关键阶段。我们需要轮子、管子等，我们还需要腿（蛇和鱼不骑自行车）、向前看的眼睛、精确的平衡、拇指以及双脚运动。骑自行车需要双脚运动，但没有人会认为双脚运动的进化是用来支持我们骑自行车的；同理，双域整合对于语言来说是必不可少的，但双域整合的进化并不是用来支持我们发展语言的。语言需要双域整合的认知能力和能够支持发展和传播语法结构的社会群体。一旦这些先决条件得到满足，也就是说，一旦认知的和社会的现代人类得以进化完成，我们就可以像学习骑自行车一样容易地学习语言。

是循环天网络中的整合空间（并且该空间保持与其网络的其余部分的连接）。另一个输入空间是旋转指针，即手表本身的物理外观，其中指针处于特定位置，并且每个指针都在移动。这种输入空间本身也是循环的。

跨空间映射是很明显的，虽然有点奇怪：循环天的 1 个周期映射到小指针的 2 个周期和大指针的 24 个周期。当循环天到中午时，两根指针的位置指向 12。小指针转 2 圈、大指针转了 24 圈后，就又到了循环天的中午。

我们对时间的现代理解由周期性的一天的重复组成，这种理解浮现于循环网络整合中。我们对时间的更具体的理解是，时间由重复的一天组成，一天又划分为持续时长相同的时、分和秒，这种理解浮现于计时器的整合中。 197

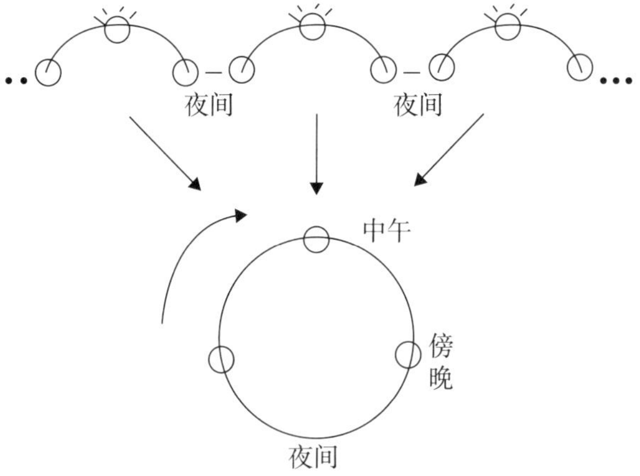

图 10.1　循环天

在对计时器的网络进行跨空间映射时，将循环天的每个时刻映射到旋转指针的位置上。在这种跨空间映射中，循环天中时间间隔的持续时长与指针扫过的弧长相对应。在计时器网络的整合空间中，一个指针扫过的弧长就是时间间隔。相等弧长是相等的时间间隔，这是一个重要的浮现特性。这一时间的整合浮现概念是连续的，因为人类发明了一种东西，一种机器，这种机器利用了周期性的事件，如指针的旋转或钟摆的摆动。更重要的是，要能够校准机器，使它每天中午都在相同的位置。一旦你这样做了，意味着当机器从中午到中午时，你已经自动把循环整合天“分割”成了尽可能多的等分。如果我们把表盘分成 k 段相等的弧，并且从正午到正午有 n 圈，那么我们就把循环天分成“n 乘以 k”个相等的间隔。如果 n 是 2，k 是 12，我们就把 1 天传统性地划分成了 24 小时。如果 n 是 2，k 是 1，我们就把 1 天传统性地划分成午前（A.M.）和午后（P.M.）。自巴比伦时代以来的文化演进已经形成了一种普遍的惯例，即 k 等于 12 或 60。同样的手表可以有 12 和 60 的标记，方法是将 12 段弧中的每一个分为 5 段较
198 小的等弧。典型的手表的小指针对应于 n=2 和 k=12。在这个指针的手表整合中，小指针围绕表盘转动 2 周，位置都可识别为 1、2……12，把循环整合天分成 24 个相等的时间段，我们称之为“时”。在较长指针的不同计时器的整合中，n=24，k=60。这就把循环天分成了 1,440 分钟。在对第三个指针的不同的计时器的整合中，即手表上的细长指针，n=1,440 和 k=60，将循环天分成了 86,440 秒。开发出这些对循环天和周期物理事件的连续压缩是一项令人印象极其深刻的文化成就，对人类的生活和知识产生了不可估量的影响。时间的深刻概念是如此引人注目，以至于我们把它当作时间本身结构的一部分。时间被分成相等间隔，日复一日、年复一年地重复，直觉上我们认为这是显而易见的。

手表还巧妙地利用了一些幸运的事实，即 1 分钟内的秒数等于 1 小时内的分钟数，即 60，而 12 是 60 的一个因子，这样，秒针在 1 分钟后正好在 12 结束，分针在 1 小时后正好在 12 结束，时针在 1 天后正好在 12 结束。手表本身是所有三种计时器整合的物质锚：一个是 n=2，k=12；一个是 n=24，k=60；还有一个是 n=1,440，k=60。

埃德·哈钦斯指出，从历史上看，我们今天所拥有的手表，都是从日晷开始，经过多次连续整合而成的。他指出，一般来说，指南针、时钟和刻度盘之间有明显的联系。所有这些整合都将时间框架和方向框架结合起来。

计量仪表

在整个计量仪表的历史上，将任意大小的线性标尺与压缩的圆形物体上的标记进行整合的模型得到了拓展。我们有带指针的圆形刻度盘，用于许多技术测量和导航仪器：无线电调谐器、速度计、转速表、高度计、气压计、烤箱温度旋钮、烤箱温度计和恒温器。所有这些计量仪看起来简单明了，但实际上相当复杂。例如，想一想烤箱温度旋钮，它表示的不是烤箱的温度，而是我们希望烤箱达到的温度。有时我们也想知道烤箱什么时候能够达到那个温度，比如我们想在 550℃的温度下烤几分钟三文鱼，而不是低于这个温度。所以烤箱通常会有一个“提示灯”，当烤箱的温度达到设定温度时就会亮起来。在灯亮之前，箭头指向一个理想的心理空间的温度。然后，灯一亮，它就指向旋钮上与温度相对应的一个数字。 199

在恒温器中，理想空间和实际空间的两个计量仪表叠加在仪器上，一个指针对应一个空间，两个指针共用相同的表盘和刻度。

最后，哈钦斯指出，在读取航空刻度盘时，会有极好的选择性投射。图 10.2 所示的刻度盘通过定位机翼上的缝翼和襟翼，告诉飞行员何时重新调整机翼以便爬升。缝翼和襟翼的适当配置取决于飞机的速度和它的总重，总重随特定的飞行中货物的重量和特定的飞行中当前剩余燃料的重量而变化。从巡航高度开始下降，到达某一高度前，飞行员准备着陆数据，包括确定飞机的总重，并通过一些参照物确定飞机的合适速度，同时根据重量调整机翼。然后，飞行员移动安装在测速仪边缘的四个称为“速度虫”（speed bugs）的调控夹，以标出需要重新配置机翼的速度。这样，在下降过程中，飞行员就不必再担心飞机的具体速度或飞机的总重。

在由仪器锚定的整合中浮现的结构是，如果指针指向两个特定的调控夹之间，我们希望缝翼和襟翼处于相应的配置状态。至关重要的是，每次飞行不同，总重也在变化，这种结构都是不变的，因此，在认知上，一旦调控夹设置好，飞行员只需要生活在这个整合中。在这里我们看到一个通过设置调控夹来改变真实世界的例子，以便在整合中保持概念结构不变。这种整合与其他空间有复杂的连接，但一旦飞行员对调控夹进行了恰当的设置，就不再需要激活这些连接便可以成功飞行。在飞行中，飞行员所需要做的就是，在刻度盘指针指向调控夹时重置缝翼和襟翼的配置。

现代飞机有线性数字显示器，如图 10.3 所示。具有讽刺意味的是，如哈钦斯所示，它们并没有在人类尺度上直观地反映缝翼和襟翼在速度和位置上的差异，尽管在形式上它们包含了所有必要的信息。在旧的计量仪表中，显示器的总体物理配置因速度不同而不同，显示器的不同区域对应不同的定位范围；但在新的显示器中，显示器的总体物理配置没有变化。

我们想当然地认为刻度盘当然应该是简单明了的器物，但是用复杂的、在某些情况下更精确的数字显示器来代替它们，足以表明它们是非常有效的压缩。

现代显示器也显示出引人注目的浮现结构和人类尺度的压缩，其中大部分是设计师有意设计的，但也有一些是用户发现的。芭芭拉·霍尔德（Barbara Holder）讨论了空客 320 飞行控制显示器中的“蓝色曲棍球棒”的例子。蓝色曲棍球棒是屏幕上一个弯曲的蓝色小箭头，用于显示飞机的航线（见图 10.4）。它显示了在当前设置下，飞机未来预定的飞行路线上达到所需高度的点。在下降过程中，飞行员将要知悉在某一地理位置的某一高度。他想在到达那个位置时达到那个高度。在垂直下降速度模式下，飞行员可以通过操纵垂直速度旋钮来改变飞机的高度，该旋钮的设置表示所需的垂直速度。通过飞机仪器的计算，操纵垂直速度旋钮可以改变飞行路线上的某一点，以达到所需的高度。由于这个点在显示器上是由蓝色曲棍球棒指示的，所以当旋钮转动时，蓝色曲棍球棒就会移动。这是一

200

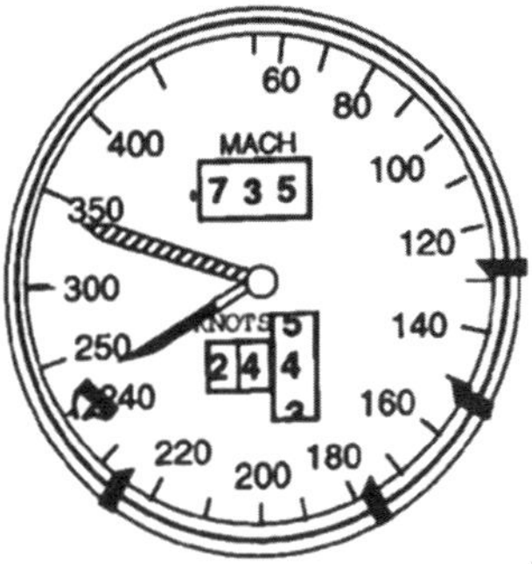

图 **10.2**　航空刻度盘

图 **10.3**　现代飞机上的线性数字显示器

201

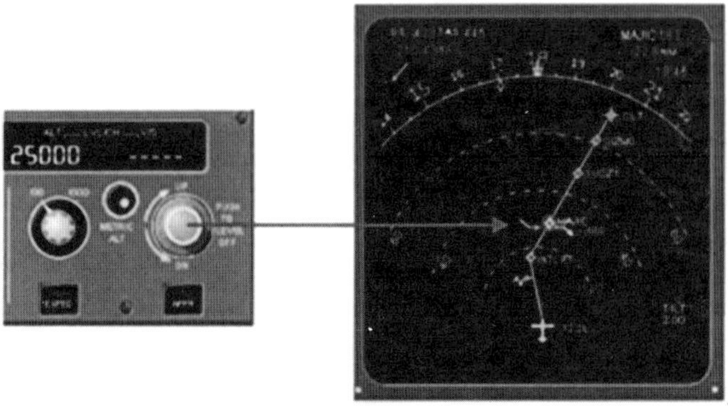

图 **10.4**　**“**蓝色曲棍球棒**”**

个令人难以置信的压缩，使飞行员直接在整合中工作；飞行员只需转动垂直速度旋钮，就可以将蓝色曲棍球棒移动到飞行路线显示器上所需的位置。这种压缩并没有人教给飞行员，但是一些飞行员发现了它。霍尔德引用了一位发现这一压缩的飞行员的话说："如果他们（空中交通管制）给你一个飞越限制，我就用那根蓝色曲棍球棒，把垂直速度旋转到你认为合适的位置，看看蓝色曲棍球棒会停在哪里；如果它在导航显示的地图上显示没问题，你就可以走。"

货币

手表因其机械功能而有用。理解它所需要的概念网络我们可以在头脑中记住。独自一人在荒岛上，我们也许会非常庆幸能有一块手表。

202 货币是一种具有不同特征的物质锚。它也依赖于一个精细的概念网络，但这个网络需要社会来支持。使货币有用的机制存在于社会中而不存在于货币本身。独自在荒岛上，我们会发现一美元钞票实际上毫无价值。

货币的历史，就像手表的历史一样复杂，包含了许多现在早已被遗忘的连续不断的整合。但我们可以共时地看待货币的概念，就像我们从器物上看待时间的概念一样，时间由计时器锚定。为了了解这种分析将如何进行，我们将概述一个非常简化的货币整合网络。把一种输入空间，即商品，看成是一组可以被需要、交易、渴望、继承、给予、盗窃或以某种方式从一个机构的财产转移成另一个机构的财产的东西。现在取第二个输入空间，价值。价值是使用任意测量单位的度量尺度。价值尺度广泛可用：我们可以说某样东西比其他东西漂亮3倍，或者说某人比其他人聪明10倍。

商品输入空间通常有其自身的局部价值结构：1头母牛可能值20只鸡，3只鸡可能值很多匹布。然而，大多数商品不能直接进行比较：渔民没有理由用渔网换农民的犁。

商品以这样的方式映射到价值尺度，即在输入空间之间保持价值的拓扑结构。因此，如果犁对农民来说值 2 头牛，而渔夫愿意给织工 30 条鲑鱼，以换取对织工来说值 10 只鸡的 1 张网或 1 匹布，且一条鲑鱼在价值尺度上被映射到 2 的位置上，那么为了局部拓扑结构的一致性和保持，我们必须将 1 张网映射到 60 的位置,1 头牛到 120,1 把犁到 240,1 只鸡到 6,1 匹布到 60。将一个完整的价值结构投射到商品输入空间的明显结果是为整个商品领域隐性地定义交换标准。很明显，要得到 1 只鸡需要 3 条鲑鱼，要得到 1 把犁需要 4 张网，要得到 1 头牛需要 2 匹布。这种映射概括了交换，但并没有简化它：鲑鱼必须随身携带，并且希望农夫或织工喜欢鱼。

在发明真正的货币网络的过程中，令人惊叹的一步是引入第三种输入空间，这些输入空间的对象在最初的商品交换系统中没有位置，比如相同的彩纸。在最简单的情况下，新对象是相同的代用币。我们将每个代用币映射到价值输入刻度上的相同位置，比如位置 1。

接下来，我们将来自商品输入空间的所有对象和来自第三个新输入空间的代用币投射到整合空间。我们还从价值输入空间中投射所有价值，以便整合空间中的每个元素现在都有一个价值，包括新对象；现在，这些新对象被统称为货币，并单独给出一个名称（如美元）。交换系统是从商品输入空间中投射出来的，在整合中应用于所有有价值的对象。因此，货币 203
可以参与交换系统。在输入空间中，商品与价值的关系涉及一个复杂的推导计算，就像我们在鸡和鲑鱼的例子中看到的那样。商品、价值和任意对象这三个输入空间之间的外部空间联系为计算商品交换关系之间的联系提供了一种复杂的方法。但是这种计算不仅需要做算术，还需要对整个社区进行民意调查，以发现哪些交换是可以接受的。在整合空间中，这些外部空间连接被压缩为对象的简单属性。每一个都有其内在价值。在整合空间中，对简单的价值的了解代替了执行算术和进行民意调查。在标准的买卖场景中，整合浮现结构中还有进一步的约束，即交换的对象之一必须是货币。

我们所知道的买卖的基本社会结构就在这个整合空间中出现了。这个作为货币的对象具有许多特殊的属性：如对于这些特殊对象的价值和性质

（铸造等），必须是有法律效力的公众共识，并且文化必须确保这些对象易于携带、易于识别且不易分解（见图 10.5）。复杂的金融和经济结构出现在社会实践中，它们是整合空间的一部分。

在历史上，向货币网络的飞跃总是需要精心的文化步骤，特别是中间步骤，选择一些容易测量和运输，也容易纳入商品交换系统的物品作为货币，如一定重量的贵重金属或一定量的香料。回想起来，当我们开始思考文化上成熟的货币网络时，我们可能会惊讶于有人接受了它：

> 但是我们所说的价值是什么意思呢？当我们使用这个词的时候，我们谈论的是一个等价的系统——一种象征和现实之间的交易。许多人认为这是最真实的东西，但实际上，这是纯粹的想象行为。谁能想到一种坚硬、不可食用、无保护性的物质（石头、贝壳、金属）可以用来交换食物、衣服和住所？使用货币是最纯粹的信仰行为；没有任何一个追随神示进入沙漠的隐士会有像我们的信念那样牵强的想法：将一美元投入一台机器，就能在一分钟内喝到一瓶健怡可乐。

尽管我们对货币网络发展的描述过分简化，但它说明了我们的主要观点：货币以钞票和硬币的形式，为严格压缩商品概念以及如何交换商品提供了关键的物质锚。令人惊讶的是，一个社会认可的简单的物品的产生可以带来一个物质锚，这个锚从根本上重新组织社会实践，对人类文化普遍产生巨大的影响。

图 10.5 货币

坟墓和骨灰 204

在荷马史诗中，军事精英火化光荣的死者，而平民埋葬他们的死者并照管坟墓。我们仍然保持着这些传统，这两种传统都可以为逝者留下一个物质锚。一种情况下，它是陵墓里的或者家中架子上的骨灰盒里的骨灰；另一种情况下，它是有墓碑的一小块土地。

在前一章中，我们提出了一个假设，即认知意义上的现代人类显著的独特之处来自于“双域”整合。这个假说同样适用于葬礼的发明，更广义地说，也适用于与逝者一起生活这一概念的发明。考古记录显示，这种对待“逝者”的方式也出现在大约 5 万年前。在“逝者”的网络中，一个输入空间是活着的人，另一个输入心理空间是遗体，通常尽可能地像活着的人临死前的样子。一些葬礼的做法是确保遗体有这种外观，其中包括防腐、模制遗容、石棺和殡仪馆所使用的美容技术。殡仪馆的工作人员给遗体穿上最好的衣服，然后把遗体放在棺材里，周围放上一些带有逝者特色的装饰品。许多重要的关系将输入空间与人、输入空间与遗体联系起来：人与遗体是因果关系；它们也与物理变化有关；它们可以通过非类比联系起来——例如人会移动，但遗体不会。身体是活人输入空间中人的一部分，因此在一个输入空间中作为部分存在的身体与另一个输入空间中的遗体之间存在着一种变化的物理关系。作为部分的身体和遗体在字面上也有很强的相似性。在活人的输入空间中，身体和灵魂（也可以说是人的意向性的方面）是不可分割的。在整合中，我们有一个存在，它具有一些从活人的空间投射而来的意向性，因此可能具有例如活人的一些记忆、兴趣和心理特征。一般来说，这种整合具有从当前遗体的心理空间中获得的瞬 205
间。输入空间之间的外部空间非类比连接子——人是最重要的，但遗体不是，被压缩成整合内的缺失。整合中的逝者让人觉得是一种缺失，但它具有来自活人空间的投射。

在整合空间中，人从活人输入空间投射而来，输入空间和外部空间连接的复杂结构被压缩成内部空间的*死亡*属性。*死亡*就像*安全*：它提示一个复杂的网络。一旦对*逝者*的整合得到固化，它就可以作为范畴人的标准扩展的输入空间，所以现在范畴包括逝者，我们乞求他们的帮助，我们避免他们的愤怒，我们寻求他们的建议。

个人身份本身包含了一个分散的心理空间网络，它在整合中的压缩创造了独特的人。从概念上讲，一个人通过许多变化在许多时间和地点都涉及心理空间。所有这些空间构成了单个独特的人的整合。这一概念整合有一种物质锚——我们可以看到并可以与之互动的活生生的生命体。我们能听到它的声音，它也能听到我们的声音。当人死后，这个独特的人的概念网络会为我们而存在（如果不是为这个人存在）。但是，物质锚已经不见了。

与垂死者和逝者有关的概念整合以及这些整合的物质锚有极大的复杂性。我们这里仅指出几种引人注目的方法，其中物质锚被用来发展整合，以使逝者（尽管不存在）可以被接触到。墓地和坟墓是现实世界的一部分，有其自己的物理结构，其重要性在于其在“与逝者共存”的整合中有物质锚的作用。这些投射相对直接。既然活人的身体被映射到遗体上，那么你可能会遇到活人的地方（即某人的身体可能在的地方）就被映射到遗体“在”的地方——坟墓。我们从活人的空间中投射出与人建立联系的概念，从另一个输入空间中投射出最能建立联系的地方——墓碑标记的坟墓。整合中这种简单的物质锚定为这种广泛的文化实践提供了必要的手段，比如在坟墓上献花表示对逝者的致敬，定期去墓地，或者像万圣节那样在公开选定的日子去墓地。最重要的是，与逝者交流，甚至在他们被埋葬的地方与他们交谈。在双域整合中，逝者作为一个范畴存在，其元素既存在又缺失。

死亡的过渡是从临死的人，到刚刚死去的人，到停尸房的准备工作，到
206 对遗体的探视，到葬礼，到下葬，到在坟墓前与“逝者”交谈。死后，遗体本身就成为个人身份复杂整合网络的一个非常有力的物质锚。因此，人们以

复杂仪式的方式对待遗体，一方面是为了处理它是死的有机体这一事实，另一方面是为了不侮辱它作为临时物质锚所代表的人。在此期间，遗体是与这个人“接触”或“交流”的物质锚。守灵、守夜和其他设计来防止遗体在下葬前被单独留下的仪式本身就是对照顾生者和处理遗体的整合。一旦遗体被埋葬，它就不再是物质锚了。这一角色转移到了墓碑、墓地、有其他墓穴的墓园以及可能还有一个礼拜堂或教堂。多年后与逝者建立联系并在他们的坟墓上与他们交谈时，我们通常会回忆起即将下葬前的遗体，我们通常认为遗体——而不是棺材中最终剩下的实际内容，居住在坟墓里。

在卡图卢斯（Catullus）写给哥哥的告别挽歌中，物质锚是遗体附近的灰烬：

> 不远万里，漂洋过海，
> 哥哥呀，我来参加你悲痛的葬礼，
> 来此地向你作最后的献祭，
> 徒劳地跟你沉默的灰烬诉说。

在整合中，有一个独特的元素，在一个输入空间中对应于哥哥，而在另一个输入中对应于灰烬。通过第一个投射，卡图卢斯可以称它为“哥哥”和“你”（拉丁语中的 frater 和 te）。通过灰烬的投射，它无法对卡图卢斯做出反应。在整合中，哥哥没有反应，因此他是沉默的，因此灰烬也是沉默的，虽然在没有整合的情况下，输入空间中的灰烬无所谓沉默与否。壁炉里的灰烬不会和我们说话，但没有人会称它们为“沉默的”。

大教堂和位置记忆法

坟墓并不是一个孤立的案例。人类花费大量的时间、精力和才能投入到构建精神和个人整合网络的物质锚中。罗伯特·斯科特（Robert Scott）207
对“哥特式大教堂的理念”及其在实际的哥特式大教堂的锚定作了长篇累

牍的研究，包括它们在实际物理空间的陈设和仪式。正如坟墓是与相对难以接近的死者交流的物质锚一样，大教堂也是与相对难以接近的神圣属性和死者世界交流的物质锚。

在坟墓的例子中，埋葬尸体的地方与逝者有着自然而不可避免的联系。在与逝者一起生活的整合中，逝者自然可以在坟墓里找到。按照斯科特的说法，在更普遍的神圣属性例子中，目标是“为社区带来神圣属性”。没有先验的理由来解释为什么神圣属性应该被带到任何特定的地方。用斯科特的话来说，神圣属性被认为是一种“弥漫的、无所不在的、普遍但不集中的力量”，即“可以说，盘旋于氛围”。“大教堂的目的之一是吸引神圣属性，并将其集中在特定的位置。”这需要“为神圣属性创造一个栖息地，一个特殊的地方和一个环境，神圣属性将被带到那里并保存在那里，这样它就不会消失或迁移”。

大教堂及其场地的文化和感知体验必须有助于群体激活一种整合，给他们一种神圣的感觉。显而易见，大教堂具有宏伟、规模、光照的质量和强度、建造和维护的难度、音乐和祈祷的模型，以及其他精心安排的仪式，这些特征都区别于任何人类尺度的实际建筑，并将其与神圣的文化概念联系在一起。不太明显的是，精神和文化的整合远远超出了大教堂可见的方面。大教堂的概念与想象和记忆联系在一起，想象和记忆作为神圣属性的物质锚，让神圣属性的有效性成倍增强。关于这一现象的发生，斯科特假设依赖于一种早已被西方修辞学界认可的心理工具，那就是“位置记忆法”。

在位置记忆法中，某人需要记住一个复杂的思想结构，也许要在稍后以演讲的形式表达出来。演讲者通过将想法与某个熟悉的路径上的位置联系起来，然后通过想象自己正在通过路径上的位置来记住和表达想法。一个输入空间是思想，另一个输入空间是熟悉的路径，两个输入空间中的两个条理清楚的序列之间存在类比映射。

例如，如果你需要记住一篇餐后演讲，你可能会想到从你家大门到门廊、前门、房间、后门，再到院子的路径。然后，把每一个想法或行动按顺序贴在沿途的某个地方。所以你的致谢就是你前院的大门，你讲的“开场”笑话就是大门的开启，以此类推，贯穿整个晚宴演讲。然后，当你紧张地站在讲台上，你所需要做的就是在脑海中漫步穿过你的房子，记住什么时候该说什么。哈钦斯提供了对该方法的深入分析，涉及分层整合模板： 208

> 位置记忆法为物质结构的认知使用提供了一个有名的例子。为了记住一长串的想法，人们会把这些想法按顺序与物理环境中的一系列地标联系起来，在这个环境里，人们必须记住这些地标。位置记忆法建立了一个简单的对一组特征的注意力轨迹，让我们称之为环境中的地标。一个人可以在环境中建立一个流程，以特定的顺序引起对地标的注意。这是一个分层整合。初始输入空间是轨迹运动的形状和环境中的地标集。它们一起产生了一个整合，即通过环境中地标的顺序流。地标的序列关系是整合的一个浮现特征。然后这个空间变成一个更复杂整合的输入空间。要记住的内容与地标相关联，产生一个空间，在这个空间中，要记住的内容被想象成与它们对应的地标共处一地。在这个整合空间中，要记住的内容获得地标之间创建的顺序关系。要记住的内容之间的这些顺序关系是这个复合整合空间的一个浮现特征。

这种方法是记忆术的一部分，由西塞罗（Cicero）等人开发并从古典时代就开始实践。哈钦斯在许多文化中找到了位置记忆法的例子。例如，“在巴布亚新几内亚的特罗布里恩群岛（Trobriand Islands of Papua New Guinea），长篇叙事都是围绕着当地的地理结构展开的。”由于成年岛民了解当地的地理环境，故事主人公沿着熟悉的路线前进的过程中，会将沿途地点的顺序与故事各部分的顺序联系起来，让长篇故事更容易记住。

在哈钦斯的例子中，位置记忆法中使用的物质锚已经存在。斯科特认为，哥特式大教堂是个不同的例子。大教堂的概念从一个带有神学内容的输入空间和一个带有建筑的输入空间开始。位置记忆法被用来创建一个整合，在这个整合中，神学组织与人们在建筑中移动时的位置顺序相融合。然后，强力的浮现结构在这个整合中出现：建筑在想象中被修改，以便接受来自神学空间的拓扑投射。一代又一代的神学家详细阐述了这种整合，而那些陈述神学的人也在使用它。结果产生了一个令人难以置信的浮现概念——哥特式大教堂，它以许多复杂的相互作用的方式在整合中与基督教神学整合在一起。斯科特认为，尽管大教堂的存在建立在对先前礼拜场所的认识之上，但它首先是作为一种精神建构而存在的，通过实际建造一座大教堂，在精神构建之外大教堂得到了完整的物质支撑。斯科特解释了对
209 神圣经文的广泛了解如何引导僧侣“走向内在的神圣体验”：“想象的修道院设计方案”是为了记住那些神圣的经文而设计的：

> 这些经文具有位置特征，因为它们为每件事物提供了一个位置，并将每件事物分配到它的位置，而用于实现这一点的隐喻是建筑性的。由于本要获得的材料（即神圣文本）被用于冥想的目的，这意味着在使用它们时，记忆术的实践需要实践者在想象的空间进行想象运动。

斯科特举了玛丽·卡拉瑟斯（Mary Carruthers）在《记忆之书》（*The Book of Memory*）中给出的关于记忆术如何运作的例子。他写道：

> 在一个例子中有一个僧侣——采拉尔（Cellar）的彼得，他以这种方式想象整个修道院，并邀请他的听众一起进入并使用它。她给出的另一个例子是圣维克托（St. Victor）的休（Hugh），她形容他“……仔细地展示（他的想象的建筑的）每一部分是如何在整个结构设计方案中表达出来的，以及其中的故事和房间是如何区分开来，并以图像的形式‘放置’信息，用作记忆轨迹……休创作的时候在脑海中看到了这座建筑：他‘穿过’了建筑，然后……正如他建议别人那样，他自己把建筑当做一个通用的认知机器来使用”。第三个例子是伊波（Hippo）的奥古斯丁（Augustine），在他的布道中，描述了一幅关于教堂的画，然后邀请他的僧侣同伴们四处看看，和他一起在教堂中漫步。
>
> 也许最有名的例子是圣加尔计划（Plan of St. Gall），之所以有名是因为它幸存了下来。这是一个纯功能性的修道院社区的计划，它为礼拜、游行和冥想提供了一个理想的空间，以追求教化之路。值得注意的是，虽然它从来

没有真正建成，但实际上它被圣加尔修道士们用作冥想的空间，在这里可以单独冥想，也可以作为一个团体进行冥想。

简而言之，大教堂在具有精确的物质锚来支持整合之前，是作为整合中的概念结构发展的。物质锚一旦建立起来，就支持僧侣的精神活动，也使他们能够将这种概念结构传达给普通群体，并组织他们的活动——就像现在的手表和货币组织社会上的人们的行为和互动一样。几个世纪以来，大教堂的概念、大教堂的建造，以及大教堂的实际使用和存在，最终达到了最佳的压缩。

大教堂和一般的礼拜场所一样，包含许多不同种类的物质锚，所有的锚都是协调运作的：圣衣、蜡烛、特殊活动专用的椅子和长凳、忏悔室、 210
耶稣受难经过的苦难十四处以及它们自身对位置记忆法的使用、祭坛、圣器、视觉图像、坟墓和书籍。对于没有经验的人来说，这些物质锚的集合看起来像是一个怪异且不可思议的集合，但是那些经过传统培养的人将拥有手段和能力去打开和解压缩一个实际上非常强大的整合，它是通过几个世纪的崇拜文化进化而来的。

我们对货币和手表等物质锚进行互动如此习惯，以至于它们所提供的压缩就像生物学所提供的压缩一样完整和明显，就像对蓝色杯子的感知一样。当我们看到钞票兑换面包时，一边是货币的事实就像另一边是面包的事实一样明显。但是对于文化局外人来说，这些事情可能看起来完全是神秘的。进入大教堂的局外人缺乏复杂的概念整合网络，这个网络使人们可能看到压缩中的物质锚是什么。但对信徒来说，这座教堂——连同它的圣坛、圣衣、雕像前的蜡烛，就像用货币买面包或看到一只蓝色的杯子一样可以立即理解。

本书一开始我们讨论了似乎不需要物质锚的网络：违实、隐喻、禅师的难题、与康德的辩论。在哈钦斯的带领下，我们现在转向了概念整合网络，这些网络似乎需要物质锚才能在心理上被操纵。事实上，很难想象一个社会使用“概念货币”作为有效的交换媒介，而没有任何以钞票、硬币、账簿中的数字或电子银行设备等形式存在的物质锚。关于这一问题，芭芭拉·霍尔德讨论过自动取款机发展中的连续整合。

但是需要物质锚的概念整合网络和表面上不需要物质锚的概念整合网络之间有明显的区别吗？接下来我们探讨物质锚不如货币或手表那么明显的情况。我们从书写开始。

书写

书写似乎与手表、硬币或教堂不一样。然而，当我们思考这个问题时，我们看到岩壁、纸张或电脑屏幕上的物理标记，这些标记在社区中传播。这些标记本身是没有意义的：如果我们能把一纸文字发送给一万年前的一个认知意义上的现代人类部落，他们将完全不知道该如何处理，尽管这张纸将是一个奇迹。但我们有复杂的概念和语言心理系统，可以以文化支持的方式使用这些标记。就像我们看表看时间一样，我们也看一封信中的一句话，看别人对我们说了些什么。

这种整合在我们看来是很自然的，即使它的投射和细节非常丰富。假设一位女士正在读她未婚夫的信，她的未婚夫是前线的一名士兵。她在做
211 什么？从一个角度来看，她是在看一张纸上的标记，并将其辨认出来。实验鼠或鸽子也可能分辨纸上的标记——但这位女士显然在做实验鼠或鸽子做不到的事情。一个输入空间中是女性独自看着一个实物，另一个输入空间是她的未婚夫以及和她说话的一般能力。在整合中，她的未婚夫正在和她说话。这些投射是有选择性的和想象的。这种整合中有一种浮现的结构：他们不能用所有通常的谈话方式回答对方，女士听不到未婚夫的声音。书写是由文字组成的，这些单词 / 标记的特殊性来自于纸上带有特定标记的空间，结合了由文化演变的一般映射，用于将声音的等价类连接到标记的等价类，即把标记“男孩”连接到声音“男孩”（或者，更确切地说，从像不同书写形式的男孩：男孩、男孩、*男孩*、男孩、**男孩**、男孩……的一个标记范畴到一个包含“男孩”一词所有发音方式的声音范

畴：有高音或低音，有英国或澳大利亚口音，窃窃私语，……）。

熟练的读者最终拥有构建书写和阅读整合网络的一般能力。一个输入空间是有人在说话，另一个输入空间是带有标记的媒介。在整合中，标记和言语以令人印象深刻的方式整合在一起。“通过书写表达自我”和“通过阅读理解他人”这两种浮现的整合活动，几乎在所有方面都与言语（speech）有着显著的不同。

书写和阅读的整合对我们来说具有巨大的文化意义。它的存在离不开物质上显著标记的物质锚。但是这些物质锚的使用依赖于一个非常强大的先验概念整合，这个整合把某种无限的标记（男孩、男孩、*男孩*、**男孩**、**男孩**、*男孩*……）压缩在一个单独的实体中，即写出来的单词“男孩”，而这个实体本身被识解为与另一个压缩的无限标记即说出来的单词“男孩”相同。

一旦我们学会了它，书写和阅读的整合网络似乎会变得简单和不可避免。但它包括我们习以为常的复杂投射和社会习俗。例如，要阅读一本英语书，我们必须将言语及时地从左到右水平地映射到页面上线性排序的位置，并且能理解在该行末尾，言语跳回到下一行的开头，且翻页（我们对书进行的最常见动作）在言语空间中没有对等成分。

言语

言语可能看起来是非物质的，不像手表或大教堂，甚至不像墓碑上的碑文。但事实上，它也是一个物质锚。想想这个场景，这位女士正在听她未婚夫说话。他毫发无损地回来了，两人正在厨房里喝咖啡。从一个角度 212
来看，空气中的纵向声波正撞击着她的耳膜，她意识到了这一点。但从同样的角度来看，实验室里的老鼠或鸽子也会做同样的事情，但很明显这位女士在做一些动物无法做的事情。对她来说，纵波产生的“声音”就像物体。我们对声音进行分类的方法是，两种声音在交流中起同样的作用，这种能力解释了为什么声音具有永久的物质锚地位。女士知道一种复杂的映射，将特定的等价类的声音与特定的语言结构（如单词和小句）联系起来，这些语言结构是公开共享的，并在心理上得到表征。

这些概念整合网络比我们所描述的要复杂得多。我们需要引入语音学、音系学和形态学来描述它们的各个方面。然而，我们肤浅的描述暗示了书写和言语中正在进行的整合类型，以及各种各样的物质锚在心理和社会活动中多么不可或缺。

手语

现在人们普遍认识到，语言可以有声音以外的形式。口语使用口头-听觉模态，手语使用视觉-手势模态。手语在结构和概念上的复杂性与口语是相同的。语音是公众分享和学习口语整合网络不可或缺的物质锚；手势是手语等价的物质锚。但是由于模态不同，它们的物质锚也有一些有趣的差异。

许多杰出的学者——如斯科特·里德尔（Scott Liddell）、卡伦·范·霍克（Karen Van Hoek）和克里斯汀·普林（Christine Poulin）研究了在符号模态中反映和提示心理空间之间联系的方式。里德尔对美国手语中的整合空间进行了明确的研究，指出一个人对周围环境的心理表征构成了一种特殊类型的心理空间，他称之为“有基础的心理空间”（grounded mental space）。直接的物理环境是心理空间的物质锚。这个有基础的心理空间中的元素在周围环境中有相应的物理位置，可以作为交流的一部分。手语以有趣的方式使用整合和指向，允许说话者以复杂的方式一遍又一遍地指向同一个被指称物。当所讨论的内容在物理上不存在时，手语者可以通过创建有基础的整合使它们在概念上呈现出来。

213 里德尔对一个具有启发性的例子进行了如下分析：

> 一个以美国手语为母语的人正在讲述卡通人物加菲猫（Garfield）和他的主人之间的互动，在这个情境中，加菲猫抬头看着他的主人。在这之前，加

菲猫的主人刚刚告诉加菲猫，他已经把电视机遥控器上的电池取下来了。手语者生成两个手语小句“猫看”（CAT LOOK-AT）来描述加菲猫对主人的初始回应。小句的主语是手势“猫”（CAT）。谓词“看”（LOOK-AT）如图10.6所示，空间B。

表达的意思是猫正在向上看，向右看(向它的主人)。叙述中没有出现真正的卡通人物。为了解释图10.6中手势“看”（LOOK-AT）的方向、头部的转动以及眼睛注视的方向，我认为手语者的头部位置和视线不再是他自己的。相反，这是加菲猫把头向右转，抬头看着主人的表现。手语者还将加菲猫的主人定义为站在他右边的人。这个概念涉及从空间A和B中整合元素，以产生空间C所示的有基础的概念整合。

在整合中，加菲猫的主人现在站在加菲猫（手语者）的右边，手语者抬头看向右边，以表示整合角色正在与主人进行眼神交流。这不再是真实空间，因为真实空间只是一个人的直接物理环境的心理表征。在这里手语者的头部位置和视线被解读为整合中加菲猫的头部位置和视线。也就是说，手语者的头和视线展示了加菲猫所做的事。所以手语者变成了加菲猫，至少某种程度上如此，因为他的头和视线被认为是加菲猫的头和视线。在图10.6中，线条将A中的加菲猫和B中的手语者连接到C中整合的加菲猫上。

214

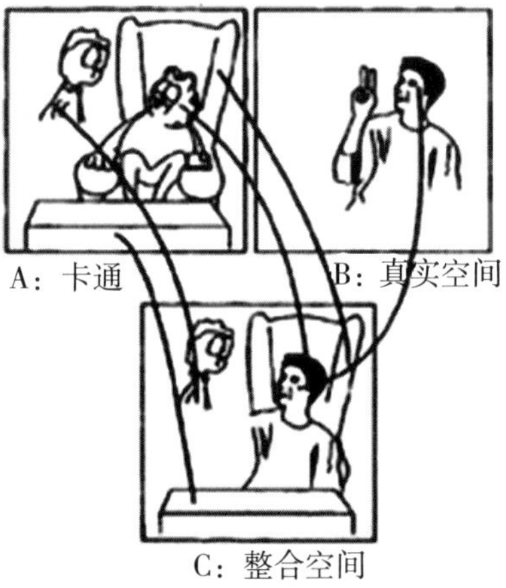

图10.6　手语者作为加菲猫的整合。在C（整合）中，概念背景是卡通，物理背景是当前。

（来源：改编自Liddell, 1998，图4）

换句话说，手语者的身体已经成为缺失角色的物质锚，而另一个缺失角色的位置通过指向那个位置来发挥物质锚的作用。这是一个当前场景和一个缺失但已被告知的场景的整合。我们将我们所看到的视为提示了整合空间，我们要将其分解开，以便构建输入空间、它们之间的连接以及对整合空间的选择性投射。整合中的一个既定元素，比如凝视的方向，在一个输入空间中是手语者注视的方向，在另一个输入空间中是加菲猫注视的方向。

里德尔指出，在伴随口语的手势系统中也发现了类似的整合。事实上，我们发现这种涉及手势物质锚的整合是如此自然，以至于我们可能不得不再三考虑这些能力到底有多复杂。它们带来了双域整合的力量，这是一种惊人的能力，但人类认为这是理所当然的，因为我们每个人都可以很容易地使用它，从儿童早期就开始了。我们就是不由自主地那样思考。

拓展思考

随着时间的推移，文化发展出了一系列提示人们建立精细的概念整合网络的对象。

问题：

- 儿童如何学习使用这些对象？
215 - 儿童有什么样的能力？儿童在能够操纵所有这些整合网络的过程中经过了怎样的发展路线？

我们的回答：

在第九章中，我们讨论了大概在旧石器时代晚期双域整合能力的演化。但拥有能力并不等于拥有产物。具有双域整合能力的人类，必须进行艰苦的文化努力，创建整合网络，并将这些网络作为进一步网络的输入空间。回顾全部整合的文化发明，就像在书写发明之前几万年的言语发展一样，以言语作为书写的输入空间。在数字的发展过程中，我们还看到了一个很长的序列，在这个序列中，每个新实现的数字整合都成为后面的数字整合的输入空间。在这一历史过程中，我们需要始终牢记概念整合*操作*与概念整合的*文化产物*之间的区别。

很明显，儿童很快就学会了文化通常需要几百年或几千年才能发展的东西——如何写字、使用货币或使用时钟。对于大多数必须学习文化的儿童来说，文化如此艰难地应对的东西竟是如此简单易懂，这似乎有些奇怪。看起来似乎儿童应该需要更长的时间，或者文化应该发展得更快。

但事实上，最近的心理学研究，尤其是让·曼德勒（Jean Mandler）的《如何塑造婴儿》（How to Build a Baby）一文表明，婴儿在开始说话之前很久就已经形成了复杂的概念系统。我们知道，孩子生来就有双域整合能力。我们从曼德勒的著作中看到，婴儿早在 7 个月甚至更早，就已经在有效利用强大的整合网络。至少早在使用道具玩过家家游戏的阶段，而且肯定不晚于 18 个月，儿童就已经明显构建了强大的双域网络。

有了这些能力，儿童来到一个已经充满了文化概念整合的物质锚的世界。对于成人来说的复杂整合网络中的整合空间，首先会作为单个的整合空间呈现给儿童。儿童玩货币、玩具手表和书的时间要比掌握购买、看表和阅读的概念的时间早得多。通过模仿，儿童可以在发展他们想要唤起的整合网络之前，发展一些处理这些物质锚的一套方法。对于文化来说的复杂整合网络的整合空间，可以成为儿童习得该网络的起点。由于对整合的限制，这一空间处在人类尺度上，涉及直接的感知和行动。这使它成为儿 216
童的好起点。儿童既在习得隐藏在其文化背后的网络，又在通过整合输入来开发新的网络。

语言也不例外。在我们看来，文化正在使用人类尺度的物质锚以及环境的所有直接可察觉特征——从母亲的声音到婴儿的毯子，到树木，到婴儿自己的身体和行动，来吸引儿童发展其整合网络的集合。习得这些网络会有外部证据，尤其是在文化上适当地操纵物质锚，如语调模式、单词、短语，这些与以下对象同时操纵且不可分割：手势、面部表情、眼球运动、服装、手边的物品、社会交往，以及人类尺度内的任何可以作为构建意义的提示来操纵的其他东西。

这一观点建立了一个庞大的研究项目，研究这些特定的网络和锚，以及掌握这些被视为文化能力的网络和锚的发展过程。

第十一章 217

非真实世界的构建

“我在路上没看见任何人，”爱丽丝说。

“我真希望我有这样的眼睛。”国王烦躁地说着：“谁也看不见！而且就在那么远的地方！”

——路易斯·卡罗尔

《爱丽丝镜中奇遇记》

人类会假装、模仿、说谎、幻想、欺骗、自欺欺人、变通、模拟、制作模型以及提出假想。我们人类有一种非凡的能力，能够在心理上运作非真实的事，而这种能力有赖于我们的高级概念整合能力。

进化有一种变通和取舍的方式：从上帝的角度来看，彼此不同的生物体已经是进化在自然界中进行的替代性实验。经过几代人的差异繁殖演算，逐渐弄清楚了哪种选择更适合。进化中产生认知意义上的现代人类的巨大变化是进化出一种可以进行离线认知模拟的有机体，这样进化就不必在每次做出选择时都要经历冗长的自然选择过程。人类可以在几分钟内，而不是在几代人的时间里构思几个场景，并在心理上检验结果，做出选择。在做复杂的新推断和选择的同时在几乎任何领域里构思复杂的新场景，这些现在可以作为心理和文化生活的一部分来进行。现代人类的认知能力不仅允许个人拥有更强的概念化和选择的力量，还允许文化对整个社会已做出并检验过的选择进行传播。

各种各样的非真实

218 在第二章中，我们引用了纳尔逊·古德曼的经典评论："违实条件句的分析不是烦琐的语法小练习。的确，如果我们缺乏解释违实条件的方法，我们就不能说拥有任何合格的科学哲学。"到目前为止，这一观点在任何讨论违实的学术分支中都没有争议。古德曼的观点，即科学在本质上依赖于违实推理，因此也就依赖于语言中违实结构的可用性。该观点在社会科学中同样有效：在社会科学中，违实推理的重要性和问题得到了明确的承认。加里·金（Gary King）、罗伯特·基奥恩（Robert Keohane）和西德尼·韦尔巴（Sidney Verba）在《社会调查设计：定性研究中的科学推理》（*Designing Social Inquiry: Scientific Inference in Qualitative Research*）一书中指出，在社会科学中，没有因果推理形式不依赖于违实推理。分析社会事件的因果关系，就是将实际发生的情况与在不同条件下可能发生的违实情景进行对比。

> 违实条件是因果关系定义背后的本质……因此，因果关系的这个简单定义表明，我们永远不能指望确切地知道因果关系。霍兰德（Holland 1986）认为这是因果推理的根本问题，它确实是一个基本的问题，因为无论多么完美的研究设计，无论我们收集多少数据，无论多么敏锐的观察者，无论多么勤奋的研究助理，不管我们有多少实验控制，我们永远不会确定地知道因果推理。

虽然违实的关键作用得到了广泛的承认，但人们常常认为，构思一个违实的情景是一个简单的问题，即改变现实世界，观察这种变化的后果。例如，金、基奥恩和韦尔巴，姑且不考虑他们对地方政治复杂性的经验，让我们思考在一个特定的国会选区举行选举的真实情况。在这个选区中，民主党在任者与一个共和党（非现任者）的挑战者竞争，获得"x"部分的选票。要进行违实推理，我们要"设想我们回到竞选活动的开始，一切都保持不变，除了民主党在任者决定不做连任竞选，民主党提名了另一位候选人”，而另一位候选人只获得“y”部分选票。金、基奥恩和韦尔巴将因果效应（在本例中指民主党提名人任职的因果效应）定义为数量“x-y”。

但是古德曼首先认识到，改变任何一个元素都会带来复杂的问题，即为了让这个元素不同，还需要改变什么。违实情景在大脑中的组建不是通过对世界进行完整的表征并进行离散的、有限的、已知的更改来提供完全可能的世界，而是通过概念整合，概念整合可以组合出符合现有概念目的的图式整合。

人们还普遍认为，违实思维总是指向因果分析。尼尔·罗斯（Neal 219
Roese）和詹姆斯·奥尔森（James Olson）在介绍《违实思维的社会心理学》（*The Social Psychology of Counterfactual Thinking*）时指出，“所有违实条件句都是因果论断”，这是社会心理学的一项确立的发现。但是恰恰相反，我们即将看到大量的违实思维指向理解、理性、判断和决定的重要方面，而这些大部分与因果关系无关。

现在我们来谈谈组建违实整合这一过程的一些引人注目的例子。

我们的第一个例子是违实的，但不是因果关系的断言。一名昏迷10年的女士被一名医院工作人员强奸并生下一个孩子。人们围绕是否应该终止妊娠展开了辩论。一些违实场景出现了，例如“弄清楚*她想要什么*（斜体由本书作者所加，表强调）是正确的。试图弄清楚我们想要什么是错误的”。《洛杉矶时报》（*The Los Angeles Times*）报道这个案件的文章以一位法学教授的评论结束，她说，“即使大家都同意她（昏迷的女士）在19岁时是反对堕胎的，她现在29岁了，已经在持续性植物人状态中生活了10年。我们会问：‘她反对堕胎吗？’还是应该更恰当地问：“她在29岁长期处于植物人状态下作为强奸受害者是否会反对堕胎？”

在整合中，这名女士处于持续的植物人状态，但她有推理能力和总体信息，即在正常情况下，29岁的她将拥有的能力和信息。这个整合的目的并不是要构造一个看似合理的情境，在这个情境中，一名女士在推理她没有推理的能力。很明显，我们的目的也不是要确定这名女士昏迷、怀孕或其他情况的原因。相反，违实整合提供的目的是在输入空间中阐明“选择”的元素，在这个空间中，这名女士确实处于昏迷状态，这样我们就可以对什么行为是合法的作出深思熟虑后的判断。问题不在于因果关系，而在于正当性。这位法学教授致力于将这名女士框架化为有选择权的人，但对于昏迷中的女士来说，选择权意味着什么呢？她在其特定困境 10 年之前的理论上的观点，并不符合我们的“选择”框架。因此教授提供了另一种选择：在整合中，孕妇可以对特定困境做出知情选择，并且这种选择应该被投射回输入空间中以指导我们的行为。

这个例子清楚地表明，违实推理并不是想象我们必须在现实世界中改变什么才能使违实的情景成为可能。我们不能编造一个可能的场景，一个昏迷了 10 年的人在这段时间里也完全有意识，且现在可以推理出她无法
220 推理。这种整合是不可能的，就像禅师遇到自己或*美洲巨人 2 号*与*北极光号*的船赛一样；但在这样的情况下，可能性或不可能性完全无关紧要。

虽然这些例子可能引起哲学家的注意，但是哲学家们对于通过想象不可能的情况来寻求真理感到不安，而这种情况在日常话语中往往没有引起人们注意。例如，在法律讨论中提出了这种违实的观点，目的是指导我们的实际推理和判断。据报纸报道，这是一个完全理性的评论，不需要解释或道歉。对法官、律师和报纸的读者来说，问题只是法律教授是对是错。没有人认为她发表了什么奇谈怪论。事实上，在她的评论之后，那些支持她立场的人会说“那是绝对正确的”，而那些反对她的人会说“那是错误的”。两组受访者都可以毫不犹豫地继续在整合中进行推理。支持者可能会说，“她 19 岁的时候太年轻了，她的观点还不是她自己的。”批评者可能会说，“她坚定、正派，不会被时髦的不道德的观念所左右。”

值得注意的是，这里不涉及轻率与否的问题。这位法学教授的违实是当今美国社会关键、棘手的社会谈判的核心，她的整合是一种真正的认知努力，旨在为一个深刻而棘手的问题提供真正的解决方案。我们从反堕胎一方提供的这种抗衡整合中看到，没有理由期待整合会令人愉快：“三分之一的婴儿都被选择死亡。”这个标语的广告牌上画着九个可爱的婴儿，

排成一行，但是第三个、第六个和第九个婴儿都是灰色的。第九个侧过脸，张着嘴在哭，虽然不是特别夸张，但无疑是不快乐或悲伤的。在一个标准的违实的整合中（“如果它曾经活过……”），特定的婴儿会活着，做着婴儿会做的事。整合中的灰色婴儿同时是一个胚胎或已经流产的胎儿和几个月大的婴儿。整合中压缩了从胚胎到婴儿发育的变化关系。胚胎与婴儿的因果关系受到压缩。时间跨度被压缩了。这是我们在通常的个人身份模板中压缩的关键关系包，所以广告可以免费获得这些关键关系。因此，在整合中有一个对等成分，对应于一个输入空间中胚胎的遭遇。在整合中，胚胎和婴儿的情况是一样的，因为胚胎和婴儿是相同的。我们被告知婴儿已经死了。第九个婴儿的痛苦可以投射回胎儿的现实空间。只有在这种整合中，哭才能被解释为一个正常的婴儿对一个即将死去的胎儿的痛苦处境的反应。

与任何重要的政治或社会议题一样，堕胎引发了大量强有力的、相互竞争的整合，成为传统文化话语的一部分，可供记者、采访者、政客候选人或任何其他人直接使用。我们给出的两个例子是非常强有力的双域：221
昏迷的女士的框架包含绝对矛盾的元素，它们来自两个输入空间的框架（如昏迷和有意识），而关于婴儿的广告牌，从一个空间提取有机体的终止，从另一个空间提取有机体一段时间后才会出现的特征。西纳·库尔森（Seana Coulson）对几个经证实的堕胎辩论和访谈进行了详细而有洞察力的分析。她的认知修辞分析展示了这些讨论中使用的复杂的映射方案、文化模型和概念整合。

虽然这些例子看起来就像是杂技一样，违实推理却是日常生活中经常被忽略的事情：“如果我有牛奶，我就会做松饼。”“如果我是你，我就不干了。”语法使用相同的常规形式提示日常和杂技一样的整合。正如我们在“安是马克斯女儿的老板”和“祈祷是灵魂的黑暗的回声”中可以使用相同的形式，所以我们可以说“如果我有钱，我会买一栋房子”和“如果她能想到自己会在昏迷中怀孕，她不会选择把孩子生出来”。尽管整合给人的感觉很不同，但相同的映射方案在起作用，由相同的语言形式提示。在英语中，明确构建违实整合的典型形式使用两个句子，一个带“如果”（if）的先行句和一个结果句。两个句子的出现顺序两种情况都可能（“我会买一栋房子，如果我有钱”）。在这两个从句中，时态、语气和时间指称的结合，要么暗示要么强加违实。“如果我得了麻疹，我就会长斑”只是暗示了违实，然后可能是“我身上长了斑，所以我要去看医生”。但是“如果你今天来参加了我的聚会，你会玩得很开心”就是强加的违实。

“如果克林顿（Clinton）是泰坦尼克号，冰山会沉没”是一个引人注目的违实，1998 年 2 月这句话在华盛顿特区流传，当时电影《泰坦尼克号》很流行。已经因性丑闻而出名的克林顿总统刚刚被指控又一次出轨，这次是在总统办公室与一名年轻的实习生一起。然而，他似乎在谣言中安然无恙。事实证明，这一违实具有先见之明：由于随后发生的丑闻，克林顿将成为历史上第二位被弹劾的总统。他能挺过弹劾，而 6 个月后，几乎所有人都会忘记整个事件。但是，在违实被创造出来的时候，历史才刚刚开始。

这个违实整合有两个输入心理空间——一个是泰坦尼克号，另一个是克林顿总统。这些输入空间之间存在着部分跨空间映射：克林顿是泰坦尼克号的对等成分，丑闻是冰山的对等成分。有一个整合空间，在这个空间中，克林顿是泰坦尼克号，丑闻是冰山。这个整合是双域的，它从泰坦尼克号的输入空间获取了大量的组织框架结构——包含船向目的地航行，并且船在水中遇到庞然大物，但是它从克林顿的场景中获取了关键的因果结
222 构和事件形态结构：克林顿没有被摧毁而是幸存下来。在克林顿输入空间中，这些事件主要是推测性的。不清楚有多少人参与安排这些活动，也不清楚他们的动机是什么。但泰坦尼克号的空间为这种整合提供了人类尺度上的紧密压缩：一艘船撞上了一座冰山，这个单一原因造成的清晰而巨大的后果很快就出现了。对历史上沉没的泰坦尼克号的空间来说，这个整合是违实的。历史上的泰坦尼克号被列为不可沉没性（unsinkability）尺度

上最高级的船，因此冰山被列为不可移动性（immovability）尺度上的最高障碍。整合使用来自该空间的压缩，并保留尺度。但它颠倒了沉没的因果关系，使现在的克林顿-泰坦尼克号比真正的泰坦尼克号更不会沉没。这种整合是故意夸张：冰山可以被淹没，但不会沉没。在这个整合中，克林顿甚至比物理定律还要强大。

有一个类属空间，它的结构被认为适用于这两个输入空间：一个实体参与一个出于某种目的的活动，遇到另一个实体，这一实体对该活动构成威胁。在类属空间中，没有指定二者遭遇的结果。

正如我们在第八章中所讨论的，概念整合的产物具有许多渐变度，乍一看，它们似乎并不相同。从表面上看，隐喻、违实、字面框架化、类比和夸张就像是不同的物种，如果假定产品的差异一定是由生成产品的基本心理操作的差异造成的，就很容易陷入因果同构谬误。这种谬误制约了哲学、语言学、心理学和人文学科对这些产品的大部分研究，这些学科根据表面的差异对现象进行了明确的区分，从而对潜在的心理活动进行了同样明确的划分。“永不沉没的泰坦尼克号”很有趣，因为它为我们提供了一种整合，可以同时展示许多本应截然不同的现象。它有一个明确的违实语法形式和一个明确的违实整合，即克林顿不是一艘船以及泰坦尼克号确实沉没了，所以对其两个输入空间来说，这个整合是违实的。它的跨空间映射是隐喻性的，它引入了一些基本的隐喻，比如“有目的的行为是旅行”“失败是停止”“失败是下”“对抗性的对立是物理碰撞”。在这个跨空间映射中，旅途中的船被隐喻性地映射到克林顿身上，即那个有目的的人身上。隐喻通常包含源域，源域在人类尺度上提供紧密压缩，这个例子正是这种情况。压缩从泰坦尼克号的输入空间投射到整合中。概念整合网络在两个输入空间之间形成了一种非类比关系，如我们所见，最终的修辞效果很夸张。在这个概念整合网络中，我们可以看到许多传统上被认为是不同甚至不兼容的特征。 223

到目前为止，我们所考虑的大多数违实整合，如我们在第三章中分析的禅师整合，都是明显的违实。但违实的整合往往不引人注目，它们的复杂性隐藏在意识的视线之外。我们在第四章中分析的普通但复杂的陈述“康德在这一点上不同意我的观点”，依赖于违实整合，就像我们所有的“安全的”例子一样（“这个海滩是安全的”“孩子是安全的”）依赖于违实整合。

为了了解构建复杂的违实整合是多么容易，让我们考虑一个在严肃辩论中使用的普通整合。罗杰·彭罗斯（Roger Penrose）在关于意识的名为《心灵的阴影》（*Shadows of the Mind*）一书中给出了一个图表，总结了他对精神世界、物质世界和柏拉图世界之间联系的看法。他写道：“一些人可能会主张颠倒我的一些箭头方向。也许贝克莱主教（Bishop Berkeley）会更喜欢我的第二个箭头，从精神世界指向物质世界……我对第三个箭头指向（图中所示的）看似“康德式”的方向感到有些不安。”在这里，先前的违实（“会更喜欢”的英文“would have preferred”的时态表明是先前的）提示人们形成一种违实整合，贝克莱可以在这个整合中看到图表，并就箭头应该指向哪里表达自己的观点。“会更喜欢”也会起作用，提示我们构建在与康德的辩论中注意到的那种永恒的空间。在这个整合中，我们发现贝克莱主教、彭罗斯、我们自己和其他思想家的思考都是被“有些人可能会认为”（some might argue）这个表达激发的。

在一个我们、贝克莱、康德、彭罗斯和无数其他人都能交谈的整合空间中，构建和运演变得非常容易。这个对话的概念框架基于辩论框架，但是由于选择投射、拓扑和其他整合原则，它具有特殊的复杂性。例如，在这个整合中，贝克莱可以不同意彭罗斯的观点，尽管不与他同时代——也就是说，不知道彭罗斯是谁，也不了解任何现代神经科学。读者使用的是一个复杂而令人惊讶的概念整合网络及其违实整合，而没有意识到这个网络及其整合的复杂性或违实性。

贝克莱的违实实际上是多重整合，就像第十四章讨论的那样。许多事情都在这样一种整合中进行，由许多输入空间来驱动。彭罗斯书中的箭头现在可以移动了；贝克莱主教可以看到它们，并反对它们的方向。动词“更喜欢”（prefer）为贝克莱的想法建立了心理空间。这些许多输入空间的压缩是显而易见的。将贝克莱、彭罗斯和移动的箭头放在一起会有空间和时间的压缩。还包括原因和结果的压缩：在整合中，仅仅是“更喜欢” 224
去移动箭头。此外，一场持续了数个世纪的艰难的哲学讨论，也被压缩成一个简单的行为，即从两个可能的方向之一选择箭头的指向。

违实整合动物园

显形的违实，以其惊人的多样性形式，为整合研究提供了一个极其引人注目的实验室。为了初步了解这种多样性，我们在这里列出了一些违实，指出了它们所带来的问题。

“如果所有的圆都很大，而这个小的三角形 D 是个圆，那么 D 大吗？”这个由戴维·莫泽（David Moser）发明的奇妙而荒谬的违实，具有令人惊讶的特性，人们总是毫不犹豫地回答“是”。这种推理似乎没有问题：既然 D 是一个圆，它就必须遵守适用于该范畴成员的规则，其中有一条规定是圆都很大。人们怎么可能愿意建造这个荒谬的“可能世界”呢？在这个世界里，所有的圆都大，尽管平面图形的规则是它们可以是任意大小；在这个世界中，三角形以圆的形式出现。答案是，人们没有考虑到我们的世界和这个违实之间的因果关系。相反，他们在建立一个直接的整合网络，其中规定了同一性和投射。识解这种违实陈述的一种方法是进行连续的整合。第一个整合有一个输入空间，其中有任意大小的平面图形，包括小三角形和小圆；另一个输入空间，其中圆的标准属性是大。这个整合是一个可以有小三角形但只有大圆的世界。接下来，我们将第一个包含 D 的整合输出与一个包含 D 的对等成分的圆的心理空间进行整合，这个对等成分圆的大小未指定。在这个新的整合中，圆仍然必须是大的，但是现在 D 也是一个圆，因此也是大的。请注意，同样的图式违实形式在“如果你口袋里的所有硬币都是 25 美分，那么把这枚 10 美分硬币放在你的口袋里，它会是 25 美分吗？”中会引出完全不同的答案，这里的回答是“不”，因为投射原则的识解不同。显然，我们发现对于口袋里的硬币集合来说，把它看作标准的“25 美分硬币”要比把圆的集合看作标准的“大”要难得多。我们推测，逻辑和数学系统是思考日常违实推理的相对较差的实验室，因为日常世界的选择投射、调整和转换有着非常丰富的可能性。“作为一个圆”是一个鲜明而刻板的范畴，但“在你的口袋里”却包含了人类生活的所有可能性。

“如果你设身处地为我着想，你会有一些同情；如果我设身处地为你着想，我就会立刻回顾我身边。”这句简单的歌词来自一首西部乡村歌曲，指向一种非常复杂但很常见的违实整合运用，用违实整合来操纵身份、性情和情境。我们将在下一章回顾这个话题。如果 X 处在 Y 的位置，通常
225 意味着 X 保持 X 的身份和性情，但想象处于 Y 的位置。在这首歌的歌词中，第一个违实使用了那个传统的意义，但是第二个没有。在第一个违实中，被抛弃的恋人要求即将离开的恋人想象自己处在他的处境中。在第二个违实中，离开的恋人并没有改变情况，而是从被抛弃的男人那里继承了新的性情。在第一种情况下，对女人来说，环境的变化在整合中产生了对男人性格的变化。在第二种情况下，女人的性情的改变导致了对男人的行为的改变。

“在法国，水门事件不会对尼克松造成伤害。”这个违实可以有很多解读，但一个典型的解读是对比美国和法国的文化和政治体系（见图 11.1）。它从一个输入空间引入了法国体系的某些方面，从另一个输入空间引入了水门事件和尼克松总统。在整合中，我们在法国遇到了类似水门事件的情况，但运演整合空间传达了与美国输入空间中大不相同的态度，因此总统没有受到伤害。同样，说话者不是在做因果关系的断言。关键并不在于想象我们的世界需要做出什么改变才能让水门事件在法国发生，或者让尼克松成为法国总统。

226

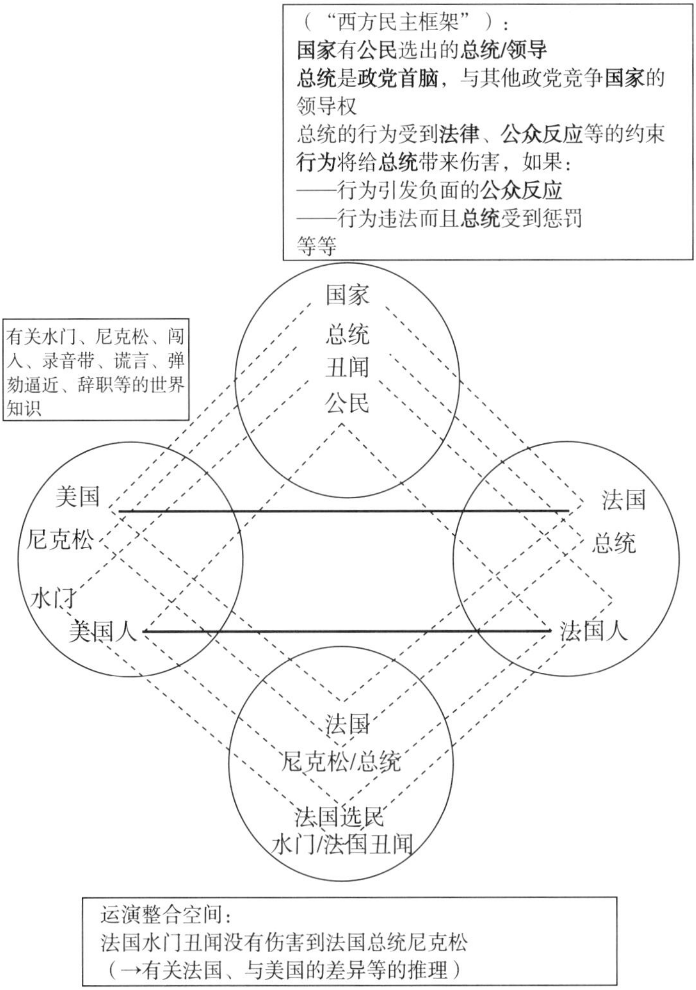
（“西方民主框架”）：
国家有**公民**选出的**总统/领导**
总统是**政党首脑**，与其他政党竞争**国家**的领导权
总统的行为受到**法律**、**公众反应**等的约束
行为将给**总统**带来伤害，如果：
——行为引发负面的**公众反应**
——行为违法而且**总统**受到惩罚
等等
国家
总统
丑闻
公民
有关水门、尼克松、闯入、录音带、谎言、弹劾逼近、辞职等的世界知识
美国
尼克松
水门
美国人
法国
总统
法国人
法国
尼克松/总统
法国选民
水门/法国丑闻
运演整合空间：
法国水门丑闻没有伤害到法国总统尼克松
（→有关法国、与美国的差异等的推理）

图 11.1　尼克松在法国网络

“如果地球像金星一样离近太阳，我们所熟知的生命将永远不会在我们的星球上进化。”这个违实的观点是为了强调地球的特殊环境使得生命起源成为可能。关键不在于想象物理定律中几乎不可想象的变化，让地球在金星的轨道上进化，或者在地球自己的轨道上进化，然后神奇地移动到

金星的轨道上。

“如果汽车是男人，你会希望你的女儿嫁给这辆车”（沃尔沃的一句广告语）。这一违实强调了在整合网络中一些起作用的跨空间映射的任意性。在这个“汽车是男人”的世界里，我们一点也不感到震惊；而且，即使是可以想象得到的，它与我们之间的“距离”也无法用可能性或相似性来衡量。这也不是社会心理学意义上的违实的因果关系：广告并不是让我们对“汽车是男人”的世界做一个因果论断，以便我们可以推断出一个关于我们世界的因果论断，因为在我们的世界里，男人就是男人。相反，整合利用的是一种类比映射，将想买和想嫁联系起来。这个类比是建立在这样的假设上的：你想买到或嫁给最好、最可靠的。当购买和嫁人整合在一起时，最理想的汽车和最理想的女婿也是如此。请再次注意，汽车和男性之间不存在既存的客观相似性，但购买和嫁人必须存在，这样才能使这个整合可以被人们理解。

“回家时，我开车进错了房子，撞上了一棵我没有的树。”这句话是违实的，因为它取决于被唤起的但违实的场景，即开车进对了房子，因此不会撞上一棵树。这里的语法诱因不是“如果……那么”（if…then），而是形容词“错误的”（wrong）。在一个输入空间中，司机开车进入他家的停车场。在另一个输入空间中，他开车去了另一所房子，撞到了一棵树上。这些输入空间共享“到家停车”的框架，并且汽车和驾驶员之间存在同一性连接子，但是两个输入空间之间存在非类比关系，这与角色房屋的价值
227 以及在特定位置树的存在有关。在整合中，从事情实际发生的空间看，我们有司机开车到达的房子、树和碰撞。房子之间的非类比在整合中被压缩在房子的属性中：它现在是“错误的”房子。与树有关的非类比被压缩成树的一种属性：“一棵我没有的树。”人们很容易认为，这是树的一种属性，与整合无关。但请注意，如果我们的同伴在走过一片公共树林时指着一棵树说：“那是一棵我没有的树。”我们可能会把说话人的意思理解为他没有这种树。如果他真的是想指出那棵树不是他的，那就太奇怪了。在我

们所看到的语句中，“一颗我没有的树”并不被解读为想说司机不拥有那棵特定的树，而是整合和“司机把车停在他家”的输入空间之间有一种违实关系：在他家相应的位置没有树，并且当他开车开过那里时也不会有碰撞。当非类比作用于某一角色的价值存在时，这种非类比很有可能被压缩为“没有”，就像在“那辆车没有空调”“阿肯色州没有海岸线”“非洲没有熊”和“我家没有门廊”中那样。

“咖啡因头疼”“金钱问题”“尼古丁发作”：这些直接的表达指的是由于缺乏咖啡而引起的头疼，由于缺乏金钱而引起的问题，由于缺乏尼古丁（大概是由于没有吸够烟）而引起的不适——都建立了一种涉及空间之间违实联系的整合。“咖啡因头疼”提及两种情景，一种情景中你喝咖啡，另一种中你头疼。这两种情景之间存在着明显的同一性、类比和非类比：在这两种情景下，都是上午接近中午时，而你在工作。但只有在第一个情境中有咖啡，头疼则出现在第二个情景中。构建整合网络的方法如下：涉及对应于这两种对比情况的输入空间，它们之间的类比、非类比和同一性连接，以及早间活动的框架从这两个输入空间向整合空间的投射。从有头疼的输入空间，我们投射头疼。从所期望的输入空间，我们投射因果关系和因果元素。在整合中，头疼现在是某种结果（见图 11.2）。

整合是这种情况的新识解（见图 11.3）。对于整合而言，有咖啡的输入空间是违实的。在这个整合中，有一个咖啡的对等成分会引发头疼。这就是我们所说的“没有咖啡”。“咖啡因头疼”一词从违实输入空间中的咖啡元素中引入了“咖啡因”的标签，并将其应用于整合空间中的对等成分。

在“咖啡因头疼”“金钱问题”和“尼古丁发作”共有的语言结构中，第一个名词在所期望的输入空间中挑选出元素，该元素在整合中的缺失是
导致状态不佳的原因，而第二个名词挑选出在其中一个输入空间和整合空 228
间中获得的不良状态。因此，我们还有“安全问题”、“唤醒问题”、“胰岛素昏迷”和“胰岛素死亡”（由于缺乏足够的胰岛素而导致高血糖）、

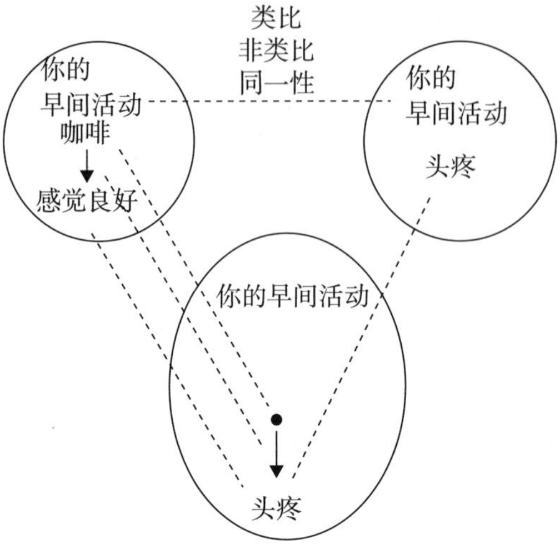

图 11.2　引发的头疼网络

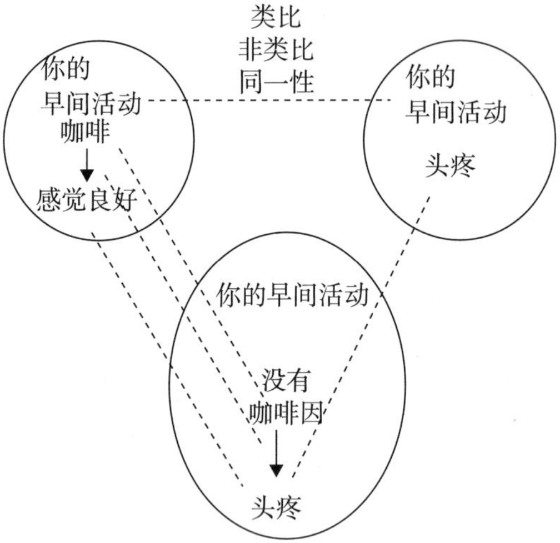

图 11.3　咖啡因头疼的网络

“食物紧急状态”、“诚信危机”和“大米饥荒”。

这些例子展示了整合的多种可能性。例如，我们可以把“咖啡因头疼”理解为由咖啡因引发的头疼。对于这两个网络，在整合中都存在因果关系：在第一种情况下，咖啡因的缺乏和头疼之间存在因果关系，而在第二种情况下，咖啡因的出现和头疼之间存在因果关系。两种情况中，因果关键关系都进一步被压缩为特征。现在可能还存在“咖啡因头疼”“威士忌头疼”和“性头疼”。

“咖啡因头疼”一词的任何部分都没有明确指出“缺乏”的概念。这种语法构式提示它从整个网络中产生。但是有一些语言表达可以明确地表示这种压缩：“缺乏”（absence of）、“缺少”（lack of）、“需要”（want of），甚至“缺”（no），例如在“我有缺咖啡因头疼”（I have a no-caffeine headache.）中。 229

这些违实网络通常很难被注意到，因为我们把它们构建为后台认知的一部分是毫不费力的。举个例子，2000 年 1 月 31 日的《今日美国》（*USA Today*）对当年的超级碗（Super Bowl）职业橄榄球大联盟年度冠军赛的报道。在最后一场比赛中，泰坦队的持球队员在离球门线一码的地方被抢断。我们不可避免地构建了一个对比鲜明的空间，持球队员在这个空间里向前多跑了一码，然后得分了。将这两个空间整合在一起，就得到了一个整合空间，其中有一个元素即缺少了再前进一码。我们可以通过明确地表达消极元素来表达这种整合：“公羊队通过阻止泰坦队再前进一码而获胜。”但头版的标题实际上是“公羊队只赢了一码”。这样，就有可能提到公羊队的“一码胜利”这个说法，其在整合模型上与“咖啡因头疼”一样。这个例子还揭示了其他的东西。像“赢了一码”（winning by a yard）和“赢了一鼻”（winning by a nose）这样的表达方式更为传统，当然是指比赛中获胜者领先亚军一码通过终点线。这在直觉上不像是一种违实的表达；似乎我们可以“看到”终点照片上那决定性的一码。但仔细想想，你 230 就会意识到，这种更标准的“一码胜利”概念实际上是违实的。关键的那一码是失败者没能前进的一码，因为超级碗比赛获胜的那关键一码是把持球队员与球门线隔开的那一码。

整合空间、输入空间和隐性违实空间

通常我们会认为现实是与非现实相对立的，而违实的空间就是那些不指涉现实的空间。因此，我们很容易就会错误地认为，当我们思考现实，思考一些事件，比如我们今天上午做了什么或者我们今天下午应该做什么，我们并没有在做违实的思考。逻辑告诉我们，只有当我们想象如果今天上午中了彩票我们可能会做什么，或者如果今天下午我们是百万富翁我们会做些什么时，我们才会做违实思考。按照这种观点，研究二战的历史不涉及违实思考，想知道如果丘吉尔在 1938 年成为首相会发生什么才涉及违实思考。

有各种各样的证据反驳这种逻辑。想想我们实际上所患的咖啡因头疼，当然是从最实际的角度来思考现实的，但是它从根本上涉及我们喝咖啡的空间，而这个空间对整合来说是违实的：在整合中，我们有一种特殊的头疼——咖啡因头疼。违实性是空间之间强加的不相容，当一个人在思考现实时，违实性往往是涉及某些相同人和相同事件的空间之间的关键关系。

违实性不是绝对的特征。一个空间是否会是违实的，这取决于一个人的视角，也就是说，取决于作为视角的空间。例如，“求婚者不知道乞丐实际上是乔装打扮的奥德修斯（Odysseus），所以他们辱骂佩内洛普（Penelope）的好客。他们在想，如果奥德修斯在这里，他们都将处于极大的危险之中。”虽然读者知道这是真实的，但这些语法线索违实地呈现了这个空间，其中奥德修斯就在那里看着，他们处于危险之中。

在本书中，我们用“违实”来表示一个空间与另一个空间强加的不相容。但这个词有个范围更窄也更普遍的用法，意思是一个空间与我们认为是“真实”的空间存在强加的不相容。这个狭义的意思也很有用。但重要的是，这两种情况在映射和整合的认知运作上没有区别。“违实思维”及其所有机制，在任何情况下都在发生；有时我们会把其中一个空间标记为

“真实的”。正如我们在第五章中看到的，通常任何整合网络都有隐性的
违实空间，这些空间与我们所关注的各种“真实”空间相关联。像“安全 231
的海滩”“假枪”和“如果克林顿是泰坦尼克号”这样的表达，都明确要求我们建立违实空间，并配置一个精确的映射方案。但是这些空间也常常涉及到没有这些表达式的网络。在“阳痿的吸烟牛仔”整合网络中，具有阳刚和性能力的空间是至关重要的，但在语法上并没有提示。

来自复杂虚假性的真正科学和情感

我们在本章开头说，处理违实空间的能力是认知意义上的现代人类进化的产物，是他们在双域整合方面非凡能力的产物。违实是双域整合的一个很好的例子，因为空间之间的对立非常明显。违实在人类生活中的重要性怎么强调都不为过。许多不同领域的思想家都认识到，违实在人类生活中具有巨大的、基本的和不可或缺的作用。我们将看两个突出的例子，它们以非同寻常的方式说明了其不可或缺。一个例子影响深远，源于无形的和未阐明的违实整合。另一个也影响深远，但来源于突显而明确的违实整合。在这两种情况下，现实都深受非现实中的认知运作的影响。

20 世纪 80 年代，英国研究了一种特别严重的抑郁症。患者在开奖前几周就买了一张彩票，他们非常清楚中奖的希望渺茫。他们表示没有获奖的希望，并理智地宣称他们买彩票只是为了好玩。然而，一旦举行抽奖，而他们没中奖，他们就会陷入日益消沉的抑郁状态。这些症状明显不同于“赌博抑郁症”，后者是一种赌博成瘾的症状。“彩票抑郁症”患者的症状与遭受严重损失的人相似，比如房屋被毁或失去父母。心理治疗师给出的解释是，在购买彩票和开出中奖者之间的两周左右时间里，这些受害者有意识或无意识地、有意或无意地幻想着他们中奖后会做什么。真正的抽奖结果使他们失去了在幻想世界中获得的一切。在那个世界里，他们确实遭受了严重的损失。令人惊讶的是，幻想世界似乎对现实世界的心理现实产

生了深远的影响，因为患者对获胜的几率不抱幻想，而且说得很清楚。

彩票玩家构建了一个假想整合，这个整合在开奖时变成了违实。我们之前已经讨论过生活在整合中，以及无意识在构建最世俗的日常意义中所
232 扮演的全能角色。在这里，在彩票抑郁症中，无意识有着同样强大的力量，而玩家已经在整合中生活了几个星期。这被认为是一种精神疾病，但“生活在整合中”的影响也表现在神经生物学综合征中。维兰努亚·拉玛钱德朗（V. S. Ramachandran）报道了由于大脑半球损伤而导致手臂瘫痪的患者，他们也有一种被称为病感失认症（anosognosia）的综合征。这类患者显然是神志正常的，但病感失认症使他们确信自己能够移动瘫痪的肢体。当拉玛钱德朗问这样一个左臂瘫痪的病人她是否能用左手时，她说她当然能用左手，她的两只手同样强壮。当拉玛钱德朗让她摸他的鼻子时，她的手一动不动地放在面前，但她“虚构”了一种信念和感觉，即她在遵循他的指示。当被问到“你在摸我的鼻子吗？”她回答说：“当然在摸。”其他有同样症状的患者通常会编造一些合理化理由，比如“我讨厌它，我不想动我的胳膊”或者“我有严重的关节炎”。

彩票抑郁症的受害者同时拥有多个概念，其中一些相互冲突，似乎大脑设计得非常好，能够运行这些可能相互冲突的多个概念。想想拉玛钱德朗的另一位病感失认症患者，麦肯夫人。拉玛钱德朗使用意大利神经病学家爱德华多·比夏克（Eduardo Bisiach）发明的一种技术，向她的耳朵里喷射冰冷的水。这在耳道中形成了一个对流，使大脑误以为头部在运动。令人惊讶的是，左耳的冷水冲洗完全缓解了病感失认症，虽然是暂时的。麦肯夫人突然完全能够承认自己瘫痪了。此外，她正确地说出她已经瘫痪了三个星期。“这是一句不寻常的话”，拉玛钱德朗报道说：

> 因为这意味着，尽管过去几周我每次见到她时，她都否认自己瘫痪了，但她失败尝试的记忆一直记录在她大脑的某个地方，只是进入这个地方的路被堵住了。冷水就像一种“真相血清”，把她压制的对瘫痪的记忆带到了表面。

一旦真相血清消失，麦肯夫人不仅又开始否认，而且在冷水治疗下坚持说她的手臂没事。另一位患有病感失认症的病人克服了她对瘫痪的长期否认。拉玛钱德朗问这个病人，每次来看望她时，她对自己的胳膊有怎样的描述。她回答，她总是报告说她的左臂瘫痪了，虽然之前每次看她时，她都说她的胳膊没事。这两名患者都有相互矛盾的概念，并根据处于控制地位的那个概念不断地修改自己的记忆。 233

从许多惊人的场景——如催眠和妄想，我们可以清楚地看到人类生活在整合中，有时同时存在不止一个整合。在彩票抑郁症的案例中，彩票玩家在开奖之前生活在平行的整合中——一个整合中他获奖了，另一个整合中，中彩票是偶然的，只是为了好玩——但是只有当抑郁来临并且必须解释时，才清楚玩家一直活在他中奖的整合中。丹尼尔·卡尼曼（Daniel Kahneman）、保罗·斯洛维奇（Paul Slovic）和阿莫斯·特沃斯基（Amos Tversky）对“生活在整合中”的方式进行了研究，彩票抑郁症只是众多方式中的一个。他们的一个基本结论是，对主体来说，同样的客观事实被框架化为损失时要比被框架化为收益时痛苦得多。在彩票抑郁中，玩家在购买彩票和开奖之间有很长一段时间，在这段时间里玩家可以积累对重要收益的幻想。这些“收益”在宣布中奖号码时一下子就消失了。患者只有一种模糊的意识，如果有的话，那就是那些幻想的收益对他来说是那么可靠。抽到中奖彩票的真正事件是两个整合的一部分——一个是玩家获奖，另一个是中彩票只是偶然事件。这是中奖空间的毁灭性事件，因为它抛弃了中奖空间的基本前提；它以一种完全不公正且令人发指的方式改变了一个已确定的事实。

一个对比例子中，违实性不只是显性的，还是牵引目标，这个例子就是数学（以及逻辑学和自然科学）中的基本推理法——反证法（reductio ad absurdum）。在反证法中，我们试图证明命题 P 在系统中为假。网络是通过整合两个输入空间来显性建构的。第一个建立在我们对前后一致的数学系统的既定知识之上。在那个输入空间中，我们激活了来自数学系统的一些事实和推理过程，并确定它是不矛盾的。在另一个输入空间中，我们有相同的事实，但也有命题 P，被认为是真的。在整合中，我们从一个空间中获得 P，从两个空间中获得当前激活的事实，以及从确立的数学系统中构建的输入空间中得到的推导过程。现在，我们可以运演包含事实、推理过程和 P 的整合，并在进行过程中补充任何可能有用的新事实，这些事实从与第一个输入空间相关联的固定数学系统中选择激活。我们试图在整合中发展出一种矛盾作为浮现结构。如果出现了矛盾，我们就知道这个整合对既定输入空间而言是违实的，而已知的是独立的既定输入空间不会自相矛盾。由于整合和既定输入空间之间的唯一区别是 P 的真值状态，因此我们得出结论，P 在既定输入空间中为假。

例如，假设一位数学家正在研究数论，想证明没有最大的质数。她假设有一个最大质数 h，然后用一些已知的算术知识对它进行运算。她构造
234 了数字 h!+1，其中 h!（读作“h 的阶乘”）是所有从 1 到 h 的整数的乘积。现在，h!+1 比 h 大得多。因此，根据假设，它不能是质数；而根据定义，它必须有除 1 和它本身以外的质数因子。但是如果这个因子是 1 和 h 之间的整数，那么它也必须是 1 的因子，所以只能是 1。所以 h!+1 必须有一个大于 h 的质数因子。但这意味着有一个质数大于 h，因此在整合中，h 是最大的质数且还有一个质数大于 h。这是一个矛盾，因此，有一个最大的质数的假设一定是假的。

反证法在数学中并不是一种特殊的程序。它是数学的基础程序之一，从欧几里得（Euclid）到布尔巴基（Bourbaki），它经常用到，且通常用于最重要的定理的发展。科学中关于可证伪性的规范观点，如波普尔（Popper）的观点把反证法纳入所有实验过程中。给出一个假设 A，证伪 A 的方法是构建一个整合空间，其中包括 A、一些我们认为毫无疑问的东西、一些实验和它们的结果。然后，我们运演这个整合，以表明 A 的结果与实验结果相冲突。因此，这个整合是自相矛盾的，这就证明 A 一定

是错的。在日常生活中，我们做着同样的事情。假设，比利（Billy）不爱简（Jane）。把这个与我们自认为对人性的了解相结合：因此，他不会为她牺牲自己，特别是不会为她打印博士论文。但是他却这样做了。这个整合是矛盾的；因此，他肯定爱她。证明完毕。没有反证法，就没有侦探小说，也不会有那么多爱情小说。

我们在前几章看到的一些整合是日常的反证法论证。在心脏搭桥手术中，你死于好心却低能的儿童外科医生的手术。这是忽视教育的结果，也是对现行政策的反证。因此，你必须“立即行动”，改善教育。在阳痿的吸烟牛仔中，整合中的阳痿是持续吸烟的结果，所以是持续吸烟的反证。反证的一般目标是去显示整合中的灾难，因此必须避免。在数学的特殊情况下，灾难是数学的自我矛盾，我们通过拒绝假设来避免这种矛盾。在其他领域，灾难可能只是一个不受欢迎的结果。

反证法似乎主要是一种把愚蠢排除在真理体系之外的消极技巧，但它通常是一项伟大的数学发现的技巧。

考虑一下双曲几何。正如莫里斯·克兰（Morris Kline）和罗伯托·博诺拉（Roberto Bonola）所描述的那样，非欧几里得几何学的诞生耗费了1500年的时间。欧几里得把平行线定义为平面上的直线，当平行线无限地向两个方向延伸时，永远不会相交。他提出了一系列与平行公理无关的证明，证明了当两条直线的断面之一与内错角相等或与对应角相等或同一边的内角互补时，这两条直线是平行的。但证明这些命题的逆命题（converses） 235
似乎需要所谓的平行公理：“如果一条直线与两条直线相交，在某一侧的内角和小于两直角和，那么这两条直线在不断延伸后，会在内角和小于两直角和的一侧相交。”这一公理在许多几何学家看来，也许包括欧几里得，缺乏自明真理的理想特征。他们没有假设它是一个公理，而是试图从其他公理和欧几里得的前28个定理推导出它，这些定理都没有使用平行公理。

杰罗拉莫·萨凯里（Gerolamo Saccheri，1667—1733）做了关键的尝试，专注于一个四边形 *ABCD*，其中角 *DAB* 和 *ABC* 是直角，线段 *AD* 和

BC 相等（见图 11.4）。不使用平行公理，很容易证明角 *BCD* 和角 *CDA* 必须相等。萨凯里这样做了。如果我们假设平行公理，那角 *BCD* 和 *CDA* 一定是直角。因此，如果我们否认角 *BCD* 和 *CDA* 是直角，我们就否定了平行公理。萨凯里正是这样做的，希望从否定中引出矛盾，从而通过反证法证明平行公理。

但如果角 *BCD* 和 *CDA* 不是直角，它们仍然是相等的，所以要么是钝角，要么是锐角。萨凯里试图证明，这两种情况下都会出现矛盾。他假设它们是锐角，因此在整合中，角 *DAB* 和 *ABC* 是直角，而角 *BCD* 和 *CDA* 是锐角并相等（见图 11.5）。这种整合在欧几里得几何中是不可能的，但是萨凯里从来没有发现一个明确的矛盾。他仔细地得出了许多关于这种整合的结论，认为这些结论是对这种整合的固有谬误的烦人的阐述，但在今天被视为双曲几何的基本定理。

萨凯里的推理并非奇异，而是采用逻辑和数学中所有反证论的统一策略：被认为是一致的推理原则体系适用于可能不一致的结构。萨凯里认为他所进行的只是一种反证论证法，他希望所预期的矛盾会不可避免地出现。在他之后的人重新解释同样的证明，不是把它当作反证法，而是把它看作是几何学上新的、一致的分支发展步骤。

恰好有许多等效的方法来产生双曲几何的整合。所需的只是一个让三角形内角和小于 180° 的整合。

非欧几里得几何学的发明没有归功于萨凯里。克兰总结了历史并简化如下：“如果非欧几里得几何学是包含欧几里得平行公理替代方案的公理系统结果的技术发展，那么大多数功劳必须归功于萨凯里，即使他也受益于许多试图为欧几里得公理找到更易接受的替代公理的人。”然而，功劳却归于卡尔·弗雷德里希·高斯（Carl Friedrich Gauss）、亚诺什·博尧伊（Janos Bolyai）和尼古拉·洛巴特舍夫斯基（Nikolas Lobatchevsky），因为他们认识到（但没有证明）双曲非欧几何学在数学上是一致的；高斯还认识到物理空间可能是非欧几里得的。

236

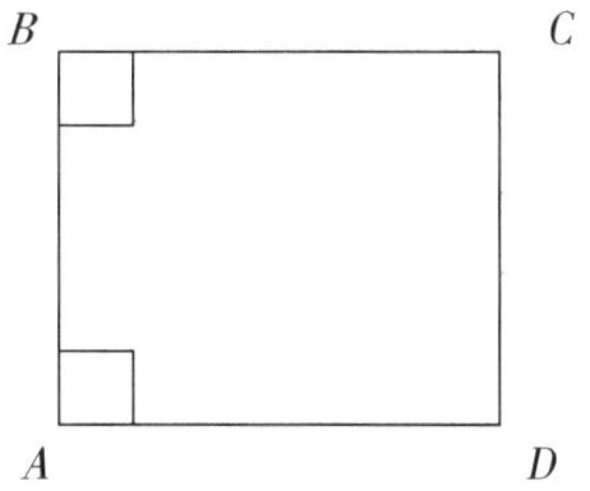

图 11.4　四边形 *ABCD*，其中角 *DAB* 和 *ABC* 为直角，线段 *AD* 和 *BC* 相等

反证法的本质是将两个空间整合在一起，其中一个包含了数学系统中已接受的真理，另一个包含了要被证明为错误的假设。然后我们运演整合发展内部空间压缩结构：整合自相矛盾。因此，对于既定的数学输入空间来说，这是违实的。因为在我们开始运演整合之前，唯一不同的是那个假设，那个假设不可能存在于数学系统中。

整合重现

我们在前几章中思考的许多整合网络包括显性或隐性空间，这些空间相对于我们的“现实”世界而言是违实的，换句话说，它们为“假”。“假”整合以强有力的方式作用于网络的其他部分，最终产生与现实相关的推论。它们可以为特定空间生成新的结构或推断，也可以在输入空间之间生成新的外部空间连接。这些空间的“字面假”与理性无关。铁娘子的例子中有一个“假”空间，在这个空间中，玛格丽特·撒切尔竞选美国总统，但遭到了工会的反对。这个“假”空间里发展出来的推论意在揭示美国输入空间中的某些方面。禅师一例甚至有一个更加奇异的“假”整合，其中一个人存在于两个位置，并最终与自己相遇。这种多重位置与自我相遇的内部空间结构被解压，为我们提供了一个关于现实世界事件的问题的“真”答案。叉角羚有一个“假”整合空间，在这里叉角羚被讨厌的掠

237

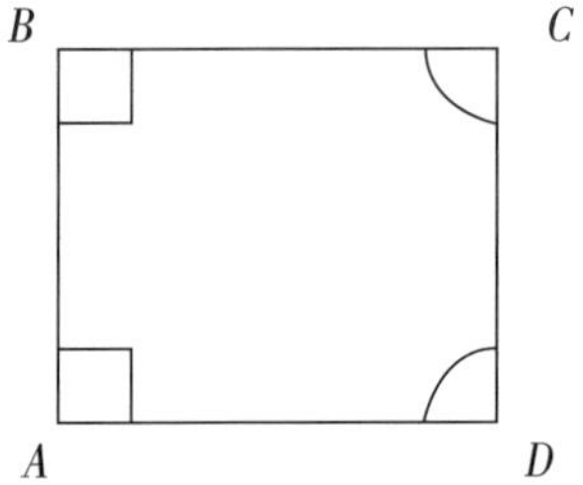

图 11.5　四边形 *ABCD*，其中角 *BCD* 和 *CDA* 为锐角，角 *DAB* 和 *ABC* 为直角，线段 *AD* 和 *BC* 相等

食者追赶，它还记得因为这些掠食者学会了快速奔跑。这种“假”的内部空间结构再次被解压为适应与继承的现实外部空间联系。到目前为止，我们看到了许多“假”整合空间的一般模型：当我们想要在不同的空间上建立、理解或操作实际的外部空间连接时，最好将它们压缩为整合空间，这通常意味着将它们压缩为整合空间中强大的内部空间关系。这些关系的“字面假”与推理过程无关。我们在船赛中看到的正是这种模型：两艘不同世纪的船，比赛从旧金山航行到波士顿，整合中有对此的“字面假”内部空间结构。这种压缩的“字面假”内部空间结构对应于两个输入空间之间的实际外部空间连接，每个输入空间在自己的时间内有一艘船。这种构建整合网络的方法对了解输入空间特别有用，它通过找到一种违实的压缩来实现，这种压缩通过整合和输入空间之间的适当结合，保留我们在输入空间中需要的结构，高效且明显地在那个结构上运作，提供了人类尺度上的全局透视。“心脏搭桥手术”“阳痿的吸烟牛仔”“神奇的比赛”以及“与康德的辩论”，都具有相同的模型，即整合中输入空间的“字面假”结构被解压成输入空间之间的外部空间“真”关系。

还有一种整合网络，其整合空间包含“假”内部空间结构，但网络的重点不是强调整合空间中该结构跟输入空间之间的外部空间关系之间的关系。例如，在幻想俱乐部的整合空间中，有一名男子与一名高中生发生性
238 关系，在密克罗尼西亚人航海整合中，有一个伊塔克岛，用于导航；但从

整合之外的角度来看，并没有涉及真正的高中生，那个位置也没有真正的岛屿。在这些网络中，整合空间的主要目的是为令人满意的行为提供一体的指导，尽管出于各种目的可能需要访问输入空间，而解压也可能会干扰行为。有时，最好停留在整合空间中。

拓展思考

违实无处不在

人们通常认为，违实的想法很少见，且在语言中由一些非常具体的语法结构所标记，比如“如果，那么”（if, then）或“如果，会怎么样”（What if?）用正确的动词形式。

问题：

- 违实是一种受限制的语法现象吗？

我们的回答：

远非如此。语言中充斥着提示人们在一个空间和另一个空间之间建立违实关系的各种形式。“保罗相信他会让他的女儿被伯克利录取，因为他认为玛丽是招生办主任”以复杂的方式让我们去想象，虽然有保罗、他的女儿、伯克利、玛丽和招生办主任，但是玛丽不是招生办主任，因此保罗的相信空间为“假”。如果比尔打电话给保罗，因为他不能给保罗发传真而感到恼火，他可能会问：“你为什么没有传真机呢？有的话你现在可能正在看我的提议！”我们必须构建一个“假”的更好的整合，其中保罗有一台传真机，正在阅读提议。事实上，“实际上”自动让我们建立一个违实的关系。而且事实上，“保罗有传真机为‘假’”这一空间的唯一意义是，我们已经建立了一个假想的基础空间，其中有一个假想的保罗、一个假想的比尔、一个假想的电话和提议，但保罗假想的房子里没有传真机的存在！相对于那个空间，包含保罗传真机的整合为“假”。但从“真”的角度来看，它们都是“假”的。“拿破仑原想让蓬蒂维市成为法国首都”需要一个“假”空间，其中蓬蒂维市是法国的首都。“我没有买汽车。它会在车库中占用太多空间”说明否定通常会建立违实的整合空间，这些
239 空间可能很复杂。代词“它”在“假”空间里选出汽车，在这个空间里“我”确实买了一辆车，但它不适合放在车库里。对于这种“假”整合，我们可以无限度地加以细化：我们可以继续说，“它会让我在汽油上花一大笔钱，我无法给它买到保险”，等等。正如我们在第五章中提到的，像“太糟糕了”“错过了”和“否则”这样的表达通常也会提示违实空间。一些动词，如“阻止”（prevent）和名词，如“凹陷”（dent），也会提示违实空间。

违实网络

我们将违实性定义为网络中空间之间强加的不兼容。

问题：

- 这是思想中唯一可以找到违实性的地方吗？

我们的回答：

有趣的是，整个整合网络可能相对其他意义而言是违实的。在第七章中，我们介绍了瑞士三角牌巧克力网络，在这个网络中，三角牌巧克力被框架化为历史遗迹的理据，在这个整合中，吉萨金字塔的形状模仿了三角牌巧克力的形状。这整个网络是违实的：我们认为将“历史遗迹”框架和三角牌巧克力放在一起首先是错误的，更不用说在整合中将古代三角崇拜构建为金字塔建造的背景。

否定后件推理

我们对整合中的反证法作了直观的解释，指出其在日常推理中是普遍存

在的。

问题：

- 这一切不都是否定后件推理的简单逻辑运算吗？即假设 p 蕴含 q，那已知非 q，就可知非 p？

我们的回答：

确实，如果一个假设 p 蕴含一个矛盾的 q，就像在我们的质数例子中看到的那样，那么根据否定后件推理，非 q 在同义上为真，因此非 p 也为真。显然，从这个意义上讲，否定后件推理的逻辑法则抓住了一些真实而重要的东西。但是，对于 q 是如何被发现的，否定后件推理与此无关。这就是违实整合结构至关重要的地方，在 q 出现之前需要大量的整合运 240
演。例如，在双曲几何例子中，即使经过几个世纪的努力，q 也从未出现过，然而这种整合并不是白费功夫，因为真正出现的是多重几何的更大发现。回顾过去，数学家或逻辑学家的长期工作，最终发现矛盾 q 可以压缩成一种否定后件推理表述，但否定后件推理的逻辑规律本身并不是一种发现矛盾的方式。事实上，更简单地说，就像在“p 蕴含 q”中一样，推理是对可能漫长、困难、假想的认知过程的事后速记。建构矛盾是一种认知成就。我们常常用柏拉图式的方式来解释数学或逻辑的真理，认为它们具有永恒的、独立的存在，因此我们自然地把认知成就与永恒的真理区分开来。这就在事后造成了“p 蕴含 q”总是存在的假象。数学的真理更是日常生活的真理：从没有打印的论文得出的推理来证明爱的缺失，需要大量的文化和认知资源，而结论是所有那些假想工作在违实整合下的产物。否定后件推理公式只是一个表面的报告，即这种过程已经（以某种方式）发生并产生了某种结果。

真生于假

我们已经看到了许多令人信服的违实整合。

问题：

- 虚假何以说服我们相信任何事？
- 真如何从假中产生？

我们的回答：

我们看到，一方面，整合可以将长的因果链压缩到内部空间结构中，这个结构给我们全局透视；或者另一方面，建立内部空间结构来做认知加工，这些认知加工可以被解压成输入空间之间的外部空间关系。那种内部空间的整合结构与输入空间内部和输入空间之间的结构有着精确的关系。在这种整合中重要的是压缩和解压缩。整合的内部空间结构是否为真、或是否现实不是重点。例如，叉角羚记住敏捷的掠食者的连贯（但“假”的）世界被系统地解压为“真”的外部空间变化关系和同一性关系，具体
241 涉及适应和遗传。存在最大质数的假数学整合空间发现，它的内部空间矛盾与“真”的外部空间违实性恰当地相互关联：与我们现有的数学系统相比，具有最大质数的数学空间是违实的。

虚物

我们会说这样一些话：“把蔬菜放在失踪的椅子前面的盘子上”“我有一颗牙齿不见了”“没有雾更容易降落”“没有人提出建议；它会被否决的”“我没有运气”“你喝咖啡是加牛奶还是不加牛奶？”

问题：

- 像“失踪的椅子”“牙齿”“建议”之类的表达似乎在指向什么，但它们指向的东西看起来像是现实世界中的一个缺口。这种现象仅仅是语言的便利，还是反映了我们的思维方式？

我们的回答：

我们在“咖啡因头疼”这样的例子中看到的压缩通常会产生在整合中真实的元素，但它们仍然是虚物（nonthings）。在整合中，咖啡因的缺乏

是真的，也是原因。它是由一个空间里的东西（咖啡因）的投射以及一个事实构成的，这个事实就是一个输入空间中的咖啡因在另一个输入空间中没有对等成分。在这个整合中，我们通过压缩得到一件东西，从外部看，我们认为它是虚物：缺少咖啡因。在整合内，这个新元素可以作为普通的东西来操作，并且可以利用语言指称事物的惯例。在“失踪的椅子”一例中，失踪的椅子是一个整合中的东西，从外部看，它是虚物。它可以被指向并占用物理空间。它从一个有椅子的违实空间中继承了物性。它从“现实”输入空间中继承了作为一个缺口的物理特征，在这个输入空间中的相应位置上没有椅子。我们认为，像“没有人”（nobody）、“没有东西”（nothing）和“没有运气”（no luck）这样的短语是在空间中挑选事物的普通名词短语，这并非偶然。这就是为什么在语法结构中所有正常的位置都很容易找到它们：“没人见过他”（He was seen by no one.）、“我没有钱”（I have no money.）、“没有大脑是你的问题”（No brains is your problem.）、“我没指望有个人能理解我”（I expect no one to understand me.）、“他有毫不马虎的态度”（He has a no-nonsense attitude.）。

我们离不开虚物

我们刚刚看到，虚物在日常思维中确实起着重要作用。

问题： 242

- 它们在科学和数学等严肃的思维中有任何作用吗？

我们的回答：

虚物一直是数学和科学发现的强大引擎。零的发明就是个显著的例子。一般来说，数发展的历史是重新识解数系统的历史，所以我们看到了数系统中的“缝隙”，这些缝隙本身被重新识解为数。0、1、2、3……被重新识解为它们之间有“缝隙”，这些缝隙被重新识解为分数，如1/2。分数又被重新识解为它们之间有缝隙，这些缝隙又被重新识解为无理数和超越数。同样的模型也适用于负数和复数的发明。

数学的历史表明，数的概念已经通过创造整合不断修正。整合中有两个（或更多）输入空间，一个是某种数，另一个是某种元素。它们之间存在部分对应映射，其中每个数在另一个输入空间中都有对等成分，但反过来不行。所有的数和范畴数都被投射到整合中。从另一个输入空间中，所有元素及其大部分组织也都投射到整合中。整合中的所有内容都被视为属于范畴数，由于这种重新识解，整合中的一些元素现在被视为填补了输入空间中原先数系统中的缝隙。

在这样的网络中，在跨空间映射中具有对等成分数的元素与整合中的数字相融合。整合中的其他元素是新数。保留了数学排序和运算的拓扑结构。

例如，如果在一个空间中我们有整数，在另一个空间中我们有物体的比例，那么在整合空间中我们就有所有的比例，都被范畴化为数。那些具有整数对等成分的比例与那些对等成分相融合，例如 6：3，12：6 和 500：250 在整合中与 2 相融合。但现在，3：4，256：711 和 5：9 这些没有整数对等成分的比例，也都是整合中的数。它们现在被认为在填补整数之间的缝隙。

这两个输入空间都保留了一些拓扑结构。当然，数输入空间有顺序、加法和乘法。比例输入空间也有拓扑结构。在那个输入空间中，每个比例 a：b 都有两部分 a 和 b。给定任意两个第二项相同的比例，第一项较大的比例就较大。然后，再进一步，给定任意两个比例 a：b 和 c：d，a：b 等于 ad：bd，c：d 等于 cb：db，所以我们可以用之前的原理比较 a：b 和 c：d，如果 ad 大于 cb，那么比例 a：b 大于比例 c：d。这些拓扑和操作
243 在向整合的投射下得以保留。比例空间中像 3：9 和 1：3 的比例相等被压缩成整合中的数的同一性：1/3=3/9=5/15……这样，比例输入空间中的无限元素被压缩成整合中的单个数。

该整合具有相当大的浮现结构。事实证明，在整合中有一个“加法”操作，它将正确地保留数输入空间中的加法和比例输入空间中的顺序。它可以定义为 a/b+c/d=（ad+cb）/bd。同样，整合中的拓扑结构保留乘法可以被定义为 a/b × c/d=ac/bd。非常有趣的是，一些在比例空间中有用的拓扑结构并没有被投射到整合中。我们可以把 a：b 和 c：d 两个比例组合成 a+c：b+d，这是一个很有用的操作（当然不同于有理数的加法）：如果 2 名勇士对抗 3 名，另有 3 名对抗 2 名，它们组合起来，较量突然就势均力敌了，因为 2+3：3+2 是平衡的。但这种组合的拓扑结构在向整合的投射中没有得到保留，因为整合中 3/2 与 6/4 相同，但 3+6/2+4 不等于 1。在整合中，6/4 和 2/3 相加等同于 3/2 和 2/3 相加；但在比例空间中，6 名勇士对 4 名勇士和 2 名勇士对 3 名勇士的组合不等同于 3 名勇士对 2 名勇士和 2 名勇士对 3 名勇士的组合。

数字和比例的整合精细且极具想象力，包含了选择性的投射和惊人的浮现结构。这种整合当然不是别的，正是“包括零在内的正有理数”的领域，或者是二年级的孩子学习的整数和分数。

一个孩子要学会分数的加法，就必须放弃非常有用的组合比例运算（a：b+c：d=a+c：b+d），也要把数的状态赋予许多以前没有这种状态的比例。她还必须看到，作为相同的比例，它们所涉及的元素的数量是完全不同的：在整合中，比例 2：4 和 53：106 是相同的，尽管第一个看起来好像涉及 6 个东西，而另一个看起来好像涉及 159 个东西。

从整数的输入到有理数的整合产生了一个引人注目的结果：以前，2 是 1 之后的下一个数，3 是 2 之后的下一个数。在 1 和 2 之间没有别的数了。事实上，在 1 和 2 之间不可能有其他的数。是否有另一个数字存在于 1 和 2 之间甚至是个不可能出现的问题。但是在有理数的整合中，我们有一个惊人的浮现特征，即现在 1 和 2 之间有无限个数。一旦我们有了有理数的整合，我们就可以问，给定两个连续的整数，它们之间是否有另一个数。

作为一个定理，我们现在可以得出，答案是肯定的。然后我们可以问，给定任意两个有理数，它们之间是否有另一个数字，然后让二年级学生有点惊讶的是，答案又是肯定的。更令人惊讶的是，在任何两个数之间，无论
244 它们多么近，总是有无限的其他数！

一旦我们有了整合并将其具体化，我们就可以接受这样的观点：先前的数的概念“遗漏”了几个“存在”但尚未“被发现”的数。

当有理数被映射到同一直线上不同长度的线段上时，就出现了另一个惊人的整合。和以前一样，直线及其线段的几何拓扑结构被精确地映射到整合中。具有有理数对等成分的线段与这些对等成分相融合。如果已知有理数 1 作为一条线段的对等成分，那么它就成了单位线段，其他的对等成分都是由线段与单位线段的比例决定的。在整合中，长度是单位线段长度的一半的线段是 1/2。是否存在没有对等成分数的线段？毕达哥拉斯几何学家惊恐地发现，答案是肯定的。众所周知，若等腰直角三角形的直角边是单位线段，那它的斜边没有有理数对等成分。

然而，另一种针对这种“缝隙”的整合网络产生了另一种引人注目的浮现结构——无理数。回头看来，我们现在可以“看到”又有无穷多个数从有理数中“遗漏”了。同样，不可能存在的东西已经成为整合中的元素，我们在原始输入空间中看到了“缝隙”。另一轮极具想象力的整合将“揭示”更进一步的缝隙：超越数。还有一些整合会产生零、负数、虚数……在所有情况下，整合有许多元素在前面的数输入空间中没有对等成分，事后来看，那些数被认为是前一个数概念中的“遗漏”。亚历山大时代的希腊人用“0”这个符号来表示一个数的缺失，但是在公元 7 世纪印度数学家发展出的整合中，“一个数的缺失”变成了一个完整的数，能够参与加法、减法和乘法。数字概念的历史是一个接一个的“咖啡因头疼”。乔治·莱考夫和拉斐尔·努涅斯（Rafael Núñez）最近关于数学的具象本质的研究为整合在数学和数学思想发展中的关键作用提供了相当多的额外证据。

不仅是数论，数学的整个集合论基础也都是通过在以前没有元素的地方进行整合来实现的。一种推导数的标准集合论方法是从无开始，称它为“空集”。这个空集现在是某种东西——它是一个集合，通常表示为Ø。现在考虑这个集合，它只有一个元素Ø。它通常表示为{Ø}。现在还自动出现了两个元素{Ø, {Ø}}。因此一组三个元素就是{Ø, {Ø}, {Ø, {Ø}}}。依此类推：在集合论的基础上，这些集合是整数（通过与日常数概念的隐性整合）。正有理数或负有理数的整合可以使用这类集合对的等价类来“定义”，而额外的修饰（如“修剪”）将为实数提供一套集合理论 245
基础。

李尔王犯的大错误体现在“无中生无”这句话里。科迪莉亚的爱情和数学发展史都证明他错了。

虚事件

我们已经看到无中生有。我们的精神世界是由虚物的暗物质构成的。

问题：

- 虚物能成为事件吗？
- 虚物能成为行动吗？

我们的回答：

在我们的认知中，虚事件和虚行动几乎无处不在。物理实相是概念整合的物质锚，这些概念整合通常带有许多来自违实空间的投射。“罐盖不会掉”“书堆没有倒”“书堆会倒”“罐盖不好打开”“书堆想倒”，所有这些网络中，一个输入空间中没有发生任何事情，另一个输入空间中发生了某事。在整合中，虚物发生变成了一个事件，与另一个事件形成对比：书堆保持直立对比书堆倒下。“失掉一球”引发了一个包含虚事件的整合：两个输入空间都有球，一个输入空间中有球进入球门以外的地方，违实输入空间中有球进入球门。在整合中，球没有进入球门就变成了“失球”，一个虚事件。

失球甚至可以和没有投球整合在一起，就像印在运动T恤衫上的那句至理名言："你没有投的球，百分之百都不会中。"这一观察结果提示人们构建一个包含许多虚事件的复杂整合网络。其中两个已经是常规性的了。首先，任何"失球"都已经是一个整合；两个输入空间中都有一个球被投到某处，但是只有一个输入空间中有球进入篮筐。这两个空间都是完整的事件。它们之间的对比在整合中压缩：整合现在有了一个新的事件范畴——即未命中的投球，不在这两个输入空间中。其次，任何"没有投的球"都已经是个整合：在这种情况下，两个输入空间都有一个球员拿球做了些什么，但只在其中一个空间中她将球投向篮筐。这两个空间都是完整
246 的事件。它们之间的对比在整合中压缩：整合现在有了一个新的事件范畴，没有投的球，它不在这两个输入空间中。每一种常规性的整合方式都创造了一种新的投篮范畴——失球和没有投的球。它们在篮球比赛中起着至关重要的作用。统计方法通常应用于投篮：投中的三分球、未中的两分球，等等。这些方法现在可以应用于未投的球。有趣的是，对于所有其他范畴的投篮，我们必须遵照规则来得到统计结果，但是没有投球的整合事先保证了没有未投的球进篮筐，而失球的整合则保证了所有这些都是"失球"。因此，未投的球百分之百都是失球。

这一整合从失球整合中使用了所有的统计工具。因为人想要避免投丢球，这就意味着他应该避免未投球；也就是说，应该多投球。但在"没有投的球"的整合中存在着一种拓扑结构：如果你没投篮，你仍然可以控制球，这是很有用的。这种拓扑结构与失球网络中的拓扑结构不同，在后者中，你投球后就放弃了对球的控制。在"没有投的球 = 失球"整合中，未投篮的拓扑结构丢失了，取而代之的是已投篮的拓扑结构。

传统的文化的违实压缩

我们已经看到，语言提供了违实的压缩，如"咖啡因头疼""失踪的

椅子”和“缝隙”。

问题：

- 这纯粹是一种语言技巧吗？

我们的回答：

似乎在文化看来，发展易于传播的压缩是有效的。一方面，文化希望引导思想，以便阻止可能发生的大范围双域整合。例如，有许多方法可以处理十字路口发生碰撞的可能性，但是文化不希望你尝试所有的方法，所以它提供了一个解决方案：交通灯。交通灯是一个用于复杂压缩的物质锚。解压形式有不同的心理空间，这些空间表示车经过十字路口的每个可能性：没有汽车、在某个方向有一辆、每个方向一辆、一辆刚刚过去另一辆刚到达，等等；包括不同速度、不同司机的价值，等等；所有这些空间都有相同的框架，但是有很多方法来规定该框架。在某些空间中，会发生碰撞，这些是我们想要的相对于现实世界的违实空间。所需安排的一个方法是，杜绝“沿着交叉路移动同时穿过十字路口”的所有可能性，做到这样的方法之一，是确保当可能沿着一条路穿过十字 247
路口时，就不可能沿着跟这条路交叉的路移动。这个解决方案是绝对的，但过于强大，因为这意味着司机往往会停在十字路口，看着没有汽车通过的十字路口。尽管如此，过于强大的解决方案避免了灾祸，所以它被采用了。

碰到绿灯的司机相信，社会系统已经安排了一个特定的整合空间成为现实。在整合空间，我们从没有碰撞空间投射这一事实，即跟我们的街道交叉的街道上没有汽车进入十字路口，并且我们从碰撞空间中投射出跟我们的街道交叉的街道可能有许多车辆，包括街道上目前显然正要与司机碰撞的一些汽车。整合的浮现结构保证了整合中不会有碰撞，但这与在无碰撞空间中没有碰撞的原因不同。

一则谜语

什么比上帝伟大?

比魔鬼更邪恶?

穷人拥有它。

富人需要它。

如果你吃了它，你就会死。

提示：如果你在寻找答案，阻碍你前进之物。[①]

---

① 谜底应为“nothing”。把这个单词放到谜面的相应位置：“什么”“它”，一目了然。——译者

第十二章

身份和人物 249

这些名字不断地反复出现，在比赛巨大的不确定性之中，这些名字像一个个锚，把偶发和混乱的时间推移连接到那些伟大人物不变的本质，就好像人就是一个代表事件的名字一样。

——罗兰·巴特，《论环法自行车赛》

在《奥德赛》(*Odyssey*)中，奥德修斯(Odysseus)经历了几乎所有可能遇到的情况，战斗、航海、争论、风流、躲藏、恳求、游说，但他一直都是奥德修斯。人类理解力的一个重要方面是有些人物在世事变迁中也会保持一成不变。当一个人在一个新的情景中做出特定的行为时，我们会说：他就是这种人，我永远不会那么做。人物在不同的框架中转换，但其间仍会保持本身的辨识度，这种辨识度达到一定程度后，尽管在一些奥德修斯的世界中不存在的情景中，我们仍会问：奥德修斯在这些情景下会怎么做。儿童文学给了我们一些对比鲜明的角色，例如《柳林风声》(*The Wind in the Willows*)中的蛤蟆、鼹鼠、水鼠以及老獾。成人文学也是一样，例如阿喀琉斯、狄俄墨底斯(Diomedes)、赫克托耳(Hector)、阿贾克斯(Ajax)、墨涅劳斯(Menelaus)、奥德修斯。罗兰·巴特在他的作品《神话学》(*Mythologies*)中把环法自行车赛看作一部史诗，各种人物在其中通过自己的表现来展现出其本质：

环法自行车赛有一个专有名词这个事情本身就说明这个比赛是一部史 250

> 诗，而那些自行车手的名字也像是来自久远的时代，那时展现一个人英勇血统的华丽音素并不多见［弗兰克人布兰卡特（Frank Brankart），法兰克人博贝特（Francian Bobet），凯尔特人罗比克（Celt Robic），伊比利亚人鲁伊兹（Iberian Ruiz），加斯科涅人达里加德（Gascon Darrigade）］。这些名字不断地反复出现，在比赛巨大的不确定性之中，这些名字像一个个锚，把偶发和混乱的时间推移连接到那些伟大人物不变的本质，就好像人仅仅就只是一个代表事件的名字一样，例如布兰卡特、杰米尼亚尼（Geminiani）、劳瑞迪（Lauredi）、安东尼（Antonin）、罗兰（Rolland）。这些名字读起来就像是勇敢、忠诚、背叛、禁欲的代数符号。高卢（Gaul）体现了专断、神圣、庄严、天选以及和诸神的契合；博贝特代表着正义和人性化，它否认诸神，象征着人类本身。高卢代表着大天使，而博贝特则象征普罗米修斯式（Promethean）的人，就像科林斯王西西弗斯（Sisyphus），但他成功地把石头推倒在了诸神身上，正是这些神惩罚他做一个普通但却又伟大的人。

家族传言同样刻画了一幅类似的图画：约瑟夫叔叔是这样的人，艾米丽姑姑是那样的人——我们可以判断在任何特定情境下他们的表现。在我们的思维方式中，一个人物可以在各种各样的框架下都始终如一，而一个由不同人物组成的框架也可以保持不变。

在一些已经分析过的整合中，一个输入空间中某个人物的本质特征会被完整地投射到整合空间之中，这十分重要。例如与康德的辩论，在这里康德带有他哲学的和逻辑的人物特征。我们不仅仅把他写过的作品带到整合空间之中，我们还会根据他的人物特征构建他可能会说的话。比如在下面这个违实整合："如果在 1956 年丘吉尔是首相，那么苏伊士灾难就不会发生了。"它暗中假设丘吉尔的本质特征可以被投射到一个他已经不再是首相的时间和情景之中。不论一个人是调酒师还是政治学家，要令人信服地使用这样的表达，人们必须一致认可这样一个基本人物毫无争议地存在。各种人物就像各种框架，是基本的认知文化工具。我们可以怀疑它们每一个方面的正确性、合法性、不变性，甚至它们的存在，但是在认知上它们是必不可少的。

身份和框架 251

在这一点上，我们对于整合网络的分类已经强调了框架的作用。简单、镜像、单域和双域网络这几个主要分类的定义是根据组织框架在输入空间、类属空间和整合空间之间的关系而决定的。但是，身份和人物在我们的思维方式中同等重要。我们可以想到发生在不同人物身上的同一框架，例如买卖框架，它不随人物的改变而改变。同时，我们也可以想到在不同框架中的同一人物，例如奥德修斯，不论在何种情景中他依然是奥德修斯。

思考这个例子，一个公司职员向他的妻子描述他的情况，而妻子和他的职业完全没有关系。他的妻子说："如果我是你的话，我会辞职。"在这里，我们构建的整合空间包括从公司而来的组织框架以及一个经过整合的职员角色。这个整合过的角色有着大众意义上他本身的身份以及他的经历和他的人物特征，但是现在也有了他妻子的秉性、判断以及意志。更重要的是，在这里我们没有对框架进行整合。

再回想前面章节举过的例子，"在法国，水门事件不会对尼克松造成伤害"。我们的分析集中在整合的美国和法国框架，而且想当然地认为尼克松总统可以出现在这个整合过的框架。但是，一个更清晰的分析会得出尼克松就像奥德修斯一样，是一个在任何框架中都可以存在的人物。在这个整合空间中，我们不仅仅有整合了的美国和法国政治框架，也出现了一个人物。

人物的可移植性在一个反对尼克松的竞选口号中也有所体现，"你会从这个人手里买二手车么？"为了阐明尼克松的性格特征，我们把他放到一个让他引人注目的框架之中。理查德·尼克松在现实生活中不卖二手车并不会造成影响。重要的是这个新的框架给这个人物注入了一个十分简洁的全局透视。这个竞选口号仅仅是提示人们理解人物的认知策略中的一个实例。如果我们想描述一个合作者，我们或许会说："他是这样的一个人，如果他买了一张彩票，他会立马下馆子。"二手车和彩票例子中的焦点是发现流转于不同的框架中的基本人物特征。

人物在不同活动中的稳定性，这个主题十分复杂，而且在世界文学中被无限地探索。我们指出概念整合在这个方面的重要作用。在这里，我们不再对此进行更深入的细节分析，但是整体的模型是十分清晰的。首先，
252 我们可以从同一个人的不同行为里提取出规律，用于构建那个人的类属空间，即个人性格特征。其次，我们可以从很多人的不同行为中提取出规律，用于构建一类行为的类属空间。"他就是会做出 X 行为的家伙"（He's the kind of guy who does X.），这句话要求我们既要去为人物"他"构建一个类属空间，也要为行为 X 构建一个类属空间。这里还有更深度的一种提取，就是泰奥弗拉斯托斯（Theophrastus）和他的继任者拉布吕耶尔（La Bruyère）在他们的相关作品中所做的事。在他们的作品中，我们为"一类人"创造了类属空间，他是虚荣的人、骗子和攀龙附凤者，他是这些类属行为的一种整合。大量的大众心理学（popular psychology）研究，如发现"你是谁"，发现真实的自己，都在于发现和为人物构建类属空间。人物个性的科学也是如此，西格蒙德·弗洛伊德（Sigmund Freud）、亚伯拉罕·马斯洛（Abraham Maslow）和米哈里·齐克森米哈里（Mihaly Csikszentmihalyi）的作品都关注定位人物的类属性以及定位的方法。这样的整合也是幽默的支柱。最近的一个幽默整合指出，一旦我们意识到上帝患有双相障碍症，上帝的神秘和其他的不可理解的行为就可以解释，如这种症状的自然循环造就了地球上的四季。

在这些情况下，阐明一个人物需要让他在不同的框架中转移去发现其中的共同类属特征。其他的情况下，阐明不同的框架需要让同一个重要人物在其中转移。因此，"在法国，水门事件不会对尼克松造成伤害"，这句话的重点在于政治框架分别在美国和法国被实例化，目的在于刻画一个两种西方民主的非类比，而把尼克松放在这两种情况中更有利于理解。

我们可以看出一个总体的原则：为了阐明一个框架，我们用不同的关键人物对其进行填充；而为了阐明框架之间的关系，我们用同一个关键人物来对其进行填充；最后为了阐明关键人物，我们要将其放到不同的框架之中。

很自然，框架和人物也不都是截然不同的，因为一些人物会被附加到他们的框架之中。奥德修斯可以出现在很多不同的框架中，但是由于夏洛克·福尔摩斯（Sherlock Holmes）带着他自身的侦探框架，所以只要出现就带来一个框架整合：如果夏洛克·福尔摩斯来到你的晚宴上，就会有人被杀害。

同样，我们不是在争论通过转移框架来获取人物的好处，或者是转移人物来获取框架的好处。相反，我们要说的是，做这样的评估涉及一般的想象力活动。不可思议的是，像奥德修斯或丘吉尔这样的身份，我们在运演一个包含了这样的身份和某个框架的整合时，我们感觉很自信，而不管这个人是否占据这样的一个框架。如果不是这样，框架对某个人而言是陌生的，我们似乎会得到一个特别了不起的全局透视，例如“他会尽一切努力来帮你。”（He’d give you the shirt off his back.）

这部分总体的通俗理论就是我们利用人物的汇聚来理解框架，同时，我们用框架的汇聚来理解人物。在通俗理论中，框架和人物是人类现实中 253
不可分割的两个方面。你不可以只选其一，虽然在一些情况下更强调人物而在另一些情况下更强调框架。让这一切变得不稳定的是，人物是在所有可能框架下行为的总和，但是框架本身在实质上就和人物相联系。例如，圣人、外交官、妓女、调停者和征服者在两种方式上都适用。以妓女为例，它可以被构建成一个所有人都适用的框架，或者也可以是一个带有性格特征暗示的框架，即这个框架只适用于具有某些性格特征的人。如果把“妓女”当成一个一般的框架，我们可以研究一个角色会在其中如何表现，如果一个有着特蕾莎修女（Mother Teresa）、玛格丽特·撒切尔、克利奥帕特拉（Cleopatra）或比尔·克林顿性格特征的人会如何在妓女框架中运作。相反，如果我们把妓女看成一个具有性格特征暗示的框架，我们可以研究一个人是否适合这个框架：想象一个人是否可以在这个框架中运作。在第一种识解中，特蕾莎修女展现了她的圣徒身份：勇敢地接受这份牺牲，从不抱怨，以及信仰上帝。妓女这个框架不能玷污她的角色，因为对于纯洁的人来说，一切皆是纯洁的。在第二种识解中，特蕾莎修女的品行会防止她变成一个妓女。一些人可能认为妓女转化为圣人，就像发生在玛丽亚·抹大拉（Mary Magdalene）身上的事情一样，需要性格特征的改变。

概念整合、心理空间、框架和人物

随着概念整合网络的出现，它强调框架，包括简单、镜像、单域和双域整合。因此，整合网络不是强调一个人物和一个框架的整合，就是强调两个人物之间的整合。我们在这里将讨论一些此类整合网络的实例。

还是以与康德的辩论为例，它是一个带有整合空间的一个镜像网络，在这个网络里康德和一个现代哲学家被当成两个不同的元素。在人物整合的方法下，我们可以创造另外一个整合网络，在这里康德和现代哲学家被融合在一起，而不是被投射到不同的元素中。或许这个现代哲学家在思考一个康德可能会思考的经典哲学问题，或者康德简单研究过的问题。这个哲学家遇到困难时会问自己：“如果我是康德，我会怎么解决这个问题。”这个情景会触发一个整合，在这个整合空间中只有一个单独的哲学家，这个空间会有无限的创造性。这个现代的哲学家用她关于康德的性格特征和身份的知识，她自己的智慧、品味和兴趣来运演这个整合空间。也就是
254 说，解决问题的过程中她会在一些方面变成康德。客观上她对康德的模仿是否准确并不重要，重要的是这个她想象和变成的整合人物会不会在智力上富有成效。令人吃惊的是，随着她寄身在这个整合空间中，她得到了新的视角，拥有了新的思维，获得了新的能力，因此她得到了原本无法企及的发现。

但是我们要在这里打住。康德到底是谁？当我们聚焦框架时，我们看到结构从中产生。在人物、身份或者自我中，哪一个被投射到了整合空间之中？这个哲学家十分了解康德的人生和成果，但是其他人或许了解的是弗洛伊德、奥德修斯、耶稣或苏格拉底。对她来说，康德远远不只是一组特征，康德对她来说代表的是在不同情境之下丰富的知识，其中包括他的个人风格、行为方式，还有他对于后来在信中提到的情境中的感受。从认知的角度来说，运演这个整合空间时大量的神经模型被激活。从框架的角度来说，这依然是一个镜像网络。但是从身份的角度来说，这是一个双域空间，因为它带来了康德和现代哲学家两个完全不同的身份。

现在我们把那个现代哲学家想象成一位计算机科学家和神经科学家，比如说帕特里夏·丘奇兰德（Patricia Churchland），她正在处理一个关于联结主义计算和神经元群选择的问题。她的行为仍然适用于一个深思的哲学家的图式框架，但是输入空间中的框架则会有很大的不同。联结主义理论和神经达尔文主义在康德的时代并不存在，他不可能会解决它们。但是这个事实并不会阻碍构建和运演这个整合空间。帕特里夏·丘奇兰德把自己和康德整合在一起，结果或许是有效的，她可以以一种十分深入且有见解的方式来解决相关问题。

不仅仅是身份，框架本身也许会十分不同，但是它一样可以带来一个有创造性的整合空间。所以唐·莱丽（Dawn Riley），作为一个迷失在大海中的水手，她手上只有一个失效的电子导航系统，还有从来没有学习过如何使用的海图、仪器和六分仪，她这时可能会想起她终生喜爱的康德，并问自己："如果我是康德，我会怎么做？"像之前的那个例子一样，这是一个在身份上的双域整合，因为康德从来没有离开过他的家，更不用说在太平洋上航行，而唐的哲学和航海知识则一直保持相互独立。然而，现在这个整合在框架上也是双域的，因为出现了一个新的水手 / 哲学家的整合框架。整合空间中的人有着唐·莱丽的公众身份，但却是一个新的人物，并且能够提供一些她所希望得到的解决问题的方法，而这是不能单独地从唐·莱丽这个人物中获取的。她不知道什么时候她会问这个问题，也不知道这个整合会被怎么放在一起，或者什么结构会出现。整合既不是确定的也不是组合的，这是一种好的情况，因为如果它是确定的或组合的，那么它提供新见解的可能性将会大大下降。

255 概念整合是一种基本的跨心理空间的心理运作，它在所有情况下都满足同样的结构和驱动原则。框架为组织心理空间提供了一个基本方式，人物、身份还有自我提供了其他方式。概念整合在心理空间之间运作时，不可避免地对框架和人物都进行了加工。

如果我是你

一旦我们了解了这个典型的整合网络以及其内在的原则，我们就知道如何处理那些以前逻辑学或是语义学认为莫名其妙的东西。其中一个如下：“如果我是你，我今天会和厄休拉在一起。”这是玛丽安娜对罗伯特说的一句话，当时他们都在办公室。一个输入空间里包含了罗伯特，他选择来办公室，而另一个空间中则是玛丽安娜。在整合空间里，玛丽安娜和罗伯特融合成了一个新的人物，这个人同时受到罗伯特和厄休拉之间的关系以及玛丽安娜的判断的影响。这个整合的人物选择和厄休拉在一起，所以在这个整合空间中我们有了一个不同的框架：陪伴。从传统意义和语用学上来说，提出另外一种选择可以带有评价的性质。因此，玛丽安娜的评论可以被构建为对罗伯特的批评（他应该去陪他的妻子），或是对罗伯特的赞美（他真的很热爱工作）。

一个有望受雇的员工对他的老板说：“如果我是你，我会雇用我。”这句话同样要求身份的整合。一个输入空间中有“你”在考虑是否要录用“我”，而在另一个输入空间中有一个包含基本的性格特征、判断和秉性的“我”。这个表达通过非类比连接子使“你”和“我”成为了对等成分，而且也通过身份连接子让“我”和“我”成为对等成分。

“你”和“我”的外部空间非类比连接子被压缩到一个整合空间，成为一个独特的人，这个人有着雇主的公众身份、权利以及兴趣，但也有着说话者自己的判断和对自己的了解。同时，这个整合空间还包括被雇主看成是潜在的雇员的“我”。这是一个从面试输入空间到整合空间的直接投射。从两个不同输入空间里投射出的“我”和语法上使用人称代词而不是反身代词相一致，即“如果我是你，我会雇用我（me）”比“如果我是你，我会雇用我自己（myself）”更好，因为第二句话很有可能被理解成老板要雇用他自己。

但是如果这个求职者在语法上是第三人称，我们不会说“如果他是你，他会雇用他（him）”，相反，我们会说“如果他是你，他会雇用他自己（himself）”。我们在这里的意向性解读是，如果“他”是求职者比尔，“你”是老板玛丽，那么置身于玛丽的位置而且拥有比尔的知识和判断的老板就会雇用比尔。“*他*会雇用*他*”中的第三人称代词受到更强的约束， 256
避免它们在没有反身代词标记的情况下指向连接元素。在我们的例子中，元素是连接在一起的，因此只有反身代词可供选用（*他*会雇用*他自己*）。

使用“我会雇用我”这样的表达来挑选出一个整合中的结构看起来有些许奇怪，但是这样的例子十分常见而且不被注意，例如美国职业棒球大联盟比赛中的右利手投手布雷特·萨贝尔哈根（Bret Saberhagen）的评论：“如果我是一个给赛场奖投票的写手，我看着这些数据和投手们本年度的表现，我会说我是优胜者。”同样地，米歇尔·沙罗勒（Michel Charolles）指出塞缪尔·贝克特（Samuel Beckett）说的话“如果他是他的母亲，他也会讨厌他自己”的解读是，在违实整合空间中的母亲讨厌儿子。伊芙·斯威策也列举了下面的例子：“当我是一个学生时，我很想碰上我”，这表明说话人希望她自己的教授们曾经给她个人给予了关注和关心，就像现在她在尽力给她的学生所做的一样。

杰夫·佩尔蒂埃（Jeff Pelletier）说他曾经被邀请去参加一个和古代哲学有关的工作面试，那个领域他有所了解但并不是他的专业。他的古代哲学教授告诉他："如果我是你，我会去；但是如果我要是站在你的位置，我可能不会去。"他的教授的意思是说，鉴于佩尔蒂埃的自信和能力，尽管缺乏专业知识他也可能会成功通过面试；但是，教授自己在这种情况下会因为胆小而不会去尝试。但是，跟佩尔蒂埃不一样的是，教授是古代哲学领域的专家。这样的例子显示出不同身份的违实整合是强大有力的，同时也有很大的灵活性。"如果我是你，我会去"提示一个整合的求职者，他从教授那继承了获得学术界的职位的智慧和关于学生佩尔蒂埃的信息。因此，这个整合的求职者有着学生佩尔蒂埃的公众身份，而且现在比真正的佩尔蒂埃更了解他自己。但是，这个整合的求职者有着佩尔蒂埃的自信和勇气，至少从教授的角度来看是这样。相反地，"如果我要是站在你的位置，我可能不会去"提示一个违实的整合空间，在这里教授处于一个参加古代哲学工作面试的框架中，或许这是发生在教授年轻的时候。这里的身份整合的双域性会降低，因为教授有着自身所有的性格特征，除了佩尔蒂埃对于古代哲学的无知。所以，古代哲学教授给出的完整建议里，第一部分是对其学生的建议，而第二部分则是对自己的评价，或许旨在阐明其推理，暗示其学生会因为不同的性格而获得成功。

除了两个不同身份的整合，类似的语法引发的违实整合可能还会强调一个人物和框架的整合。尼丽·曼德布丽特（Nili Mandelblit）给出了一个例子："如果我是他的妻子，我早就成他的寡妇了"，这个例子强调了人物的坚毅。说话人十分讨厌那个男人，以至于婚姻也不会改变她的感受。
257 婚姻这个框架被人物征服，所以在整合空间中发生了变形：妻子在婚后很快杀死了丈夫。我们也应该注意到身份的整合在这里也是可以的，如果男人已经有妻子了，那么妻子的经历让她产生了愤怒，这个愤怒和说话人的决心整合，产生了新的人物和谋杀，而且不存在于任何一个输入空间中。

这些观点在下列的例子中也显而易见。比尔·克林顿总统在一个为他妻子希拉里竞选议员的筹款活动中说："我会为我的妻子而来，即使她不是我的妻子，因为我们必须要选一个终生致力于未来、致力于孩子的人。"这里可以构建一个违实整合空间，包含比尔·克林顿和希拉里·罗德姆

（Hillary Rodham），但是他们不是夫妇，而且希拉里的人生都致力于未来。除此之外，这也和语用相关，在这个整合空间中，不管她和比尔是否为终生好友，是否一起念耶鲁法学院等；或者仅仅是任何一个有上述承诺的竞选的人。实际上，在输入空间中“我的妻子”这个框架角色被当作通达希拉里这个人物价值的途径，而在整合空间中，我们发现的是这个价值的对等成分，而不是角色“我的妻子”的对等成分。这个违实的表达在下面这种不同的解读中会很恰当：假如比尔·克林顿拒绝参加这个筹款，因为他考虑到如此公开地支持他的妻子会对他造成不良影响。

事实上希拉里·罗德姆是比尔·克林顿的妻子并不是一件小事。在和身份有明显的连接的行为中，框架结构发挥至关重要的作用。例如下面这段电影《赤裸的谎言》（*The Naked Lie*）里的对话，电影背景是一个妓女被谋杀了。韦伯斯特是一个郁郁寡欢，以自我为中心的人物，他没有表现出任何同情。维多利亚质问道：

> 维多利亚：如果她是你的姐姐呢？
> 韦伯斯特：我没有姐姐，如果我有的话，她也不会是个妓女。

在之后的影片里，维多利亚对其他人说：“你知道韦伯斯特那个不存在的姐姐么？她不知道她是多么的幸运。”

起初，韦伯斯特拒绝这个违实整合，因为“韦伯斯特的姐姐”这个角色被投射到这个整合空间是毫无价值的。但是后来他不得不接受整合空间，在这里只有他姐姐的角色从一个图式的亲属关系框架里投射而来，而这个角色的价值在整合空间中是浮现的。所以，在这个整合空间中，我们有一个特定的“韦伯斯特的姐姐”，她有一个身份，但是我们对她一无所知，除了知道她是韦伯斯特的姐姐，因此她的人物完全由这个特征决定。根据韦伯斯特，成为他姐姐的特征赋予了她这个人物一个本质，这个本质阻止她沦为一个妓女。他把自己的亲属关系框架视为对人物有一定的涵义，因此他的姐姐不会是一个妓女，就像特蕾莎修女不会是妓女一样。维 258

多利亚后来关于“韦伯斯特那个不存在的姐姐”的评论，根据之前韦伯斯特确有一个姐姐的违实整合，称呼她为安，并把这个整合空间当成一个输入空间，为下一步和现实的再整合服务。它把安从一个违实的输入空间投射到一个新的整合空间，而且从现实中投射了韦伯斯特没有姐姐的事实。因此，在新的整合空间中，安的确存在，但她不是韦伯斯特的姐姐，这让她成为一个很幸运的人。她不知道自己幸免于难的命运，因为她对于违实输入空间中自己的对等成分毫不知情。在之前我们也看到过，很多词汇都需要可供选择的违实空间，如“凹陷”（dent）、“下降”（drop）、“缺失”（miss），等等。“幸运的”（lucky）也是其中之一，我们必须构建其他空间才能理解它，最好是一个非常图式化的空间，里面的人不那么成功。在影片《赤裸的谎言》的对话中，所需的违实空间在对话中已经被构建，它是之前的一个违实整合空间，在那里安是韦伯斯特的姐姐。事实上，这是唯一包含安的信息的空间，所以要了解安的信息，这个空间必须被激活。

救赎、复仇和荣誉

我们再回看第七章里的一段对话：

> 你还记得你小时候，你是怎样一心要把你的宝贝藏起来，即使你再也找不到它们了吗？你还记得你四岁时把你的新硬币藏起来了，我们再也没找到它吗？你对安杰拉就是这么做的。关于你所有的烦恼你已经谈了两个小时，但归结起来就是你把你对她的爱藏得太深了以至于你自己都看不见。你再次藏起了你的硬币，甚至不让你自己找到。

我们之前指出，藏宝贝从关于童年的输入空间中被投射到这个整合空间里，并给这个整合提供了组织框架。藏宝贝这个框架给构建对安吉拉的爱这个情形提供了途径。除此之外，首先，构建这个整合网络创造了一个类属空间，在这里有一个深层次的人物性格心理，一个在这个网络所有空间中都存在的事物本质，而且这是说话者的修辞要义。其次，这段话是给陷入爱情的男人的提醒，要理解它，他必须构建一个自身身份的双域整合，即这个陷入爱情的男人必须和那个藏东西的孩子整合。这个整合是揭示这件事的本质的一种方法，因为本质自身是抽象的、不可见的，除非在其具体的实例中。隐藏爱和藏硬币都是一种行为，在整合中它们是一样的，因此它具有从两个生动的输入空间中而来的双重具体性。 259

在第八章中，我们讨论了在 XYZ 镜像网络中的身份整合。例如，当保罗因为失去他的女儿伊丽莎白而遭受了巨大的创伤，由此他对他的小女儿萨莉便冷漠了起来，但最后他想明白了，所以在萨利问他为什么对她好了的时候，他回答："因为你是我失去多年的女儿"，如果我们强调这个框架，它是一个镜像网络，每一个空间都有父亲和女儿的角色，以及保罗作为父亲的价值。但是，如果我们强调人物的话，这就是一个双域网络，尽管保罗是自己和自己的整合，但是他在心理上和之前的自己有很大的不同。一定程度上，通过整合现在的自己和之前的自己，他恢复到了以前的自己。这个浮现结构在这儿很明显，保罗经历着巨大的心理转变。萨莉也和伊丽莎白整合在一起，正是这个双域身份整合让保罗在心理上的恢复成为了可能。

这些例子指向了人类心理和情感生活的动态原则：外部空间关键关系，它经常把在一个空间的人连接到另一个空间里的自己。这样的外部空间关系可以被压缩到内部空间的人物特征，这个特征被理解成一个人的本质的一部分。"藏你的硬币"这个例子创造了一个独特的整合和一个独特的个人本质。文化也会建立这样的压缩和整合的通用模型，并让它们成为各种文化范畴，如救赎、恢复荣誉、复仇、宿怨和诅咒。

救赎事实上是进入或者事实上创造一个后来的情景，它被当作与之前一个情景对等，而在之前那个情景中某人失败了。从框架的角度来说，这些是镜像网络。一个人在后来的情景中成功了。救赎在文学、戏剧和影视中表现为主角会在之前失败，但是之后总会成功。我们不把这样的情节当成一个人的故事，这个人失败过也成功过，而且两者同等重要。相反，我们把成功当成主角的本质特征，而失败仅仅是一个意外。成功不仅仅中和了失败，还让失败变得微乎其微。它会恢复主角的身份，让他再次成为一个完整的人。客观地说，后面的表现对之前表现的评价会造成影响，这有点奇怪，因为失败本身不能被改变，它所有的可怕的后果，带来的罪恶、羞愧和其他需要救赎的东西都不会发生哪怕一丁点的改变。在输入空间中，救赎是不可能的；但是在整合空间中，两个情景变成了一个，来自后来情景中的主角的特征（如果不是行为的话），给整合和类属空间提供了一个稳定而美好的特征，从而使之前情景中的失败成为了一个不幸的偏差。

艺术和交流经常明晰地指向这样的整合结构。在电影《第六感》（*The Sixth Sense*）中有一个儿童心理学家，他曾经辜负了他的一个病人，通过超自然的方式找了一个带有同样症状的男孩，并去医治他。为什么？他
260 说："我觉得帮助现在这个男孩就像是在帮助以前的那个男孩。"客观地说，他不可能帮助之前的病人，因为那个病人或许由于他的失败已经离开人世了。有一个精细的关于性格特征的通俗观念在这里发挥作用。一次失败暗示一个类属空间，在这里主角有一个负面本质特征。但是，真的如此么？他后来的成功否认了上述类属空间里他的负面本质，也否认了负面本质是造成之前失败的原因。整合进一步运演，时间被融合，情景也被整合，所以在新情景中的成功也被投射到以前的情景中。毋庸置疑，以前的失败代表一段无法改变的历史，但是在整合网络中，这个失败的分量和语境被完全改变了。在电影《第六感》中，那个儿童心理医生感觉他是在补偿第一个孩子。

救赎故事的种类还包括：主角失败了，但是他并不寻求救赎。或许他知道得不到救赎，所以就继续生活，直到一个圣人或者神的使者告诉他，他已经救赎了自己。这时，他才想起他自己和周围的事物，原来一个救赎的行为已经发生了。原先的失败还有之后的成功都是独立发生的，但是它们在心理上被整合了，由此我们可以对人物有一个全面的看法。救赎的文化范畴依赖于整合，但其对于文化的现实性很强，以至于被看成是一个本

质特征。副总统阿尔·戈尔（Al Gore）在2000年总统竞选期间被问到如何处置一个发表了种族歧视言论的棒球投手时，他提议应该给他一个自我救赎的机会，而不是惩罚。为了加强他的观点，他又说道："美国是救赎的国度"，通过这句话他把个人的救赎特征转移到了国家身上。

救赎的绝对对立面是诅咒。在这种情况下，后来的事件中同样包含了失败。在整合和类属空间中，事实上在这两个输入空间中有一个造成失败的本质特征。在诅咒的一种版本中，这个本质特征附属于诅咒发起者的性格特征，而不由外部施事引起。在另一个版本中，这个本质特征通过一个外部施事而附属于诅咒发起者，如神或者另一个在精神上有联系的人。还有一种中间情况，如对一个家庭的诅咒，它由一个外部施事发起，但是作为人物的遗传特征，被其子孙后代所继承。在社会生活中，任何人的诅咒都算数，但是发起诅咒的人和被诅咒的人关系越近，这个诅咒的分量就越重。

复仇是一个类似的文化范畴，后面的情景只有在前面的基础上才有意义，这里的结果不是成功和失败，而是一个真实的整合，其中复仇情景中的元素和原始情景中的相同。发起一个整合网络并不会改变原始情景是一个输入空间的事实，但是它会改变整体的语境，在其中它消除了失败是复仇者的一个永恒特征或基本特征的可能性。

在救赎、诅咒和复仇中，跨空间关键关系在整合中被压缩到内部空间 261
文化元素里。所有的情况都包含在身份和时间上的关键压缩。诅咒也在结果的同一性上进行压缩（失败–失败），救赎和复仇在结果的非类比上进行压缩（失败–成功）。更进一步说，各种各样的压缩创造了像荣誉这样的文化元素。就像缺失和差距，荣誉这个词可以使人想起一个潜在的违实，特别是一个心理空间，在这里有一些有损荣誉的事发生，比如懦弱、侮辱或者对朋友或是家庭的攻击。但是荣誉可以在这些心理空间中失去，也可以在后来的行为中恢复。再次强调，我们并不是把它简单地看成是一件不光彩的事和一件后来出现的光彩的事，或是一个简单由失败到胜利的序列事件。相反地，后来的情景需要前面的情景作为基础才有意义，尽管整合不会消除失去荣誉的输入空间，但是它的确消除了不光彩的状态。

有很多类似的概念依靠整合的总体可利用性来创造文化意义，例如仇杀、惩罚、赔偿、报复等。重要的是，它们相互作用，因此比如一件事可以同时是救赎、报仇和惩罚。这个系统的一致性在一些影响范围广的概念上尤为清晰，例如荣誉。有了荣誉的总体保证，任何人都可以组合一个尤为丰富的整合网络，同时一并提供救赎、复仇和惩罚的意义。例如，一个猎人必须离开家去赚钱养家，当他回来的时候，面对的是他不在场期间有损荣誉的罪行的证据，于是他抓到了真凶，将他们绳之以法，自己得到了救赎，并恢复了荣誉。

拓展思考

场景

在讨论框架整合、人物整合以及框架和人物的整合时，我们注意到双域还有镜像的概念在框架和人物上都适用。

问题:

- 那么我们是否有一幅简洁的脑图，在图中我们一方面有框架，另一方面有人物，因此我们需要做的就是把他们组合在一起？

我们的回答:

262 哎呀！或者说要感谢上帝，我们的回答是没有。在我们的阐述中，我们时常提到框架和人物似乎是分离的。在一种意义上说，它们的确是分离的，语言学系统对它们的表述是：我们不需要依附任何旅行者的本质特征，就可以想到“空中旅行”的框架。语言给了我们如“乘客”这样的词汇，在没有性格特征参考的情况下去挑选出框架。另一方面，我们不需要依附“空中旅行”的框架，就可以想到像鲍勃·霍普（Bob Hope）

这样的人物（一个经常旅行的人）。当然，语言给我们提供了“鲍勃·霍普”这个名字，让我们在没有框架的情况下去挑选出这个身份。如果我们把鲍勃·霍普当作一个“乘客”，我们是在框架的方向上进行抽象；如果我们叫他“鲍勃·霍普”，那我们就是在身份的方向上进行抽象。但是事实上，我们不可能只在一个方向上抽象。任何身份都对框架有很大的依附性，而任何框架也都对身份有很大的依附性。例如，“父亲”是一个非常抽象的框架，但是它可以依附于我们自己的或是我们朋友的父亲。同样地，如果你的父亲是“约翰·史密斯”，你很难在想到约翰·史密斯的时候不激活父亲这个框架。我们可以说“保罗是萨莉的父亲”这句话引发了一个整合，它把父亲这个图式框架当成一个输入空间，而且把保罗和萨莉的身份当做另一个输入空间。但是，这个框架被嵌入在大量和人物的联系之中，同样，保罗和萨莉的身份也被嵌入在和框架的联系之中。所有的这些知识网络都可以运用到输入空间、投射和整合之中。了解一个人意味着要去了解他在各种情况之下会做什么，包括在不寻常及不可能的情况下。要达到这样的要求，我们需要依靠这个人过去的所作所为，并且能够把各种框架应用到以前的情景和新的情景之中。类似的是，了解一个框架需要知道具体的实例，以及各种人物如何在框架中活动。在框架和身份中的细节的数量是无限的，在神经认知层次的激活上，框架和身份都是相互交错的。朴素的形而上学和通俗理论，在语言和有意识的理解的支持下，把框架和身份恰到好处地分开，同时掩藏它们更为复杂的幕后牵涉关系。

整合的繁盛

在我们很多的整合例子中，特别是身份和违实整合，一个清晰的意义出现，而且对于这个意义人们基本认同。

问题：

- 一定程度上，这究竟是不是表明整合具有组合性、算法性和确定性？

263 *我们的回答：*

同样，哎呀！或者说要感谢上帝，我们的回答还是否定的。每个和特定的整合有关系的语言形式，在不同的语境下，还可能有大量不同的整合。语言形式在一个特定环境中的意义，主观上看起来像是这个语言形式的唯一意义。这很正常，因为致使这个意义出现的幕后认知很大程度上是无意识的，而且一旦出现了一个意义，我们没有必要再去探寻另一个意义构建。伊丽莎效应用这样的理论来安慰我们：意义完全存在于语言形式中，并且不需要任何特殊的认知选择。一些特殊的情况，比如一个笑话的笑点，可能会把有些选择带到意识层面。相反，“如果我是你，我会辞职”看起来是表达了一个独特的整合，但实际上它可以提示多种整合，如下面的后续表达所示：

……但是我本身很富裕；你无论如何也不该辞职。

……但是我是个急性子，可能以后会后悔，并且跪下来求人把工作还给我。

……你也应该这么做。

……但你不该这么做。

……但只是老板十分需要我，并且我回来了将会给我涨工资。

……因为我不懂得自重，我知道过去我是如何自暴自弃的。

……因为成为你会让我变得十分悲惨，以至于我不可能完成任何工作。

……因为我有一个有钱的爸爸。

……因为你有另外一个工作机会。

……因为你钟爱的老板有另一个工作机会，并且马上就要离开了。

不在场者的身份

在第十一章中，我们看到了虚物、虚事和虚动。在第十章中，我们看到可以让我们和坟墓里的逝者交流的整合。

问题：

- 人也可以算作虚物吗？

我们的回答：

我们的世界中充满了虚人（nonpeople）。我们讨论过坟墓和骨灰作为物质锚来让我们与已经去世的人交流。使用同样的物质锚网络，我们可以 264
和活人或死人的照片说话，和去世配偶的婚戒说话，甚至和一封来自别人的信件说话。一首歌、一个地方、一段某人的回忆都可以诱导我们在整合空间中去创造一个不在场但却有意向性特征的人。我们会向先前的导师寻求意见，祖父或祖母会突然出现来责备我们，或者我们和去世的配偶对话。这些不仅仅是静态的记忆，我们可以听到去世的祖母在谈论我们的女儿，尽管她在我们女儿出生前就已经去世了。从心理上说，一旦我们了解了整合是如何发生的，这件事情便不再那么神秘了。一边是从长期记忆中的选择性投射，另一边是从当前情景中的投射，这两种投射在构建整合时都是可获取的，这个整合有着自身精细的浮现结构和物质锚。

使用同样的整合模型，进入教室的老师注意到“缺席”的学生，这些学生真实存在而且不是死掉了，他们只是当前正在另一个地方。但是他们在教室仍是“缺席”的，这里是一个整合引出了违实空间，在这个空间里他们像预期的一样出现在教室里。这些整合把违实的外部空间关键关系压缩成了整合空间中的一个特征（缺席），它们和后面这些整合网络有共同的一般结构，例如，让我们和死人交流的整合网络，或是让我们想象一种可以通过喝一杯咖啡就能避免的咖啡因头疼。就像我们在第十一章中提到的虚物、虚事和虚动，同样地我们也有虚人。

我们在第十章提到的肢体语言和手语的指向技巧也适用于虚人的网络。我们可以通过指向一个人在我们上次见面时最后坐的位置来指明一个虚人。空的椅子、一直在响的手机，这些跟坟墓、照片和几缕头发一样，可以为一个不在场的人提供物质锚。我们对那个空椅子上缺席的学生感到生气，或者诅咒手机另一端的人。在手语中，通过指称转移，说话者可以成为一个被谈论的不在场的人的物质锚。

本章前面有一个关于韦伯斯特和他姐姐的例子，这个例子更明显地表明虚人在评价现实中起着重要的作用：姐姐是不存在的，她从不是韦伯斯特的姐姐，以及她非常地幸运。她对我们理解韦伯斯特和维多利亚十分重要。同样地，在与康德的辩论一例中，这个现代哲学家委婉地邀请我们根据他和一个不在场的康德的辩论，去评价他的智慧。

与康德的辩论是一个整合网络，在这里，康德不和那个现代哲学家同处一个空间，但在整合空间中他出现在了辩论发生的地点。然而，引发这个整合的语言很具规约性，以至于它不需要明确地指出这个整合的构建。相反，有一些语言工具的目的就是让我们注意到整合。“幽灵”（ghost）这个词就是一个此类工具，它被使用在下列话语中：例如“*美洲巨人2号*在
265 勉强维持相对于*北极光号*的幽灵的领先优势”，以及“美洲叉角羚竭尽所能地奔跑，因为它在被昔日掠食者的幽灵追赶”。托德·奥克利探讨了一个使用“幽灵”的详细事例来指出这种整合。例子出自阿特·斯皮格曼（Art Spiegelman）的《鼠族2：一个幸存者的故事》（*Maus II, a Survivor's Tale*）。

［阿特在和他的妻子弗朗索瓦丝（Françoise）讲他从未见过的哥哥里休（Richieu）。］

阿特：我在想里休能不能和我处得来，如果他还活着的话。

弗朗索瓦丝：你的哥哥？

阿特：我的幽灵哥哥，因为他在我出生之前就被杀害了，当时他只有五六岁。我在长大期间并没有怎么想起他。他只是挂在父母卧室的一张模糊的大照片。照片从不耍性子或者四处惹麻烦，这是一个理想的孩子，而我却惹人厌烦。这我没法跟他比。父母不会说起里休，但那张照片本身就是一种责备。他或许能成为一名医生，跟一个富有的犹太女孩结婚……这有点令人毛骨悚然，但至少我们本可以让他去对付弗拉迪克。跟一张照片展开兄弟之争也是件令人毛骨悚然的事。

这个失去的兄弟是阿特一生中最重要的人，或许也是他父母生活中最

重要的人。当前的现实和占据这个空缺位置的人都通过跟那个不在场的人的比较而受到评价。

不在场的人分为很多种。我们大多的例子强调的是不在场带来的悲伤，但是他们也可以带来荣誉、意志和满足。让我们思考下面的例子，一位船长想为他的国家赢得美洲杯帆船赛。美洲杯帆船赛官方指定了一名乘客作为“第十七名水手”，他可以在船上但不可以帮助驾驶船只。如果这个参赛国家有一个传奇船长霍雷肖（Horatio）[①]，他曾经有几次与冠军失之交臂，但现在已经去世了。这一次，这位船长赢得了比赛，在媒体发布会上，他被问道是如何夺冠的，他说：“我今天的第十七名水手就是霍雷肖。”在这个例子中有一个镜像网络，在这个网络中每个输入空间都有一个来自同一个国家想赢得比赛的队长。在整合空间中，这两个队长不是对手而是队友。这个当前的队长成为了霍勒斯的继任者和救赎者。时间和外部空间的关键关系被叠加压缩，类比的外部空间关键关系也被继任者关系加强了；同时，输入空间之间的继任者关系在整合中也被压缩成了内部空间合作者的角色。这个整合有多个浮现结构，其中一个包含了那个“第十七名水手”。这位第十七名水手不只是一名乘客，相反，他是船员里最管用的一个。这个国家多次尝试去赢得这个比赛，通过不同的船只、不同的船员、不同的赛场，266
最终赢得了比赛，上述的这些事件的离散链现在都被压缩到一个人的比赛里，以及一场由活着的船长和幽灵船长合作而取得的伟大胜利中。

戏剧连接子

戏剧表演是有意的整合，整合中包含了具有某个身份的活生生的人，其中一个输入空间包含了一个活生生的人物，而在另一个输入空间中是另一个人，即这个演员。在舞台上的那个人是以上两个人的整合。他扮演的

① 霍雷肖·纳尔逊（Horatio Nelson，1758—1805），英国海军将领，在多次海战中率领英国海军获胜。

角色或许是完全虚构的，但是它仍是一个虚构的空间中的活生生的人。在这个整合空间里，一个人听起来、动起来都像这个演员，而且附身于演员，但是这个演员在她的表演中要试图去接受她所扮演的角色的投射，以此去调整其语言、外貌、着装、态度和姿势。对于观众来说，他们所看到的那个活生生的、在移动和说话的身体就是一个物质锚。外部空间关系是表征。通常，表征需要外部空间类比的支撑，好比一个中年的女性角色需要一个中年的女性演员来扮演。在整合空间中，这些外部空间关系都被压缩成了唯一性。

原则上，演员和角色通过这样的途径联系在一起：演员在一个真实世界的行为和角色在表征世界的行为之间存在共性。在欧文·高夫曼（Erving Goffman）看来，这可以让我们在观看戏剧的时候注意到不止一个框架。当我们在看一个场景的时候，我们会同时注意到两个框架，一个是舞台上的演员在观众面前移动和说话，另一个是演员对应的角色在一个表征的故事世界中移动和说话。两个框架中有一些相同的语言和行为模式。从技术上说，电影更为复杂，但是我们还是可以注意到角色和演员。在《乱世佳人》（*Gone with the Wind*）中，我们看见瑞德·巴特勒（Rhett Butler）时候依然知道我们也看见了克拉克·盖博（Clark Gable），我们把瑞德的行为当成故事的一部分，同样的行为也发生在克拉克·盖博身上，这被看成是电影制作的一部分。从这个意义上来说，在每一个具体的戏剧表征中，在“现实”和“虚拟”之间有着很多共同的类属结构。

当作为观众的我们注意到演员的口音不对或哈姆雷特（Hamlet）被舞台上的灯绊倒的时候，我们可以解压整合空间，去发现在输入空间之间的外部空间关系。但是戏剧的力量不是来源于这些外部空间部关系，因为我们去看《哈姆雷特》的目的不是去测量演员和历史上的丹麦王子之间的相
267 似性。戏剧的力量来源于整合空间中的整合。观众可以生活在这个整合的空间中，直接观赏到它的现实性。高夫曼指出，在一些极端的情况中，观众会失去作为观众的框架，演员也会失去演员的框架，观众会冲到舞台上

去阻止一场谋杀，或者在女主角被砍成碎片时突发心脏病。

戏剧表演可以在网络中衍生空间和联系，如出现一个与戏剧故事有关联的额外的历史空间，当莎士比亚的戏剧《亨利五世》（*King Henry V*）中的同名人物跟历史上的亨利五世联系起来时，以及跟演员劳伦斯·奥利弗（Laurence Olivier）联系起来时。一个人可以在关于内战的战斗故事重现中扮演他的曾祖父。在一个客串演出中，一个人可以扮演他自己。有很多可能性。

体验一个戏剧表演需要更复杂的整合，我们将不对其进行细节讨论，但是它们有一些值得注意的特征。其中最明显的可能是观众只是通过选择性投射沉浸在这个整合空间之中。例如，观众周围的很多方面（坐在座位上、旁边有其他人、处在黑暗中）尽管对其而言都是独立存在的，却没有被投射到整合空间之中。观众的正常生命性和主观性、行动力和话语权、其对所看到事情做出反应的责任，这些东西都要被抑制。同时，演员处在另一个不同的整合中，他的行为模式和话语权都是在表演之中，而不是他的个人意志或是自己对结果的预期。在这个整合中，他只是说他角色该说的话，一晚接一晚地重复着同样的事情。玩过家家游戏的幼童和处于观看中的父母会有不同的投射和体验。

生活在整合空间中的重要性和能力十分有价值。在一些情况中，生物学让我生活在整合中，比如当我们认为一只蓝色的杯子是蓝色的时候，它本身蓝的颜色是造成我们把它看成蓝色的原因。当我们使用手表、仪表和复数的时候，我们也生活在整合空间之中。但是，以上情况中的整合都是文化发展的产物，输入空间和它们的外部空间关系都很容易获得。而在戏剧中，生活在整合空间的能力是整个行为的动机。这些是高级的双域整合，对于人类来说十分自然，但其他物种则无法做到。原则上，我们没有理由说倭黑猩猩，甚至是豺，没有在它们的种群中上演戏剧。它们也可以做出动作，拥有记忆，组织目标驱动的行为，它们也有适合戏剧表演的复杂社会结构和社会需求。但是，它们没有双域整合，所以这个可能性从未出现。

第十三章

269

范畴转变

虚数是圣灵的一个绝妙依靠，几乎具有存在与不存在的双重属性。

——戈特弗里德·莱布尼茨

我们经常通过扩展传统的范畴来组织新的事物。通常，这些范畴扩展是临时的。在一个学术讨论的讲义上有一列从 1 到 7 的数字，还有一列从 A 到 E 的字母。在提问期间，人们会不自觉地提到“数字 E”。这个整合的输入空间一个是自然数，另一个是字母表，这两个空间都是以习惯的方式排列的。类属空间里只有一个有序的序列，它确立了两个输入空间里的对等成分。这个整合空间有一个有序的序列，但同时还有两对相互联系的自然数的集合，一个是真的自然数，而另外一个则是字母表里的字母，这个整合没有来自输入空间中自然数的算术特征，或者字母的拼写特征。

同性婚姻

在其他例子中，整合会导致一个永久的范畴改变。在第七章中，我们讨论到“同性婚姻”这个短语。这样的句法形式表达，它包含一个来自概念空间的名词和一个来自其他概念空间的修饰语，可以系统地用于引发整合。对于同性婚姻这个短语，一方的输入空间为传统婚姻的情景，另一方则是一个包含两个同性别的人构成的另类的家庭情景。跨空间映射会把典

型的元素连接起来，例如伴侣、共同的住所、承诺、情爱、性爱等。然后 270
选择性投射从每个输入空间中吸取额外的结构，例如从传统婚姻空间中投射社会认可、婚礼、征税方式等，而从另一个空间投射相同性别、无亲生子女、文化约定的角色等。如图 13.1 所示，这个新的社会结构的特征浮现在整合空间中。

这样的范畴转变可以彻底地改变范畴的结构。绝大多数的传统婚姻有一些标准特征，例如为繁衍后代的异性结合。在新的包括同性结合的婚姻范畴中，为繁衍后代的异性结合这个特征会消失，而其他的标准特征将会为这个新的范畴提供结构。

复数

在科学的历史中，特别是数学和物理学存在很多的概念转移。我们经常说有些模型代替或者扩展了之前的模型，但是我们低估了整合的普遍性和重要性。

在第十一章中，我们见识了数字这个范畴为了涵盖零和分数而被改变。在分数的情况下，创造新范畴的整合是十分复杂的。回过头来看，就像是简单地把一些新元素加到原来的范畴之中，因为我们还使用同样的术语。事实上，在范畴转变的过程中，整个结构还有组织原则都有巨大的改变。简单地认为把老的输入空间整体转换成新范畴的一部分，这只是一个错觉。就像是在同性婚姻的例子中，范畴的转变会彻底地改变范畴。

我们再次思考复数的发展。历史上，数学概念的发展是缓慢而艰辛的，在这个过程中复数被赋予幅角和幅值。负数的平方根出现在 16 世纪数学家的公式之中，这些数学家，特别是卡尔丹（Cardan）和邦贝利（Bombelli），认为这样的数是无用的、复杂的、不可能存在，是想象出来的。笛卡尔在一个世纪后仍持有同样的看法。莱布尼茨认为使用这样的数不会带来什么坏处，欧拉认为这样的数不可能存在，但还有些用处。负数的平方根具有很奇怪的特征，这些特征使其可以用于形式的运算而无须契合某个数学概念系统。一个真正的复数概念需要很长的发展时间。

这个发展始于一个先前存在的数字和一维几何的整合：在一条线上的点跟全部数字和分数整合，以至每一个数是一个点，而每一个点是一个数。现在，这个整合固化在我们的文化中，就像是物理现实中的一个基本事实，但是为了得到它而付出的智力上的努力显现了它是多么富有想象力。

271

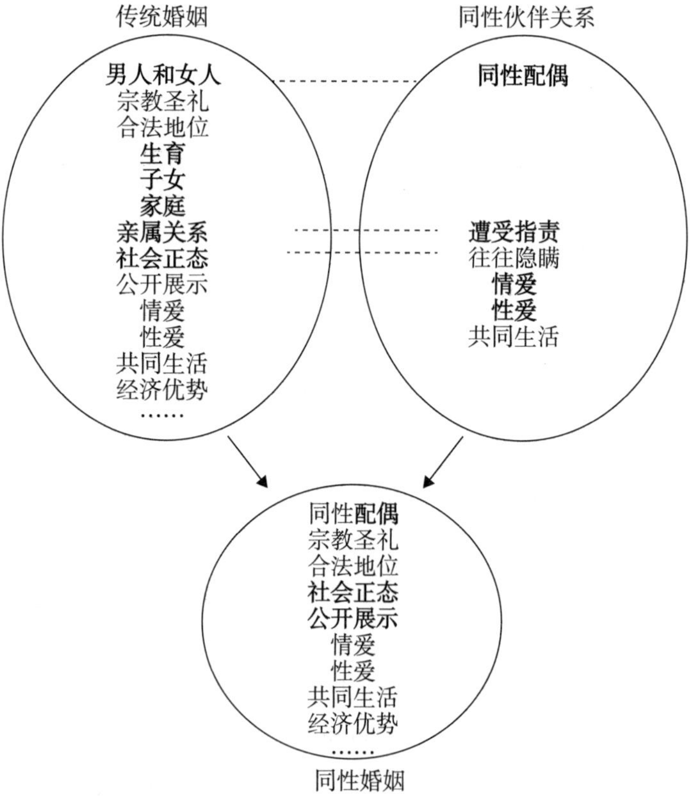

图 13.1　同性婚姻

笛卡尔扩展了数字和一维空间的整合，创造了坐标平面，平面中每一个点都被一对数字定义，包括负数。17 世纪的数学家约翰·沃利斯（John Wallis）更进了一步，他在 1685 年的著作《代数学》（*Algebra*）中提出，如果负数可以被投射到一条有方向的线上，那么复数则可以被投射到二维平面中的点上。沃利斯为 $ax^2+bx+c=0$ 中的实根或复根提供了几何构建。272
实际上，他为难以理解的数字提供了一个统一模型，给它们的形式运算一些实质内容。尽管沃利斯的模型展现了一个系统的形式统一性，包括复数在内，但是这对于数的概念的扩展来说还不够。莫里斯·克兰（Morris Kline）说沃利斯的成果被忽略了，他没有让数学家们接受这类数的使用，这本身就是一个有趣的观点。把一个一致的空间投射到一个概念上不一致的空间上，并不能给不一致的空间一个新的概念结构。同样，一致的抽象结构不能产生一个令人满意的概念结构，即使是在数学中。在沃利斯看来，度量几何学为实数和虚数的统一解释提供了一个抽象图式，但没能让数学家们相应地去修正数的域。直到复数新的概念结构在整合空间发展起来之后，数的域才真的得到扩展。

在这个整合空间中，而不是原始的输入空间中，通过笛卡尔坐标（a, b）和极坐标（ρ, θ），一个元素可以同时是一个数字和一个几何点。在整合中，数的形式特征很有趣，例如：

$$(a, b)+(a', b')=(a+a', b+b')$$

$$(\rho, \theta)\times(\rho', \theta')=(\rho\rho', \theta+\theta')$$

在这个扩展的意义上，每一个数都有实部、虚部、幅角和幅值。通过把这个整合连接到几何输入空间，数都可以进行几何运算；而通过把这个整合连接到实数输入空间，整合中新的数会立即被概念化为旧的数的扩展。

整个概念整合网络有两个输入空间，即二维几何空间和实数空间。复数及其特征出现在整合空间中。在沃利斯的方案中，从线上的点到数的映射被扩展为从一个平面上的点到数的映射。这个映射的一部分是从一个输入空间到另一个空间，平面中只有一条线被映射到了另一个输入空间中的实数，但几何输入空间全部映射到整合之中：这个平面所有的点都有一个复数作为对等成分。反过来，这也让这个整合去吸收几何输入空间里的全部结构（见图 13.2）。

构建一个丰富的此类整合空间时，一个抽象的类属空间也会随之产生。三个空间分别包含点（输入空间 1）、数（输入空间 2）和复数 / 点（整合空间），这三个空间蕴含了第四个空间，这个空间包含具有点和数的共同特征的抽象元素。这种情况下的抽象概念是对元素的“运算”：对于数来说，其运算是加法和乘法；对于平面中的点来说，其运算是几何变形，例如旋转和拉伸。在复数的整合空间中，数和向量相当于一回事，所以数的加法就是向量的相加，数的乘法就是向量的旋转和拉伸。

273

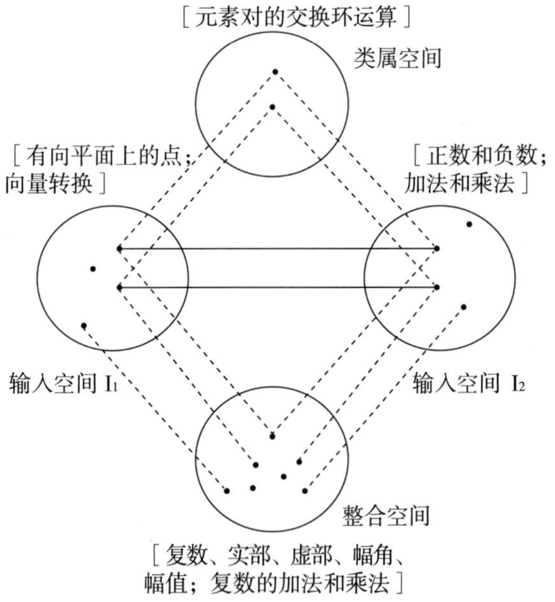

图 13.2　复数

在完成的整合网络中的类属空间中，特定的几何和数字特征消失了，剩下的只有一个更抽象的概念，即元素对的两种运算，因此每一种运算是关联的和交换的，每一种运算都包含一个身份元素；每一个元素在运算中都有一个逆元素（inverse element），两种运算中一个相对于另一个来说是 274
分配性的。这个结构被数学家称作交换环（commutative ring），是研究几何、算术和三角函数的数学家的一种典型的无意识操控，直到它在数学中变成了一个有意识的研究对象。在复数的发展中，数学家们花了大约三个世纪才到达这个点。

具有幅角和幅值的复数概念的出现展示了整合中所有的特征，其中包含了数字到平面几何空间点上的初始跨空间映射、一个类属空间、两个输入空间向整合空间的投射（数字与几何点融合），还有通过完善（幅角和幅值）和细化（数字的乘法和加法被重新构建为向量的运算）而产生的浮现结构。

这个整合在数学中呈现出一个现实主义的解释，它形成了一个新的更丰富的方式去理解数字和空间。但是，它还和输入空间中之前的概念有联系。此类概念变化不仅仅是替换，而是创造了更加精细和连接更丰富的空间网络。

复数概念的进化突显了命名和概念化之间的深层次差异，在数字域中加入“$\sqrt{-1}$”这样的表达并且把它们叫作数字，并不能在概念上让它们成为数字，即使它们适用于一个统一模型。总的说来，这是范畴扩展的真实情况。

计算机病毒

在当前“人工生命”（artificial life）的研究中，我们可以看到在永久范畴扩展方向上的努力。思考以下观点：“一些科学家坚持认为‘病毒’这个词仅仅是一个隐喻……尽管计算机病毒不是一个完全的生命体，但是它们也包含了很多生命体的特征，我们不难想象在未来计算机病毒会和生物病毒一样有生命。”这是一个引人注目的双域整合，一个输入空间由产品“计算机”这个框架构成，另一个由“生物病毒”构成。

在20世纪过去的15年里，这个新范畴从两个毫无关联的情景中出现。在第一个情景中，黑客通过编写影响计算机运行的代码造成危害；在第二个情景中，如我们在第六章所言，生物学家和理论家在电脑上编写“解读生命史的奥秘”这样的程序来模拟有机体的进化。黑客情景激发了初步的相对浅薄的“计算机病毒”整合概念。这个原始整合的跨空间映射首先建立在病毒和黑客恶意程序之间模糊的共性上：

275 • 这个元素意外地出现；它从外部进来或被放进来；它原不属于这里。
• 这个元素可以复制；它的复制品也同样和本体一样不受欢迎。
• 这个元素干扰了系统的预设功能。
• 这个元素对系统有害，因此对使用者也有害。

这个整合网络很快地发展起来，它为计算机病毒创造了一个更丰富的范畴，并把下列的范畴也联系了起来，如把消毒剂、疫苗、安全接口和计算机安全维护供应商联系起来。

同时，在计算机上生物进化的建模是自我进化的，这是从建模生命到一个关于算法和程序的更广泛的研究，而且也是这些算法和程序使建模可能发生，这些合起来被叫做“人工生命”。人工生命是一个新的计算机概念，它建立在生物进程的类比之上。人工生命和生物被看作是不同的，但是它们也共享一些有趣的、基本的东西。就像在复数的发展中，几何空间和数之间有趣但非范畴的整合会发展到一个层次，一个更丰富的更完整的整合在这个层次上最终被认为是“数”概念的扩展。因此，在人工生命这个概念的发展中，计算过程和生物体之间的非范畴整合也会发展到一个层次，更丰富更完整的整合在这个层次上会被认为是一个对“生命”范畴本质的洞察。这个整合带给我们一个新发现，那就是生命不局限于我们过去所认为的样子。

计算机病毒和人工生命都发展成了合法的范畴。上面提到的科学家预测到，发展到最后一步会是这样的场景：建立一个传统文化和科学的关于生物体、计算机病毒和人工生命的大整合空间。类属空间会使其有一个关键的科学范畴特征，而整合空间会给我们一些达尔文或卢克莱修永远不会想到的东西。

词汇及其扩展

神经科学家安东尼奥·达马西奥（Antonio Damasio）指出，词汇和其他神经生物元素没有什么区别。词汇依附在网络上，可被激活，并和其他网络连接。这意味着词汇在整合中（当然要在大脑中被完全实例化）和其他元素一样，会连接到心理空间的激活模型上，并且被选择性地投射到整合空间中。我们在第十一章中细致地分析了此类投射在“咖啡因头疼”“金钱问题”和“尼古丁发作”中的应用。“咖啡因”这个词汇的投射
从一个违实的输入空间而来，在这个违实空间中只有咖啡因而没有头疼， 276
因此，它最终成为一个表示在缺乏咖啡因的情况下的头疼的语言符号的一部分。

我们可以轻易地在“咖啡因头疼”中看到这个投射，因为有咖啡因和没有咖啡因这个对比出现在我们面前。但事实上，这是任何词汇使用的正常过程。这也是为什么词汇最后会有多重意义，以及为什么我们可以用现存的词汇去探讨新的范畴。整合中的选择性投射运作，当被应用于作为依附到输入空间的元素的词汇时，会产生以下在扩展词汇使用时的四个原则：

1. 通过选择性投射，应用于一个输入空间的表达可以被投射应用在整合空间里的对等成分上。用这样的方法，整合空间利用现存的词汇去表达整合中产生的新意义。例如，“病毒”在原始的输入空间中指的是和健康相关的事物，但是在和计算机的整合空间里，它被投

射后指的是相关的对等成分。更重要的是，“病毒”在整合空间中所指的东西和它在输入空间中所指的东西是完全不同的。我们可以说“我从你的软盘里感染了病毒”去选出整合空间里的结构。

2. 输入空间中语言表达的组合或许对于整合空间中的结构而言是合适的，尽管这个表达组合对输入空间而言是不合适的。因此，符合语法但是没有意义的句子在整合空间里可以变得既符合语法又有意义。例如，一旦有了复数的整合，我们可以使用已存在的词汇和语法模型来让“负数的平方根”这一表达有意义；一旦有了同性婚姻的整合，我们说“新娘和新娘在中午结婚了”（The brides married each other at noon.）就变得有意义了。我们可以这么做，即使这些表达在已存在的输入空间中都没有意义。
3. 对于整合空间中的浮现结构我们经常会使用一些表达，尽管它们本身不可以被用在输入空间中。例如，在与康德的辩论中，我们可以说“康德没有答案”，这确实告诉了我们输入空间和康德之间的一些事，尽管“答案”这个词不可以应用在那个输入空间中。
4. 整合经常不可避免地会扩展词汇的使用，尽管我们很少注意到这些扩展。例如，在第二章和第十一章中探讨过的“安全的”（safe）这个词，它有着比我们所认识到的还要多的“表面意义”（surface meaning）。

这些原则不是草率的，它们往往让精确和一致的指称成为可能，认识到这一点很重要。数学并没因为以多种方式使用“数”（number）这个词而失去它的严谨性。一些情况下，“数”选择的元素没有角度，在另一情况下，则有角度。“数”这个词保留了它所有原来的意义，但也在复数整合中获得了新的意义。

277 我们经常看到这些原则在起作用。例如，第八章中对“父亲”XYZ整合的讨论，为“父亲”这个词的使用提供了很多的扩展。其中一些被认为是隐喻的、创造性的、临时的或者永久的。“父亲”这个词的渐变是自然发生的，因为这个词在每种情况下都依附在一个输入空间上，整合作为概念运作应用在这些输入空间上，并且根据原则 1 和原则 2，“父亲”这个词会应用在整合空间而不是输入空间里的结构上。扩展或改变词汇的使用不在于每一个词的特征上，它只是概念整合和从输入空间到整合空间的映射的一个副产品。概念整合的认知运作并不仅限于语言。能够整合并且了解语言的大脑将不可避免地通过整合而让词汇产生多重意义。如果词汇出现在一个输入空间中，它们可以像空间中的其他元素一样被投射。这会改变它们的应用领域，多数情况下不会被注意到，但是在浮现意义和输入空间领域有明显差别的时候，它们就变得引人注目。当我们注意到这个距离的时候，我们将其称为扩展、漂白、类比、隐喻或替代。一词多义现象其实很普通，它就是概念整合的标准副产品，只不过很少被我们注意到而已。

人类面临一个基本的问题：概念系统非常广泛、丰富且开放，但是语言系统不管多么引人注目，相对而言是很浅薄的。考虑到概念和语言系统二者在无限性上的不匹配，语言系统如何能够被用来传递概念系统的产物，而这些产物又如何能够在语言中找到相应的表达？如果每个语言形式必须表达完整且不变的意思，语言能交流的东西会很少。这个问题的进化解决方式是有一个形式系统可以提示意义的构建，而这个构建超越了形式本身。在下列例子中，“保罗是萨莉的父亲”（Paul is the father of Sally.），“残暴之父”（father of cruelty），“天主教会之父”（father of the Catholic church），“虚荣是理性的流沙”（Vanity is the quicksand of reason.）以及“智慧是谈话的调味品”（Wit is the salt of conversation.），介词 of 没有指定任何整合或任何投射，它仅仅是提示构建一个概念网络的方式，而这个网络会产生相关的意义。我们怎么去构建那个网络，这在语言结构中无处可寻。因此，of 这个词和一个开放无限的映射相关联，但是这个无限的映射并不是任意的，它被概念整合网络的要求所限制。不同的语法形式会提示概念映射的不同无限性。

因为语言表达提示意义而不是代表意义，所以语言系统不必要，而且事实上也不可能成为概念系统的相似体。它们能做的是提示意义构建，让它们去代表意义是做不到的。

第十四章 279

多重整合

死神，你这小丑，你在对着我们讥笑，
不久，两个塔尔伯特一经永久结合，
就会脱离你的残暴的压迫，
双双的飞上悠悠的苍天，
昂然超越你的死亡这一关。
啊！你的创伤和丑脸的死神倒是配得过，
在你断气以前有话且对你的父亲说；
有话尽管说，不管死神愿不愿意；
把他当作法国人，当作你的仇敌。
可怜的孩子，他笑了，好像是在说道，
如果死神是法国人，死神今天已经死了。

——威廉·莎士比亚[①]

概念整合总是至少包含四个空间：两个输入空间、一个类属空间和一个整合空间。本章之前，我们主要是在使用这个最小模版。现在，我们开始阐释更为常规的概念整合。概念整合是一种动态运作，可以运用任何数量的心理空间，并且可以重复运用，其输出也可以成为进一步整合的输入空间。

在这种更为常规的模型中，我们可以得出概念整合的典型特征：多个

① 节选自莎士比亚剧作《亨利六世》，梁实秋译。——译者

输入空间之间的跨空间映射、选择性投射、类属空间。但是在多重整合网络中并不需要单个类属空间。本章中，我们将会看到网络成为多重整合的两种主要方式：多个输入空间通过平行投射，或者相继投射到中继整合空间，然后这些中继整合空间作为进一步整合的输入空间。

德古拉和他的病人

下面这段文字摘自一篇关于美国前总统克林顿医疗改革的报刊社论。

280 我认为克林顿总统的做法足见其过人的胆识，他是在赌这些医疗保健行业的固定演员已经把美国人民吓得够呛了，所以只要能不再在这场医疗闹剧里继续当群众演员，我们什么条件都可以欣然接受，哪怕是高额的税收。因为这像极了一场永不完结的“德古拉”电影，伯爵百战百胜，直到吸干每个人的最后一滴血……这群德古拉尖声叫着“公费医疗”，然后低声呻吟：你将不能再自己选择医生。

在这篇文章中，我们可以找到两个整合网络，每个整合网络的输入空间都由隐喻映射连接。第一个网络中，一个输入空间是医疗保健行业，其中有专业人员（医生、医院管理部门、医保代理商）和普通民众（他们是病人，支付医疗服务费用，还要购买医疗保险）；另一个输入空间的结构来自电影制作，对比享有特权的固定演员（他们有着稳定工作，收入不菲，可能还态度傲慢）和群众演员（他们的生死大权全凭制片人的一时兴起，没有任何保障，被无情剥削）。在这个跨空间映射中，固定演员（电影专业人员）是医疗保健专业人员的对等成分，而卑微的群众演员就是疲惫民众的对等成分。

第二个整合网络的一个输入空间也是医疗保健行业，另一个输入空间则是众所周知的恐怖故事：吸食受害者鲜血的德古拉伯爵。在这个整合空间中，医疗专业人员是吸血鬼，病人就是受害者，这些医疗保健的吸血鬼从受害者 / 患者身上榨取钱财 / 鲜血。

这两个整合网络都让人觉得像隐喻，并且有隐喻的跨空间映射。很明显，这是两个不同的隐喻，并且各自独立：一个把医生和保健机构比作吸血鬼，另一个则把他们比作固定演员。

但是我们现在可以得出，概念整合可以运作任何概念列阵。这两个隐喻整合网络共用一个输入空间：医疗保健行业。此外，其他两个输入空间（固定演员和吸血鬼德古拉各自占据一个网络）自然而然地形成了一个众所周知的跨空间映射：德古拉伯爵的故事常常被拍成电影，其中的固定演员就是德古拉，群众演员就是那些受害者。我们在第十二章中讨论过戏剧连接子，这种自然形成的映射建立演员和角色的联系，但是这种戏剧上的跨空间映射并不属于隐喻映射。

文中出现了短语“医疗保健行业的固定演员”，这种“Y of”结构是开始建立整合网络的提示，这里的输入空间有电影制作和医疗保健。我们几乎一眼就能看到，这些演员“把美国人民吓得够呛”，这个行为包含在概念整合中，但是直到文章给出了“德古拉”，我们才能准确地建立“演员”与其他元素之间的关系，然后我们才能得出对恐惧的一种清晰解释： 281
这里有另一个关于德古拉的恐怖故事空间，和医疗保健行业有着隐喻跨空间映射，以及自然形成的电影制作输入空间的戏剧映射。至此，我们就建立了一个多重整合，并且立即开始运作。这个德古拉空间现在也成为了整合的一个输入空间，这个空间里有，医生 / 固定演员 / 吸血鬼榨取患者 / 群演 / 受害者的钱财 / 权力 / 鲜血。

在电影制作、电影内容、医疗保健这三个相互连接的空间之间，我们可以得出如下的对等成分结构：

电影制作	**电影内容**	**医疗保健**
固定演员	吸血鬼 / 德古拉	医疗专业人员
群众演员	受害者	民众

值得注意的是，在这张结构示意图中，群演对应着受害者，但在实际

电影里，固定演员也有可能会扮演受害者的角色。

这三个空间都被选择性地投射到整合空间中，因此每个活动参与者都体现着来自三个输入空间的所有特征。一组参与者受到了惊吓，他们是群众演员，是民众（病人），他们以不同的方式被压榨。另一组参与者（一群“德古拉”）由固定演员 / 吸血鬼 / 剥削者构成。

为什么说这是多重整合，而不是两个相互交织的隐喻？首先，如果将固定演员 / 群众演员隐喻为剥削者 / 受害者并不恰当，因为人们对电影的固定演员基本没有嗜血剥削者的刻板印象。但是在整合时，吸血鬼空间提供了强有力的施害与被害的关系，对于兼容的固定演员 / 群众演员结构，只增加其适用的特点，而摒弃其他。例如，固定演员始终出现在电影中，以各种不同的形式回归，他们对电影来说非常重要。在整合中，我们“建立”电影空间的同时还建立了一个医疗保健空间，而“群众演员”与这个空间毫无瓜葛。另一方面，在吸血鬼电影空间中，受害者处于影片情节和观众注意力的最前沿，他们同样很重要。但是，这一特点并没有被投射到整合当中，不然就会与“群众演员不重要”这一特征冲突，显然这一特征与整合的联系更为密切，与医疗保健输入空间中民众被无视这一预期信息相对应。

这段话所采用的语言形式也体现了概念整合的特点：“这些医疗保健行业的固定演员已经把美国人民吓得够呛了。”这一句话中就可以找到来自三个输入空间的词汇。影片的固定演员也许会犯各种错误，但一般不会
282 吓到群众演员或者是美国民众。根据之前章节介绍的词汇投射原则，“吓”这个词来自吸血鬼空间。我们还能在这段概念整合中找到另一些例子，也足以体现出三个空间机缘巧合地同时被征用：

· 伯爵百战百胜，直到吸干每个人的最后一滴血。

就吸血鬼输入空间而言，这种表述利用了医药 / 医疗保健输入空间中的血液这个角色。然而，这一连接与吸血鬼输入空间和医疗保健空间的跨空间映射并不相关：文章作者并不是在指责医院抽走了病人身上的血，而是把

吸血鬼空间的吸血常规地映射为对资源、钱财、能量的剥夺。当然，在整合中，钱和血是一样的，医生和吸血鬼是一样的，这样机缘巧合地同时征用三个空间起到了非凡的效果。这并不是说钱和血或者吸血鬼和医生之间的界限变得模糊了：与独立的输入空间的所有连接依然处于动态激活的状态。虽然血液分析是医疗保健输入空间里的偶然拓扑结构，但它最终会被概念整合的核心框架拓扑结构（吸血）合并。

我们用 B 表示整合，三个输入空间用 M、V 和 H 来表示（分别对应电影制作、吸血鬼和医疗保健）。如图 14.1 所示，在最终的网络架构中，虚线表示空间之间的跨空间映射，实线表示整合的选择性投射。

这一架构有三个跨空间映射，但我们还须提到其类属空间。因为有三个跨空间映射，所以我们最多可以找到三个不同的类属空间。不太严格地说，图式结构 G_{VH} 与 V 和 H 的压迫者 / 受害者图式相同。G_{MH} 与 M 和 H 相同，是一种社会地位图式："显赫、重要、必不可少的社会地位与低微、不重要、可有可无的社会地位"。G_{MV} 则是将现实的演员与他们扮演的角色联系起来，这一类属空间我们已经在第十二章戏剧连接子的部分探讨过。

根据一般的原则，连接 M、V、H 的类比和戏剧外部空间关键关系被压缩，具有唯一性。主导隐喻的两个类属空间 G_{VH} 和 G_{MH} 是一致的。虽然它们并不相同，但都可以被视为"更多权力 / 很少或几乎没有权力"的更为抽象的类属 G 的子类，因为它一方面符合 V 和 H，另一方面也符合 M 和 H；G 自动符合 V 和 M，这是复杂整合网络的一项已经取得的成果。仅凭戏剧映射就可以把*群众演员*和*宴会上的百万富翁*连接起来。但是精心设计的德古拉多重整合使得戏剧映射成为可能，因此也使得 G_{MV} 与其他所有类属空间保持一致：G_{VH}、G_{MH} 和 G。所以，*受害者*、*群众演员*和病人必须联系在一起，*吸血鬼*、*固定演员*和*医疗保健人士*必须联系在一起。

283

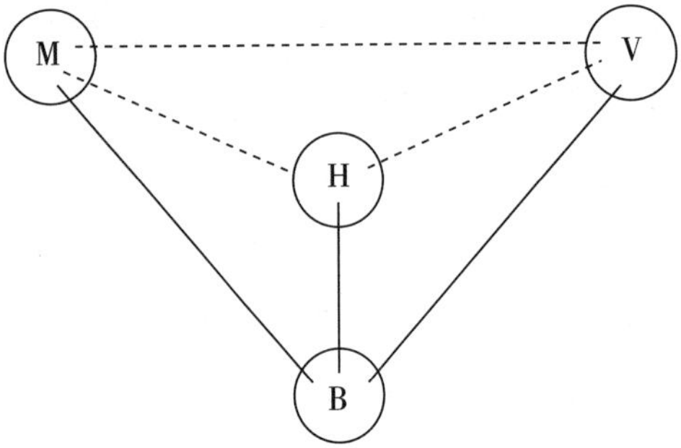

图 14.1　德古拉网络

此外，输入空间 M、V 和 H 之间还存在关键关系。M 和 V 之间有因果连接，因为吸血鬼电影是电影行业的产品之一；M 和 V 之间还有意向性连接，因为影片制作人意图制作这种类型的电影。因此，整合网络的完整结构架构如图 14.2 所示。

从修辞和概念的意义上讲，这个特定网络的功能是为 H 提供结构。作者是在谈论医疗保健体系，而不是评论吸血鬼电影或电影行业。我们在第七章中介绍了双域网络的概念，到这里就自然地扩展为多域网络。

德古拉和他的病人突出了许多我们之前没有遇到过的类属空间的特点。尽管这个网络确实包含着一个符合所有其他空间的高度抽象的类属空间 G，但我们仍需重视更为具体的类属空间 G_{MH} 和 G_{VH}，它们详细说明了相关的跨空间映射；以及类属空间 G_{MV}，它详细说明了 M 和 V 之间的独立戏剧映射。随着整合网络的发展，不同的类属空间开始产生联系在一起的压力。例如，G_{MV} 的压力在于要使*群众演员*成为*受害者*的对等成分。更概括地说，想要建立一个涉及上层施事残忍剥削下层施事的总体类属空间的压力很大。而且想要实现这个类属空间还需要做出其他调整，因为残忍并不是 G_{MH} 的标准特征成分：固定演员或许对群众演员漠不关心，但通
284 常不会被视为残忍。为了完成 G，G_{MH} 也被动态重建。因此，多重整合既揭示了复杂类属空间组织的可能性，也揭示了单个复杂概念整合网络中的类属空间之间的压力。

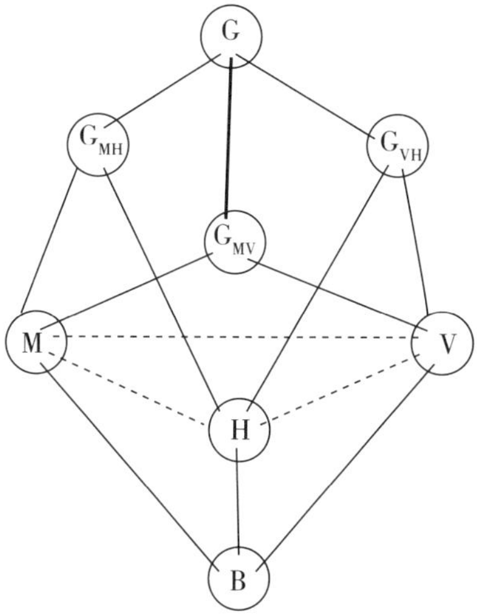

图 14.2　含类属空间的德古拉网络

三垒上的布什总统

下面这个四空间整合的例子来自美国 1992 年的总统选举，这本是候选人之一汤姆·哈金（Tom Harkin）的一句玩笑：

> 乔治·布什（George Bush）就是在三垒上出生的，他还以为是自己打了个三垒安打。

一个输入空间是棒球，另一个输入空间是社会和个人与社会的关系的形象。类属空间中包含相互竞争的施事和期望达到的目标。这是一个双域网 285
络，两个输入空间都提供了框架结构。棒球场景来自于棒球空间，但不知道自己如何到达现在的位置，这种可能性则是不理解为什么自己享有如今的社会地位的投射。这些投射导致整合中出现了浮现结构：对自己在如何上垒问题上感到迷惑的可能性。在棒球输入空间中不可能出现这种程度的愚蠢，但却有可能在整合中出现，虽然也是蠢得惊人。

我们现在来看这个整合的精心设计的发展：

> 送子鹳把含着银汤匙的乔治·布什投到了三垒，他还以为自己打了个三垒安打。

这里的几个整合空间彼此连接，以生成一个大整合空间。提供了送子鹳的常规多重整合基于一个常规的隐喻整合，在这个整合中，出生意味着来到了某个位置，这里的位置通常是指这个世界："他十五年前来到了这世上。"马克·吐温说过，他"与哈雷彗星一起来到这里，总有一天还会被哈雷彗星带走"（事实的确如此）。要想明白送子鹳的多重整合，需要把出生意味着来到世上这一常规的整合作为一个输入空间，此外还有其他的输入空间。一个是送子鹳的飞行，另一个就是*空中旅行*这一老生常谈的框架，其中涵盖了从挥着翅膀的宙斯信使赫耳墨斯（Hermes）的派遣，到阿拉丁（Aladdin）坐上魔毯的飞行。然而这里还有一个输入空间，就是婴儿每天的生活。这个整合中的婴儿有可能正要出生，也有可能已经具有长大了一些的婴儿的特点：我们可以看到他，他看得到送子鹳，他会笑，已经开始穿纸尿裤了，会抬头了。客观上看，这些输入空间大多没有联系，但是在这个场景中，它们顺利地整合到了一起：叼着婴儿的送子鹳（见图 14.3）。尽管这一幕在现实世界并不可能发生，我们却很容易就可以理解，因为它符合人性，而且它的结构借鉴了许多我们非常熟悉的场景。

这里还有一个可以独立操作的关于生活和棒球的整合，比如人们常说"我从来没到过一垒。"这就被用在了"乔治·布什出生在三垒"这句话中。

然而，这里还有一个次网络整合了生活状态的等级与用餐场景的等级。某人嘴里含了银汤匙就属于这个投射的整合空间。

这里共计三个整合空间（送子鹳送来婴儿、生活就像一场棒球比赛和银器象征地位），它们随后都被整合到了一个超级整合空间中，出生、送子鹳、三垒、银汤匙全部涵盖其中。在这个超级整合的空间中，构建了各种推论、动机和情感，这些都可以应用到我们对乔治·布什、他的社会地位和候选人资格的理解和感受当中。

这个多重整合表达了和原本的玩笑相似的内容：出身显赫、没有自己的功绩就得到了当前的社会地位、对自己的成就没有清晰认识。但它实现了一种原始构建中缺乏的整合形式。这是因为，鹳把某物投到棒球场上的场景整合得很好，而某人出生在球场上的场景则不然。这个整合更加完整（却没那么搞笑），因为整个场景（虽然不太可能出现）是可以被单独想象出来的。这个整合可以更好地与出生和球场同时匹配，因为在“出生在三垒”这一原始整合中，有很多无法确定且无法解释之处，现在则已经有了明确的框架，既符合常规的送子鹳送来婴儿的整合，也符合棒球比赛的场景：在当前的整合中，送子鹳飞到棒球比赛这一具体空间内，并将某物投在三垒，这就是出生的部分，虽然扔下婴儿依然不属于这三个输入空间。

286

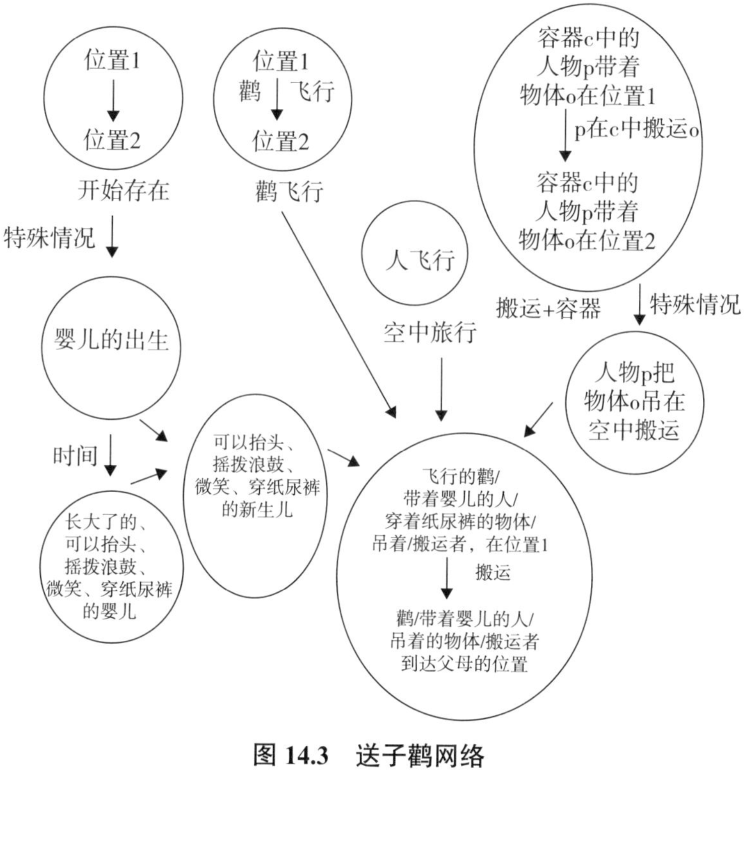

图 14.3　送子鹳网络

当然，场景整合与框架整合不尽相同。送子鹳场景以奇特的方式扰乱了棒球框架。在棒球场上，棒球手不会被鹳叼来叼去，而且他们嘴里没有
287 勺子。我们需要为棒球赛构建一种奇怪却又显而易见的新可能性：每个人基本上都需要跑垒，但非常不公平的是，这个人从三垒开始跑。

两种跨空间映射有助于构建这种复杂的整合网络。第一种由隐喻映射构成——到达代表出生，银器代表地位，棒球比赛代表生活。第二种由这些隐喻的目标空间之间的部分关键关系构成——出生、生活和社会地位。部分–整体连接子将出生与生活连接起来；因果连接子将社会地位与社会生活连接起来；因果连接子通过赋予新生儿其父母的社会地位这一文化模型将出生与社会地位连接起来。同一性连接子把出生的人、主导生活的人和有着社会地位的人联系起来。

抛开这个多重整合，生活、出生和地位已经融入我们复杂文化的“生命故事”之中。已经存在的整合的生命故事，以及随之而来的多重整合网络中生命、出生和地位之间的关键关系，使这个整合网络出现了一个德古拉和他的病人的整合网络中所缺少的特点。这个整合网络中没有关于演员、医疗保健专业人士和吸血鬼的常规整合故事（这些是我们应该知晓的文化的一部分），但是这里有另一个常规故事，即一个人出生时就已经具有一定的社会地位，且决定了他未来的生活。

多重整合如何处理这个生命故事？让我们退一步来观察，在讲述一个由如此庞大的图式故事构成的复杂故事时，有一种标准的修辞手段。例如，假设一位政治家正在给我们讲述他的自传，一个从卑微的起点一步步高升的故事。这个故事中有几个抓拍时刻，比如童年经历、初涉政坛、富有意义的早期工作和第一次选举。这个故事，通常会为每一张静态抓拍都提供一个独立的、往往也是隐喻的整合网络。因此，这位政治家可能会把童年经历的抓拍展现为“向责任迈出的第一步”，早期的从政经历是“培养”对政治的“兴趣”，赢得第一次选举就是“在政坛有了自己的一席之地”，等等。在这种修辞设计中，完整展示了自成一体的独立整合网络。

我们不需要进一步尝试整合第一步、兴趣和政坛的一席之地。

相比之下，布什-鹳-棒球-汤匙整合网络则进一步整合了明显不同的输入空间，创造了一个连贯一致的场景：送子鹳将含着汤匙的婴儿投放到了三垒上。为了使整合的场景成为一个整体，整合找到了一个机缘巧合的优势，那就是它们全部由位置构成：三垒是一个位置，到达的地点总是位于某个位置，而银汤匙则代表了用餐语域上“更高”和“更低”的“地位”。“嘴里含着银汤匙被送子鹳投到了三垒上”这一整合场景与生命故事保持了一致，因为它的空间关系以常规隐喻所认可的方式跟出生、地位 288
和生活之间的关键关系相匹配：状态是一种隐喻意义上的位置，所以处于棒球比赛式的生活中的某个位置就与处于某种生活状态匹配，还与拥有一定社会地位匹配；状态的变化就是隐喻意义上的位置的变化，因此在把生活比作一场棒球比赛的前提下，从一种生活状态转变到另一种，就与从一垒跑到另一垒匹配；出生与被投放在某个垒（新的位置）匹配；出生还与加入比赛匹配。

尤其重要的是，在“嘴里含着银汤匙被送子鹳投到了三垒上”这个概念大整合中，一些必不可少的组织结构来自于连接出生、用餐和生活的生命故事中的关键关系，每一个空间都不能忽略内部结构，孤立地看待。如果事件在整合中正常展开，那么送子鹳会把你送到击球的地方，然后如果你有优势，就可以跑垒，而且可能成功本垒打。因此，这个整合中有一个至关重要的时间结构——必须先被鹳投下来才能落到垒上，正如必须先出生才能取得成就。这个结构来自于生命故事，而不是输入空间：因为在棒球输入空间中，没有哪个环节前需要送子鹳，而在送子鹳输入空间中也不会出现棒球比赛。这个整合中有一个至关重要的*意向*结构：如果送子鹳直接把你投到垒上，这就是鹳故意为之，*把你强行安插到游戏当中，这场游戏也就是社会生活*。送子鹳的这部分意图并不是来自棒球和用餐，因为这两个输入空间中不存在鹳；也并非来自送子鹳的输入空间，因为在这个输入中鹳的唯一目的就是把婴儿送给母亲。

一个包含了几个较小整合网络的整合网络，提供了一种我们之前从未强调过的概念整合的机会，这不足为奇。我们现在已经看到，这个整合网络的压缩涉及了不同整合网络的输入空间之间的关键关系，把多个独立的整合（生活和棒球比赛、出生和送子鹳到来、社会地位和用餐）整合成为一个大整合，并使用早已存在的包罗万象的整合（生命故事）来指引这些压缩。

多重整合网络中的类属空间又是怎样的呢？其所涵盖的许多空间（棒球、生活、出生、空中旅行、鹳、到达、地位、用餐）似乎并没有通用的类属结构，它们只有各自的结构。生活和棒球比赛的类属空间里，有一个试着各方面都取得成功的施事；出生和到达的类属空间里，有一个起先位于一处，随后又位于另一处的施事；社会地位和用餐的类属空间里，有一个特权范围，而空间里的某人处于这一范围内。

然而，这个庞大的整合网络确实提供了一个机会，我们可以把生命故事重塑为沿着一连串地点前进的过程。网络中的单个整合恰好都具有从一处运动到另一处的结构——可能丰满，也可能单薄。在生活和棒球比赛的整合中，这种结构明显而复杂，而且本垒打是件好事。在出生和送子鹳到来的整合中，有到达地点和沿途各地点之间的对比，到达是件好事。在用餐特权范围的空间里，从塑料勺子升级到银汤匙是社会意义上的成功。

289 成功建立整个网络的类属结构需要想象力，需要网络的各个部分一起运作。所有的单个整合空间都有一些共有的结构：每个空间内，状态都是位置，并且有从一个排名的状态 / 位置到另一个的变化。因此，对于所有的整合空间和大整合来说，这个结构就是一个类属空间，我们用 G 来表示；但有趣的是，G 并不适用于每个独立整合网络的类属空间。例如，这个类属空间 G 可以运作于有实际位置的整合和大整合，只有抽象状态的整合则并不适用。在生活与棒球比赛、出生与送子鹳的到来，以及社会地位和用餐的类属空间中就没有具体位置，它们只有抽象的状态，所以 G 不适用于它们。但我们可以给 G 建立一个用 G' 表示的更抽象的版本，只包含排名状态的改变。这样，G' 就能毫不费力地适用于生活和棒球比赛、社会地位和用餐的类属空间了。那么，只包含排名状态变化的 G' 是否适用于出生与送子鹳到来的类属空间呢？答案是肯定的，但我们必须发展出生与送子鹳到来的类属空间，强调它从糟糕状态转变为更好状态的部分。这种强调虽然原本不属于出生与送子鹳到来这一整合网络，但很容易就可以实现：先前的状态（尚未出生，早期在路途中）或许比最终状态（新生儿，在目的地）要糟糕。通过这项额外的工作，G' 就可以适用于各个独立整合网络中的所有类属空间，从而成为整个多重整合网络的总体类属空间，它适用于所有类属空间、所有输入空间、所有整合和大整合。这样一来，对于在出生、地位、生活三个输入空间之间提供关键关系的文化中的生命故事来说，G' 必然也为它提供了额外的结构。

概括来说，在对德古拉和他的病人以及棒球鹳的分析中，我们首次发现，我们如何得以构建一个重要的类属空间，而不只是应用于两个输入空间的局部类属空间。在本章的“拓展思考”部分，我们将继续回顾这些类属空间。

我自己就是一个计划外出生的孩子……

像德古拉和他的病人这种多重整合，可以看作一个三片场地组成的马戏团，有趣且令人印象深刻，但在某种程度上是现实生活和推理中非主流的方面。然而，在非常严肃的语境中，多重整合同样至关重要。赛亚娜·科尔森[①]（Seana Coulson）从李·埃泽尔（Lee Ezell）1992 年写给《洛杉矶时报》（*Los Angeles Times*）编辑的一封信中摘录了下面这段话：

> 1963 年，我还是个少女，被强奸怀孕。我很庆幸，当时还没有可以联系的计生诊所（Planned Parenthood Clinic）。加利福尼亚州并没有趁我之危，为我提供这种看上去很容易的解脱方式。我自己就是个计划外出生的孩子，所 290

① 赛亚娜·科尔森，加州大学圣地亚哥分校哲学博士，专业研究认知神经科学。——译者

以我当时就决定把孩子生下来，因为堕胎对于我的临时问题来说，是一种太过永久性的解决方案。

如果我们想要理解这个看似简单的论点，就必须构建数量惊人的空间，其中还有许多违实整合：

- 李的妈妈没有生下李这个孩子（因为她没有怀孕，或者没有过性行为，或是做了堕胎手术……）的违实整合。
- 李在 1963 年没有被强奸，因此也没有生下朱莉（她因被强奸而生下的孩子，她在信的其他部分提到了这个名字）的违实整合。
- 1992 年，计生诊所为被强奸的青少年受害者提供堕胎手术的空间。
- 1963 年，李怀孕了而且没有计生诊所，李考虑要不要通过某种可行的方式做堕胎手术，但她最终决定不这么做的空间。
- 1963 年，有计生诊所，并且李在其中一个做了堕胎手术（也就是文中写到的“解脱”）的违实整合。
- 1963 年，没有计生诊所，但李还是做了堕胎手术的违实整合。
- 1992 年，李在 1963 年做了堕胎手术，因此朱莉并不存在的违实整合。

这些空间之间有许多关键关系和框架连接，提示着中心整合：框架到框架、同一性、违实、变化、时间、角色和类比。李在 1963 年的情况，显然与她母亲的怀孕和 1992 年的青少年强奸受害者的情况存在类比关系。李深刻地认同她的母亲、青少年强奸受害者和青少年母亲，以及所有违实和真实空间中的孩子。她考虑到了随着时间推移的事件发展：包含怀孕的母亲的 1963 年以前的空间、怀孕的李的 1963 年的空间和她是朱莉的母亲的 1992 年的空间。她是通过对这些时间关系的推理，才得出堕胎是“我的临时问题”（仅存在于 1963 年的空间中的问题）的“太过永久性的解决方案”（其后果可以延伸到之后的许多空间）。

这种精妙互连的空间列阵，为任何数量的可以主导决策和判断的整合奠定了基础。在这样的整合中，一个输入空间是李的母亲生下李，另一个输入空间是李生下了朱莉。在这个整合中，对李或李的母亲来说，留下朱莉或李也就是留下自己。很明显，正是基于这个整合的动机主导了她的逻辑。

科尔森指出了一个对比最为鲜明的极佳整合，其中有以下几个空间：291
（1）1963 年之前，李的母亲怀孕并生下了李的空间。（2）1963 年之前，李的母亲更希望自己没有怀上李的违实空间。（3）李在 1963 年做了堕胎手术的违实空间。

正如我们在第十一章中讨论过的“缺席”“缺口”“缺失”和“没有牛奶”等表达一样，“计划外的”代表了相互违实的输入（1）和（2）的压缩。我们将这些整合在一起，创建了一个新的空间，即（4），其中李是一个“计划外的”孩子。整合（4）和（3）就可以得到另一个整合，一个至关重要的整合，正如科尔森所指出的那样，在这个整合中，李作为母亲打掉了计划外出生的孩子李。根据人们不希望自我毁灭的原则，这个整合传递出打掉朱莉会是一个坏主意的推理。

当然也有其他整合可供选择。如果我们把 1992 年的有了计生诊所的空间与 1963 年前的包含李的母亲和她的“计划外”怀孕的空间整合在一起，我们就可以创建一个李的母亲打掉了李的违实整合，再把这个违实整合与李打掉了朱莉的违实整合整合在一起，我们最终就可以创建一个凄凉的整合，里面只有李的母亲，李和朱莉不见了。

阴森的收割者①

死亡被表现为“阴森的收割者”，即一个邪恶的、身穿黑斗篷、手持

① 阴森的收割者（The Grim Reaper）是英文中的一个习语，意思是“死神”，直译为“阴森的收割者”。——译者

大镰刀的骷髅形象，其实是一个包含了复杂的隐喻和转喻互动的整合。阴森的收割者来自于多个空间：（1）包含了濒死个人的空间；（2）包含了抽象的因果关系同义反复的抽象模式的空间，其中某类型的一个事件是由一个抽象的成分导致的（比如死亡导致死去，睡眠导致入睡，嗅觉导致闻味，懒散导致懒惰）；（3）包含了典型的人类杀手的空间；（4）包含了收获场景中的收割者的空间（见图 14.4）。阴森的收割者，即死神在概念上不属于其他任何输入空间，取而代之的是，他来自我们从所有这些空间投射的结构的整合。

这个阵列中，最不令人惊讶的空间和最令人惊讶的空间都是因果关系同义反复。最不令人惊讶是因为，“死亡”“疾病”或“爱”都是通俗意义上人类生活的一般原因，而且死亡导致死去绝对算不上什么重大消息；最令人惊讶则是因为，死去的方式多得夸张（比如致命刀伤、癌症晚期、寿终正寝、车祸、饥饿），但它们都有一个唯一首要原因，就是死亡，而且世界上没有任何关于死亡的所指（referent），除了其影响之外没有任何其他的证据。从这一事件中，我们得出了一个以事件的范畴为依据、用因果关系同义反复且排他的方式定义的原因，而这个原因恰好也是该范畴的名称。这类原因回避了这样的问题：如果我们问“这起死亡的原因是什么？”我们可能会得到“死亡”这个答案，这样我们就会认为自己没有得到答案。我们将这种回避问题的原因称为“空洞原因”。空洞原因的构建本身就是一个整合的过程，我们将一个包含事件的空间与一个包含原因和原因引起的事件的空间整合到一起。在整合中，原始的事件就有了一个原因。有趣的是，原因的特点是由事件所投射的：死去是由死亡引起的，正如蓝杯子的“蓝色”应当是由我们在制造杯子时给了杯子“蓝色”这个特征所引起的。

空洞原因和世界上的其他原因并不一样，这一点毫不奇怪。我们认为，我们可以看出大多数的原因或刨根究底找到它们。我们可以找出致病的微生物或发现导致变老的生物学变化。但是死亡，这个常见的空洞原

292

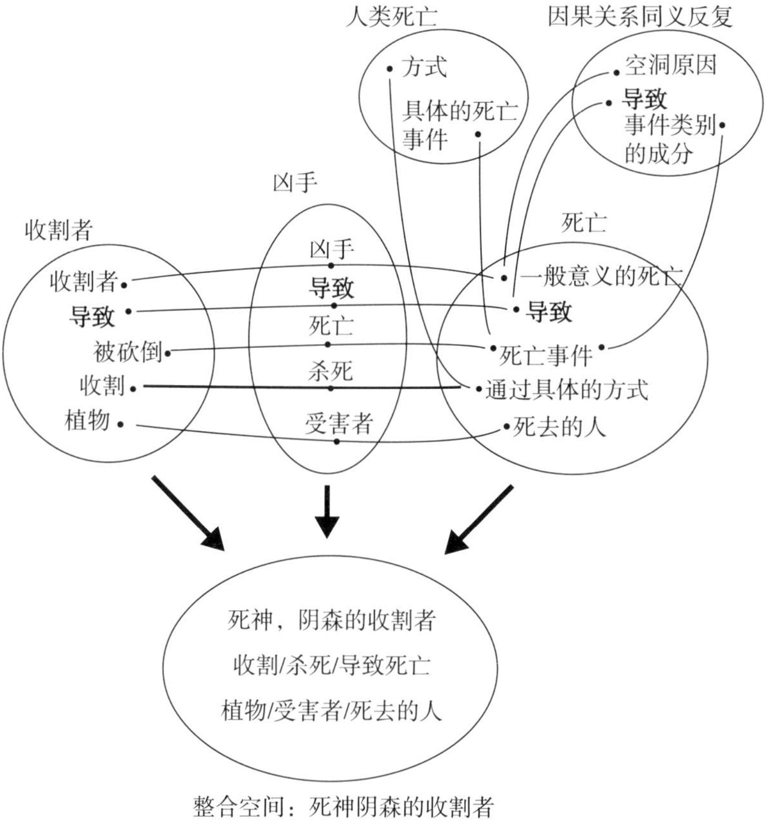

图 14.4　死神阴森的收割者网络

因，却并不能被我们以通常的方式感知到。

把因果关系同义反复与包含个人死亡的空间整合在一起，就能得到另 293 一个空间，在这个空间中，人类死亡的独立事件是由死亡这个空洞原因导致的。这种整合其实司空见惯。如果我们再次整合，把这个司空见惯的整合作为一个输入空间，把一个含有杀手的空间作为另一个输入空间，结果就是一个新的整合，其中包含的这个元素就既是死亡的空洞原因也是杀手，这是一种拟人化，执行者和非执行者（*杀手*和*死亡*）都融合在整合中。两个事件也是如此，还有一个从包含杀手的输入空间投射而来的动作

（杀戮）。此外，死亡者与杀戮的受害者融为一体。于是，在整合中死亡是一个杀手，它执行了杀戮这个行为，而这个因果关系的结果就是受害者的死去。

我们还可以把收割者收割谷物的情景激活，作为输入空间。我们很容易就可以把这个情景与人类生活联系起来，因为在植物的生长阶段和人类的生命阶段之间已经有了常见的映射（“他的人生才刚刚萌芽”“他的生命在逐渐枯萎”）。收割者空间就自然地映射到了死亡–杀手整合空间：谷物映射为死亡的人，收割者映射为杀手。现在，在整合中死亡–杀手–收割者导致人–受害者–谷物的死亡。即使改变整合顺序，我们也可以得到相同的整合：我们可以首先把收割者场景与死亡场景整合在一起，在得到的整合中，死亡不再是杀手，而是一个善良的农民，然后再把这个整合与包含杀手和受害者的空间整合在一起。

阴森的收割者存在于整合中，但并不存在于任何输入空间中。无论是人类死亡的个别事件，还是包含杀手的输入空间，都不包含任何的植物或收割者。而且这个形象太过具体，因而也无法存在于因果关系同义反复的空间里。但他也不在包含收获和收割者的空间里，因为那个空间里的收割者形象与死神的特点并不符合。

人们很容易就会认为，把死神比作收割者是个很简单的隐喻，几乎只涉及一个从关于收割的源域框架到关于死亡的目标领域的直接投射。为了证明这种观点的理由是多么不充分，我们需要探究一番，在整合空间中收割部分的浮现结构与收割输入空间（当然包括所有其他输入空间）的所有不同之处。

人类收割者会被劝说或陷入争论，但死亡这个空洞原因没有给我们劝说的机会。在整合中，我们不会（从收割者的空间）投射劝说、争论或任何近似于人类谈判的成分。相反，我们投射了死亡的永不妥协。

任何收割者的个人权限都是未知的：或许他听从别人的命令，又或许他是个奴隶。但死亡这个空洞原因有它的权限，在向整合投射时就会产生一个自己完全主宰自己的收割者。有权威的凡人可以命令收割者停下来，但没有凡人可以命令死神停止。

现实的收割者有很多，并且基本上是可以互换的。但死亡这个空洞原 294
因通常被认为是单一的原因，当把它向整合投射时，会产生一个唯一且明确的死神收割者。这就解释了为什么“阴森的收割者”这个习语可以确切地表示“死神”。

现实的收割者是凡人，会被其他人取代。但是死亡这个空洞原因既不是凡人，也不会被取代，并且将这种结构投射到整合中就创造出一个永生的死神收割者：收割掉我们的死神，正是当初收割掉我们祖先的死神。

人类收割者强壮、有生产能力，一般来说非常健康，有时甚至是迷人的。但杀手是破坏性的、不健康的，而且杀死了我们，所以“阴森的收割者”必然毫无吸引力，甚至是“阴森的”。人类收割者在白天劳动，不加区别地收割整片田地，对每棵谷物茎的形态漠不关心。但是死神在黑暗中到来，他在特定的时间找到特定的人，然后杀戮，就像一个杀手在跟踪你。

在拟人中，我们通过选择人的外表和行为来表达我们对被拟人化的事件的感受。如果死亡是阴森的，那么死亡的拟人化也看起来很阴森，行为也很阴森。

如果我们分析一下“Death, The Grim Reaper”（死神，阴森的收割者）的语言元素，我们会发现它们反映了概念整合。定冠词 The 来自因果关系同义反复，因为它挑选出了单一的一般原因。Death 这个名字来自于因果关系同义反复与个体死亡事件的整合。形容词 Grim 既来自于包含杀手原型的空间，也来自于包含人类死亡的个体事件的空间。名词 Reaper 则来自收获空间。

我们已经描述了很多种多重整合，从笑话到严肃的论证，包括了报纸专栏、意见信、拟人化等各种体裁。有些很新奇，比如德古拉和他的病人，有些则是固化的，比如送子鹳。但是实际上，它们都使用了同一种概念整合运作方式。更令人惊讶的一点，可能是无论是多么纷繁复杂的概念整合，人们都可以轻而易举地构建出来。在分析“我自己就是一个计划外出生的孩子”时，人们所展现出的建立复杂概念整合的速度和力度非常惊人。但这就是认知意义上的现代人类一直在做的事情，如果把本章中详细分析的那些例子当作特例，或者认为它们产生于奇特的心理技巧就大错特错了。这样的一个例子来自我们毫不费力就可以阅读的报纸社论：读懂报纸上的专栏比在早上给自己倒杯咖啡还要简单。另一个例子是一封写给报纸的由衷之信，每个人都会觉得写得很清楚、很简单、很中肯。棒球鹳的例子则属于政治演说家和夜场喜剧演员对广大听众说的那种笑话。而阴森的收割者对儿童和成人来说都是一个常见的文化现象。虽然我们已经用了十四章的篇幅才到达这一点，但事实的确是，我们大多数的日常交流都包含了多重整合。虽然某些多重整合会比另一些整合更利于吸引人们的注意
295 力，但这绝不是因为它们更复杂或者使用了更多奇特的心理手段。棒球鹳的例子就非常引人注目，甚至有些荒谬，但是计划外出生的孩子中的概念整合几乎被完全忽视，尽管可以说这个例子更复杂，涉及了许多隐藏的违实、层出不穷的超级整合，以及相互违实的空间之间的因果压缩，从而在整合中产出否定元素。关于演艺人员和广告商的多重整合最为突出，而这就出自我们每天都在使用的最基本的概念整合运作。

扩展思考

内容重现

本章关注的焦点是多重整合。

问题：

- 在本书前面的章节里，我们是不是就已经遇到过多重整合或者隐性的多重整合？

我们的回答：

当然。计算机桌面有多个输入空间：在桌面上工作，从列表中选择，在提示时给出字母或数字构成的计算机指令，查看窗口，更改窗口大小，选定。计算机桌面屏幕上的鼠标、箭头和各个对象整合而成的基本操作本身，就是一个壮观的多重整合。计算机桌面的界面活动建立在先前的连续整合之上，例如两个非常基本的输入空间：键入一串符号和给某人一个指令，创建了通过键入来“给”计算机“指令”的整合概念。

事实上，几乎我们讨论的每一个整合都有多个输入空间。科学和文化概念是世世代代延续不断地整合的产物：复数的例子就具有数字输入空间以及由精妙的连续整合所产生的空间。多重输入空间的另一个引人注目的例子就是第七章中讨论的神奇的比赛，其中许多之前的比赛的有些方面都被投射并融合到单一的事件中。在诸如船赛或与康德的辩论这样的简单镜像网络中，使用现有框架（竞赛或辩论）来组织和运演整合，在严格意义上来说，是来自第三输入空间的投射。把多重身份整合在一个轮回之中：克莱奥帕特拉（Cleopatra）、圣芭芭拉（Saint Barbara）、伊丽莎白女王一世（Queen Elizabeth the First）、你的曾曾曾祖母（歌剧女主角）和萨拉·伯恩哈特（Sarah Bernhardt），这当然也是多重整合。第五章中阳痿的吸烟牛仔是连续整合的产物，也涉及了隐性的违实空间的多重整合。我们之前还遇到过很多明显的 296
多重整合，包括撒旦罪恶之父（第八章）和记忆超群的叉角羚（第七章）。

另有隐情

我们在本章中所看到的分析似乎很复杂。

问题：

- 但事实上，是不是这些整合比分析出来的还要复杂？

我们的回答：

是的，还有更多的整合我们没有分析出来。德古拉和他的病人还有另一个包含政治家和赌徒的重要整合（“克林顿总统的做法足见其过人的胆识，他是在赌”），我们引用的这段话摘自一个题为《政治家的最佳表演奖》的报纸专栏，整个专栏都在把政治家的政治地位与奥斯卡奖的提名整合在一起。此外，这个报纸的艺术家还利用了一个事实，即美国邮政局当时正在发行一套“明星”邮票，每张邮票上都有一位伟大艺人的面孔：报纸的插图还有两张这样的邮票，一枚印着“猫王”埃尔维斯·普雷斯利（Elvis Presley），另一张则印着“比尔”，上面是一个被塑造成艺人形象的克林顿总统在对着麦克风歌唱。

送子鹳整合还另外表现出外部空间关键关系的压缩：后期的婴儿特点被赋予到未出生胎儿身上。当送子鹳在飞行时，婴儿尚未出生；但在整合中，这个尚未出生的婴儿看起来像是一个日常生活中的婴儿。

总的来说，现实生活中的整合非常丰富，因为它们与某个情景整体和个体的许多方面都有关联。我们的目的不是详尽地介绍某个指定的整合网络，而是要解释它们运作的认知机制。

全局类属空间

本章中，我们首次在多重整合网络中发现了一种通过抽象、调整和细化而建立的新型的类属空间。

问题：

- 我们在第八章中不也遇到过大整合吗？为什么在那里我们没有发现这种类属空间？
297 - 这些类属空间是否只在多重整合网络中出现？在简单、镜像或者其他类型的网络中是否也会出现？

我们的回答：

在第八章中，我们讨论了 Y^n 大整合，但我们跳过了这些新型的类属空间，因为当时我们还没有理论机制可以用来分析它们。在 Y^n 网络中，当然存在一般的以常见方式构建的局部类属空间，从而使类属空间中的每个元素或关系都可以在两个输入空间中找到对等成分的元素或关系。但对我们来说有一个有趣的新问题，那就是建立适用于整个网络的全局类属空间的可能性。我们现在已经看到了诸如“生命故事”之类的类属空间，它们运作于输入空间和外部空间关键关系，并且具有一种新的、非常有用的特征：类属空间的结构不需要完全适用于每个独立的输入空间。我们把这样的空间称为“全局类属空间”。全局类属空间中的每个元素或关系都会在其运作的输入空间中的某处或外部空间关键关系中具有对等成分，但不一定都在每个输入空间内部。我们在本章之前讨论过的所有类属空间都完全适用于它们运作的两个输入空间中的每一个。例如，船赛的类属空间中有一艘船从旧金山远洋航行到波士顿，这就适用于*美洲巨人 2 号*以及*北极光号*的空间。

全局类属空间抽象地整合了输入空间里的重要元素，以及各个输入空间之间的外部空间关键关系，它从图式层面上提供了整合的全局透视。

Y^n 网络中有“n+1”个输入空间，“n”个整合空间，以及一般排序的“n”个局部类属空间。但我们现在可以指出，它还有一个全局类属空间，这个类属空间扩展了所有“n+1”个输入空间和它们之间的外部空间关键关系。该全局类属空间具有（至少）“n+1”个线性排序的元素，任意两个相邻元素之间具有成对关系。“安是马克斯的女儿的老板”的全局类属空间中有一个非常抽象的结构，适用于任何情景，其中有两个简单的角色、一个由这两个角色压缩而成的复杂角色，以及通过这三个角色而相互关联的三个元素。因此，这个全局类属空间适用于包含*老板*角色、*女儿*角色、*女儿的老板*复杂角色，以及安、马克斯和没有名字但十分具体的女儿 / 雇员这三个元素的情景。这个类属空间也适用于许多其他情景。

从整合网络中获得有潜在作用的类属空间还有另一种一般的方法。整合空间是一个心理空间，我们永远可以创建心理空间的更抽象的版本。比如“这位外科医生是个屠夫”的整合，它具有浮现结构，这里的两个输入空间都*不完整*。有一个适合这个整合的非常抽象的类属空间，其中只会是一个行为人。在一个抽象程度低一些的类属空间中，有一个行为人和
298 一些被施加行为的对象。一个抽象程度更低的空间里，有一个行为人和实体对象（无论它是否活着）。以这种方式派生的类属空间可能与输入空间之间的局部类属空间重合，或更抽象或更具体。或者它可能包含与整合中的浮现结构相对应的抽象结构，不过这种情况下它将不再符合输入空间。例如，外科医生-屠夫的类属空间里可以包含一个人在对某个实体施加行为，与此同时，在另一种情境中，他在使用一种恰当的方式对待另一个实体。这个类属空间并不适合外科医生的输入空间、屠夫输入空间或网络的局部类属空间，但它与不胜任工作的人的概念高度兼容——这就是整合的重点，而且我们或许希望其他网络中也能获取这种类属空间。有些从整合中获取但与输入空间不兼容的类属空间或许可以独立运作，甚至非常符合常规。在赛船整合中，竞赛框架显然是整合空间的类属空间，尽管它与1853 空间、1993 空间和它们的局部类属空间都不兼容。与康德的辩论中的*辩论*类属空间或*对话*类属空间也是如此。

第十五章 299

多域创造性

我们都是双刃剑，在每一次激励我们的美德时，作为回应，也在鞭挞着我们的邪恶。

——亨利·戴维·梭罗（Henry David Thoreau）

在简单、镜像和单域网络中，整合的组织框架是从输入空间或预先存在的模型中借用的。但在双域网络中，我们看到了新的引人入胜的创新现象，这对于认知意义上的现代人类来说十分独特。在本章中，我们将研究双域网络中新框架的发展。下一章中，我们将描述指导整合发展的原则，包括创新框架的发展。

愤怒

1987 年，乔治·莱考夫（George Lakoff）和佐尔坦·科维西斯（Zoltán Kövecses）对愤怒的种种隐喻理解进行了令人印象深刻的分析。他们揭示了热量的习语模型与愤怒的习语模型之间的映射：在这个映射中，一个加热的容器映射到一个愤怒的个人，热量映射到愤怒，烟和蒸气（发热的迹象）映射到愤怒的迹象，爆炸映射到失去控制的愤怒。这种映射反映在常规的表达中：“*He was steaming.*”（*他气得冒烟*）；“*She was filled with anger.*”（*她满心愤怒*）；“*I had reached the boiling point.*”（*我气到沸点了*）；“*I was fuming.*”

（*我很火大*）；*"He exploded."*（*他爆炸了*）；*"I blew my top."*（*我脑子快炸了*）。

莱考夫和科维西斯也指出，这个隐喻是基于愤怒的生理效应的常规理论：激增的体温、血压、激动、面部发红。情绪与其生理效应相联系的因果关系，使得以下表达能够指代愤怒：*"He gets hot under the collar."*（*他的脖子在发烫*）；*"She was red with anger."*（*她整张脸都气红了*）；*"I almost burst a blood vessel."*（*我气得血脉贲张*）。

隐喻映射和关键关系决定了以下类型的对应关系：

300 **情绪和身体的故事**

热量输入空间	**情绪输入空间**	**身体输入空间**
"物理事件"	"情感"	"生理"
容器	人	人
热量	愤怒	身体的热量
蒸气	愤怒的迹象	流汗、发红
沸点	情绪的最高点	
爆炸	体现出极端的愤怒	剧烈发抖、生理失控、暴力行为

这里，我们为愤怒的情绪和身体的状态提供了可各自独立操作的空间。我们还有一个规约性的文化概念，基于这些空间的相关性：人们在生气时经常会脸红、颤抖。我们就把这个概念称为"情绪和身体的故事"。

除了热量与情绪之间的隐喻映射以及连接情绪与身体之间的关键关系，热量与身体之间还存在第三个部分的映射。这个映射中，蒸气作为来自某个容器的气体，可以连接到汗水这种来自某个容器的液体，实体的热量连接到身体的热量，容器的抖动连接到身体的颤抖。

这三个部分的映射为常规的多重整合搭建了一个平台，其中输入空间中的对等成分融为一体，产生了例如热量、愤怒和身体的热量等单一元素，以及另一种单一元素，包括爆炸、达到极端愤怒、开始颤抖。一旦我们得到了这个整合，我们就可以运演它，进一步发展出浮现结构，而且我们可以在输入空间中采用其他信息以促进其发展。

比如，我们可能会说：

> He was so mad. I could see smoke coming out of his ears.
> 他真的非常生气，我看到他的耳朵在冒烟。

这个场景采用了来自身体输入空间的耳朵和热量输入空间的孔口，并将它们投射到整合中的同一元素。我们现在就得到了一种新的生理反应——烟从耳朵里冒出来，这对于原本的身体输入空间来说是不能想象的。在整合中，这个反应又与愤怒融合。“他爆炸了”，这个常见的表达也提示了这个整合中形成的新的生理反应，而这是不可能产生于身体输入空间本身的。在这些情况下，情绪的生理相关概念来自“情绪和身体的故事”输入空间，但生理反应（冒烟、爆炸）的具体内容则来自热量输入空间。这是一个多域网络，有着常规的全局类属空间（情绪和身体的故事），包含了 301
两个输入空间和它们之间的关键关系，并且包含外部空间关键关系到整合中的唯一性的系统压缩。

整合仍然保持了与输入空间的连接。对“他真的非常生气，我看到他的耳朵在冒烟”这样的句子而言，整合中的结构可以直接辨别出来，但是冒烟是极度愤怒的一种迹象这个推论是被投射回情绪输入空间和身体输入空间中的对应推论：他非常生气，其生理迹象也在不断显现。（这些迹象在现实的人类情景中实际如何其实无关紧要。）

有些表达可以直接指向整合，比如“He exploded. I could see the smoke coming out of his ears.”（他气炸了。我看到他的耳朵在冒烟。）这种描述连续挑选着整合中整合过的场景，但对于任何一个输入空间本身都是不合适的。此外，即使表达中的词汇适用于其中一个输入空间，整合也经常会以不符合输入空间标准的方式使用它：例如，假设厨师生气了，并通过把高压锅煮到爆炸的方式发泄；虽然“愤怒”和“爆炸”适用于这个场景，而且我们也可以说高压锅的“爆炸威力十足”，但我们不能说它“愤怒地爆炸”。但在整合中，愤怒就是压力、热量和力量，所以我们确实可以说“他气炸了”。

当指向整合时，所有三个输入空间的词汇都可以组合，比如“She became red with anger and finally exploded.”（她气得满脸通红，并且最终爆发。）正如之前提到的那样，我们不能说一个被愤怒的厨师烤得通红的平底锅“气得通红”。

运演整合可以产生精妙的浮现结构，比如“上帝啊，他当时简直不能更生气了。我看到他的耳朵在冒烟——我觉得他的帽子都要烧起来了！”

热量输入空间和愤怒输入空间中都没有燃烧的帽子。燃烧的帽子是在整合中浮现的，其框架是某人着火了。这些意味着更多的热量 / 愤怒，更大程度的失控和危险。

在多域网络中，我们经常可以挑选出超出主要类型的模型。愤怒网络与德古拉和他的病人网络具有相同的模型。这一点可能听起来令人惊讶，因为这两个网络有着完全不同的概念范围，一个是固化的文化模型，另一个则是新颖且十分引人注目的整合。但两者都有三个输入空间和一组两个输入空间之间的关键关系。这些关键关系以及它们所连接的两个空间都是全局类属空间的实例（关于德古拉的“恐怖电影”、愤怒引发的“情绪和身体的故事”）。两个例子中的关键关系都含有同一性连接子。此外，德古拉还有戏剧连接子，愤怒还有因果连接子。两个网络之间的一个浅显差异在于，在德古拉中，网络的主题不属于全局类属空间（“医疗”不属于“恐怖电影”）；而在愤怒中，网络的主题则是全局类属空间的从属空间之
302 一（“情绪”属于“情绪和身体的故事”）。这些平行网络如图 15.1 所示。

在某些情况下，比如卡通片里的爱发先生（Elmer Fudd）从脚开始变红，像温度计一样往上红到头顶，他的耳朵里有烟冒了出来，这时我们有意识地建立了一个世界来使整合更为实物化：在这个世界里，愤怒的人真的会从耳朵里冒出烟来。正如船赛网络中可以（但不必）明确地引入“幽

灵船”。然而，在大多数情况下，我们没有建立这样的世界。即使没有构建任何奇妙的世界，愤怒的多重整合还是为我们常用。建立这种世界的卡通片只是在利用现有的整合。对于船赛的例子来说也是这样，我们可以说“*美洲巨人 2 号*现在比*北极光号*领先了 4 天半”，这提示了整合的构建，但并没有建立一个有着幽灵船的世界。映射的运作是相同的，但创造一个与之相关的世界会使整合变得更加显而易见。

建立一个世界迫使我们去区分整合中可以从输入空间推论出的结构和推论不出的结构。如果卡通片里的兔八哥（Bugs Bunny）吹掉爱发先生冒出来的烟，因为他讨厌烟，那么我们就没有愤怒输入空间的推论。但也许有人会说：“我能把烟吹走”，这是在暗示“我”能够让愤怒的人平静下来。根据这种解释，如果不再有烟冒出来，那么就也没有火了，因此也没有了愤怒。但是在热量输入空间和日常生活中，这个结论是错误的：把锅加热出来的烟吹走对加热没有任何影响。在情绪输入空间中，却并非如此。我们通常认为，如果愤怒的迹象已经消失了，那么愤怒就也消失了，这就是投射到整合中的规则。整合通过从情绪和身体的输入空间中获取一些结构，违反了热量输入空间中固定的物理定律。这种因果结构的倒置，就像在第七章的自掘坟墓一例中所显现的那样：在整合中，挖掘墓穴导致死亡。

阴森的收割者归来

与愤怒整合相同，阴森的收割者网络中也有因果关键关系的压缩：死亡这个空洞原因影响非常深远，例如骷髅的存在和围绕下葬的一系列仪式。在整合中，因果关系中的一部分被压缩，但并没有一直压缩到只剩唯一的一个。例如，从死亡这个空洞原因，到特定人类的特定死亡，到成为尸体，到埋葬，到肉体在土壤中腐烂，到重新挖出来，到见到骷髅，这个多步骤的因果链被压缩到最紧凑，几乎达到唯一性，即部分-整体：在整合中，阴森的收割者的身体是骷髅。类似的是，从死亡这个空洞原因，到灵魂侍者在人们濒死或埋葬时身着的长袍和斗篷，这一多步骤链也被压缩成另一个紧密的关键关系：斗篷和长袍现在也成了死神的不可分割的一部分。

关键关系的压缩是概念整合最强大的主导原则之一。愤怒和阴森的收割者的多域整合证实了关键关系压缩在整合中的中心地位，我们将在下一章中从总体理论视角进行研究。

303

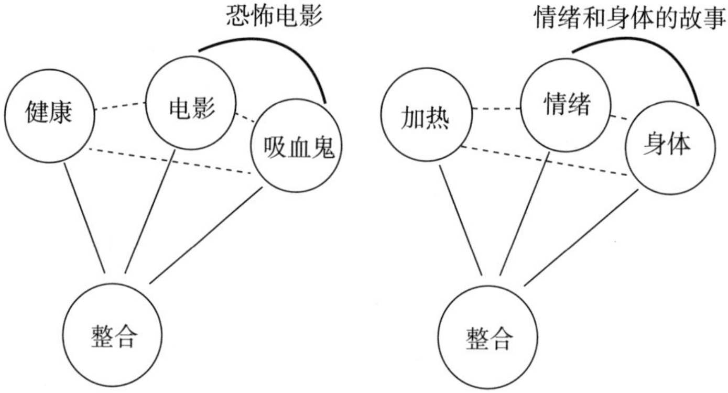

图 15.1　德古拉网络与愤怒网络的对比

阴森的印刷机

输入空间中的元素互相关联，当然还与长期记忆中的其他知识有着关联。例如，报业公司与已发行的报纸（其产品）、办公大楼（其处所）以及其公开交易的股票有关。这些联系成为诸如“这家报纸在主干道上”，或者“这家报纸以五千万美元的价格出售”，“报纸决定追踪市长”之类的表达的理据，同一个词“报纸”可以用于指代建筑物、公司和人。

整合以极具创造性的方式使用着这些联系。假设有这样的漫画，一家强大的报业公司，马上就要完成对一家较弱的汽车公司的恶意收购，然后通过出售其资产来消除它。漫画展示了一台巨型印刷机粉碎一辆汽车的过程。这个整合涉及隐喻：输入空间 1 中有较强和较弱的物体，输入空间 2 中有公司之间的竞争，而跨空间映射是一个连接较强物体摧毁较弱物体和 304 输赢的基本隐喻。强大、沉重的物体被映射为强大的报业公司，较弱的物体被映射为较弱的汽车公司。在整合中，我们发现印刷机是强而重的物体，而汽车是脆弱的物体。

这是对关系的有效利用：印刷机是生产报纸的重要设备，汽车是汽车公司的重要产品。在输入空间中，印刷机不是破坏工具，但力动态过程可以跟用于回收汽车的汽车粉碎机相关联。在整合中，印刷机和公司、汽车粉碎机融合在了一起，这产生了整合的新框架，其中较强的物体故意*毁灭*较弱的物体。这个框架不符合有着更强和更弱物体的输入空间，因为这个输入空间中没有刻意的成分；它也不符合含有企业的输入，因为这个输入空间中的竞争双方不是两个物体。

这里发生着什么？整合必须达到三个目标。首先，考虑到漫画是一种视觉媒介，整合必须包含一些可以直观表示的具体元素。其次，它必须符合更强和更弱物体的框架。第三，整合中的这些较强和较弱的物体必须与输入空间 2 中的公司恰当地连接。这些抽象的公司本身不能提供整合所需的具体元素。输入空间 1 中较弱和较强的物体是具体的，但并不是特定的，无法在视觉上展现出来。但是我们可以利用输入空间中的关系来使整合具有足够的元素。印刷机和汽车是具体的，是特定的物品，与公司相关，可以被装入较强物体毁灭较弱物体的框架中。它们适合这种框架的部分原因是，印刷机本身具有能够破坏物体的力动态结构；还有一部分原因是，我们熟悉汽车粉碎机。在整合中，两个元素同时满足下列条件：（a）两个具体的特定物体；（b）一个摧毁较弱物体的较强物体；（c）两家公司。

这样的整合显然很有创意。印刷机和汽车在整合中相互关联（印刷机粉碎它物，汽车被粉碎），而这种关联却并不存在于它们在商业输入空间中的对等成分之间（印刷机是印报纸的设备，汽车是汽车公司的一个重要产品）。商业输入空间中的印刷机和汽车在较强和较弱物体的输入空间中则没有对等成分。有趣的是，没有投射其输入空间关系（印刷机和报纸）的元素最终成为了整合中仅有的物体。

在漫画中，整合空间内的整合，以及整合空间中的关系与输入空间中的关系的匹配，都通过采用商业空间中的特殊内部联系得到了最大化。一边是强弱物体的拓扑结构，另一边是相互竞争的公司，因为两者只有在非
305 常抽象的层面上才能相互匹配，我们发现除了公司之外，与它们密切相关的物体，也通过细化较强和较弱物体输入空间的关系的方式，被投射到了整合中。

这是一种双域整合结构，较强和较弱物体的关系来自于第一个输入空间，但是意向性（印刷机意图粉碎汽车，汽车不希望这件事发生）则来自商业输入空间，这里的意向性并不依附于印刷机和汽车，而是依附于这两家公司。

我们在整合中看到的是商业输入空间的内部空间关键关系的紧密压缩。在商业输入空间里，印刷机和报纸公司通过部分–整体关系、生产手段和意向性相联系；与之类似，汽车和汽车公司通过因果关系（生产商–产品）和意向性相联系。在整合中，这些内部空间关键关系全部被压缩成了唯一性关系：印刷机就是报纸公司，而且它意图粉碎汽车，而汽车也就是不想被粉碎的汽车公司。

这个分析体现出概念投射是一个动态的过程，静态的描画不能充分地将其表达出来。看起来似乎一旦实现了概念投射，印刷机就永远对应着较强物体，汽车也总是对应着较弱物体。但是在跨空间映射中，印刷机和汽车没有任何角色；它们在较强和较弱物体的输入空间中没有对等成分。更确切地说，跨空间对等成分是较强物体和报纸公司、较弱物体和汽车公司。整合中，商业输入空间中的关键关系被压缩成唯一性：报纸公司是施事，印刷机是因果关系中公司用以创造突显的结果的工具，二者被压缩成一个元素；而汽车公司是施事，汽车是其生产的突显成果，二者也被压缩为一个元素。前者依然是较强物体，后者是较弱物体。

假设漫画非常精细，展现的是报纸巨头操控着印刷机，粉碎了汽车商人驾驶着的汽车。这个整合结构现在就包含了一个带着工具的对手的框架，其中对手用工具相互打斗，有着更好的工具的一方就是胜者。这样一来，商业输入空间中的印刷机和汽车就在带着工具的对手框架中有了对等成分：在商业输入空间中，印刷机是象征多产能力的符号，也是企业竞争的工具；汽车是一个产品，同时也是企业竞争的工具。整合中敌对工具之间的关系，现在就可以与带着工具的对手框架中敌对工具之间的关系相匹配。这个框架具有使工具的优势和较量中的优势保持一致的实用特征。利用商业整合中的关系，我们就可以引入一个框架，以增强输入空间中的关系和整合空间中的关系的匹配程度。

双刃剑 306

“双刃剑”这个短语意指有风险的论点或策略，因为它可能帮助使用者同时也伤害使用者。在实际的剑的领域中，双刃剑是极好的武器，它的两侧都很锋利，适合用于捅刺，而且两侧也都可以用来砍杀。因此，尽管双刃剑的制造和保养相对困难，它们的卓越性能使得它们不断被发展和使用。但是整合中的双刃剑则完全不同：剑/论点的一侧可以帮助使用者，而另一侧却在伤害使用者。实际上的战士虽然也可能被自己的锋刃割伤，但这种情况很少见，而且绝不会发生剑的一侧总是割伤使用者而另一侧总是有帮助的情况。因为如果是这样，使用者肯定会把双刃剑换成单刃剑。

在整合中，剑的输入空间里有两个元素，明显可以被辨别出来，而且在空间上对称；论点的输入空间也有两个元素，也可以被明显地辨别出来，而且有着完全相反的意向性；类属空间中含有两个可辨别的对称元素，整合空间有两个意向性相反的对称元素。还有几个以这种模型运作的类似例子：“硬币的另一面是……”“反面是……”“这是一条双向街道……”。因为这种模型太过常见，所以我们几乎意识不到。在把两个对立的政党称为“左派”和“右派”时，我们也是在使用这种模型。所有这些例子的整合中都有一个实用的类属空间，与连接两个输入空间的局部类属空间并不兼容。这个实用的类属空间有着两边对称的元素，空间上完全相互匹配，但承担着相反的意向性关系。

垃圾筐篮球

赛亚娜·科尔森让我们想象一间有废纸篓的大学寝室，学生们把自己失败的草稿放进去或扔进去——这是一项很容易就可以发展成垃圾筐篮球比赛的活动，选手可以通过把“球”扔进“篮筐”中得分。这种发明就是一个概念整合，一边是篮球的投射，另一边是把纸扔进垃圾筐的投射。垃圾筐篮球的概念整合网络如图 15.2 所示。这里的类属空间中只有把大致呈球状的物体扔进容器中的施事。

垃圾筐篮球并非产生自孤立的纸团和篮球之间的映射，确切地说，它来自于说话者可以在不同领域之间建立的整套对应系统。只要建立了篮球和垃圾筐领域之间最基本的映射，篮球输入空间中任何数量的框架（比如灌篮、上篮、勾手投篮、一对一单挑和团队比赛）就都可以投射到整合当中。此外，因为与纸团之间的肢体互动不同于我们与篮球之间的肢体互动，比赛的参与者会自然而然地发现投球和运球的不同之处。这些不同之处导致整合中的浮现结构受到来自物理条件的压力——墙壁、家具摆放、纸的重量，以及社会互动力的压力。随着比赛的不断发展，选手们会发现这些浮现结构，他们没办法事先预测到这些不同，因此也不可能根据它们制定“比赛规则”。发展垃圾筐篮球整合，会如同数学家们发展复数整合那样。整合中的浮现结构，例如“乘法需要涉及幅角的加法”，是没办法从输入空间中预测出来的。通常情况下，关键的科学飞跃涉及发现强大的整合，这些整合的运作更为广泛，而且可以发展出更有实用价值的浮现结构。

307

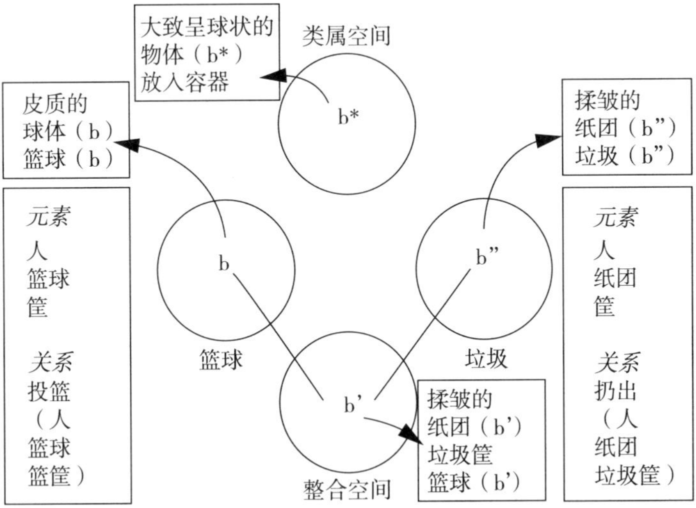

图 15.2　垃圾筐篮球的概念整合网络

垃圾筐篮球并不是通过在两个输入空间中找到可能的局部对等成分，然后选择一组最对应的“匹配”。例如，用手把一张纸放进垃圾筐里，这在垃圾筐的输入空间中很常见，而在篮球输入空间中，用手把篮球投进篮筐里也是一个不错的动作，但是如果用手往垃圾筐中放一团纸就能得分，垃圾筐篮球未免太过容易。尽管输入空间之间极为匹配，但这种匹配不会被投射到整合中。

魔法师死神 308

乔治·莱考夫和马克·特纳起初研究了死神的两种相反的拟人化，一个把死神比作一个邪恶的魔法师，另一个则把死神比作仁慈的魔法师。邪恶的魔法师使事物永远消失；在整合中，他是邪恶的魔法师死神，让人永远不复存在。而仁慈的魔法师使物体消失，再以其他形象重现；在整合中，他是仁慈的魔法师死神，他帮助人们转世。

这些都是双域整合，有着不是由输入空间提供的结构。这在某些元素身上表现得尤其明显：两个输入空间中都没有魔法师是死神。但有一个更微妙的观点：*邪恶*和*仁慈*本身就是浮现结构！死亡这个空洞原因是没有意向性的，因此它既不邪恶也不仁慈。在魔法师领域内，任何性格的魔术师都拥有两种魔法技巧，并且我们对某些东西的消失求之不得，如疣和污渍。但是在整合中，魔法师施法的对象是“我们”。我们不希望自己永久地消失，而是希望消失或死亡的人再回来。因此，施行我们所不希望的行为的魔法师就被认为是邪恶的，而另一个整合中，施行我们所希望的行为的魔法师就被认为是仁慈的。在认为死亡是永恒的前提下，我们最终剩下了一个输入空间，其中有一个邪恶的魔法师，只拥有一种技巧；在死亡为转世的前提下；我们最终剩下了一个不同的输入空间，其中有一个仁慈的魔术师，只拥有另一种技巧。在这些输入空间中，我们把魔法师构建为邪恶的或仁慈的，其实是整合发展出的推论的反向投射。在整合中，我们压缩了原因的性格与结果的希望发生或不希望发生。

第十六章 309

构建原则和控制原则

本书中，我们探索了人类利用概念整合创造丰富多彩的概念世界的各种方式，这些概念世界里有着性幻想、语法、复数、个人身份、救赎和彩票抑郁，等等。然而，如此大相径庭的人类思想和行为的全景为我们提出了一个问题：是不是什么都可行？如果什么都行的话，概念整合理论岂不就变成一个什么都可行的理论陈述而已了吗？

让我们再次举出概念整合与进化生物学的类比。有机体的世界非常丰富、多样化，即使是思想最复杂的科学家也一再地为之惊讶。每年都会发现即使是最高级的预测也没能涵盖的进化现象。现在，通过基因工程，我们创造出“完全符合”进化规律的生物，人类耳朵从老鼠背上长出来，眼睛长在蚱蜢的腿上……是不是什么都可行？

你或许觉得可以。几十年前，如果我们推测显型（phenotype）的基本限制，我们可能会基于压倒性的统计证据得出假设，比如眼睛必须在头上。但是现在我们看到了，眼睛很容易就可以长在腿上。这是否意味着进化生物学家完全突破了自然选择和性选择的限制？

相反，这些怪异或者说壮观的派生物显示了理论的强大力量，而且我们实际上正是遵循了理论指导才把它们创造出来的。进化生物学家们知道，对于高级生物来说，几乎每种突变都是致命的。尽管如此，经历了许许多多新组合的失败之后，只有刚好足够成功的那些才留了下来，为我们打造了一个有着甲虫和玫瑰、萤火虫和山雀、病毒和裸鼹鼠的世界。

在某些关键方面，意义的构建就像物种的进化。它有着连贯的原则，一直在极其丰富的心理和文化世界中运作。在个体的幕后认知和某个文化的成员之间的相互交流中，有着许许多多的整合被尝试和探索，虽然大多
310 数都是行不通的。但是，有足够的整合得以存在，提供着我们所见的所有语言、习俗和创新。我们需要探讨概念整合中成功与失败的关键原因。

关于人类认知能力的理论不仅要考虑到人类创新的丰富性和多样性，还要说明如何指导创新。下面，我们就开始讨论这些指导性约束，即概念整合的构建和控制原则。

本书中，我们反复探讨了概念整合的结构和动态原则——局部的跨空间映射、朝向整合的选择性投射、整合中浮现结构的发展。这些原则已经为概念整合的运作提供了丰富而复杂的秩序。我们把这些称为概念整合的*构建原则*。仅构建原则就已经对任何社会的、认知的或物理的活动施加了极大的限制。

例如，根据约翰·塞尔（John Searle）的《言语行为》（*Speech Acts*）的思想，我们来思考一下美式足球和语言。与购物或驾驶汽车相比，什么是美式足球，这相当于什么符合美式足球的游戏规则。为了能够进行球赛，一个人必须在正确的球场上，每一方都有恰当数量的球员，且他们都没有站在禁止的位置，应当使用正确类型的球，而没有以任何的错误方式用球（比如把球藏在衣服里）。你必须发起一系列的进攻档，每次都按照规则开始和结束。你必须在四次进攻档的结尾用唯一一种规定的方式传球，当然，在进攻之前，你的对手可以用非常有限的几种方式把球从你这里截走。你不能像空手道比赛里那样，一个回旋踢放倒你的对手。这些都是非常有力的指导约束。与人类在某个时刻可能做的所有事情相比，被认为是在进行美式足球比赛的这一系列动作其实是很小的一部分。如果火星上的人类学家尝试调查地球人进行美式足球赛这项神秘活动，他们会把设计游戏规则看作一大惊人的进步。

但即使知道比赛的游戏规则，你也不知道看球赛时会看到什么。事实

上，有无数事件符合美式足球比赛的规则，而你从来不会在任何比赛中看到。比赛的文化发展包括找到在规则内实现某些目标的最佳方法。每次传给你的球，你都没有接到，这是完全符合规则的，但这样做不会赢得比赛。坐下来欣赏对手的表现也是符合规则的，但通常来说这是一个糟糕的策略。比赛发展出的浮现结构实际上比规则更丰富，并且进一步约束了比赛。火星上的那位人类学家也必须尝试发现这些结构，但除非他找到了游戏规则和规则定义的目标，否则他成功的希望其实很渺小。尽管如此，这两个层面的约束——*构建原则*和浮现的*控制原则*——仍然不能决定产物。311
当我们去看两支美式足球队的比赛时，我们不知道将会发生什么事情，但我们知道很多事情不会发生，而且我们会惊恐地发现，这场比赛几乎是队员之前在比赛中的遭遇的精确复制。

这种双重约束模式在人类行为中很常见。在这方面，调性音乐与美式足球没有什么不同。爵士乐即兴创作者与其他几位音乐家合作，他们的行为符合调性和声原则和控制即兴创作的浮现原则。能够演奏曲调的人可能知道调性和声原则，但在即兴创作时却完全无能为力，因为没有获得控制这种演奏的额外原则。

语言也是如此。语言的语法模型和一门语言的词汇是构建原则，这些原则非常有力地限制了语言中可能出现的情况，但说某种语言的人也发展了大量的额外原则来控制在何时何地以及何种情况下说什么。此外，即使是对构建和控制原则了如指掌，也无法预测你会在下次午间谈话中听到什么。

简而言之，构建原则是网络模型在概念整合中的基础，已经对相关过程施加了很大的限制，但是额外的控制原则进一步限制了它们的范围。

我们现在开始仔细研究这些控制原则。它们对网络的约束不是要么完全起作用要么完全无用的。相反，它们描述了优化浮现结构的策略。这种“其他条件不变的情况下”的原则被称为“最优”原则。通常情况下，满足一项需求就无法满足另一项，但控制原则之间也经常相互竞争。这种关系极为常见：在网球中，其他条件不变的情况下，最好是用力将球击到角落、远离对手、靠近球网，并且离边线最近的界内落点。通常，一个非常成功的策略是遵循两个原则：把球击到角落并且用力。但是将球击向角落会增加出界的机会。如果对手在角落里，那么按照将球击入角落的策略就会违背把球打到离对手尽可能远的策略。这些策略都不是网球规则的构成部分：即使你轻轻地把球击向对手，你也依然是在打网球。同样，概念整合的控制原则可能会指向不同的方向，从而可能具有更小或更大的力量，具体效果还要取决于具体的网络和整体目标。

首先，我们会运用控制原则来压缩关系。一个关系可以压缩成另一个更紧密的版本；一个或多个关系也可以压缩成另一种关系；而且可以在整合中从头开始创建新的压缩关系。我们还会讨论压缩的重点，并给出一些有关压缩控制原则的总体评价。

312 其次，我们会转向其他控制原则，包括拓扑、模型完善、整合、关系的加强、网络中连接的维护、整合的明晰性以及整个网络的整合中结构的相关性。

这里有一个最主要的目标，它主导着所有的原则：

- 实现人类尺度

构建原则和控制原则具有在人类尺度上创造整合空间的效果。最明显的人类情境可以被人们直接地感知，并且以一种很容易就可以被人类理解的框架运作：某个物体掉落，某人抬起物体，两个人交谈，某人去了某个地方。这些框架中通常只有很少的参与者、直接的意向性和直接的身体效应，并且立即就可以被理解为是连贯的。

一旦整合的过程实现了人类尺度，这个整合就可以作为人类尺度整合，采用自我引导的模式参与生成其他人类尺度的整合，而这也概括了大部分文化进化的特点。

人类尺度整合的实现，通常需要在元素和结构投射到整合网络中时，对它们进行富有想象力的转换。下列是几个值得注意的子目标：

- 压缩离散的
- 获得全局透视
- 强化关键关系
- 提供故事
- 从多到一

压缩

我们一次又一次地看到，概念整合是一种卓越的压缩工具。它在所有类型的网络上运行，以创建压缩的整合。在这些整合中，既有连接网络内各空间的外部空间关系的压缩版本，也有存在于输入空间内的内部空间关系的压缩版本。下面我们来回顾一下主要的压缩类型。我们首先来看看单一关键关系的压缩。

单一关系的压缩

单一关键关系的尺度调节　很多关键关系具有尺度。比如一段时间间隔，可能很长，也可能很短。在最显而易见的压缩中，有一种就是单纯的尺度缩小。在婴儿上楼梯的仪式中，一个输入空间包含了人的一生。在被
投射到整合中时，这段时间间隔被缩短，以至等同于抱着婴儿爬上楼梯所 313
花费的时间。一个输入空间中的内部空间关键关系，就此被压缩为整合中的一个更为紧密的内部空间关键关系。在心脏搭桥手术的例子中，我们看到输入空间之间的外部空间关键关系，被压缩为整合内更为紧密的内部空间关键关系。其中，输入空间之间的一段几十年的时间间隔，在整合中变成了手术前的几分钟。

在因果关系的例子中，调节尺度可以包括将因果链从许多步骤缩短到很少或仅一个（或者在感知问题上，压缩为零，因为在整合中结果就是原因）。因果关系的尺度调节还可以包括减少不同类型因果事件的数量，例

如在“自掘财务坟墓”中，许多不同的财务和社会因果行为在整合中被压缩，成为单个不断重复的行为。类似的尺度调节还可以用于结果、结果种类、因果施事和因果施事类型。另一种因果关系的尺度缩小，是将离散或模糊的因果关系压缩成尖锐的因果关系。对于角色关键关系，我们在第八章中看到了多重角色（老板和女儿，或秘书和贴身男仆）如何在整合中压缩成为单个组合角色。

就意向性来说，没有意向性、有着很小或离散的意向性、有着不同意向性的复杂模型可以沿许多尺度缩小，以给出单一、敏锐、公认的意向性（例如欺骗、攻击、质疑、怀疑、相信）。意向性具有一定的尺度。在与康德的辩论、船赛和神奇的比赛的例子中，某人（当代哲学家、*美洲巨人 2* 号的船长、埃尔–奎罗伊）在一个输入空间中意识到另一个输入空间的另一个参与者，并且对他们持有意向性立场。在整合中，这种意向性立场被压紧为一种相互知情的意向性互动。输入空间中的埃尔–奎罗伊仅仅是意识到另一个输入空间中罗杰·班尼斯特的存在。但在整合空间内，埃尔–奎罗伊知道自己正在与班尼斯特直接较量，并意图让对手失败。试想一位政治家阻止了国外援助法案的通过，而该法案直接授权用于饥荒救济的资金支出。他的批评者可以说他是在“从饥饿的孩子口中夺走食物”，或者只说他在“把孩子们饿死”，或者“剥夺孩子的食物”。在长期政治进程的输入空间中存在意向性，但只是一种离散的意向性。意向性的力量在整合中急剧增强：现在，政治家的行为被视为完全直接指向儿童，他还有了让孩子们挨饿这一特定目的。这也是压缩因果关系尺度的一个例子。在有着政治家的输入空间中，签署该法案只是喂饱孩子所需的众多原因之一——食品必须购买、包装、成功运送、分发给合适的人，等等。但在整合中，只剩下了一个原因——通过或阻止法案，让孩子们吃饱或挨饿。这个原因也可以直接运作于直接的人类场景中，其时间和空间间隔都具有人类尺度。

314 变化的关键关系非常容易压缩尺度，单个对象的长而复杂的变化可以变成快速可见的变化。在心脏搭桥手术一例中，教育过程的漫长而复杂的变化被压缩为一个教学行为。在政治家阻止国外援助法案通过的例子中，政治变化和他国的变化的漫长过程变成从孩子手中拿走食物的单一行为的直接变化。

单一关键关系的中略　正如我们在第七章中提到的，另一种将关系压缩为相同关系的更紧密版本的方法是中略（syncopation）。我们不仅可以通过加速运作来压缩人的一生的时间，而且还可以通过仅仅保留几个关键时刻（出生、接受洗礼、被箭射穿、进入天堂）。调节尺度和中略通常会一起使用。在恐龙演变成鸟的例子中，我们压缩了变化、时间、施事数量和位置数量的尺度，但我们也用到了中略：在连续的进化过程中，只在整合中挑选、结合了几个关键时刻。

把一种或更多种关键关系压缩为另一种

整合的一个明显的一般特征是，它可以把一种关键关系压缩成另一种。实际上，典型的压缩涉及不同的关键关系。试想几种关键关系：类比、非类比、唯一性和变化。类比通常被压缩为无变化的唯一性，非类比则被压缩为变化的唯一性。现在，我们就来探索压缩的这种层次结构，以及整合中以一种更为压缩的关键关系取代另一种的过程。

类比、非类比、变化、同一性、唯一性　在叉角羚的例子里，各种级别的类比关系在整合中压缩为唯一性。进化期间的不同个体叉角羚互为类比。两个所谓的不同时期（古代和现代）的叉角羚被压缩成唯一的古代叉角羚和唯一的现代叉角羚。这两者在很多方面都是类比关系，而在其他方面是非类比关系。非类比的部分就被压缩成同一性 + 变化的关系：我们说古代叉角羚“变”成了现代叉角羚。最后，同一性的关键关系被压缩为唯一性：在最终的整合空间中，只有一只叉角羚。我们可以将类比、非类比、变化、同一性和唯一性的关系看成一种有组织的层级结构。同一性和变化是比类比和非类比更强的压缩，而唯一性是比同一性更强的压缩。当概念整合产生关键关系的压缩时，也没有丢弃未压缩的关键关系，这一

点非常有用。在叉角羚的复杂网络中，类比和非类比的关键关系仍然在概
315 念上发挥着作用，但是整合空间为我们提供了非常紧密的全局透视——一个理解和操纵整个复杂整合网络的平台。所有这些关键关系本身都非常复杂：整合中的唯一的叉角羚有着复杂的生活，涉及变化、学习、记忆和经验，而且生活中的不同时刻之间也有类比。这个压缩产生了一个人类尺度上的概念：一只个体动物，在一生的时间里不断改变（或不改变）。矛盾的是，虽然这个小插曲远比数百万年来叉角羚经历的进化故事要抽象得多，但它在人类意义上的关键关系却更为丰富：唯一性、个体的变化和意向性（学习、记忆、意向性行为）。

因果关系和唯一性　我们已经看到过许多因果关系被压缩为唯一性的例子。汽车公司生产汽车，但在整合中，公司和汽车是一回事。在阳痿的吸烟牛仔网络中，香烟处于指向器官形状的因果链中，而在整合中，香烟和器官具有唯一的形状。日常生活中的基本因果压缩是感知和感知原因的压缩。我们可以考虑对感知和导致它的原因进行区分，但在实际操作中，我们把它们融合在一起。

表征、部分-整体、唯一性　表征的外部空间关系联系了表现形式及其表现的内容，这在整合中可以压缩为唯一性。在一幅耶稣受难像的绘画中，红色油漆的斑点代表了耶稣基督的钉痕，但在整合中，油漆就是鲜血。更常见的例子是使用面部照片来代表一个人。在照片和人之间存在表征和部分-整体的关系，但是在整合中，这些关系被压缩成唯一性。警察常常会指着一张身份证照片说："你认识这个男人吗？"

时间、空间、同一性、记忆　我们对时间最基本的理解是通过诸如日晷、手表、日历这类文化整合实现的，我们现在习惯用空间静态图来表示时间和时间概念。例如，道·琼斯工业平均指数通常以图表的形式显示，其中的数值是一个轴，时间是另一个轴。总的来说，随时间产生的变化——取得的读数水平、受损的油轮泄漏的石油量、国家债务、民意调查的受欢迎程度，都以图像形式呈现。手表、日晷和图表，都是把时间压缩

到空间的整合的物质锚。

用空间压缩时间的另一种方式，是利用有些地点——巴士底狱（the Bastille）、福吉谷（Valley Forge）、特洛伊（Troy）、伯利恒（Bethlehem），都与历史事件相关，因此也与时代或世纪有关：1789年、美国独立战争、赫克托尔的倒下、基督的诞生。下面这段文字来自诺曼·梅勒（Norman Mailer）的《夜幕下的大军》（*Armies of the Night*），作者正在纪念大桥（Memorial Bridge）上，向五角大楼（Pentagon）走去：

> 比起任何其他的美国政治家、文学家或者骗子，他［梅勒］并没有更不 316
> 能接受这样的伤感：他的灵魂不是不洁净的，但在这里，与洛威尔（Lowell）和麦克唐纳（MacDonald）一起走，他感觉好像他一步步地走在此时此刻、法国大革命和独立战争的十字路口，好像联邦军阵亡将士的鬼魂们陪伴着他们，向着巴士底狱走去。

在这篇文章中，梅勒精心构建了一个“革命”事件的整合。他实际所在的地方，即纪念大桥，连接着东边的林肯纪念堂（Lincoln Memorial）和西边的阿灵顿国家公墓（Arlington National Cemetery），这里曾是南方联盟军领袖罗伯特·E. 李（Robert E. Lee）的故居。大桥是他当前的所有活动和联邦士兵当年的所有活动的锚。他是一群正在过桥、服务于“伟大事业”的暴民之一，这一事实是巴士底狱暴动和走过吊桥的类比锚。压缩这些空间和事件需要将时间压缩到一个时刻。在一个输入空间中，桥梁、墓地和李的家在空间上非常靠近并且都靠近作者，这样可以更容易地把相关的时间结合在一起。梅勒与《献给联邦死难者》（*For the Union Dead*）一书的作者罗伯特·洛威尔（Robert Lowell）一起散步，这使相关事件和时间的结合变得更加容易。

利用空间作为整合事件、意向性和时间的提示是一种基本的文化工具：我们为逝去的亲人、英雄和殉道者扫墓；我们参观弗米尔（Vermeer）和莎士比亚（Shakespeare）出生的小镇；我们回到母校；即使没有礼拜，我们也会去教会或教堂祈祷，当然，坟墓要么在教堂的下面，要么在教堂旁边的墓园里。这些拜访的部分动机，是出于一种感觉，只要我们实际上靠近它们，我们就可以更容易地将我们的思想和情感与这些人、文化和与他们相关的事件整合在一起，无论多么久远。文化通过指定某些场所（墓园、教堂墓地、越战纪念馆）和某些日期（阵亡将士纪念日、万圣节、复活节）来组织这些压缩，为这些跨越时间和事件的相关压缩寻求特别关注，以达到纪念的目的。物理空间已经通过记忆，与我们过去的感受和事件相连。为了达到纪念目的，文化还进行了大量的额外工作来把这些物理空间加载到物质锚上（墓碑、遗物、牌匾）。许多其他的物质锚会偶然成为记忆和时间压缩的提示（例如我们的个人影响、我们曾经住过或正在居住的房间、我们拥有的汽车）。

我们有一种时间概念，是把时间看成一种简单地按“时间距离”分隔的长期有序的事件序列，因此很久以前发生的事情越来越不容易想起。这种时间概念，与科学概念中的时间并无二致，都没有明显的用于压缩的空
317 间。然而，我们一次又一次地看到，时间的压缩在概念上很有价值，是人类想象力最偏爱的工具之一。我们假设这些时间压缩有一个基本的神经基础：人类大脑更多时候根本不按发生或记录的顺序组织事件。人类记忆不是一盒我们必须倒带才能回到所需位置的磁带。当我们来到一个地方，然后想起我们上一次到那个地方的情景时，我们不会通过按照从现在到那时的事件序列追溯我们的记忆。简单的自省就可以发现，人们无法预测自己在下一分钟内会产生什么想法：拿起一支笔，不小心踢到脚趾，喝一杯东西，吃块饼干，过去的某段记忆可能就会“突然出现”，甚至有可能是童年早期的记忆。正如物理空间因文化和记忆而充满了提示整合的能力，我们的大脑有一种非常不同的方式，却具有相同的能力，给予我们事物的想象压缩，虽然我们知道这些事物在时间或空间上非常遥远。

从时间和空间的客观角度来看，人类记忆的活动非常奇怪。为什么我们的记忆以这些奇怪的方式运作？对于这一令人费解的问题，一个可能的

答案是，记忆和概念整合不断进化以相互支持。为了做到高级概念整合，我们通常需要整合和压缩大相径庭且在时间和空间上高度分离的输入空间。我们无法预测哪些输入空间最后会起作用，但我们的确知道，需要同时激活许多来源各异的有用的输入空间，通过关键关系把它们连接起来。无论是提供不同输入空间的持续激活，还是在输入空间之间提供良好的临时连接方面，人类记忆似乎都有着极佳的表现。它显然是在自行运作，通常其所提供的输入空间和连接，除了可以把我们引向非常有用的整合之外，没有任何明显的理由说明为什么需要把它们同时激活或连接起来。

其他关系　我们还看到了输入空间中的因果关系在整合中转化为更严密的部分–整体关系的例子。在“死神，阴森的收割者”一例中，死亡这个空洞原因与斗篷或骷髅之间的多步骤因果链被压缩成一个部分–整体关系。还有各种外部空间配置压缩到了整合中的范畴。也就是说，一个行为可以带来乐趣，其中包含了因果关系，但在整合中，行为就是一种乐趣：这就是一个范畴的实例。与之类似，带来痛苦的东西本身就变成了痛苦，带来好处的东西就是一种好处，导致欺骗的行为就是欺骗，努力的产物变成了努力，就像在提到素描时所说的“这就是我的努力”。上述所有的例子，还有无数的其他例子，都是因果关系被压缩到范畴。

外部空间意向性也可以在整合中压缩到范畴。如果我们记住了一个事件，就会有一个本人在记忆的心理空间和一个有着被记住的事件的心理空间。在一个有记忆者的空间与另一个有参与者的空间之间，存在一种同一 318
性连接。他们之间有一种记忆的意向性连接。还有一种因果连接，因为该事件是记忆的原因。这些意向性和因果连接在整合中被压缩到*记忆*这一范畴中。我们会说，“我有那一刻的记忆。”人们可以展示，*希望*、*需求*和*信仰*也包含在意向性的压缩之中。

我们在第十一章中讨论过，*缝隙*这一范畴就是非类比和违实性的压缩。

关键关系的复杂阵列最终可以在整合中被压缩到特征这一单个关键关系。整合中，安全（safe）的特征压缩了一个复杂的违实网络，产生了诸如“安全的孩子”“安全的珠宝”和“安全的距离”之类的表达。正如伊芙·斯威策所展示的那样，*可能*（likely）的特征压缩了实际空间和假设空间的网络，产生诸如“可能的求职者”之类的表达，用于表示一位可能接受面试的求职者。

范畴和特征的压缩可以组合。比如“负罪感的快乐”（guilty pleasure），这个短语用来描述一种行为（比如吃高脂肪的食物），这种行为既带来快感又带来负罪感，而且通常这种负罪感的部分原因正是快感。这种行为是快感和负罪感的原因，而这种快感又是负罪感的原因。在意向性上，这个行为与快感有关，但也与负罪感有关，因为行为人期待负罪感并且有意沉溺其中，甚至或许一部分原因正是这一行为会带来负罪感。这些因果和意向性的外部空间关键关系在整合中被压缩：*负罪感*和*快感*，即输入空间中的结果，现在分别是整合中的特征和范畴。特征压缩在日常生活中的例子无处不在，但正是因为它们太司空见惯，所以总是被忽视。例如一个“吵闹的人”，是指这个人的行为有时会导致我们听到吵闹的噪声。这个因果关系在整合中被压缩，从而使这个人获得了一个主要特征：吵闹。“暴力的外表”和“危险的速度”就是特征压缩的类似例子。

我们之前看到“记忆”已经是从意向性到范畴的压缩。“带着感恩的回忆”这一短语，写在 1996 级研究员班赠送给行为科学高级研究中心的一份礼物上。在一个心理空间中，记忆者充满感激。另一个空间是被记忆的事件提示着感激之情。这些空间之间存在着意向性和因果关系，都与记忆有关。在整合中，意向性和因果关系被压缩到*记忆*的范畴中，而与感激有关的进一步的因果关系被压缩到特征，因此记忆本身就有了充满感激
319 的特征。这种整合还有着额外的重要特征，即将记忆转化为给被感激者的具有意向性的礼物。因此，即使那个人不了解我们而且当时没有注意到我们，我们也可以因为回忆向某人表示感激。

实现内部空间尺度可调节性　个体心理空间有着尺度易调节的内部空间关键关系：时间、空间、变化、相似性、特征和部分–整体关系。但在

完全整合网络中，存在着外部空间且尺度不可调节的关键关系：表征、类比、非类比、同一性。为了实现利于人类的整合，我们经常把这种外部空间关系压缩为整合中尺度可调节的内部空间关系，这是整合网络中的一个极为常规的压缩原则。为了得到人类尺度的整合，我们需要得到尺度可调节的关键关系。把尺度不可调节的外部空间关系转换为尺度可调节的关键关系是获得人类尺度整合的一般机制。这种压缩实际非常传统而且是固化的，以至于很难被注意到。例如，在一个人和一个人的标签之间，我们有一种外部空间关键关系，比如名字。在整合中，名字成为人的一部分和人的一个特征。所以我们可以看到，我们想到一个人的常规框架实际就是一个外部空间关系到内部空间关系的惊人压缩。*上校*和奥利弗·诺斯（Oliver North）或*父亲*和保罗之间的外部空间角色–价值联系，在整合中变成了特征关系。我们甚至可以把角色–价值联系压缩到整合中的部分–整体关系，比如我们把有着胸牌或臂章、服役年限条、肩章或勋章的军装穿在身上，以表示我们的等级。认知是具象化的，而且人类所表现出的惊人的智力成就，就取决于我们能够利用感知和行为中利用的关键关系，把整合网络锚定在人类尺度的整合中。

通过压缩创建新的关系

在上文关于尺度调节的段落中，我们已经简要讨论，当整合中的输入空间或连接之间没有关系时，概念整合通常会创建一个关系。比如神奇的比赛中的罗杰·班尼斯特，虽然他在自己的输入空间中意识到了竞争对手，但他与埃尔–奎罗伊的输入空间并不存在意向性外部空间关系：他没有与埃尔–奎罗伊较量或试图打败他。但在整合中，班尼斯特意识到他正在与埃尔–奎罗伊较量，并意识到他输给了对方。从班尼斯特到埃尔–奎罗伊的输入空间中没有意向性连接，但在整合中则有着紧密而又尖锐的联系。在记忆超群的叉角羚一例中，适应的因果关系被压缩成整合中个体叉角羚的变化关系，即叉角羚从幼年缓慢长大、变快；这种变化的关系为人

类学习这一有意向性、更丰富的场景所包含。在进化的科学解释中，有一
320 个适应阶段，这一阶段中叉角羚随着时间的推移而变化，从而使后来的叉角羚有了更快的平均速度，随后是一个继承的阶段，其中该速度通过遗传世世代代传递下去。两个阶段都有因果关系，第一个通过适应，第二个通过持续的遗传来传递。在整合中，这两种外部空间因果关键关系被压缩为两种意向性：学习和记忆。这是一项非常富有想象力的成果，进化的两阶段场景完美符合个人的两阶段生活模式：首先你通过学习可以做某件事，之后你仍然可以做这件事，因为你记得应该如何做。与之类似，在恐龙演化成鸟类的图画中，恐龙被它捕捉蜻蜓的欲望驱使而进化。这样通过构建新的关键关系为整合创建压缩结果，被称为“创建以实现压缩”（compression by creation）。

重要节点压缩

我们已经看到了全局类属空间呈现出“生命的故事”“出生的故事”或其他“故事”，其中包括许多关键事件和参与者，这些事件和参与者通过在心理空间上延伸的强大的关键关系联系在一起。我们曾提到，整合可以提供这些故事的整合版本。阴森的收割者死神把“死亡故事”的各个阶段压缩成一个场景。这个类属故事包含诸多阶段，比如即将死亡、断气、埋葬、尸体腐烂以及很久之后才看得见的永久结果——骷髅。整体故事中的重要节点被压缩成整合中同一时间的重要节点。在阴森的收割者的整合中，死神的到来意味着即将死亡，镰刀意味着断气，斗篷意味着埋葬，骷髅意味着最终结果。

我们在这里看到的，是整合空间和全局类属空间在反映整个故事的结构和重要节点时的总体压力。这之所以成为可能，就是因为一种类型的关键关系可以被压缩成另一种关键关系。例如，阴森的收割者中的因果关系成为了部分–整体关系。我们现在可以在类似阴森的收割者的整合中看到时间压缩的一些明显的方面。事件沿时间的顺序看起来像是整个故事的必

要结构，但并没有出现在整合空间中。重要节点压缩把时间链和因果链转换为一种所有事情都同时进行的部分–整体结构。

借用的压缩

所有这些类型的压缩的区别在于是借用一个输入空间中已经存在的压缩，还是压缩输入空间之间的外部空间关系。有时其中一个输入空间已经 321
有了一个紧密整合的场景，通过在整合中投射而提供了一个紧密的压缩。例如，在“自掘财务坟墓”中，*挖掘*输入空间已经有了一个施事、行为、时间、空间和因果关系的压缩，并且被投射到了整合中。整合的大部分框架结构来自*财务*输入空间，但这个结构被放到了由*挖掘*输入空间提供的压缩场景中。婴儿上楼梯仪式中也使用了其中一个输入空间提供的紧密整合——抱着婴儿上楼梯，来为整合提供压缩。

最优性和大脑的气泡室

跟我们即将看到的其他原则一样，压缩的原则也是最优原则。因为它们之间相互竞争，并与其他原则和目标相互竞争，所以这些原则在任何网络中都只是部分地被满足。

我们已经指出，生物进化与新整合的构建之间存在着有用的类比。每个有机体都面临着相互竞争的价值和制约因素：强大是件好事，速度快也是好事，还有营养需求低。但是这些价值引向相反的方向。进化的运作方式，不是随意为一个生物体设想某个生态位的最佳设计，然后构建该有机体。相反，会发生交互并引发产物，这些产物要么被选择要么被排斥。一个特别适合某生态位的生物体可能不会出现，仅仅因为它所需的突变没有发生。同样，大脑可以被认为是心理空间的气泡室（bubble chamber）：新的心理空间不断形成于旧的空间。我们猜测大脑不断地构建很多整合，并且只有一些被选中用于进一步的开发和应用，而可以被意识获取的整合空间就更少了。一种“文化”，包括了大量的大脑的集合，是一个更大的气泡室，以进化候选的整合，测试它们，弃置或培养它们，以及促进和传播它们中的一部分。然而，尽管大脑的气泡室有着丰富的活动，文化的气泡室大得多，仍然只会出现一些整合，只能激活一些输入空间，只会发生一些概念上的突变。从原则上来说，许多整合都可能发生过，但实际并没有发生。例如，我们在数学和科学的历史中可以看到，绝对有用的整合虽然一经使用就很容易理解并且令人难忘，但可能需要几个世纪才能冒出来。此外，在这样的系统中，最优化不是绝对的：当一个生物体或整合对于当下的目的而言，即与其他生物或整合相比较而言，已经完全足够好的
322 时候，就不再另外要求它成为可能出现的最好的。进化并没有贯穿所有可能的世界，它只从已经出现的东西中选择。同样，概念整合也只使用在个人大脑和集体的大脑中任何已经激活的事件，而不是审查所有本可能被激活的事物。在整合中，如在进化中，足够好就足够了：系统没有无限的时间或无限的事实和激活，并且它强烈地偏向于现状。一旦进化找到一只跑得比掠食者快的叉角羚，它就没有动力再为叉角羚提供更快的速度。进化中不会同时出现快到极限速度的狮子和快到极限速度的瞪羚，但进化确实优化了狮子和瞪羚，并且这不是绝对意义上的，而是与可获取的生态系统和发生的随机突变有关。同样，整合的成功并不在于尽可能满足每一条可能的控制原则——鉴于这些原则经常发生冲突，这在逻辑上就是不可能的。在一个有着许多最优性原则的系统中，成功不在于满足每个原则，而在于*足够*满足*所有*原则。

转换到人类尺度

在本章开头我们说过，控制原则由一个总体目标驱动：实现人类尺度。人类进化并且得到文化支持，是为了处理人类尺度上的现实——通过熟悉框架内的直接行为和感知，通常涉及极少的参与者和直接的意向性。熟悉的部分属于自然舒适的范围。一定范围内的时间间隔、空间接近度、意向性关系和直接因果关系对人类有利。在其他条件相同的情况下，能够

进入这些范围对整合来说是件好事。通过压缩或创建新的关系来改变关键关系，并且根据控制原则恰当地完成，能够使整合更加有利于人类。例如，我们可以轻松地处理整合中强烈而简单的意向性，因此在整合场景中添加意向性关系可以使整合更加易于理解、生动、令人难忘，而且对我们人类来说更加有用。我们已经看到了许多转换到人类尺度的例子。叉角羚复杂的进化故事被转换为一个人类尺度的故事，讲述了一种学习和记忆的动物。人生中分散而错综复杂的概念，在婴儿上楼梯的仪式中被转换为上楼梯这一人类尺度的事件。而教育孩子和治病救人所需的专业能力之间的遥远而抽象的联系，则转变为人类尺度上孩子准备给你做心脏搭桥手术的事件。

通过分析许多领域的经验数据，我们已经发现了概念整合的原则——构建原则和控制原则。这些原则有着复杂性和各种专业机制，只为实现一个目标：

- 实现人类尺度

和其他值得注意的次目标： 323

- 压缩离散
- 获得全局透视
- 强化关键关系
- 提供故事
- 从多到一

整合可以获得令人印象深刻的压缩，我们已经充分讨论过这一点。我们还看到了人类尺度的场景如何为复杂和离散的网络中的整合空间提供结构。例如，记忆超群的叉角羚实现了人类尺度的整合场景，其中，一只叉角羚从掠食者那里逃掉。这个场景压缩了整个进化时间运作的复杂和离散结构。婴儿上楼梯的仪式提供了一个非常简单的场景，有着很少的施事和事件——一个成年人抱着一个婴儿上楼梯——至少压缩了两人生活中包含的很多事件和施事。无能的吸烟牛仔呈现了人类尺度上高度压缩的整合，只有单个的施事、事件和时间——一个男人抽着一根弯曲的香烟。这种整合产生了全局透视的印象。看起来似乎构建有着人类尺度整合的网络和一个复杂心理空间阵列的恰当联系就可以产生全局透视的印象。概念整合原则的另一个成果是加强关键关系，可以通过建立新关系、加强现有关系或把一种类型的关键关系转变为另一种类型的关键关系来实现。我们还看到很多整合本身为整个网络提供简单故事的例子，比如在船赛的整合中，就有一个简单的竞赛故事。故事也可以通过在讨论“生的故事”和“死的故事”时，由我们所看到的那种全局类属空间提供。最后，几乎每一个我们看到的网络，都是从输入空间中包含的许多元素，转变为整合中的一个或少数几个。例如，在自掘坟墓中，投资破产所涉及的诸多施事和事件，变成一个施事重复进行挖掘这个行为。美洲叉角羚进化史所涉及的数百万叉角羚变成了能够学习和记忆的单只叉角羚。

这些目标不是孤立的。压缩是实现人类尺度的一种方式，同样，如果要实现人类尺度就会产生压缩。强化关键关系也是实现人类尺度的一部分，这种尺度的情景通常涉及一个简单的故事。人类尺度是一种程度，让我们可以自然产生我们有着直接、可靠和全面的理解的印象。这就是实现人类尺度的整合可以引发全局透视感的原因。整合的压缩和尺度，使整合在认知层面上更易处理、更好操作，并且由于它与复杂网络紧密相连，其
324 操作带来对离散网络的掌控，也会营造一种全局概念掌控和透视的感觉。从网络中的许多元素和关系到整合中的少数元素和关系，也有助于实现人类尺度、压缩和故事，因为一个简单的人类尺度场景有着具备最少施事的局部空间区域和很小的时间间隔，我们建立这些场景是为了能够在感知和行为的层面上参与其中。

压缩的控制原则

现在，我们可以陈述几条压缩的控制原则。它们都可以把网络中的压缩最大化，也就是说，在它们投射到整合中时可以引起关键关系的压缩。

- *借用以实现压缩*　当一个输入空间已有一个人类尺度的紧密连贯性而另一个输入空间中没有时，紧密的人类尺度连贯性可以被投射到整合空间，以实现另一个输入空间被投射到整合空间时也被压缩的效果。例子："自掘财务坟墓"、"他消化了一本书"、婴儿上楼梯的仪式。
- *调节尺度以实现单个关系的压缩*　有些内部空间或外部空间的关键关系可以通过调节尺度在整合空间中得到压缩版的相同关键关系。无论是从外部空间到内部空间还是在一个空间内，时间、空间、变化、部分-整体、意向性和因果关系的尺度都可以调节。此外，在单个空间内，特征和相似性的尺度也可以被调节。相似性的尺度与共享特征的数量相关，并且特征可以自己调节尺度。某物可能更*蓝*或不那么*蓝*，如果两个物体都是蓝色的，那么它们就可以是相似的；如果一个是蓝色的而另一个是红色的则不相似；如果两个都是蓝色的，那它们的相似度则取决于它们有多蓝。
- *中略以实现单个关系的压缩*　某个输入空间的或者跨输入空间的离散结构可以在投射到整合空间中时通过只保留少数关键元素而略去其他元素的方式来实现压缩。
- *一种关键关系压缩成另一种*　某种类型的关键关系可以被压缩成另一种类型的关键关系。
- *尺度可调节性*　压缩的主要目标是在单个心理空间中实现人类尺度。在单个的空间中，元素因其自身的定义而满足唯一性，而其他关键关系——时间、空间、变化、因果关系、部分-整体、特征、相似性、意向性，其尺度是可调节的。尺度不可调节的关系——类比、非类比、同一性、表征，则可以相应地被压缩成尺度可调节的关系。
- *压缩以实现创造*　向空间内增加新的关键关系可以帮助其实现人类尺度，而压缩可以为整合空间创造一个并不存在于输入空间中的关键关系。

325 • ***重要节点的压缩***　总领故事中散布的元素可以通过压缩成范畴、压缩成特征以及细节的中略等方式而被压缩成整合空间中的同步安排。

图 16.1 和 16.2 展示了我们现在已经证明了的两个压缩层级。

拓扑结构

在第六章中，我们讨论了在输入空间内和输入空间之间组建关系。我们把输入空间内的组建称为“内部空间拓扑结构”，另一种称为“外部空间拓扑结构”。我们还看到在心理空间的拓扑结构中，本质的部分是由其关键关系定义的。在一个有着输入空间和外部空间联系的网络中，存在着内部空间和外部空间拓扑结构投射到整合中的各种可能性。默认的可能性是关系毫无变化地投射到整合中。例如，*美洲巨人 2 号*从旧金山出发的航行距离在投射到整合中时没有改变。

所有其他可能性都涉及整合与输入空间的内部空间或外部空间关系之间的某些差异。

第一种这样的可能性，是一个关系在整合中没有对等成分。如果某些拓扑结构没有投射，对整合来说则必然是不利的，因为丢失了信息，这个结论看似非常直观，实则相反：整合中仅存在一部分拓扑结构，强调了特定拓扑结构，因此可以*更好地*理解其重要性。我们在第十章中讨论的飞机驾驶舱的两个可替代显示器，就提供了一个很好的例子。

第二种可能性是关系在整合中投射为相同的关系，但是调节了尺度。在婴儿上楼梯的仪式中，包含整个人生的输入空间中的时间在投射到整合中时调节了尺度。

第三种是在把关系投射到整合中时可能存在中略。中略保留了顺序，但剔除了某些重要节点之外的其他所有关系。

第四种是一种关系可以被压缩成另一种关系（比如从类比到唯一性）。虽然在这一类连续体中，关系之间存在明显差异，但这种连续体在人类概念系统中非常基础。例如，如果我们见到了一个人，一年后又一次见到他时，我们可以轻而易举地在两次所见之间进行类比和非类比。我们会自然而然且轻而易举地建立一个关于变化的过程，即使我们没有意识到。我们认为这种变化使一些特征保持不变（类比部分），但改变了其他特征（非类比的部分）。这种变化的关系被无意识地压缩到个人的同一性：我们认为我们正在感知"相同"的人，尽管在过去的一年中他的头发全都 326
变成灰白的了。死亡与骷髅之间的因果关系在"阴森的收割者"中变成了部分–整体关系，这就是图像化表征空洞原因的标准策略，如饥荒和战争。

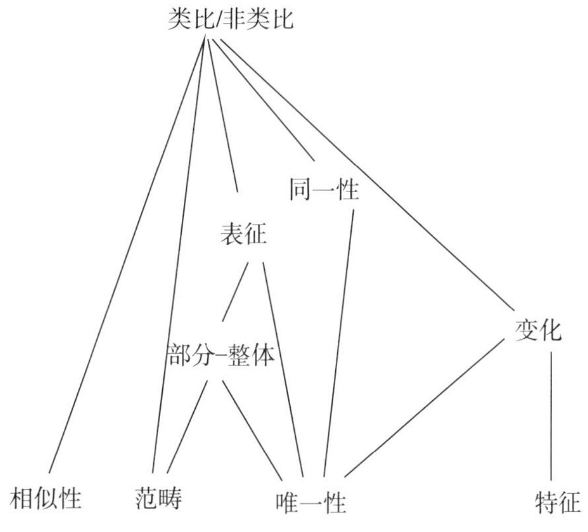

图 16.1 类比 / 非类比的压缩层级

虽然这种心理过程似乎很明显，但它不应该被视为理所当然；在神经病理学的层面上，它可以被扭曲。卡普格拉妄想症（Capgras' delusion）是一种罕见的神经心理学疾病，患者认为他事实上的亲朋好友都是完美的冒名顶替者，他们在每个细节上都与他真正的亲朋好友完全相似，但并不完全相同。此外，正如我们之前所讨论的，把因果关系压缩为唯一性（对蓝色杯子的感知、听到老虎的吼声、把某人的表情视为“暴力的”）是人类制造的一种非常自然且有用的压缩。在大多数情况下，我们不会意识到它的发生，但它也可以被用在创造性整合中，正如我们在第十五章中看到的例子，生产某种汽车的公司在整合中变成了汽车。

第五种可能性是一个输入空间中的关系可以与另一个输入空间中的关系相反。整合从一个空间获取关系，但从另一个空间获得压缩。例如，在
327 “自掘财务坟墓”中，*投资*输入空间的因果关系方向与*坟墓*输入空间中的因果关系方向相反。*投资*输入空间有着更好的拓扑结构，但*坟墓*输入空间则有着更好的压缩。我们为整合选择了来自*坟墓*输入空间的紧密整合，但因果关系方向则来自*投资*输入空间。

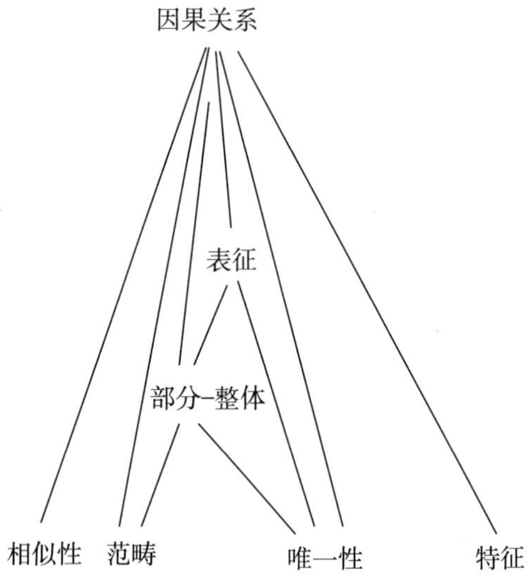

图 16.2　原因 / 结果的压缩层级

我们已经看到的调整整合和输入空间中的拓扑结构的五种方法，展现了在优化压缩的同时保留其组织作用的拓扑结构的策略。它们都以拓扑结构指导原则为基础。

拓扑结构原则：其他条件相同的情况下，建立的整合空间和输入空间能让输入空间及其外部空间关系中的有用拓扑结构反映在整合中的内部空间关系中。

拓扑结构和压缩的指导原则经常发生冲突。概念整合的构建原则本身并不禁止输入空间中的和外部空间关系的所有内容压缩为整合中的单个无 328
差别元素。压缩把整合引向这个方向，但是这种严苛的压缩产生了与输入空间及其外部空间关系几乎没有对等成分的整合。拓扑结构原则反对消除重要拓扑结构的压缩。与之类似，概念整合的构建原则本身也并不禁止把输入空间及其外部空间关系原原本本地投射到整合中，既不改变也不融合。但这样的整合通常不会处在人类尺度之上。因此，压缩原则反对拓扑结构原则中保留拓扑结构的偏好。任何整合网络都必须在它们之间达成恰当的平衡。被广泛利用的压缩模型是适应这些竞争需求的一种方式。如果知道模型，就可以从整合空间中压缩程度较高的拓扑结构推断出输入空间中压缩程度较低的拓扑结构。

模型完善

在许多整合的例子中——例如与康德的辩论和船赛，现有的紧密整合框架被整合空间采用，为整合空间提供紧密整合。在阴森的印刷机的版本中，报纸公司的首席执行官正在操纵印刷机，而汽车公司的首席执行官则在汽车的驾驶员座位上。我们采用了一个框架，在这个框架中，对手使用设备相互竞争，而且由设备的好坏决定输赢。采用的这些框架在整合中把元素构建为一种整合模型。还比如，记忆超强的叉角羚一例中为整合提供了一个有着学习和记忆的框架，这些关系在网络中有各种叉角羚的输入空间中的因果关系、时间和变化（适应和继承）这些重要的关键关系的压缩版本。模型完善有一个总体指导原则。

模型完善原则：其他条件相同的情况下，通过使用已有的整合模型作

为额外的输入空间来完善整合空间中的成分。其他条件相同的情况下，选择使用的完善框架应包含的关系是输入空间之间的重要的外部空间关键关系的压缩版。

整合

整合——心智的三个 I[①] 之一，是本书的主题。实现高度整合的空间的冲动，是人类认知的首要原则。

整合原则：实现整合的空间。

329 由于概念整合网络的本质是把许多不同的，有时甚至是冲突的输入空间投射到单个整合空间中，因此该空间中的整合是一项相当大的成就，并不只是输入空间中的隐含内容。在整合空间中的整合可以被作为一个单元进行操作，因此更加令人难忘，并且使思考者不用经常引用网络中的其他空间也能够运演整合。整合有助于使整合空间符合人类尺度，从而也增加了已经处于人类尺度的且在我们知识范围内的整合空间得到进一步有效利用的可能性。

我们刚刚提到，输入空间通常具有相反的拓扑结构。把这些拓扑结构投射到整合中可能会创建分裂的空间。在这些例子中，必须做出选择和调整以避免形成分离的整合，这是整合原则的必然结果。例如，在与康德的辩论中，第一个输入空间中的语言德语没有被投射，因为辩论框架中的整合需要单一语言。

提升关键关系

在“记忆超群的叉角羚”中，我们看到，新的意向性关键关系（学习

① 见第 8 页脚注 ①。——译者

和记忆）出现在了整合空间中。整合空间中经常会发展出内部关键关系。这种关键关系的最大化会自然而然地配合整合中新框架的采用以及整合向人类尺度的转换。还有一条总体原则，把外部空间关键关系和整合中的关键关系之间的反映最大化，从而建立新的外部空间关键关系。我们在第七章中讨论过的三角巧克力的广告就同时完成了这两件事。广告的观众看到了巧克力、金字塔和“古代三角崇拜”这个词，这种与传统的为纪念某人或某事所建造的纪念碑之间的类比，是建立一个更加丰富的整合空间的基础。这个整合空间就此被拆分为一个熟悉的映射图式，其中一个有着丰功伟绩的人会被追随者钦佩，后来，也许在他去世后，就有了一座以他的形象为原型的雕像。为了完善三角巧克力的概念整合网络，需要添加大量的外部空间关键关系：巧克力在古代就已有，并且非常好吃，以至于其崇拜者为了纪念它而打造了不朽的雕像。这种卓越的认知付出的最终结果，是在整合和外部空间连接中都具有许多补充性的关键关系的整合网络。还有一个类似的例子是在第七章讨论的隐藏硬币。该例中一个人在后来的恋爱关系中的心理被解释为他藏东西的童年习惯，而且他东西藏得太好，好到自己都找不到。“隐藏硬币”和“隐藏你的爱”之间的类比联系，变成了 330
“江山易改，本性难移”或“早期习惯持续”的因果关系。

关键关系的最大化原则：在其他条件相同的情况下，最大化网络中的关键关系。尤其要注意的是最大化整合空间中的关键关系并且把它们反映在外部空间关键关系上。

我们马上就来证明，指导原则的相对权重也可能会由目的决定。如果整合的目的是揭示输入空间之间关系，那么最大化关键关系就有了特殊的重要性，因为这样的揭示可能会依赖于新的外部空间关键关系，例如三角巧克力在古代的崇高地位。相反，如果整合的目的是开发一个与输入空间明显不同的假设空间，那么这条原理就没那么重要。例如，某人在考虑要不要做股票经纪人，这种想法可能来自于她自己和她做股票经纪人的朋友的整合，因此在整合中，她是一个股票经纪人，并且有着浮现的感受和对新职业的判断。这种整合的目的不是为了探索现在的她自己和朋友之间的比较，因此它并没有提示新的外部空间关键关系。基于这个目的，最大化外部空间关键关系的指导原则就变得没那么重要了，但它仍然给网络带来了潜在的压力，并可能导致概念上的后果。虽然对比较的探索不是网络的目的，但根据原则，这种整合仍然会存在，并且会导致她与朋友的比较和她对朋友的新感受，例如钦佩、羡慕、嫉妒或蔑视。即使目的显然不是比较，我们也经常会拒绝两个元素融合的请求，因为输入空间之间总是存在更紧密连接的潜在可能。例如，把受压迫的少数民族与濒临灭绝的物种整合到一起也许是出于好的意图，但会因其侮辱性而被拒绝。

把整合中的关键关系最大化并将它们反映到空间之间的外部空间关键关系，是加强整合结构和加强输入空间之间整体联系的一种方法。另一种方法是加强已有的重要关系。我们往往会发现，涉及人类行为的网络中，整合中因果关系和意向性的形式会比在输入空间中的更清晰、更简单和更强大。一个例子就是政治家阻止国外援助法案的通过，因此被指控“从饥饿的孩子口中夺走食物”。这个网络也把参与政治进程的许多施事压缩成了一个。

强化关键关系原则：其他条件相同的情况下，对关键关系进行强化。

331

网

网原则：其他条件相同的情况下，将整合空间作为一个整体来操作时，必须易于维持与输入空间的恰当联系的网，而不需要额外的监控或者计算。

这个原则反映出，即使我们只关注网络中的一个空间，整个网络也会受到影响。这是因为网络中好的连接被无意识地保留着，因此整合中的某些操作可以在输入空间或输入空间之间产生自动效果。例如，禅师在整合中遇到自己，对输入空间有着直接影响，因为整合和两个输入空间中，日期总是相同的，并且禅师一天中的位置与他在相应输入空间中的对等成分的位置相同。在整合和时钟时间的进程、禅师在特定时钟时间的位置进程两个输入空间之间有着严格的一致性，从而完美满足了网原则。

当拓扑结构原则得到满足之后，就会帮助满足网原则，因为使用者通常认为网连接是由拓扑结构的投射提供的。但这两个原则截然不同，也并不需要相互协调，它们可以相互竞争。拓扑结构把整合向最大化输入空间和整合空间之间的拓扑结构的方向推进。但网则是关于维持空间之间的恰当连接，因此它可以把整合推向限制拓扑结构连接的方向。在把整合作为思想和行动的基础时，我们必须始终明确，为什么输入空间和整合空间在拓扑结构上是不匹配的。例如，1995 年左右的计算机桌面还没办法直接用手指操作屏幕、发出语音命令或在文件夹外部涂写信息（如“4 月 15 日后弃用”）。这些拓扑结构对很多输入空间来说非常重要，包括提供人际命令的输入空间、在真实的办公室工作的输入空间以及从列表中指明选择的输入空间（比如，当我们想要列表上的某种酒，但酒的名字的发音我们不会，这时我们向服务员指明选择）。但它们在整合中并不可用。把鼠标当成麦克风讲话［就像某一部《星际迷航》（*Star Trek*）电影中来自未来的人类访客所做的那样］，对于知道语音指令的拓扑结构没有被投射到计算机桌面整合的人来说非常好笑。这种“自然错误”是因为在整合中使用仅在输入空间中可用的拓扑结构。有趣的是，电脑桌面的界面目前正在进化，从而包含更多的拓扑结构。

来自未来的访客从输入空间投射了过多的拓扑结构到整合空间中。在另一个从整合空间到输入空间的方向上，我们也不能向输入空间投射整合空间中不适合输入空间的浮现拓扑结构。这就是肥皂剧的狂热观众在街头
攻击剧中扮演恶棍的演员时所发生的情况。整合中有浮现的拓扑结构：邪 332
恶的人有着演员的外表。角色和人的统一不能被反向投射到有着演员的现实生活输入空间中。

在两个方向上，错误都来自于拓扑结构的最大化，违反了网原则。

网原则的一个直接推论，就是我们不应该将输入空间中有价值的网连接断开。计算机桌面与计算机操作空间之间有着网连接，操作空间中关注点的转换仅需要一次单击。例如，如果用户在桌面上运行了五个不同的应用程序，而只想查看其中的一个，就可以单击“隐藏其他”（相反，则“显示其他”）；如果要查看一个已经打开但被遮挡了一部分的文档，他只需要单击所需文档的任何位置即可。但是在办公室的空间里，除了他打算关注的某样东西外，把办公桌上的其他所有东西都藏起来，需要复杂的物理操作。如果把所有这些操作都投射到整合中，就会把整合到计算机操作输入空间的有用的网连接切断。功能在这里引导了竞争。连接到计算机操作输入空间中“转换关注点”的网连接很重要，因为桌面界面的设计用于运行计算机。如果其功能是为了模拟办公室工作环境，那么物理操作的复杂性就将被保留，其代价则是牺牲计算机的计算效率。

网与整合过程结合到一起，促使整合空间形成新的整合。例如，在“自掘坟墓”这一隐喻中，整合中的因果、时间、意向性的结构（行为人没有意识到自己的行为，这种行为足够多的重复导致失败）从错误和失败的输入空间来到整合当中。这个网连接对逻辑来说是至关重要的，但是如果我们改为投射坟墓输入空间中的普通结构（死亡之后其他人有意识地挖掘坟墓），它就会被摧毁。在法国的尼克松的例子中，我们把尼克松投射到整合中，但没有投射他的美国国籍，因为这会让他没办法成为法国总统，也因此切断了从整合到第二个输入空间的关键的网连接。

拆分

拆分原则：其他条件相同的情况下，整合空间完全可以通过自身促使整个整合网络重建。

整合的力量之一就是它自身携带着整个网络的萌芽。如果已经激活了整个网络，那么运演整合会为网络的其余部分提供推论和结果。但是，如果整个网络尚未建立或已被遗忘，或者相关部分在思考的那一刻尚不活跃，那么整合就可以卓有成效地促进这些激活。整合有着提供全局透视的力量，一部分原因在于其作为记忆装置的实用性——在我们了解网络并且 333
仅需要恢复和激活它的情况下，或作为触发装置，携带小的压缩来指导我们将其拆分到充分成熟的网络的各部分。虽然话语环境有时会在整合之前建立输入空间和连接，但在其他情况下——就像我们看到广告牌一样，我们可能只会看到整合空间的一个物质锚。整合空间中的分解和不协调通常会促进拆分。例如，阳痿的吸烟牛仔中的广告牌为我们提供了抽着下垂的香烟的牛仔，以及“警告：吸烟导致阳痿”这句话。下垂的香烟本身的不协调，促使我们不仅仅把这种表征解释为简单的牛仔在抽烟的图片。香烟同时“拆分”了正常吸烟所在的有着男子汉气概牛仔的空间，以及下垂的性器官所在的性功能的空间。事实上，可能最好的一种说法是我们先认识到了一个有着诸多不协调的空间，这些不协调促使我们把空间作为一个整合来寻找它的输入空间。同理，与康德的辩论也满足拆分原则，因为它有着来自同一空间的 18 世纪的人和 21 世纪的人。在这些例子中，呈现给我们的场景已经解体，促使我们将其视为具有分散的输入空间。与之类似，“他真的非常生气，我看到他的耳朵在冒烟”呈现出了一个有着最高层次整合的场景，但却包含了明显的*愤怒*、*热量*和*身体生理学*提示。进行正确连接的提示通常采取紧密压缩的形式，比如阴森的收割者中，死神的身体、衣服和工具提示着骷髅、葬礼、收割和杀戮。

道格拉斯·霍夫施塔特指出，拆分原则并不仅只与网络中的结构有关，而且更为广泛，它是一种沟通，因为整合空间提供的拆分可能性将取决于沟通的语境中已经活跃的内容。

关联

关联原则：其他条件相同的情况下，整合空间中的某个成分应该具有

关联性，包括与其他空间建立连接和运演整合空间的关联性。反之，输入空间之间的外部空间关系如果对于实现整合网络的目的来说很重要，那么应该在整合空间中有对应的压缩。

沟通的参与者会受到与沟通相关的一般压力。当一个整合被用在沟通中时，它就会受到这些一般压力的影响，但有一部分关联性源于网络中的位置和功能。整合中的一个元素可以通过指示与其他空间的连接或指
334 示整合发展的路线来满足关联的一般期望。讲话者和倾听者都了解这一事实，从而指导他们对网络的构建和解释。关联的期望鼓励听众寻求最大化网络元素的关联性的连接，并且鼓励说话者吸纳促进正确网络连接的整合元素，同时排除可能促进不需要的连接的元素。我们把这条原则称作“网络关联”。当整合中的某个元素可以成功作为拆分的提示时，就满足了网络关联原则。比如在阴森的收割者中，死亡这个空洞原因被人格化时，它必须具有形状、身体和性格，并且自然就会穿衣服。但是，这些方面并不是由死亡事件或杀手的框架强制执行的。我们在讨论重点压缩时看到，这些元素是精心挑选的部分–整体压缩，它们指导拆分，并且提示着因果关系等网络关键关系。把它们理解为拆分的提示，就为它们提供了网络关联。

日常生活中自我表征的一般特征是，一个人的衣服、配饰、性格、表情、姿势和外观有着关联。因此，它们可以提示具有它们的网络关联的整合。一个面有愠色的高中生，身着海军陆战队高领装（dog collar）和迷彩，这并不意味着他是一名士兵（或一只狗），而是他性格中的某些部分是通过训练有素的侵犯和暴力行为的投射而获得的。

关联原则迫使网络在整合中建立关系，这些关系是输入空间之间重要的外部空间关系的压缩。我们已经在许多网络中看到了这种情况。例如，在船赛中，*北极光号*的空间是参考空间：*美洲巨人 2 号*中的水手们知道它并且一心想超越它，而这个知识就是他们的活动的原因。这种意向性和因果关系的外部空间关系，需要通过关联原则在整合中得到压缩，而且它们

确实因竞赛框架的意向性和因果关系结构得到了压缩。

递归

实现人类尺度，这个整合的总体目标的一个重要的必然结果，就是一个网络中的整合空间通常可以用作另一个整合网络的输入空间。一旦整合过程产生了一个人类尺度上的新整合，这个新整合就成为了实现更多人类尺度上的压缩的潜在工具。我们看到，阴森的收割者中，复杂的多重整合产生了一个有着阴森的收割者这个人物的人类尺度场景。原则上，死神没有必要去适应人这个已有的范畴。可能的情况是，双域网络通常会产生属于全新类别的元素。具有多次压缩的复杂网络提供了阴森的收割者这个整 335
合。作为人物的阴森的收割者，可以成为包括各种人物在内的任何输入空间的一部分。特别值得注意的一点是，拟人化整合现在可以把阴森的收割者作为一个有着人物的输入空间。我们还可以把一只鹰拟人化为"阴森的鹰"，用骷髅、镰刀、斗篷以及翅膀和喙加以完善，它们是老鼠世界的神圣力量。这种递归在科学和数学的发展中经常发生。如果我们从在海边看到的海浪开始，然后考虑声音，从而认出海浪的声音虽然是一种不同的现象，但依然是介质中的纵向运动，我们就可以创建一个新的整合范畴*波*，其中包括各种"纵向"的波浪。这个新的范畴*波*就可以是进一步的整合网络的输入空间，而另一个输入空间可能具有电磁现象。现在，新网络的整合空间中就有了包含"电磁"波的范畴*波*。

数字概念的历史中有着许多连续的整合，在其中的每个阶段，整合后的数字概念都作为新整合网络的输入空间，因此网络中的整合空间里都有一个更新的数字概念。如果我们已经有了计数数字 1、2、3……，它们就可以作为网络中的一个输入空间，而网络的另一个输入空间中则有这些数字的比例。跨空间映射将会是一对多的部分对应，其中每个计数数字 n 会映射到计数数字 r 和 s 的任何比值，其中 r 具有 n 个部分，每个数量为 s。

通过选择性投射，所有的比例都从比例的空间投射到整合中，所有的计数数字都从计数数字的空间投射到整合中。对应的比例被投射到整合中的相同元素上。乘法之类的运算是整合中的浮现结构。整合有一个新的范畴，其中的元素是输入空间中大相径庭的元素的投射，然而*在整合中*，所有这些元素的范畴依然是数字。它们都只是数字。例如，整合的元素中有 9 比 3 的比值的投射，有 12 比 4 的比值的投射，以及 333 比 111 的比值的投射，这也是计数数字 3 的投射。换句话说，整合中的元素是输入空间中的无限元素的投射，虽然这些元素属于完全不同的范畴。另一个元素是 9 比 5，18 比 10，27 比 15 等比值的投射，但完全不是计数数字的投射。尽管比值本身不是线性排序的，但整合中通过投射而得到的数字，例如 550 比 900 的比值，事实上要小于 2 比 3 的比值的投射所得到的数字，尽管构成前一个比值的数字都很大，而构成后一个比值的数字都很小。一方面，整合创建了包含有理数的新概念数字，是一项伟大的数学成就。另一方面，整合也提供了古老范畴的数字。这个范畴是整合的输出，有着与整合的输
336 入相同的范畴名称，而且也被让人觉得是相同的，即使该范畴的内部结构有了显著的改变。同样，因为数字是一个人类尺度上的概念，所以整合也是人类尺度上的。但是当我们查看数字概念的内部结构时，我们会发现它变得更为复杂了，并附加到各种离散的输入空间。同样的范畴数字为输入和输出提供组织，这就是连续整合过程中的递归，正如阴森的收割者网络中，人这一范畴为输入和输出提供组织，也是引入了递归。数字概念的历史特别引人注目的一点是，通过许多连续的整合，范畴数字始终既是输入也是输出。数字，即有理数，是一个输出为数字的网络的输入，其输出的数字是实数。正如我们在第十三章中看到的那样，数字意味着实数整合了二维空间以产生数字，这里是指复数。这个组织范畴每个阶段的输入和输出似乎都是相同的；但在每个阶段，范畴在整合中的内部结构都与在输入中的不同。这种递归可以无限地继续下去吗？一方面，输出的范畴与输入的范畴相同，并且在意义上处于人类尺度，因此每个步骤的整合空间都是

进一步整合的候备选空间。但另一方面，每个步骤的内部结构都与剩余网络中越来越多的解压缩相关联，这使得网络不易驾驭。

它们如何合作和竞争

在本章中，我们已经看到了构建原则和控制原则如何合作：压缩有助于人类尺度，人类尺度有助于得到故事，得到故事有助于全局透视，从多到一有助于整合实现人类尺度。我们已经看到了控制原则之间的竞争。压缩与拓扑竞争，因为拓扑施加的是保留各种区别和元素的压力，而压缩发挥作用的方向则完全相反。类似的是，整合与拆分竞争，因为绝对整合会使整合空间不留任何单独的输入空间的痕迹。例如，在一张天使报喜的图片中，报喜天使告诉圣母玛利亚她将成为上帝之母，这一幕看起来可能像两个年轻女性在卧室里交谈，在这种情况下我们不会受到提示，把它拆分为两个不同的输入空间：一个输入空间中有一个女孩在自己的卧室里，而另一个空间有上帝、基督、圣灵和上帝之母的永恒神圣关系。

控制原则如何在各类网络中发挥作用 337

对于任何概念整合网络而言，我们必须解决各种原则所提出的合作和竞争路线。这并非易事，但经过独特进化的人类有能力去解决它。各种常规类型的网络以不同的方式在控制原则之间协调。

镜像网络

镜像网络的特征能很好地适应某些控制原则，并且排斥其他原则。

我们在第七章中讨论了镜像网络提供压缩的一些细节。正如其他任何网络，镜像网络可以使用调节尺度压缩、中略压缩、从一类关键关系到另一类关键关系的压缩，以及创建关键关系。另一方面，镜像网络无法通过借用实现压缩，因为它的两个输入空间和整合有着同样的压缩框架。

镜像网络的一个特别的优点是它们可以轻松地同时满足拓扑、整合和网原则。这种组织框架的分享会自动地把一个丰富的拓扑结构从空间传输到空间。在整合空间中，整合由共享的框架和细化提供。这个细化的框架通常已经是一个常用、丰富、整合的框架，如*竞赛*、*辩论*或*相遇*。这种在整个网络中共享的框架自动保留了空间之间的网连接。

当镜像网络的输入空间中的对等成分在整合空间中融合时，输入空间的组织框架会耗尽整合的元素，因此不需要模型完善：整合和输入空间将具有相同的组织框架。我们在第八章中看到过这样一个例子：你是我失散已久的女儿。很多输入空间中的对等成分没有融合，但输入空间中的组织框架仍然可以在整合中容纳它们的组合，这样的例子也有很多，如继任的船长。然而，通常情况下，在镜像网络的整合中，未融合元素的多样性创建了许多关系，这些关系可以被认为是通过引入更完整的框架来完善的部分模型，正如在与康德的辩论中，两个哲学家的不融合产生了一个两位哲学家深思同一个问题的整合空间，可以通过*辩论*的框架得以完善。

共享框架提供的整合及其细化似乎与拆分的作用相反，它提供了一个共享框架的直接实例。但是，一个在细节层面整合得很好的空间，或许在更细的层面上整合得很差。例如，两艘船之间的竞赛是一个很好的整合，
338 但在更详细的层面上，1853 年的帆船和 1993 年的双体船之间的竞赛就是一个很差的整合。

因此，可能会出现一个满足整合空间的整合，在一个层面上整合得很好，而在更细的层面上整合得较差的情形。正如我们在第七章中看到的那样，镜像网络中的空间共享一个组织框架，但不一定是较低层次的结构。在镜像网络中，拆分通常是通过这种处于较低层次的较差整合来提供的，这也是整合中的元素需要连接到不同输入空间中整合得较好的对等成分的信号。例如，船赛中的整合空间在组织框架的层面上整合，但是帆船和小型双体船的对比则产生了处于较低层次的较差整合，而这一点则有助于拆

分。当我们遇到某个整合时，较差的整合会促使我们把帆船和双体船投射回不同的输入空间。实际上，“*北极光号*的幽灵”这个短语同时唤起了回到输入空间的反向投射和整合中的浮现结构。“幽灵”这个词标志着输入空间之间的关键关系，而在整合中，它是这些关键关系的压缩。1993 年空间中的水手们了解北极光号的历史。这是通过记忆建立的意向性联系。“幽灵”提示这些外部空间关键关系的构建以及整合中元素的创建，这当然也满足了拆分原则。

*幽灵*的范畴有力地压缩了意向性（以记忆的形式）、时间、表征、同一性、违实和因果关系。它压缩了因果关系，因为历史事件是记忆的原因。它压缩了记忆内容和历史空间之间的同一性。它压缩了整合和每个输入空间之间的违实连接。整合中的*幽灵*自然地解压缩到两个输入空间之间的时间连接。连接了输入空间的记忆的意向性连接通常通过表征连接补充，以使记忆成为过去事件的表征。整合中的特定幽灵把这个表征连接压缩为*幽灵*范畴的直接感知实例，并且该实例与历史输入空间中被记住的事物相同。我们在船赛中特别提到的*幽灵*的特征是通用的，绝不仅限于镜像网络。这个显著的范畴在世界各地，甚至是所有的文化中都可以找到。

镜像网络直接满足了关联原则，即整合中的元素通过共享框架自动连接到输入空间中的对等成分。但至关重要的是，整合采用或构建的扩展框架也受到关联原则的制约。该框架中不属于共享框架的关系被认为是输入空间之间的外部空间连接的压缩，比如在记忆超群的叉角羚中，记忆压缩了古代和现代叉角羚输入空间之间不变的遗传。

单域网络 339

在单域网络中，比如把商业竞争对手隐喻地刻画为拳击手，整合空间中的整合会自动被满足，因为整合从其中一个输入空间中继承了压缩组织框架：在本例中，就是*拳击*。出于同样的原因，拓扑结构原则在整合和提供组织框架的输入空间之间得到了满足。但拓扑原则也在整合和其他输入空间之间得到满足，因为把竞争比作肢体打斗的常归隐喻已经符合两个输入空间的相关拓扑结构。因此，当整合中的一个元素从跨空间隐喻映射所涉及的任一输入空间中的元素中继承拓扑结构时，其继承的拓扑结构会通过现有的常规隐喻自动兼容，同时该输入元素的对等成分的拓扑结构则存在于另一个输入空间中。

单域网络还直接为我们提供了可借用的压缩和调节尺度的压缩。提供框架的输入空间通常是“人体尺度”的整合（例如，两个人打斗）。当投射到整合空间时，这个框架变成了焦点输入空间的大规模压缩——也就是本例中的商业竞争。我们发现时间的尺度被压缩到打斗的持续时间，施事的数量被压缩为两个，行为类型被减少到只有打击和闪避，因果链的尺度被缩小到击中或击空。

这种由借用框架和隐喻映射提供的共享拓扑结构，也同样满足网原则。正如在镜像网络中那样，这种结构也提供了拆分的机会：尽管整合空间的整合处于框架层次，但在更具体的层次上没有得到整合。例如，假设在漫画中，竞争者被表示为穿着商务西装的人在进行拳击。商务西装和拳击之间缺乏整合，这促使我们把整合拆分到两个不同的空间。同样，如果我们知道“默多克”（Murdoch）和“亚科卡”（Iacocca）指的是商人而不是拳击手，那么在“默多克打倒了亚科卡”这句话中，这两个名字的使用把我们引导到较低层次的商人输入空间，这有利于满足拆分原则。

在源域是按照特殊要求定制的单域或镜像网络中，比如隐藏硬币、你是我失散已久的女儿或者救赎的各种例子，有许多强化外部空间关键关系的自然机会。例如，在隐藏硬币中，输入空间之间的类比在早期习惯难以改变的解读中成为因果关系。这些单域网络也为中略提供了自然的机会，因此输入空间之间的区别在整合中不再考虑，因为融合可以产生强化的个人同一性，掩盖生活中的任何其他事件。在你是我失散已久的女儿中，与外部空间类比相关的输入空间中的女儿被压缩成同一性。在隐藏硬币中，与外部空间类比相关的输入空间中的事件被压缩为本质的同一性。

双域网络 340

在双域网络中，压缩、拓扑、整合和网原则都不会自动满足：必须使用专为整合发展出的具有中心浮现结构的框架。（这可能就是双域网络——例如计算机桌面、复数和自掘坟墓，通常被认为更具创造性的原因，至少在它们成为固化的常用表达之前是被这么认为的。）因此，在这些网络中，我们期望看到控制原则之间激烈的竞争，以及越来越多的无法满足这些原则的时机。

计算机桌面详细阐释了许多这种竞争和时机。我们强调过，不满足控制原则并不一定意味着最终产生的整合就是失败的；相反，构建有用的双域整合通常需要找到一种放宽控制原则的合适方式。首先，我们来考虑一下在计算机桌面整合中，拓扑结构与整合冲突且最终整合过程获胜这个方面。这个整合的目的是提供一个整合的概念空间，作为整合行为的基础。计算机桌面的基本整合原则是一切都在计算机的二维显示器上。但在实际办公室工作的输入空间中，废纸篓不在桌子上。在计算机界面的整合中，拓扑结构不会把废纸篓放置在桌面上；但是因为这样会破坏整合空间的内部整合，所以计算机显示器的桌面上有废纸篓（回收站）。只有放宽拓扑结构，整合空间才能在这种情况下实现整合。此外，正如里卡多·马尔多纳多（Ricardo Maldonado）指出的那样，计算机的回收站必须无法填满，这是整合在与拓扑结构的竞争中胜出的另一个例子。

我们很满意这种放宽拓扑结构的方式，原因至少有两个。首先，被弃用的拓扑结构是跨空间映射附带的结构：办公室的三维性和废纸篓位于办公桌下的位置，在从办公室工作输入空间到计算机操作输入空间的跨空间映射中没有对等成分；废纸篓的容量也不存在，因为任何文件夹（废纸篓也是其中一个）的容量都是系统中全部的剩余容量。其次，正如我们之前提到的，这个整合的目的是为进一步扩展的行为发展概念基础，而不是为办公室的输入空间得出结论。在禅师这样的一个例子中，整合的目的是得出关于输入空间的拓扑结构的结论，具体来说，也就是位置和时间的重合——如果放宽拓扑结构可能会允许整合中出现回到输入空间的错误投射或完全不投射的推论，因此挫败了整合的目的。

一个令人满意的整合，往往是通过为当下目的找到控制原则的有效相对权重来实现的。适合禅师的相对权重并不适合计算机桌面，反之亦然。当权重没能实现，而且整合中大规模的违反原则挫败整合的目的时，就会出现真正的失败。计算机桌面中最明显的这种失败，是同时把回收站作为
341 被删除内容的容器和弹出软盘的工具。这个失败涉及整合、拓扑和网原则的失败。它虽然提供了好的压缩，但在这个例子中，压缩整合了两个本应各自独立的操作，因为只有各自独立才能保留基本的拓扑结构，从而保留整合空间中的整合。

也有违反了整合原则的例子。使用回收站来删除文件和弹出软盘，从三个方面违反了整合原则。首先，在为整合精心设计的框架中，回收站的双重角色是矛盾的，因为我们弹出软盘是为了保留它而不是丢弃它。其次，在为整合设计的框架中，把一个图标拖动到另一个图标的操作的结果是第一个图标被包含在第二个图标中，而只有把软盘拖动到回收站是唯一的例外。第三，操作桌面上所有其他图标的结果是一种*计算*，但在本例中则是硬件层次的物理交互。

废纸篓（回收站）的这种双重用途也违反了拓扑结构原则。在办公室输入空间中，把对象放到文件夹或废纸篓里的结果是被包含，这种拓扑结构也投射到了整合中。桌面上的回收站就像任何一个表征隐喻容器的图标：如果我们将文件拖到了文件夹图标或回收站图标，文件就会存放在那里，这就是办公室输入空间的拓扑结构。但是将软盘图标放入回收站图标以弹出，则违反了办公室输入空间的拓扑结构投射。它没有保留输入空间 2（真实的办公室空间）中的关系，即移动到废纸篓中的物品是不需要的并且注定变得不可恢复，这也违反了拓扑结构原则。

这项操作也违反了网原则。正是这个从计算机桌面弹出软盘的过程创建了非最佳的网联系，因为软盘有时存在于计算机操作世界“之内”，有时存在于真实办公室世界“之内”。

桌面界面上的文字处理程序的设计，展示了控制原则之间其他形式的竞争。文字处理应用程序中，选择–复制–粘贴的命令序列同时违反了拓扑原则和网原则。它违反拓扑结构之处在于，在文字由抄写员或复印机实际复制的输入空间中，复制（在选择之后）是只有一个步骤的操作，没有粘贴，也没有剪贴板。在整合空间中，整合特有的特征便于把此操作解压缩为两个步骤，但它们不会在拓扑层面上映射到“实际复制”输入空间中的相应操作。

为这两个操作选择的标签“复制”和“粘贴”也违反了网原则：整合空间中的“复制”操作（实际上不会在文本中产生任何可见的更改）与输入空间中的复制操作（确实产生了可见更改）并不对应；粘贴操作，确实产生了变化，更接近输入空间中的“复制”，但“粘贴”这一标签所提示 342
的对等成分（粘贴）则完全不属于复制的过程。

整合空间中的这些问题会导致新用户的错误，这点并不意外。他们会在需要“粘贴”时点击“复制”，或尝试“选择”—“选择插入点”—“复制”之类的操作序列。这会导致令人苦恼的失败，因为当他们点击第二个选择时，第一个选择（未被标记为复制）就会丢失，而且无论如何，此时的“复制”是一个错误的指令。这种错误非常有趣，因为它们是用户做出的维护最佳拓扑和网联系的努力。如果在整合界面上可以进行双重选择（就注意力而言，它在输入空间中就是这样做的），“复制”和“粘贴”很容易就可以重新整合为一个操作着两种选择的单一进程，并且用户之前尝试的顺序就也变得可行。实际上，用于键入当前文本的应用程序还有一个更接近这个理念的键盘命令（在菜单中没有对等成分）。

“剪切和粘贴”这种移动文本的方式并没有严重地违反原则，因为从“办公室”输入空间投射的操作是合理的，并且恰当地进行网联系。但它确实在更容易理解的简单的“移动”概念之上增加了复杂性。我们用来键入文稿的应用程序的最新版本中，增加了直接选择文本并将其拖动到适当位置的功能。文本部分在我们松开鼠标前实际上并没有“移动”（只有箭头移动了）。

尽管计算机桌面的整合中存在着这些问题，但它也从熟悉的框架中汲取了丰富而有效的结构，用户很快就可以掌握基本的使用方法，也可以进一步学习其精致的框架，包括其中的缺点和其他。整合的非最优性给初学者带来了困难，他们不会想到要把软盘放入回收站，因为根据拓扑原则这个软盘就会丢失；但是高级用户就会忽略这个难点，学会这个并非最优但更为精细的整合。

事实上，在双域网络中，整合的组织框架无法从任一输入空间组织框架的扩展中得到，这增加了非优化的可能性和控制原则之间的竞争，但它也为创造力提供了机会。在历史上，高度复杂的双域网络中满足控制原则的压力曾为一些最基本最巧妙的科学发现提供了条件。

复数的发展就是一个很好的例子。复数整合本身就是一个双域网络。每个输入空间中的某些关键元素在基本的跨空间映射中没有对等成分：数字的乘法运算在几何输入空间中没有对等成分，几何输入空间中的角度在数字输入空间中也没有对等成分。然而，整合同时继承了“数字”输入框架中的乘法运算和“几何”输入框架中的角度。这就足以使其成为一个双域网络，因为整合中的乘法有着来自第二个输入空间的拓扑结构，而整合中的角度则有着来自第一个输入空间的拓扑结构。但除此之外，乘法还增
343 添了角度作为其构建元素之一。这一事实只有通过运演整合才能发现；事实也证明，这是这个新的数字概念的一个相当出人意料的本质特征。确实正是双域网络中满足控制原则的压力促成了一项重要的数学发现。

让我们思考一下复数的构建中的某些竞争。正如我们在第十三章中提到的，复数整合实际上有三个输入空间。其中的两个已经非常丰富且整合得很好：二维的几何平面和实数。第三个输入是一个整合得很不好的空间：实数和额外的一些奇怪的、“不可能”的元素，这些元素在数值计算时非常有用，但看起来并不像实际数字。我们来探讨伟大的数学家欧拉在1768年所面临的典型心理挑战，下面这段话被莫里斯·克兰称为“18世纪最好的代数文稿”：

> 因为所有可以想到的数要么大于零，要么小于零，要么等于零，所以负数的平方根显然不能包含在可能的数［实数］中。因此，我们必须说这些是不可能的数。这种情况把我们引向这些数的概念，这些概念本质上是不可能的，通常被称为虚构或幻想的数字，因为它们只存在于想象之中。

欧拉要求把良好的排序从实数输入空间投射到任何“可能”数的概念中，这驱使他得到上面这个论断。让这些元素自动良好排序的不可能性使它们小于完全的数（full number）。但是在复数的现代整合中，良好的排序确实没有投射到整合中。1 和−1 的平方根并不相等，但也不是其中一个“小于”另一个。欧拉出于对实数的考虑，坚持要完全满足拓扑结构。事实证明，如果想要最终实现成功的整合，就必须放宽特定的控制原则。

人们很容易得出，只有像虚数这种疯狂特技般的数学结构才能如此放宽拓扑结构的要求，使框架符合数的标准属性。实则相反，把无理数、零和负数定义为“数”的过程也有着同样的斗争和同样的放宽。布莱士·帕斯卡（Blaise Pascal）就曾判定过，如果离开了连续的几何级别，无理数也将不复存在。下面这段是关于 17 世纪中期伟大的神学家、数学家安托万·阿尔诺（Antoine Arnauld）极富启发性的推论。他是帕斯卡的好友，而这段话是关于把负“数”视为实际的数所涉及的争论：

> 阿尔诺质疑 $-1:1=1:-1$，他说，因为 −1 比 +1 要小，那么一个更小的数和一个更大的数的比值怎么能等同于一个更大的数和一个更小的数的比值呢？这个问题很多人都讨论过。在 1712 年，莱布尼茨认同这是一个有效 344
> 的反驳；但他也提出，这样的比值可以用于计算，因为它们在形式上是正确的，正如我们可以使用虚数进行计算一样。

阿尔诺、莱布尼茨和其他数学家艰难地尝试找到一个能够包含“负数”的整合的数概念，而且还要保留大众已经接受的数的所有重要特征。如果 $a<b$，那么 a/b 就不可能等于 b/a，这对于传统数字来说当然是正确的。实际上，a/b 必须小于 b/a。的确，−1 在所有人的概念中都小于 +1，

但是 –1/1=1/–1。接受“负数”也是完全的数字并且可以进行除法运算，就需要放宽来自数字输入空间的看上去十分关键的拓扑原则。在整合中，这种放宽产生了一种神奇的浮现结构，一种新的除法概念。因此，两个数字相除不仅需要确定它们*数值*的比，还要根据现在发明的另外的运算为这个比分配一个符号。

实现概念整合的努力并没有因得到了完美的形式上的常规而消除。早在 16 世纪，拉斐尔・邦贝利（Raphael Bombelli）就已经完善了负数和虚数的形式上的常规。事实上，正是这些形式上的常规的成功造成了数学家的困境。17 世纪的约翰・沃利斯已经发展出了形式上的常规，用于使虚数与二维平面对应，并且把这些数的运算与几何结构联系在了一起。令人惊讶的是，数学家们即使在拒绝把概念状态赋予非传统数字时也使用了形式上的常规。

基于我们在学校和大学中学到的整合，以及我们认为理所当然的整合，我们很容易就会对发明数字概念所需的巨大创造力，以及把负数和虚数概念包含到数范畴所经历的长达几世纪之久的斗争视而不见。这场斗争就是控制原则之间的强大竞争。数字理论的这些进步并不仅仅是通过添加一些新的数来扩展我们已经知道的数。相反，为了创建一个成功的新整合，必须彻底重新考虑所有数的基本概念，比如*除法*、*大于*和*乘法*。

很多有潜力的整合经过共同努力实现了一个非常有效的整合。举一个例子，沃利斯借助实数输入空间的细致投射，实现了一个负数同时小于零且大于无穷大的整合。就像阿尔诺的推论一样，他的逻辑也非常清晰，令人敬佩：

> 在他的《无穷小算术》（*Arithmetic of Infinitesimals*，1655）中，他提出的论点是，因为当 a 为正时，$a/0$ 的比值是无穷大，那么，当分母变为负数时，例如在 a/b 中 b 为负数，那么比值应大于 $a/0$，因为分母较小，所以，该比值必须大于无穷大。

沃利斯的推理很简单。对于通常的数字（也就是被我们称作正数的数 345
字），当 b 向零移动时，a/b 就会变得越来越大，因此 $a/0$ 是无穷大的。继续这个步骤，当 b 比零还小（即为负）时，a/b 不是应该继续变大吗（也就是说，大于无穷大）？这是一个很好的整合，但并不是数学中最成功的一个。现在，在我们使用的现代整合中，我们放弃了阿尔诺和沃利斯想要保留的除法的标准特征。

我们现在几乎把现代整合当作是不言自明的，其中有一条无穷的轴，而负数恰好跟在正数后面，但这种简单明了从认知、文化和历史的角度来看是具有欺骗性的。

杰夫·兰辛（Jeff Lansing）已经列出了许多重要科学整合带来发现的例子（比如傅立叶、麦克斯韦和法拉第），意味着这是一个普遍的过程。我们强调正是有着控制原则之间的竞争和整合适应控制原则的力量，才使这种创造力有了可能性。道格拉斯·霍夫施塔特还分析了 20 世纪物理学中许多科学发现的明显类比。我们要扩展他的分析，说明其分析的类比本身就是极具创意的概念整合网络。

最后，双域网络与其他网络相比更容易满足拆分原则，因为整合中的关键元素不能全部被投射回某个输入空间的相同组织框架中。例如在“自掘坟墓”中，挖掘者对死亡负有责任，而且这种结构不能由单一的挖掘坟墓的组织框架提供。因此，必须把整合拆分到不同输入空间的组织框架中。

总结

我们未来的主要任务之一，是考察和明晰概念整合的构建和控制原则。我们已经发现的这些原则表达起来很简单，但正是它们的相互作用产生了一个丰富的产物世界。下面是对这些原则的概述，既是对迄今取得的进展的总结，也是对进一步研究的提示。这是一个有待进一步探索的丰富领域。

构建原则

匹配和对等成分联系

类属空间

整合

选择性投射

浮现意义

组合

完善

细化

346 **压缩的控制原则**

借用以实现压缩

尺度调节以实现单个关系压缩

中略以实现单个关系压缩

从一种关键关系到另一种的压缩

尺度可调节性

压缩以创建

重要节点压缩

其他支配原则

拓扑原则

模型完善原则

整合原则

最大化关键关系原则

强化关键关系原则

网原则

拆分原则

关联原则

总体目标

实现人类尺度

值得注意的次目标：

压缩离散的

获得全局透视

巩固关键关系

提供故事

从多到一

拓展思考

人类尺度

我们已经看到了最大化压缩的控制原则。

问题:

- 但我们不是通过“引爆”很小或者很简单的事物来思考它们吗?

我们的回答: 347

是的。例如，我们可以通过联想大头钉钉头绕着橙子旋转来更好地理解原子。从这个意义上说，我们是在调大尺度，而不是调小尺度。但实际结果仍然是把我们带到人类尺度，并且还会把很多不同的事件压缩成可理解的场景。同样，在理解高能物理学中发生在几纳秒（十亿分之一秒）中的事件时，如果我们使用一个让事件的发生时间变为几秒的整合，我们就能更好地理解它。再次声明，我们希望的结果是把许多不同的事件压缩到人类尺度的场景中。压缩不是一个绝对大小的问题，不是一律把尺度调小就可以实现。在某些情况下，也需要把尺度调大。

压缩以实现时间扭曲

因此为了实现人类尺度的整合，时间可以被缩短或拉长。

问题：

- 整合中的时间还会发生什么？

我们的回答：

重要节点压缩会按时间进程快速展示故事中的元素。梅洛德祭坛画（Mérode Altarpiece）上的天使报喜，展示了上帝朝着圣母玛利亚的腹部吹来气息，在那一口气息上行走着一个已经带上自己的微型十字架的胎儿。在卢浮宫里摆放的罗吉尔·凡·德尔·维登（Rogier van der Weyden）的《天使报喜图》中，悬挂在玛丽亚床上的金属圆牌描绘了“耶稣复活”。这两幅画作提示着概念上的整合，其中包括了耶稣基督的故事，从他的出生被宣告给玛丽亚的时刻，到他被钉在十字架然后复活的时刻。在这些场景中，十字架的携带和来自坟墓的复活在基督诞生之前就被作为事实呈现了出来。这些例子中的整合都是人类尺度的场景。与此同时，整合在一个更大的全局故事中是单个的短暂重要节点，但它也把更大的全局故事中的其他重要节点包含在了单个压缩中。一个重中之重，比如“复活”，在更大的故事中的发生时间比天使报喜要晚得多，现在也在整合中，是天使报喜中出现金属圆牌的原因。

金属圆牌在画作中看起来很自然，所以我们很容易就会忽略它所承载的明显压缩到人类尺度的系统。在天使报喜的空间和复活的空间之间存在因果关系。天使报喜中玛丽亚体内的耶稣和复活的基督之间有一种同一性连接。复活和金属圆牌之间有表征连接。当然，这些空间之间还有时间和空间连接。所有这些难以察觉的外部空间连接都在整合中被压缩为可见的实物。整合中的金属圆牌就像我们在第十章中讨论的蓝色曲棍球棒一样，

它也是展示中的一个可见物体，压缩了时间、空间、因果、同一性和表征 348
的外部空间关系。

看起来，只有在表征超越人类时间的故事、永恒真理或神的故事的整合时，才会出现这种时间扭曲。然而事实上，这是象征性的重要节点压缩的标准操作。在凡·艾克（Van Eyck）的《阿尔诺芬尼夫妇像》(*Arnolfini Wedding*）中，这对夫妇手牵着手站在卧室床前，还有许多额外的元素，比如脚下的小狗。新娘的形象有时会被解释为暗示怀孕。如果我们把这幅画理解为自拍照，怀孕就有可能会带来问题。但在另一种的解释中，这是一种重要节点压缩。婚姻的故事包括房子、卧室、牵手、婚礼的礼服、忠诚（由忠诚的狗表征），当然还有怀孕和孩子。婚礼这一时刻的重要节点压缩中包含了怀孕，是另一种通过压缩因果的时间倒置。同样，婚礼是一个更大的故事中的瞬间重要节点，并且包括单个压缩中的其他重要节点。

阴森的收割者中也通过重要节点压缩提供了类似的时间扭曲。死亡即将到来的时刻，是在死去这个更大的故事中的一个时刻，而且它在单个压缩中包含了其他重要节点。时间扭曲无法避免地出现在整合中。例如，在死神出现宣布死亡之前，葬礼上才出现的宗教侍者的服装就已经穿在了阴森的收割者身上。

尺度调节和意向性的创造

我们已经看到了实现人类尺度会涉及整合中意向性的构建或强化。

问题：

- 整合中有没有构建意向性的系统？
- 这种魔力有没有限制呢？

我们的回答：

整合中有着构建意向性的系统和顺序，但这个系统比我们迄今为止讨论过的都更强大。首先考虑意向性行为已经存在于输入空间中的情况。早些时候，我们讨论过政治漫画，其中拒绝国外援助的政治家被认为是从饥饿的孩子口中夺食。在有着否决权的输入空间中，政治家已经完全是有意向性的。在有着从某人处拿走某物的框架的输入空间中，施事也已经是完全意向性的。借用从某人处拿走某物的框架为整合提供了压缩，并且有着
349 提升政治家的意向性的效果。

现在再来考虑话题输入空间只有事件没有意向性的情况。死亡作为一个生物学事件不涉及意向性。但是“死神带走了他”则提示着一个事件变成有意向性的施事的行为的整合。这是一种非常普遍的意义建构模式，我们在《冷静的推理之外》（*More Than Cool Reason*）和其他像“事件是行为”这样的例子中进行过讨论。它潜在地允许任何事件在整合中被解释为有意向性的。强化现有的意向性和把意向性归因于非意向性事件，这两种操作之间的差别并不大。它们都属于整合空间把来自一个输入空间的意向性与来自话题输入空间的事件整合到一起的情况。它们的区别仅在于，一种情况下，话题输入空间中的事件具有其自身的相对弱的意向性结构，而另一种情况下，事件完全没有意向性结构。因此，“事件是行为”是一种根据强化和创造关键关系的控制原则构建整合的系统方法。

如果连事件都不算怎么办？整合可以赋予它们意向性吗？答案是肯定的，这可以通过一种叫作“虚拟移动”（fictive motion）的精确的概念程序实现。我们将在第十七章回到这个话题并详细说明。虚拟移动把移动的动态场景与静态状况相整合，从而使静态状况可以被想象和描述为移动的状态。一些熟知的例子有“栅栏一直延伸到河边”“山脉一直延伸到加拿大”“道路蜿蜒曲折穿过群山”。动态输入空间提供路径上的移动轨迹，映射到另一个输入空间中静态物体的相关维度。因此，在整合中，我们可以得到沿着静态物体的相关维度移动的轨迹。

这样一个静态场景有了移动的整合，可以作为一个根据“事件是行为”构建的新整合的输入空间。在新整合中，静态场景不仅具有移动性，而且具有了该移动的意向性结构。比如这个经得起考察的句子“树木沿着

山丘爬到戈兰高地，然后又往下，想要靠近沙漠，测试自己的决心。”山丘上的树林是一个静态场景，通过虚拟移动整合具有了移动性。把非意向性的虚拟移动整合与意向性施事的输入空间整合在一起，就得到了树木“爬行”的新整合。一边是虚拟运动，另一边是“事件是行为”，这种整合系统可以被组合到复杂系统之中，从而使非事件具有意向性结构。这个系统是一种满足关键关系强化原则和关键关系最大化原则的一种非常好的方式，也有利于达成实现人类尺度和获得故事的目标。

与构建原则和控制原则有关的约束 350

我们看到，满足构建和控制原则有很多种方式。的确，在我们看到过的每个地方，都发现了令人印象深刻的整合，其中，这些原则都得到了很好地满足。

问题：

- 你似乎在每个地方都能找到整合，这是不是意味着每个事物都是一个整合呢？
- 如果是这样的话，你的理论岂不是因为可以适用于一切所以毫无意义？如果整合随处可见，而且每个事物都是整合，那么怎么才能真的聚焦在整合上呢？

我们的回答：

除了整合之外，大脑还可以通过很多方式把元素组合在一起。当我们看到一张桌子在椅子旁边时，我们在把它们组织成空间上的相邻，但我们没有把桌子和椅子整合在一起。我们或许会假设，放椅子是为了我们能够坐在桌子旁边；我们或许会认为，它们一起被制造出来并且一起出售。这种情况下，我们把它们放到了许多不同的框架中，但我们没有匹配输入空间，进行选择性投射，或者整合椅子和桌子。当我们回忆起我们离开家，去了家具店，然后买了椅子和桌子时，我们正在把事件组织为时间上的相邻，但我们并没有把我们离开房子和进入商店，或者把我们进入商店和购买家具整合在一起。我们或许会进一步将事件组织成连贯的单个场景（离开房子去家具店购买椅子和桌子），但是这依然只是把心理空间聚集到一起，而没有整合有序的事件。我们或许会把桌子和椅子一起归为在家具店出售的东西或厨房中的家具的范畴，但我们依然没有整合椅子和桌子。在看向一家餐馆时，我们或许会先看到一把椅子，然后看到一张桌子，这样它们就会以一种感知的顺序联系在一起，但同样没有整合。诸如此类。我们没理由认为其他物种不能进行这些涉及分类、空间和时间排序以及情景记忆的组织操作。

所有这些组织操作都可以用于把一个正在滑雪的滑雪者和一个正在提供服务的服务员放在一起。例如，在空中失控了的滑雪者可能会落到度假小屋里的服务员身上。某个人或许会在度假小屋里当服务员，然后在休假期间滑雪。我们可能会先看到一个滑雪者滑下山坡，然后看到服务员给我们送上之前点的马提尼。我们可能会是度假小屋的会计，要为正在滑雪的滑雪教练和正在服务的服务员都买上保险。这些概念组织都没有在正在滑
351 雪的滑雪者和正在服务的服务员之间建立跨空间对等成分映射，也不以把它们投射到整合空间中为目的。

然而正如我们所看到的，还有另一种方法可以将它们组合在一起：一个滑雪初学者通过创建一个自己滑雪和服务员托举托盘的临时整合来提高他的滑雪技能。

在大脑可以使用的所有把两件事物放到一起的方式中，概念整合是一个相对较小的子集。概念整合的构建原则已经对心理组织施加了一系列非常有力的限制。

虽然符合构建原则的心理组织的集合，与大脑的各种可能性相比已经很小了，但与其同时符合控制原则的子集相比，它的规模可谓是巨大的。我们很容易就可以想到任何数量的符合构建原则的整合，而且没有别人能够构建出来，因为它们的运行与控制原则背道而驰。例如，我们很容易就

可以构建满足构建原则但无法满足压缩的控制原则的整合。回想一下我们所说的某位政治家否决一项国外援助法案的例子，即“他正在从饥饿的孩子口中夺走食物”。在这里，我们看到两个输入空间和压缩的整合空间之间的跨空间映射。但是假设我们想谈论的就是某人事实上在从孩子那里抢食物。我们为什么不使用相同的输入空间和相同的跨空间映射来说掠夺者“否决了一项可以向许多国家提供援助的法案”？这种整合完全符合构建原则，但它对我们来说非常陌生。它使用了一些已经压缩的概念，处于人类尺度，有着清晰的故事，并且被重新描述为有着许多施事和许多受事的离散的故事，没有明确的目标。它违反了借用以实现压缩、调节时间和空间的尺度以实现压缩、中略压缩、整合原则、关键关系最大化原则以及关键关系强化原则。它还违反了总体目标：实现人类尺度、压缩离散的、巩固关键关系以及从多到一。

试着思考“你是我失散已久的女儿”中的镜像网络。构建原则中没有任何内容不许我们保留框架对等成分之间的跨空间映射，也没有阻止输入空间中的框架元素投射到整合中的不同框架元素上。因此，父亲完全可以对女儿说：“我是你失散多年的女儿。”这几乎是无法理解的，但并不是因为它违反了构建原则。它完全违反了拓扑结构原则，而这恰是一个拓扑结构起主要作用的整合。最终的结果是，它还违反了网原则。

禅师是一个镜像网络，共享框架使其可以轻易保持时空搭配的必要拓扑结构。我们已经看到了这种可以给出解决方案的简单全局透视的整合。 352
但现在假设我们在输入空间中选择了不同的时刻投射到整合空间中的时刻。假设输入空间中的时刻与整合空间中的时刻之间存在一对一映射，但映射没有附加顺序。因此，可能会出现比如输入空间中的黎明映射到整合空间中的上午 11 点，而输入空间中的上午 11 点映射到整合空间中的上午 9 点 30 分。然后，在整合空间中，禅师仍然会遇到自己，像是有两位禅师在路径上来回跳跃一样，而且这也确实在数学上证明了，在两个不同输入空间中，禅师每天的同一时刻会位于路径上的同一地点，但没有人会从一个有着跳跃的禅师的整合中轻易得出这个推论。跳跃的禅师整合符合构建原则和原始的禅师整合，但它违反了拓扑结构原则（以一种极为不正常的方式违反），因此几乎完全破坏了网原则，而且没有提供全局透视。它还排除了来自于原始整合中采用*两人沿路径相向而行并且相遇*的一般框架的模型完善。

我们把这种思考作为留给读者的练习，首先回顾一个好的整合网络，然后保留相同的输入空间，违反控制原则，从而产生可怕的表达，比如“如果*泰坦尼克号*是克林顿总统，它就会被记者一致诋毁，同时受到国会的一致弹劾，在参议院立即审判，并即刻被赶出办公室。”这是一个整合，它符合构建原则。然而，它严重违反了控制原则，以至于令人难以相信这会是克林顿-*泰坦尼克号*这一好的整合的结构类比，尽管它确实是。我们虽然只切换了话题空间，但已经足以驱动大量的解压缩运作。

第十七章 353

形式与意义

> 语言学可以说是学术领域中最具争议之所在。语言学浸透了多少人的鲜血，有诗人、神学家、哲学家、语言学家、心理学家、生物学家和神经学家。还有语法学家，他们的每一滴鲜血都滴在语言学上。
>
> ——拉斯·赖默（Russ Rymer）

在整本书中我们强调了压缩的重要性，以及对关键关系进行最大化和强化的重要性。双域整合能力为人类提供了卓越的压缩能力，每种语言都为压缩类型提供了系统的阵列。各种非常有用的压缩模型都成为了常规，并且与特定的语法形式相关联。在第八章我们已经研究了一个与此相关的例子，现在我们将考虑一种一般的认知现象。这种现象将压缩模型与语言形式联系了起来。

二词组合形式中的双域压缩

我们可以通过各种方式，在心理上把两样东西整合在一起。将它们整合是这些方式中的一个子集，它们被整合后则成为符合控制原则的更小子集。更小的子集包含着文化中固化的核心压缩模型。再下一个子集则包含着具有相关语法形式的固化的压缩模型。

简单的形式很容易被认为对应于简单的含义。但正如我们所看到的，整合这个方式可以把它们进行大规模的压缩并用简单的形式把它们表达出来。因此，凭借压缩和解压的力量，简单的形式可以提示构建极其复杂的含义。

语言中一些看上去最简单的形式只由两个单词组合而成：比如名词-名词组合 boat house，比如形容词-名词组合 angry man，又如名词-形容词组合 child-safe 或 sugar-free。

354 通过解压缩，我们可以使用 safe 为任何既定短语构建各种复杂的整合网络，例如 dolphin-safe、shark-safe 或者 child-safe。这些例子里都存在连续的整合。我们首先将心理空间与当前的情况——包括海豚、鲨鱼或儿童整合在一起，形成一个抽象的危险框架。这产生了一个特定的违实心理空间。在这个空间里，海豚、鲨鱼或儿童都被分配到了危险框架中的角色。这种存在特定伤害的心理空间对于当前情况的心理空间来说为非类比的关系。这两种非类比的空间是新整合的输入空间，而非类比被压缩在 safe 这一特征里。

如今出现在金枪鱼罐头上的 dolphin-safe，就意味着为了避免在捕获金枪鱼期间伤害海豚，已经采取了很多的措施。shark-safe 用于游泳领域，是指在那种情况下游泳的人不易受鲨鱼袭击。child-safe 是针对房间说的，指的是房间里不存在伤害儿童的常见危险。每一种情况下，理解者必须从简单的形式中构建出精细的整合网络。

根据不同的具体情况，这种心理运作进行的方式也会有所不同。在 dolphin-safe tuna 中，海豚是一个潜在的受害者角色。但是在 dolphin-safe diving 中，如果是寻矿的人类潜水员受到海豚的保护，而不是海豚本身遭受危险，那么海豚此时便是“安全”的施事了。相比之下，如果 dolphin-safe diving 表达的意思是，潜水时若模仿海豚游泳的方式就会很安全，那么这个词就是指使用与海豚相关的游泳方式了。如果我们假设海豚吃金鱼，那么 dolphin-safe goldfish 就会使海豚扮演掠食者的角色。遗传工程学家考虑到要避免生产出类似海豚的动物，可能就会用到一种永远不会使海豚胚胎成为 dolphin-safe 的技术。这里的海豚并非充当受害者、加害者、因果关系施事或者模范标准之类的角色。在那个情形下，尽管对于鲨鱼来说，被比拟成海豚是最羞辱的事情，但是类似鲨鱼的行为就被称为了dolphin-safe。当然，如果一个意义的组构理论不受以上这些海豚例子影响的话，那它也可被誉为 dolphin-safe 了。

如果形容词 safe 出现在名词 dolphin 之前而不是之后，正如我们在第一章中看到的那样，我们就会发现另一种多样的潜在意义。短语 safe dolphin 可以指受保护的海豚，不会像其他海豚那样受到危害的海豚。它的责任是游在鱼群前面保证它们的安全，使它们不至于撞到障碍物。短语 safe dolphin 或者也可以指海豚诱饵机器人，它会对其他海豚假传环境绝对安全的信息，从而诱捕它们。

当名词指的是濒危物种时，名词与 safe 的复合词将呈现出一种更为具体的整合模型。现在，我们来谈谈 turtle-safe nets（海龟保护网）或 salamander-safe landscaping（蝾螈保护地形）或 hawk-safe agriculture（保护鹰类的农业）。为了恰当地理解这些短语，我们必须知道为了考虑濒危的 355
物种，文化所选择的压缩模型也必须明白当名词指的是濒危物种时，这种压缩模型与“名词 -safe”这种形式是有联系的。如果不了解这些，我们就无法从名词和形容词的这些组合中预测意义。在这种情况下，文化最终成为一种非常强大的压缩——指向一种整合的最简单的二词形式，并通过唤起映射方案和与 safe 相配的违实空间来满足拆分原则。固化这种压缩的特定文化具有双域创性、语言（英语）、生态关切、食品包装公司和杂货店。双域创造性对我们的物种来说是非常普遍的。英语提供了一种句法上的名词–形容词形式，并巩固了与之相配的某些整合类型，就像“名词 -safe”提示的那样。生态关切是相对较新的，应用在海豚上当然也一样。它们使得海豚遭受捕捞手段伤害的场景变得突出且重要，并且让人接受这个场景是违实的。因此，该场景是“名词 -safe”的一种很好的表达，并且很适合营销部门用来诱导购物者购买其产品。这种句法和商业的融合创造了出现在金枪鱼罐头上的这一压缩：dolphin-safe。

像 dolphin-safe 这样的例子很有用，因为它们以透明、无争议的方式突出了整合过程的本质。此外，这样的例子也非常多。想想洗发水瓶子上的 cruelty-free（头发不再受虐待），或者是各种非组构整合，它们有 waterproof（防水）、tamper-proof（防涂改）、foolproof（防出错 / 极简单的）、child-proof（防儿童）或者 talent pool（人才库）、gene pool（基因库）、swimming pool（游泳池）、football pool（足彩）和 betting pool（投注池）。

熟悉的组合如 dirt-brown（土褐色）、pencil-thin（铅笔粗细）、red pencil（红色铅笔）和 green house（温室），它们以相同的方式运作，但由于它们已经固化了，因此它们的运作过程可能会被误解为与上面的例子不同。在查尔斯·特拉维斯（Charles Travis）之后，我们观察到非组构概念整合在这些“中心”例子中同样很有必要。正如我们所说的那样，red pencil 可以指的是一种铅笔，外面涂成红色，也可以指留下红色标记的铅笔（铅是红色的，或者铅笔中的化学物质与纸反应产生红色，或者……），也可以指用于记录穿红衣服的团队活动的铅笔，以及涂有口红的铅笔——更不用说那些仅用于记录财政赤字的铅笔。对于一系列仅在位置和厨房油毡颜色有不同的房屋，green house 可以指的是带有绿色油毡的房子，其中“绿色油毡”指的是那块有绿色斑点的油毡，而“绿色斑点”则表示它是用绿色铅笔画出的斑点，而“绿色铅笔”则表示……

这些整合意义所需的场景并不比 dolphin-safe 和 foolproof 所需的场景简单。构建这些整合意义所需的认知能力与解释所谓的怪异的例子所需
356 的认知能力相同，而这些认知能力也适用于所谓的中心例子，比如 green house，它用来表示除了窗户、百叶窗、装饰、门廊、防雨板、地基和楣板，房屋的外墙在露天情况下大多是绿色的。有一些解释比其他解释更突出——特别是当这些短语被孤立地看待时，这是因为存在极强的缺省。这种差异与在任何既定情况下最有可能被激活的概念和语言的缺省有关，而不是与整合机制有关。

如果我们看一下像 red pencil（改正、删除）和 government bond（国库券）这样的中心例子，我们就会发现有一些相关的缺省是由具有丰富结构

的文化框架提供的，其他由跨越多个框架的类属角色提供，由在表达时现场的情况提供。最后一个例子包括语言学家和哲学家的启发：要求主体以一种所谓的不考虑语境（context-free）的方式判断一种表达，但实际上必须构建一个解释它的最小语境。这种最小语境通常使用最强的缺省。

我们如何从语言单位到概念元素？或者如何从概念元素到语言单位？在名词性复合词问题上，形式单位在两个不同的空间中命名两个元素，并引导理解者找到其余的元素。我们将这些概念元素称为命名元素。我们将“陆地游艇”（land yacht）视为一辆大型的、豪华的汽车，显然陆地和游艇来自不同的领域：游艇与水相关而不是与陆地相关。“陆地游艇”从一个空间给我们“陆地”，从另一个空间给我们“游艇”，并要求我们在这些空间里进行映射。在该映射中，游艇对应豪华汽车，陆地对应水，司机对应船长，道路对应于航线。

图 17.1 展示了概念整合如何依赖于构建类比映射，以及“陆地”和“游艇”如何在相应的整合句法形式“陆地游艇”中来命名在映射中并不对等的元素。尽管“陆地游艇”在任何一个输入空间中什么也没命名，也尽管陆地不是游艇的对等成分，但是“陆地游艇”现在仍在整合中命名新的元素。在这种情况下，形式的表达是一种二词组合，提示构建整合，并提供了一种命名浮现结构的方法。这种通用的概念模型和语言模型在更早的“草原布篷马车”（prairie schooner）[①] 中是相同的。

我们来看一下“语言是化石诗歌”（Language is fossil poetry.）。“化石诗歌”就像“陆地游艇”一样：*化石*来自古生物学领域，而*诗歌*来自语言表达领域中的诗歌。在映射中，诗歌对应生物体，而语言则对应该生物体的化石。在整合句法形式“化石诗歌”中命名的概念元素并不是概念映射中的对等成分。

---

① 复合词 prairie schooner 的字面义是“草原上的中型帆船”，但这个复合词的缺省意思为“草原布篷马车”，实际指的是一种马车而非帆船，所以跟 land yacht 表示大型豪华汽车在概念和语言模型上是相同的。——译者

357

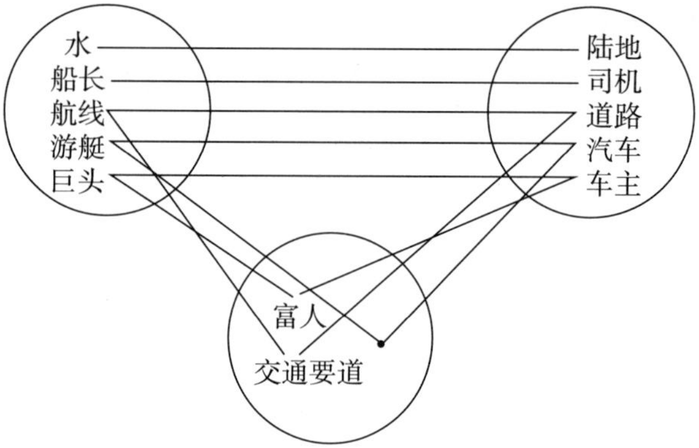

图 17.1　陆地游艇

现在让我们来看看这种“名词-名词”的二词组合形式可以提供的各种压缩。看一下“监狱诱饵”（jail bait），这个短语指的是猥琐的成年男子盯上的未成年女孩。“监狱”来自人类犯罪领域，而“诱饵”来自捕鱼或诱捕领域。在它们之间的映射中，女孩具有的吸引力对应诱饵具有的吸引力，进行性行为对应咬住诱饵，并且最终进入监狱（因为与未成年人发生性关系）对应被捕获。在整合句法形式“监狱诱饵”中命名的概念元素并不是概念映射中的对等成分。很显然，此处我们被提示借用钓鱼这一框架中的压缩和强化，以便用一个更小的框架来压缩性行为，并强化其中许多的关键关系。例如，与未成年人发生性关系这个框架中的因果链，从生理感知到被监禁是十分漫长而且是离散的。但是钓鱼这一框架具有直接的人类尺度的因果关系：单个身体动作导致立即被捕获。此处有一个很特别的浮现结构。在那个整合中，男人不应该受到指责，因为在钓鱼这个空间里，鱼不知道诱饵是诱饵。但是在男人和未成年人的空间里，男人肯定知
358 道法律和监狱，并且他知道与这个女孩的性行为在法律上是被禁止的。但在这种整合中，即使他明白法律、禁令、可能受到的惩罚和受惩罚的原因，他仍然不需要因此行为而受到责备，实际上他甚至是主要受害者。这个“监狱诱饵”整合可以通过“关键关系的强化原则”获得进一步的浮现

结构。钓鱼空间中的意向性在于钓鱼的人试图诱骗鱼并抓住它。在另一个输入空间（与未成年人发生性关系）中，它的意向性在于男人受到诱惑。在此空间里，钓鱼的人在未成年人的空间中没有对等成分，但是钓鱼的人的意向性有可能会被投射到整合中。一个相应的解释是让女孩对事情负责，男人反倒成了受害者；另一种解释可能会带来邪恶；还有另一种解释可能会带来社会及其法律的不公正。

“监狱诱饵”是一个二词组合形式的例子，它借用了钓鱼框架中的内部空间关系来促成压缩。在该压缩中，时间尺度被缩小，并且包含许多行为的离散人际互动被压缩成单个行为——咬住诱饵。这种压缩可以在整合中创造关系，例如把意向性归因于年轻女性。在这里也有突出重要节点以实现的压缩：这个故事中人的感知、招呼、诱惑、性行为、事情暴露、被逮捕、被审判、被判刑和被监禁的顺序都被压缩进入了看和做的领域；但是同样在这里，因为咬住诱饵就等于是自动地咬住了钓钩，所以犯事和受罚之间是没有被分离开来的。这是一种强力的因果压缩。在这个整合中，实际上结果就在原因里，正如钓钩实际上就在诱饵内。“监狱诱饵”被作为一种建议：压缩旨在通过让结果成为原因的一部分而使这个男人专注结果，从而给他强有力的全局透视。

相比较而言，我们已经看了很多例子，正是在输入空间之间的外部空间关键关系被压缩到整合之中，就如第十一章中分析的“咖啡因头痛”（caffeine headache）、“金钱问题”（money problem）和“尼古丁发作”（nicotine fit），输入空间之间的失类比被压缩为整合中的一种特征。例如，金钱问题是某种问题，即由于缺乏金钱造成的问题。同样，我们看到最简单的语言形式提示非常复杂的整合网络。具有认知意义上的现代人类可以将双域整合及其控制原则和总体目标应用在这些形式上，因此通过简单的语法形式进行交流是有可能的。语言本身不必进行压缩或模型完善等操作，因为人类大脑提供这些操作并不需要语言成本。

这些复合词中常见的一个方面是，试图“拆分”语言形式的人不是

从“命名元素必然是概念中的对等成分”的假设开始的。当看到这种语言
359 形式时，我们无法推理预测命名元素之间的关系。请注意，这些元素的一般规则在“陆地游艇”“化石诗歌”和“监狱诱饵”中是有所不同的。“陆地”是一个定位，“化石”是一个过程的产物，而“监狱”是一个结果。“游艇”是一种手段，“诗歌”是一种活动及其产品，而“诱饵”则是一种工具。

现在我们来看一下“船屋”（boat house）。这个短语涉及相同的运作。与“陆地游艇”一样，我们看到了陆地和水域这两个不同的空间建立起了一种联系：房子与陆地相关，船只与水相关。在它们之间的映射中，房屋的居民对应船只，房屋本身对应停泊船只的避难所，离开房屋则对应船只出发。“船”和“屋”命名的并不是这个映射中的对等成分。

当然，并没有任何限制来阻止命名元素成为对等成分。我们看“船屋”，它再次引出陆地和水这两个不同的空间。在陆地这个空间里，居民住在房屋里；在水这一空间里，水手待在船上。在形式整合“船屋”中，“船”和“屋”不是概念对等成分；但在“船屋”中，船和房子是概念对等成分，并且它们在整合中映射在单个元素上。同样，“狱房”（jail house）引出了家庭居住域和刑事处罚域。在它们之间的映射中，监狱和房屋是概念对等成分，并且它们在整合中映射在单个元素上。这相当于我们在第八章中看到的“Y-of”表达式的可能性，如 city of London（伦敦市）和 burden of guilt（罪责负担），其中 Y 和 Z 是对等成分。正如克里斯丁·布鲁克–罗斯（Christine Brooke-Rose）详细展示的那样，“名词短语+of+名词短语”可以命名隐喻对等成分，例如 fire of love（爱情之火）。查尔斯·菲尔莫尔（Charles Fillmore）举了一个例子：“人们不需要把个人*道德观这个小孩*和*传统宗教这盆洗澡水*一起倒掉”（One needn’t throw out *the baby of personal morality* with *the bathwater of traditional religion.*）。这些对等成分不一定是隐喻关系：“英格兰这个国家”（the nation of England）、“科皮皮岛”（the island of Kopipi）、“非组构性特征”（the feature of decompositionality）、

"绝望的处境"（the condition of despair）。

在所有这些例子中，其中包括句法形式命名的那些在概念上整合的元素——"船屋"和"狱房"，这里的整合或多或少就是输入空间的组合。在"陆地游艇"中，我们忽略了游艇有烹饪和住宿的设施，并且它不需要人造的线路。但是这个整合包含信息比输入空间丰富，例如输入空间可以提供一种信息：我们说的是某一种交通工具，但不能告诉我们正说的是一辆汽车，而不是其他东西。它也不能告诉我们与豪华汽车相联系的许多具体特征都属于陆地游艇：电动车窗、皮革内饰、尾座小窗和悬架，它们是为了舒适设计的，而不是用于驾驶操作。

在"化石诗歌"中，一方面，我们忽略了化石通常与灭绝的物种有关，而诗歌通常不是物理或者生物现象。另一方面，语言作为诗歌衍生物的概念，即整合中的核心推论，在输入空间中是不存在的。在"监狱诱 360
饵"中，尽管有人打算引诱鱼，但是却没有人打算引诱那名男人，这一点我们忽略了。我们忽略了这个人既不是鱼也不是犯罪分子（当他还在只是喜欢对方的阶段）。在整合中，我们利用了特定的社会框架。根据这个框架，世界充满了对人类的诱惑和陷阱，并且用被禁止的东西来戏弄他。在钓鱼的空间里，鱼不具备这样的视角，而在刑事诉讼的范围内，世界也并不一定诱惑人们犯罪。

当命名元素正好是概念的对等成分时，也是相同的情况。在 house boat（房船）中，我们忽略房屋有院子，并且是静止的，而船设计出来主要用于旅行。不能从输入空间中得到的有关于船房的信息，我们从背景知识中了解了很多。我们知道，一艘房船不能简单理解为放置在陆地上一艘普通船，而且恰好有人住在里面；也不能理解为有人生活在船上的一艘普通的停泊区的船。但是，在整合或者语言的使用中，没有任何提示让整合网络去禁止这些意义。

认为概念结构被说话者"编码"成语言结构，并且语言结构被听者"解码"还原为概念结构的普遍观点，上述例子让我们看到了这样的观点的错误所在。对于概念结构的构建，一种表达式仅提供了稀少而有效的提示。

一方面是在形式上整合的语言结构，另一面是由说话者建立或由听者检索的概念上整合的结构，现在的问题是要找到这两种结构之间的关系。一般来说，我们会发现概念整合是详细而复杂的，而形式整合只能提供一个最简单的指示点，然后听众必须从这里开始构建这个概念整合。

黑色水壶和棕色奶牛

另一个看似简单的结构是形容词–名词，同样是一个二词形式组合。我们已经从“safe”（安全的）这个例子中看到，形容词能提示形成特定的复杂映射方案和概念整合。虽然名词性复合词给出了命名元素，每个输入空间中都有一个，并且留给我们整个整合过程，但是在形容词–名词复合词中的形容词为最终的整合网络带来了自己的映射方案。映射方案对于诸如 safe、likely（有希望的）、possible（可能的）、eligible（合格的）和 fake（假的）等形容词来说尤为独特。正如我们所讨论过的，safe 的映射方案包括一个一般场景，在这个场景里某些东西受到了损害，还包括一个特定的真实场景，以及这个伤害场景在真实场景里的应用，从而产生一个违实场景，其中某些特定事物在真实场景中受到了伤害，以及一个整合的创建，整合中现在“不存在伤害”。

361 伊夫·斯威策认为“likely candidate”（可能的候选人）这一例子并不是指有人可能成为政治候选人或者成功地变成政治候选人，而是说，比如可能会接受采访的政治候选人。正如她所写的那样，“只要我们能够考虑相关候选人的场景，并评估可能性的场景，‘likely candidate’可以表示在我们标记为可能的场景中的候选人。”在她的分析中，构思这样一个场景并对其进行评估，需要找到可能性框架的整合、在序列中出现的概率以及候选人的框架。就像 safe 一样，likely 提示了整合。“That is a likely event.”（那是一个可能的事件）解压成了两个截然不同的结果空间，一个是意料之中的，另一个出乎意料，而且这个事件没有对等成分。在整合中，这个事件具有 likely 的特征。likely person 这次解压成了一系列共享相同框架的事件，仅在某个角色的价值方面为非类比的，并且把这些事件中的一个标记为我们刚才讨论的意义上的 likely。例如，如果在这个框架是接受采访，则 likely person 可以被这样解释：表明我们预期的是包含这个人是受访者的那个对比事件空间。在这种情况下，该特征可能是对角色价值的对比期望和失类比的双重压缩。如果由 likely 修饰的名词引出了一个特定的框架，则该框架可以被选择作为组织所有不同事件的框架。因此，likely candidate 可以意指“可能会成为候选人的人”或“可能会被选择或被选举的候选人”。但是，正如伊夫·斯威策所展示的，其他框架也是可以使用的。likely candidate 可以用来表示可能接受采访的候选人，而 likely suspect 情况类似，可以表示“可能被视为嫌疑犯的人”或者“可能有罪的嫌疑犯”或者“可能被定罪的嫌疑犯”。但是整合中可能性的场景不一定是名词激活的。伊夫·斯威策的解读，“一个可能接受采访的候选人”，并没有表达成为候选人或者被选择的可能性。如果州长每年都在监狱里赦免某些人，我们可能会打赌谁是 likely suspect。同样，possible textbook 可以指可能会被选为大学课程必读的教材。

正如 safe 的不同意义可能被忽视，possible 和 likely 的不同意义也可能被忽视。但从逻辑的角度来看，在可能被采用的现有教材意义上的 possible textbook，与可能要编写的教材意义上的 possible textbook，或者可作为教材的现有流行书籍意义上的 possible textbook 是不同的。

赛亚娜·科尔森已经证明形容词 fake（假的）具有特别复杂的整合和映射方案。它需要具有失类比连接子的两个输入空间，这样的话一个空间中的元素是“真实的”，而在另一个空间中它的对等成分则是非真实的。例如，fake gun（假枪）中的 fake 提示的映射发生在如下两个场景中，一个是具有施事和工具的实际场景，另一个是违实的场景，实际场景在这里的对等成分是一把真枪，而且其他的参与者则有相应的反应。在整合中， 362

其他参与者的反应和信念是从违实场景中投射而来的，而这件物品的性质和枪手的信念是从实际场景中投射而来的。现在整个情境是通过整合来解释的，并且用于挑选整合元素的语言可以用于在实际输入空间中挑选其对等成分。在整合中，两个视角之间的这种相互作用的违实关键关系被压缩成由“枪”识别的元素的特征（通过“真的”输入空间的投射）。在用于装饰餐桌的假花这个例子中，有一个输入空间里，物品是花，而在另一个空间里则不是，因为它们是丝绸或者橡胶或者其他某种东西。这个空间的花和那个空间里的丝绸或者橡胶物品之间有一个失类比连接子。此关系被压缩为整合中的物品的一个特征，它现在是一种“假花”。注意，没有迹象表明任何参与者认为该物品是一朵花。也许是出于美学目的，它可以通过从某个空间的投射而被视为花，但不能通过从另一个空间的投射而被视为花。人们可能会喜欢它，但不必给它浇水。短语 fake money（假钱）需要两个空间，其中一个空间里的物品是金钱，而另一个空间里的物品只是（比如说）纸张。整合可以有许多可能的投射。例如，假钱可能不是合法货币却仍然具有货币价值，因为它是由赌场发行的，只限于内部使用。或者说，它可以用来欺骗别人，给他来个无效付款。在那种情况下，真钱的空间也是被骗的人的信仰空间，而纸张的空间则是骗子的信仰空间。

诸如 safe、likely、possible 和 fake 之类的形容词在整合中将输入空间之间的复杂外部空间关键关系压缩成了元素的特征。但是那些很普通的形容词如 little（小的）和 big（大的）也能这样。首先，众所周知，这样的形容词是“相对的”。要先有一个标准，才可以说某样东西是小是大。此外，在标准下出现的小或大的概念，会预先与这个标准进行比较，并且通常是两个对象进行比较。根据欧几里得几何学，我们会很自然地认为这种比较就是让两个物体相遇——用欧几里得的话说就是把它们“叠加”起来，或者是让它们并置，然后观察结果。这种相遇无论是在心理上还是在物理上，都是一种具有组合和浮现结构的整合。在整合中，若是它们叠加起来，那么一个物体则是另一个物体的一部分；若是它们二者并置，那么一个物体的顶部会低于另一个物体的顶部，抑或是在此相遇中出现另外一些类似的关系。例如，在叠加的情况下，两个对象之间的外部空间失类比对应部分-整体的内部空间关系。我们以同样的方式可以比较三个不同大小的对象 1、2 和 3。这样一来在整合中，1 是 2 的一部分，2 是 3 的一部分。这些在整合中的部分-整体关系，与外部空间关系相对应，在这些关 363
系之中，1 比 2 小，2 比 3 小。将我们手中的这一整合空间作为一个输入空间，将某范畴的一般图式及其中心例子作为另一个输入空间，我们就得到了一个新的整合空间，在这个整合里面，我们得到了这个范畴中的三个部分，在中间的这个例子就是 2。这种整合就是在一些范畴中三个元素之间的对比的一般图式，在这一整合之中，1 代表小，2 代表标准，3 代表大。这些在网络中的外部空间非类比关系，其对等成分变成了小、标准、大这样的内部空间特征。

要使这些特征更进一步适用于更多的情况，还需要另外两种整合的加入。在第一个整合中，含有小、标准和大的一般图式是其中一个输入空间，另外一个输入空间则是一个特定的范畴（如大象、蝴蝶、行星）及其中心例子。在这一整合中，比如说存在一种原型的大象的概念，也存在衡量大象大小的度量标准，而且这头大象就是标准大小。现在要衡量某一头特定大象的大小，我们还需要借助一个整合，该整合的其中一个输入空间包含标准的大象及其在大象度量标准上的位置，而另外一个输入空间则包含这头特定的大象。在这一整合中，这头特定的大象将会是小的、标准的或者是大的。

关系变成特征这种富有想象力的压缩符合一定的规则，而这我们已经见过多次。在第一种整合网络里面，整合中的 1 属于 2，2 属于 3，这是一种镜像网络——输入空间拥有相同的框架，在这一框架之中，某一特定物品有着特定的大小。第二种整合网络里，它将 1-2-3 整合与某范畴及其中心例子的一般框架整合在一起，这是一种双域网络——在这个整合中，比如，2 既是中心的例子同时也可以包含 1 或是 3 的一部分。第三种整合网络中，双域网络中的两个组织框架完全兼容：小–标准–大这个一般框架已经包含了范畴以及原型的结构，并且跟特定的范畴及其原型整合起来。最后一种整合网络是一种简单网络，其中的特定范畴及其原型，还有该范畴的小–标准–大度量标准，跟该范畴的某个特定元素进行整合。

因为小和大是两种简单的特征，因此自然而然就会认为意义背后的概念运作一定是简单的。但是就像是颜色的简单感知却是由极其复杂的感知运作引起的一样，大小之分的简单认知也是如此。

那么棕色的奶牛呢？这也是一样的道理，查尔斯·特拉维斯已经在黑水壶和绿苹果的例子中提到了一些。假设我们正在盯着一个水壶看，查尔斯·特拉维斯说“这个水壶是黑色的”，然后大家都同意它的确是黑色的。但是随后查尔斯·特拉维斯除去水壶上的黑灰后我们发现它是绿色的，所以水壶不是黑色的。但是它真的是绿色的么？查尔斯·特拉维斯将水壶表面绿色的漆擦除后我们看到里面的金属是黑色的，所以也许最终这个水壶还是黑色的。但是当太阳光照上去的时候，看起来水壶又像是深棕色的。查尔斯·特拉维斯又给了我们紫色的眼镜，现在我们再看水壶是黑色的了。查尔斯·特拉维斯的故事的第一部分的寓意是，*黑色*这一特征是否适用于水壶，这并不是绝对意义上的事情。特殊情况和语境预设决定了
364 将水壶说成是黑色的到底是否恰当。

故事的第二部分是我们可以在某些情况下把水壶称作是黑色的：如果它有黑色装饰设计；如果它表面有黑点，而所有其他水壶都是绿点；如果它是两个相同的水壶之中那个放在黑色烤箱上而不是白色烤箱上的水壶，但是本身并不是黑色的；如果是从黑色箱子里面拿出来的那个；如果它是由一个完全由黑人拥有的公司制造的；等等。在这些情况下，每次使用“黑色”时，我们都会觉得它在指示水壶的特征。同时，我们从上面的例子中可以看出，在任何绝对意义上都没有这样可以一劳永逸地为水壶定义的稳定特征，而不需要借助于其他事物。怎么会这样？答案是“黑色”就像我们看到的其他形容词一样。它提示整合网络并将一些外部空间关系压

缩到整合中的内部空间属性*黑色*中。

可以注意到，我们专注于认为黑色看起来就像字面意思一般被分配给某个元素的情况，而没去关注像 black magic 或 black arts（黑魔法 / 巫术 / 妖术）那样的隐喻或转喻用法。在这样的看起来像是严格的颜色分配的例子，“黑色”后面跟着一个名词提示一个映射方案，其中一个空间有颜色（这里指黑色），另一个空间有一个由名词挑出的元素。我们要找到黑色和其他空间中突显的东西之间的跨空间映射。通常，名词可以挑选出一个对象，并且对象中一个可见部分的颜色接近黑色。在整合网络中，该颜色被映射到基本颜色空间中的黑色上。通过选择性投射，只有来自颜色输入空间中的黑色被投射到整合之中，而对象及其环境则从另一个输入空间投射而来。因此，在整合中，对象本身具有黑色特征以排除任何其他颜色。并且正如黑点的例子所示，无论实际对象上的其他颜色的数量如何，这都是可能的。

但是对象的某些部分只是空间中元素的一个突显方面。正如烤箱的例子所示，物体所处的位置可能非常重要。同样，它所包含的东西也很重要（含有黑色涂料的红色杯子可以是一个“黑色杯子”，如果旁边是一个含有白色涂料的红色杯子）。此外，物体的生产者也很重要，因此黑人生产的水壶可以是“黑水壶”。但是由名词唤起的空间中的元素不一定是原型对象。我们可以参考 black sky（黑色的天空），这个表达可能意味着些许不详的云的颜色够暗，足以在基本颜色空间中被映射到黑色上。

显然，颜色形容词提示特定的复杂整合网络，其中外部空间关系对应整合中的颜色特征。这种整合方案解释了为什么“红球”“红唇膏”“红头发”和“红狐狸”的红色可能是相差很大的色度。例如，狐狸的颜色被映射到红色上，是因为哺乳动物的毛皮颜色被映射到基本颜色如黑色、红色、白色、棕色、黄色和灰色上，并且这些毛皮颜色是哺乳动物毛皮的基 365
本颜色的事实被映射到黑色、红色、白色、棕色、黄色和灰色是一般意义上的基本颜色的事实上。输入空间之间的这个外部空间映射在整合中被压缩，因此狐狸确实具有红色的特征。在这一整合中，狐狸的颜色现在成了*红色*这一颜色范畴的中心实例。狐狸被喷涂成糖苹果红仍然可以被称为“红狐狸”，并且在整合中将拥有红色这一特征，但现在这种红色将被视为红色范畴的非标准实例。在这一整合中，普通的红狐狸的颜色来自毛茸动物的输入空间，但其基本地位和红色的状态来自基本颜色词的输入空间。

因此，对“棕色奶牛”的解释最终涉及一个整合网络，而“小棕色奶牛”（little brown cow）则涉及整合网络连续体中的所有主要类型，从简单到镜像到双域。这并不像看起来那么明显。仔细研究大小和颜色术语的语义学家对其作用方式进行了更为复杂的分析。罗纳德·兰艾克（Ronald Langacker）的大小分析可能是最复杂的大小术语分析，它对复杂事物的识别，能够达到与我们一致的程度。形式的简单性、词汇的常规性和使用的频率表明底层概念组织的简单性，这样的通俗观念已被彻底认定为谬误。

整合是许多不同构建的一个组成成分，这就跟化学键在化合物中普遍存在一样不足为奇。在指出整合的作用时，我们并没有断言所讨论的现象只在整合中存在。

形式整合

新颖的概念整合通常不需要新颖的表达形式。语言已经具有表达几乎任何概念整合所需的所有语法形式。例如，我们在本章中考虑的所有二词表达都使用现有的复合形式句法，如名词-名词、形容词-名词和名词-形容词，以及符合这些形式的特定的现有名词或形容词。*陆地游艇*这一概念可能是一种新的整合，但该短语使用现有的语法和词汇来提示*陆地游艇*的整合网络。

形式是心理元素，它们可以像任何心理元素一样被整合。有时，这种整合将与依附于形式的概念结构的整合相结合。我们可以看到这种实现形式组织的压力，以表达从语素到句子的各种结构的概念整合。请思考单个
366 词的整合，比如Chunnel，指的是在英吉利海峡下运行的隧道。显然，存

在一个概念结构将隧道的抽象框架和英格兰与法国之间水体的特定框架整合起来。这个整合单位可以作为整合各种认知的场所，从相关的地质学到工程学的一些问题，从英国和法国的关系史到隔离、疾病和生态学的问题。其相应的语法形式 the tunnel under the English Channel（英吉利海峡下的隧道）已经是紧密的整合。英语提供了一个更紧凑的复合名词结构，the Channel tunnel（海峡隧道）。偶然的巧合，由于 Channel 和 tunnel 中相似的音素，可以进一步整合形式。这种整合属于相似整合，通过两个词之间部分的音系的和正字法的映射触发。整合的压力产生了（在英语的情况下）Chunnel；在法语中缺乏相应的巧合，最后形成的最为整合的形式是 tunnel sous La Manche。这显示了整合的另一个重要方面：它是机会主义的。这种机会主义在任何特定情况下都取决于明显的外围环境，而这一事实可能误导人们认为运作本身是外围性的。但实际上，正是通过机会主义对巧合事件的利用，才能产生最核心的事件和结构。进化演变告诉我们，这不是矛盾的。

苏珊娜·凯默（Suzanne Kemmer）举出了如下整合例子：

“哭诉者抱怨最多的是他们已被降级为库普兰先生（Mr. Coupland）所说的‘麦（当劳）工作’（McJobs）。”

“Mc”引发了快餐和该行业的就业情况空间。“Jobs”则引发了更为一般的谋职框架。他们拥有诸多共同角色（工人、雇主、工资、福利、晋升的可能性等），为整合提供了一个类属基础。以此建立了两个输入空间，一个用于麦当劳世界的有关方面，另一个则用于谋职的相关方面。一种直接映射将这些共同角色连接起来。但这种映射本身并不能提供“麦（当劳）工作”的核心推论。麦当劳快餐店工作中的一些具体方面，如没有声望、没有晋升机会、没有挑战、没有未来、工作无聊、是某种社会耻辱，这些与更为普遍的低级别服务性工作整合到一起。如果没有这种整合，我们就可以自由地将低级服务工作与其他刻板印象联系起来，如利他主义甚至对他人的无私奉献、社会打拼、小镇的宁静日常、免受贪婪和野心的折磨。因此，这种简单的整合带来了类比映射、类属空间的构建以及整合中的新范畴，如“麦工作”、从事“麦工作”的这类人，以及“麦工作”的薪酬水平。其中一个目的是从整合中推论出关键现实的概念（例如
367 现代经济中年轻人的困境），并影响立法和政府政策。整合的力量和效率似乎源于其同质的内部结构及其相应在形式上压缩为单个词。关于这个单位的引人注目之处在于它创造了新的概念结构，而构建它的所有概念工程都可以由相关语言和文化社团的成员从单个的词 McJobs 中提取出来。我们看到这种整合满足概念和形式层面的控制原则：它提供最大的形式和概念压缩以及整合，并同时满足网和拆分原则。

无论是否存在任何背景概念整合，形式整合都可以独立发生。公共汽车后面会显示德尔马（Del Mar）赛马场的广告，广告发布时间是下午两点，上面写着“Hunch hour. 2 P.M.”（预感时间下午两点）。为了了解其中的双关含义，我们必须同时加工 hunch 和 lunch hour（午饭时间）。这意味着要进行从 hunch hour 到 lunch hour 的模型完善。这意味着将 hunch 部分映射到 lunch hour：hunch 和 lunch 这两个名词短语仅在其初始音素上不同。这意味着将 hunch 和 lunch 中的 unch 同时投射到 hunch hour 的 unch 上，并将 lunch hour 的名词复合结构（N1 N2）投射到相应的 hunch hour 的名词复合结构上。它意味着将对等成分（hunch 和 lunch）的共同名词地位投射到整合中 hunch 的名词地位上。

假设一行人中有人大声询问路那边的新商场（mall）是否晚上 9 点还在营业，接着有人回答说：“我想他们应该还在营业，因为每个人都知道《阿马尔与夜访客》（*Amahl and the Night Visitors*）。”在这句话中，歌剧名称中的 Amahl 与名词短语 a mall（一个商场）整合，但并不是概念整合。或者比如《北纬 38 度》杂志中的一个标题“Vallejo 94—Two legs, sunny side up”（1994 年瓦列霍赛艇比赛，双赛段，逆风赛段阳光明媚），旁边附着的图片，比赛由两段赛程构成，其中的逆风赛段尤其阳光明媚。这个标题需要借助形式整合、部分投射、形式间映射、模型完善等的帮助，但

不包括概念整合，因为比赛并不与特定的早餐整合[①]。

有时，形式整合与概念整合紧密并行。1994 年 2 月 17 日的亚特兰大宪法报》（*The Atlanta Constitution*）刊登了标题为“Out On a Limbaugh”（陷入困境，指望林博）的头版头条，标题下面的几行字是关于文章的一个总结：“批评家对广播员拉什·林博（Rush Limbaugh）同佛罗里达柑橘产业之间的 100 万美元交易施加压力。”为了获得“Out On a Limbaugh”的双关效果，我们必须同时使用 out on a limb（陷入困境）和 Limbaugh。在这一形式整合的背后是一个包含两个输入空间的概念整合，一个是爬上树枝末端的施事，另一个是佛罗里达柑橘行业和拉什·林博之间的交易。就像 *limb* 和 *Limbaugh* 完成了概念上的整合一样，limb 和 Limbaugh 也完成了形式整合。在这个特殊的例子中，完成概念整合的概念对等成分具有完成形式整合的形式表达。实际上，形式上整合的元素是指概念上整合的元素。形式整合，按照整合的标准，包含不能从形式输入空间 368 计算的形式结构。让我们看看这些形式输入空间。Out on a limb 中包含一个普通名词以及不定冠词。Limbaugh 是一个专有的姓氏。虽然英语中的专有姓氏可以成为一个普通名词，表示姓这个姓氏的人［如“她是个肯尼迪（Kennedy）”，“她是最穷的肯尼迪”］，或者一群与特定的人同类的人之一［“他真是一个爱因斯坦（Einstein）”］，但是这并不是本例中的情况。但是“a Limbaugh”也不是一个与专有名词一起使用的不定冠词的例子，表示恰好有某个人符合这个标签，如“电话那头有一个叫菲蒂利亚·康夸特（Fidelia Cumquat）的人找你。”在 Out On a Limbaugh 这句话中，Limbaugh 并不是一个普通名词，不是指与 Limbaugh 同名或同类的人，也不是去挑选某个不知名的人。相反，它正在挑选一个特定的知名的人。尽管如此，Limbaugh 仍然跟在不定冠词后面，这是整合的另一个输入空

① 此处“特定的早餐指的是正文中提及的标题中的‘sunny side up’这一表达的常见含义，即早餐中只煎一面的鸡蛋”。——译者

间中对应成分 limb 的特征。因此，形式整合具有新的句法–语义结构，即不定冠词 + 已知人物的专有名称。

在 Limbaugh 的示例中，我们看到形式整合和概念整合的紧密并行，但这种镜像非常罕见。我们已经看到了在概念层面没有相应整合的形式整合的情况。相反，大多数概念整合中都没有出现相应的形式整合。例如，“Look before you leap.”（三思而后行）是一个不含有形式整合的隐喻整合的标准提示。甚至有些情况下概念整合和形式整合都在起作用，但它们的作用相反。例如，在英国广播公司一个叫“My Word”（《我的歌词》）的游戏节目中，参赛者需要想出一个合理的表达，除了最后一个单词中的单个字母可以变化外，其余的部分要与任意流行节目歌曲的字幕相同，例如“When you wore a pink carnation/and I wore a big red nose.”（当你戴上一朵粉红色的康乃馨，我戴上一个大大的红鼻子）。[①] 有一位选手给出的答案是“Why can't a woman/be more like a mat?”（为什么女人不能更像一个垫子？）[出自《窈窕淑女》(*My Fair Lady*)]，原版本是“Why can't a woman/be more like a man?”（为什么女人不能更像男人？）在形式层面，man（男人）与 mat（垫子）相整合；但在概念层面上，man 与 mat 并不进行整合，而是与其对立元素“person who walks on the mat”（走在垫子上的人）整合。

为形式整合而形式整合，以及寻找形式整合背后的概念整合的必然倾向，这在许多笑话中都很明显。例如，下面的这篇不知作者姓名但在网上广为传播的讣告文：

> 资深皮尔斯伯里（Pillsbury）代言人，皮尔斯伯里 · 当伯（Pillsbury Doughboy）[②]，昨日因严重的酵母菌感染和胃部反复绞痛并发症去世[③]，享年

① 对应的原字幕为“When you wore a pink carnation/and I wore a big red rose.”（当你戴上一朵粉红色的康乃馨，我戴上一朵大大的红玫瑰。）——译者

② “Doughboy”也是面团小子的名字。——译者

③ 这一生病过程也可以理解为面团发酵并且需反复搓揉的过程。——译者

71岁。棺材上轻刷一层薄油。①有众多名人出席葬礼，包括巴特沃思夫人（Mrs. Butterworth）、加利福尼亚·瑞辛（California Raisins）、昂格瑞·杰克（Hungry Jack）、贝蒂·克罗克（Betty Crocker）、女主人汀克斯（the Hostess Twinkies）、凯皮顿·克朗其（Captain Crunch），以及其他很多名人。②墓旁边堆满了厚厚一层花/面粉③，寓意为老朋友。杰米玛（Jemima）姨妈发表了 369
悼词，称当伯是一个“被生活蹂躏过无数次的男人”④。当伯虽然最初在演艺界迅速崛起，但他后来的生活充满了起伏⑤。他不是一个非常聪明的人⑥，在不成熟的计划（half-baked schemes）上浪费了大部分钱（dough）。虽然有时候他有点古怪（flaky），但作为一个沉默固执（still）的老人⑦，他仍然被数百万人作为榜样⑧。当伯去世后，留下了他的第二任妻子波蕾·当伯（Play Dough）和他们的两个孩子，其中一个孩子还未出世。⑨葬礼于3：50举行，过程持续了20分钟⑩。

复杂语法结构

我们已经详细了解了诸多语法构式如何运作：

- 单个词如safe（安全的）。
- 结果性的句法构式，如“He boiled the pan dry.”（他把锅煮干了）

---

① 这一层油既可以是棺材防腐用，也可以是面点烘焙用。——译者

② 这一系列的人名包括全讣告文中所有出现的人名都与食品有关，比如黄油（butter）、葡萄干（raisin）、Hunry Jack快餐店、贝蒂·克罗克蛋糕粉、Hostess牌奶油夹心蛋糕、嘎嘣脆船长麦片等。——译者

③ 原文中的flour指面粉，也与flower（花）同音。——译者

④ 原文中的knead既可以理解为蹂躏也可理解为揉面过程。——译者

⑤ 原文中的turnover既可以理解为生活的起伏，也可理解为面点烘烤过程中的翻面。——译者

⑥ 原文中的smart cookie是一个习语，指精明强干的人；cookie为曲奇饼干。——译者

⑦ 这些关于人的形容词也可以理解为面点的相关特征。——译者

⑧ 原文中的roll为role的同音字，前者表示一种面包，后者为榜样之意。——译者

⑨ 原文中的have a bun in the oven（烤箱中有个面包）是习语，指怀有身孕。——译者

⑩ 葬礼时间的描述还可以被认为是对烘焙时间的描述。——译者

和“She bled him dry.”（她把他的血放干了 / 她把他的钱财榨干了）。

- Y-of 网络如“Ann is the boss of the daughter of Max.”（安是马克斯的女儿的老板）。
- 名词复合词，如“boat house”（船屋）、“house boat”（房船）和“jail bait”（监狱诱饵）。
- 形容词-名词复合词，如“guilty pleasures”（有负罪感的快乐）、“likely candidate”（有希望的候选人）和“red ball”（红球）。
- 单个词中的形态组合，如“Chunnel”（英吉利海峡隧道）。

在所有这些例子中，我们看到语言中的构式具有稳定的句法模型，提示特定的整合方案。整合方案带有特定类型的压缩。在本书第八章中，我们研究了诸如“Prayer is the echo of the darkness of the soul.”（祈祷是灵魂的黑暗的回声）这样的 of 构式，并表明它们提示了系统的整合方案，在多个输入空间上传递压缩的大型整合。在本书第九章中，我们看到“I boiled the pan dry.”（我把锅煮干了）将一个长的、分散的事件链压缩成一个整合，其中单个施事执行单个动作，导致对象的单个结果。

语言是一种强大的文化开发手段，用于创建和传输整合方案。正如我们在本书第九章中所看到的，语言能力在很大程度上取决于整合和压缩的能力。我们在一种语言中发现的模型是在文化中出现并具有广泛适用性的整合方案的表面体现。在过去的 5 万年中，文化已经开发出许多系统，让人们不必从头开始发明所有有用的整合方案。在文化为儿童提供的有用的整合方案中最明显的而且也许是最强大的方式，是通过语言达成的。

在语言学中，语言中的形式已经是“句法学”（syntax）研究的范畴。事实证明，无论如何看待它们，这些语言形式都非常复杂，远比我们所认
370 识到的要复杂得多。因此，众所周知，句法研究也很复杂。然而，如果我们不同时研究这些语言形式提示的整合方案，那么该研究基本上是不完整的。即使是很简单的语言形式，如“jail bait”（监狱诱饵），其相应的整合网络也可能非常复杂。

我们现在将在一些更精细的构式中分析整合的核心作用。这将体现语言、整合和压缩提供总体上不可分割的思想。语言具有精细的形式模型，因为它提示强有力的整合方案。但形式模型和整合方案固化程度太深，以至于在有意识层面几乎不可见。

致使移动

最常见和熟悉的人类场景之一便是移动物体：我们扔它、踢它、掷它或推它，它向一个方向移动并停留在某个地方。这些都是“致使移动”的场景。它包含一个做某事的施事，并且动作导致一个对象移动。有些动词的全部作用便是表明致使移动场景的某些特定情况，例如 throw、toss 和 hurl。许多或者所有的语言都有这样的动词和它们适合的模型。在英语中，这种模式被称为主谓宾位置结构（Subject-Verb-Object-Place），如“Jack threw the ball over the fence.”（杰克把球扔过了栅栏）。但与大多数语言不同的是，英语中这种模型也可以用于本身不表达致使移动的动词，比如 walk（走）、sneeze（打喷嚏）和 point（指向）。所以我们得到“I walked him into the room.”（我陪他走进屋里），“He sneezed the napkin off the table.”（他的喷嚏把餐巾从桌子上打飞了），“I pointed him toward the door.”（我给他指向门）。这种模型下有些动词甚至可以不涉及物理移动，例如 tease（戏弄）、talk（说话）和 read（读书）。所以我们得到“They teased him out of his senses.”（他们戏弄得他失去了理智），“I will talk you through the procedure.”（我会把程序跟你说一遍），“I read him to sleep.”（我给他读书读到他睡着）。在这些例子中，主语做出一些动作，并且导致宾语朝着字面或隐喻层面的“方向”在字面或隐喻层面“移动”。阿黛尔·戈德堡（Adele Goldberg）已经详细研究了致使移动构式。

在所有这些例子中，形式都在提示整合方案，其中它将致使移动场景作为一个输入空间将其他一些离散场景（包括 walking、throwing、sneezing、

talking、reading 等）作为其他输入空间。在“He sneezed the napkin off the table.”的例子中，离散的输入空间包括一系列事件，其中包括一个人、一张餐巾和一张桌子，这个人打了个喷嚏，喷嚏使周围空气运动，气流作用于餐巾之上；因为餐巾很轻，在气流的压力作用下移动，通常会到达桌子的边缘，在那里因为重力导致它以类似抛物线的路径（不考虑空气阻力）落到地面；但是，它毕竟只是一张餐巾，还无法穿透地面。在这一离散的输入空间中，我们有一个动作（打喷嚏）、一个施事，以及对象（餐巾纸）
371 在一个方向上的移动。该动作与移动具有因果上的关系。在压缩的致使移动输入空间中，我们有一个施事、一个动作-移动、一个对象和一个方向。从概念上讲，存在从致使移动场景到离散输入空间的自然映射：施事映射到施事上，对象映射到对象上，方向映射到方向上，以及动作-运动映射到任意一个分散的候选项上，这其中包括动作、因果关系以及移动。

在压缩的输入空间中，存在一个与概念压缩相关联的句法形式。在离散输入空间中，诸如 sneeze 和 napkin，off 和 table 之类的特定单词与各个事件和元素相关联。在完全整合网络中，概念压缩和句法形式来自压缩的输入空间，而一些单个的词来自经过选择性投射的离散输入空间。在“He sneezed the napkin off the table.”的例子中，我们将致使移动场景中的概念结构与来自离散输入空间中的许多元素和事件整合起来，包括施事、动作、因果关系、对象、移动和方向。致使移动输入空间中的单个动作-移动映射到至少三个不同的元素上，包括动作、因果连接和离散输入空间中的移动。我们还将致使运动句法结构（Subject-Verb-Object-Place）与可用于离散输入空间的一些单词整合起来。在这种情况下，用一个单词表示施事（he），一个单词表示动作（打喷嚏），以及一些单词表示对象和方向。

但请注意，我们没有从离散输入空间中带来一个单词用于因果关系或者一个单词用于对象的移动。因为从动作-移动到离散输入空间的映射不是一对一的，所以我们很有可能从离散输入空间中投射单词。我们可能会为因果关系而不是动作或移动投射一个单词，如“Sarge let the tanks

into the compound."（中士让坦克进入了堡垒）。这个例子通常引发一种军事情境，需要得到中士允许，坦克才能进入堡垒。这句话没有具体说明中士所做的特定因果动作（挥手、签字、通过电话给以语言上的许可）或坦克的移动（通过卡车运载、直升机空运或自行进入）。我们可能会为对象的移动投射一个单词，比如"He rolled the barrels into the warehouse."（他把桶滚进了仓库），其中滚动的是桶，而不是施事。这句话没有具体说明具体的因果动作（推桶、沿着坡道将他们踢下，或者按下按钮传送一排桶等），也没有说明因果关系。实际上，致使移动输入空间中的单个整合动作-运动包括了动作和移动的方式，正如我们在特定的致使移动中所看到的动词，例如 throw、push 和 hurl。这些动词既表示对象的动作方式，也表示对象的移动方式。因此，单个动作-移动与动作方式相连，也与离散输入空间中的移动方式相连，我们可以把这些方式的单词投射到整合空间中，如"He floated the boat to me."（他把船漂过来给我）和"He wiggled the nail out of the hole."（他扭动钉子把它扭出洞）。这些例子所引发的场 372
景包括动作、移动和方式，但是投射的词语，如 floating 和 wiggling 本身并不需要沿着特定路径或需要外部动作。它们专注于移动的方式。

这种构式提供了现成的和强有力的整合方案。可以将来自一个输入空间的紧密压缩的框架和相应的句法形式补充到与离散输入空间相关联的整合空间中。为特定情况构建基于该方案的网络主要取决于是否能够构建适用于两个输入空间的类属空间。在我们看到的致使移动的例子中，这个类属空间具有施事-动作、对象-移动和方向。这个描述也符合一个非常引人注目的例子"They prayed the two boys home."（他们通过祈祷让两个男孩回到了家）。这里的整合表现出一种极度压缩：拥有祈祷者和男孩的场景，包含了很长一段时间内的许多因果步骤，而中间施事的因果关系则相对模糊；但在整合中，单个动作直接构成男孩回家的原因。

正如我们在本书中多次看到的那样，隐喻映射提供了定位输入空间之间的跨空间映射和构建整合网络的标准方法之一。如果离散输入空间具有状态变化的因果关系，则已经存在一种用于整合状态和位置以及状态随位置变化而变化的模板，并且该模板可以被大规模引入以提供大部分跨空间映射以及大部分指向整合的投射。例如，“I pulled him out of his depression.”（我把他从压抑中拉了出来）对网络进行提示，其中一个输入空间是本身带有语法的致使移动场景，另一个输入空间涉及心理状态改变的复杂的人际因果关系。我们通过引入状态-位置（states-locations）整合网络，自动构建这个特定致使移动整合网络的大部分内容。pull（拉）是一个典型的致使移动动词，但这一分析可以完全适用于“I talked him out of his depression.”（我的话使他走出了压抑）或“He drank himself into oblivion.”（他把自己喝得不省人事）。

我们已经看到了跨空间映射是简单网络中的一组角色-价值映射的情况（如“He threw the ball over the fence.”，其中 *throw*（扔）是角色 *causal action-motion*（因果动作-移动）的价值，以及跨空间映射是类比的或隐喻的情况（He drank himself into oblivion.）。当存在违实联系时，致使移动网络也以有趣的方式运作。阿黛尔·戈德堡举了一个例子，“Pat blocked Chris out of the room.”（帕特把克里斯挡在门外）；其他人也举了一些例子，如“We barred him from the building.”（我们把他挡在了楼外），“John forbade him from participating.”（约翰不让他参加），以及包含隐喻联系的例子“We kept him out of trouble.”（我们不让他惹上麻烦）。这样的例子表明，相较于仅仅含有致使移动的情况，压缩的输入空间更为普遍。在更普遍的框架中，包含施加力的施事和在目标方向上受力的对象。在简单的情况下，施事在目标方向上对物体施加力，如“We moved the wolf to the door.”（我们把狼向门移动）。在这种情况下，move 表示施事施加的力量，to 表示力量朝向目标方向，door 表示目标。但是另外还有一种情况，施事所施加的力量与对象的移动方向相反，如“We kept the wolf from the door.”（我们不让狼靠近门）。这里，动词 keep 表示后来施加的某种力量，并且与现有力量相反。单词 from 表示该施加的力量的方向是背向目标，door 表示目标。

因此，我们发现“致使移动”网络中的一般压缩输入空间是具有力动态性的，而且同样应用于致使移动和阻止移动（blocked-motion）的例子中。阻止移动的例子包含了隐性的违实空间，动词 keep 暗示施事的力与对象的力相反，所以如果施事的力消失，那么对象就移向目标。

浮现句法

在致使结构中，句法成分全部来自于整合使役动作的压缩的输入空间，而单词来自与因果序列相关的事件空间。但也有其他的结构，这些结构中用于整合的句法形式并不完全来自一个空间。它们一部分来自一个空间，一部分来自另一个空间，还有一部分是专门为整合空间而发展的。在这种情况下，整合空间具有与输入空间相关的浮现句法。比如法语中的使役动词，就是加上动词 *faire*（相当于英语的 do）构成的。

NP	V	V	NP
Pierre	fait	manger	Paul.
[皮埃尔	让	吃	保罗]

意为“皮埃尔喂保罗。”

[Paul 是 manger 的施事]

Pierre	fait	envoyer	le paquet.
NP	V	V	NP
[皮埃尔	让	送	包裹]

意为“皮埃尔把包裹送出去。”

[le paquet 是 envoyer 的对象]

Pierre	fait	manger	la soupe	à Paul.
NP	V	V	NP	à NP
[皮埃尔	让	吃	汤	给保罗]

意为“皮埃尔喂保罗喝汤。”

[Paul 是 manger 的施事，而 la soupe 则是对象]

通过这些双动词形式，法语给说话者提供一种方式来引出一个整合网络，该网络提供一个压缩的、人类尺度的场景，其中至少有两个施事（皮埃尔和保罗）、一个因果行为、一个因果关系和一个引发的动作（吃）被
374 整合到了一个事件中。这样，法语已具有利于整合的一部分的单动词形式。例如，“Jean fait le pain.”可以引出这样一个场景，其中的让（Jean）做出涉及另一个元素（le pain）的因果动作。此外“Paul mange la soupe.”用于引出保罗（Paul）对另一个元素（la soupe）做出某些动作的场景。法语还有几个基本的单动词分句结构，人们可以将这些单动词形式放入其中。但是，我们如何表达皮埃尔做了某事从而致使保罗喝汤的场景呢？没有一个基本的单个动词分句结构适用这种场景。

法语有三种复杂的整合空间来完成这项工作。每个输入空间都是三个压缩的基本单动词分句结构中的一个输入空间，并且另一个输入空间具有我们想要压缩的中间施事（intermediate agent）的因果事件的离散链。整合空间从第一个压缩的输入空间中获取了大部分的分句句法，但最为关键的是它具有额外的、浮现的语法。现在该句法中有了两个动词。此外，附着代词也有了一些新的位置［比如 le、lui 和 se，其例句“Paul se fait tuer par Jean.”，意思是“Paul has himself killed by Jean.”（保罗使自己被让杀死），对比例句是“Paul fait se tuer Jean.”，意思是“Paul makes Jean kill himself.”（保罗使让杀死自己）］，以及各种补充结构［如“Paul fait envoyer le paquetà Marie à Jean.”，意思是“Paul has the packet sent by Jean to Marie.”（保罗让让把包裹送给玛丽）］。在这些双动词使役动词中，我们在概念层面看到了双域整合：基本结构的概念框架中与另一个输入空间中的复杂离散的因果链不能一一匹配。我们还看到了形式层面上的双域整合，它提供了新的浮现句法形式来表达整合空间。在致使结构中，句法形式完全来自压缩的输入空间。在双动词使役动词结构中，句法形式仅部分来自压缩的输入空间。一些单词和它们的语法范畴来自于另一个离散的输入空间。而完整的句法形式在整合空间中是浮现的。

双动词使役结构也许是全人类都面临的整合问题的一个应对方法：一个

人做的事与其他人的行为形成因果关系。整合的模板在这些实例中实现了适当的压缩，而且语言的各种形式可以提示这些压缩。许多语言已经独立解决了双动词使役结构的问题，它们使用如法语中那样的整合空间，但它们有不同的浮现句法。这些语言形式的发展是一个很好的例子，说明人类文化通过双域整合的现代认知能力，演化了整合模板（包括语言形式），而这些模板代代相传。我们在第九章中的主要论点是，如果没有双域整合能力，语言就无法发展成一种有效的形式集合。在本章中，我们强调整合空间在一些特定结构中的关键作用，使这一点更为明确。语言及其语法是伟大的文化成就，它们产生于对双域整合能力的利用，而且这种转变具有永久性。 375

在闪族语言（semitic language）中可以看到不同的应对方法，这种方法使用相同的概念整合，但利用形态学来创建对应的形式整合空间。尼利·曼德尔布利特（Nili Mandelblit）在其对希伯来语的语言系统的研究中，对特定语法系统中整合空间的作用进行了彻底和细致的分析。

希伯来语动词都包括辅音的主框架（“根”），它们插入一些元音模型或“前缀＋元音”的模型。这种元音或“前缀＋元音”模型被称为 *binyan*，其复数形式被称为 *binyanim*。辅音带有动词的“核心意义”。希伯来语中有七种主要的 *binyanim*（大写字母 C 代表要插入的根辅音）：CaCaC、CuCaC、CiCeC、niCCaC、hiCCiC、huCCaC 和 hitCaCeC。例如根辅音“*r.?.h.*”（其中“？”代表声门辅音），它的意思是“看”。这里有该动词的不同 *binyanim* 的五种形式。

- CaCaC+*r.?.h*　[*ra?a*]　“to see”（看见）
- niCCaC+*r.?.h*　[*nir?a*]　“to be seen,” or “to seem”（被看见，或看起来）
- hiCCiC+*r.?.h*　[*her?a*]　“to show”（展示）
- huCCaC+*r.?.h*　[*hur?a*]　“to be shown”（被展示）
- hitCaCeC+*r.?.h*　[*hitra?a*]　“to see each other”（碰面，相见）

曼德尔布利特表示，每个 *binyan* 都提示一种特定的整合模型。例如，

*binyan*hiCCiC（称为 *hif'il*），它提示因果关系和根动词“r-u-c”，其意思是“run”（跑）。它们按如下方式整合：

r-u-c　　　hi—i-

↘　↙

hiruic

［写作“heric”］

这个形式上整合的动词出现在如下句子中：

hamefaked	*heric*	*et*	*haxayalim.*
the-commander	run-hif'il $_{past}$	direct-object-marker	the-soldiers.
指挥官	跑–hif'il $_{过去式}$	直接宾语标示	士兵

“The commander made the soldiers run.”（指挥官让士兵们跑起来。）

这句话整合了整个因果序列事件：指挥官是因，他向士兵做出动作，而士兵们是果（受影响），他们跑起来。我们从这句话中看到，希伯来语可
376 以在单动词分句结构中提示致使原因事件和致使结果事件的压缩。这句话的动词是 heric，而单动词分句结构是希伯来语的及物小句，其语言形式是：

NounPhrase-Verb-*et* -NounPhrase（名词短语–动词–*et*–名词短语）。

图 17.2 描述了这句话引发的整合网络。

这是一个“*hif'il*”句子，其中的希伯来语采用了与法语中的概念和语法压缩完全相同的策略：使用基本单动词结构的压缩来压缩一个复杂的、更为离散的因果事件序列。虽然在法语里该策略通过新的浮现语法得到表层表达，但在希伯来语中却是通过新的词法形态得以表达。通过形态学上的形式整合，希伯来语产生了一个完全融入及物结构的单个动词，因此压缩的输入空间的语法压缩可以在不调整整合空间的情况下被借用。

空间、力和运动的人类尺度构建

我们已经看到在许多例子中离散、复杂的概念结构引发人类尺度的整

合空间的构建："自掘坟墓""把锅煮干""从孩子口中夺走食物""负罪的享乐""感恩的回忆""将某人赶出他的脑海"，等等。人类尺度的这种成就在本质上并不简单，因为在每种情况下，我们都有与整合空间相连的完整网络。整合空间为人类尺度模型提供了全局透视，但它仍然保留了与所有输入空间的联系。

表面上简单的概念结构也引发了人类尺度的整合空间的构建。在这些情况下，整合空间乍一看比这些输入空间更为复杂。但正如我们在第十六章中所看到的那样，总体目标不是为了提高或降低复杂性，而是为了聚焦人类尺度模型。例如，在概念层面上，似乎没有比认识到一个物品具有形状和位置并且与其他物品相邻更为简单的了。在数学或计算上，我们可以用图表、笛卡尔坐标、函数或相对位置指标来表达这个知识。

当然，我们使用相对位置指标和图表，我们也可以培养使用坐标和函数的高深能力；但我们还有一种标准的方法，即使用概念整合来洞察位置、形状和邻近性。在这种情况下，由于加入了额外的维度和结构，整合空间似乎平白地增加了描述的复杂性。用莱恩·塔尔米（Len Talmy）的例子来说，"山脉从墨西哥一路延伸到加拿大"（The mountain range goes all the way from Mexico to Canada.），其目的是让我们全面了解山脉的位置及其与墨西哥、加拿大和美国的空间关系。它呈现了一个包含了移动的静态场景：从某处延伸到某处。这绝不是什么稀奇事，这是许多语言甚至是所有语言的一种标准策略。正如塔尔米所写，"大多数观察家都同意，语言可以使用指涉移动的形式和构式来从系统上和广义上指涉静态的场景。""山脉从墨西哥一路延伸到加拿大"是一个基本的惯用语表达，没有什么修辞，也并不复杂。然而，向静态场景添加一个移动的维度使我们面临这样一个悖论：这个表达现在更为复杂而且显然是错误的，因为山脉并没有沿着从墨西哥到加拿大的路径在移动。

为什么人类的认知和语言会以这种奇怪的方式运作呢？答案是因为我们的首要目标是实现人类尺度，而概念整合的运作通过向整合空间投射移

377

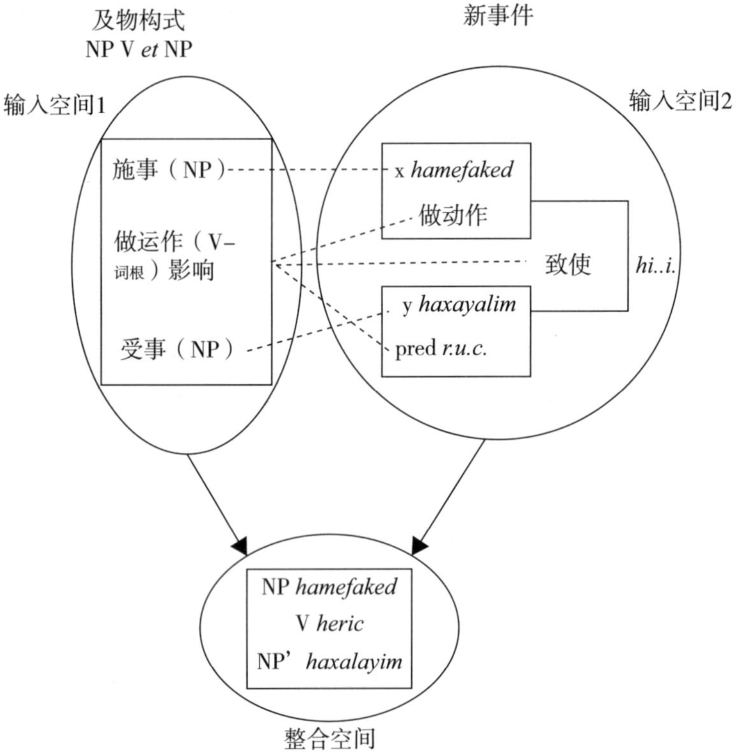

图 17.2　希伯来语致使构式的网络

378 动来实现这一目标。还有一些语法构式可以用来提示这样的整合网络，我们用这些构式来描述静态场景，前提是我们使用了移动输入空间。整合网络在一个输入空间中有山脉的静态状况。在另一个输入空间中，则有一个更通用的射体框架，它沿着一条道从起点移动到终点。跨空间映射将射体与静态物体的相关维度连接起来。在山脉的例子中，这个维度是水平方向。现在，在山脉的整合空间中，静态山脉的水平维度是一个射体。此外，还有一个射体，它从移动输入空间中投射而来，移动输入空间和该射体同步从墨西哥移动到加拿大。创建此整合空间的语法构式通常将射体分配给主语位，将动作分配给动词位（“玛丽去商店”）。但是在整合空间中，语法构式在主语位使用了射体的标签：“*山脉从墨西哥一路延伸到加拿大。*”当然，山脉既不是在输入空间中也不是在整合空间中移动。但由于动作输入空间中的射体在静态输入空间中没有对等成分，因此静态场景中没有可用的标签。在主语位置上使用射体标签（山脉），再带一个移动动词有一个好处，即可以将我们实际谈论的内容（山脉）呈现为话题并且以转喻方式引出移动射体。

现在，整合空间中有了一个人类尺度的场景：一个射体沿着人类尺度的路径在人类尺度的时间内移动。空间和时间尺度已经缩小，并且一条简单、理想的路径已经建立，该路径上存在移动。理解整合空间中的动态场景，可以使人们正确地投射回包含了山脉的静态输入空间，并设定有关山脉和国家的适当的相关构建。在大多数方面，整合空间比静态场景更复杂。它具有动态移动的所有方面，包括时空坐标和时间上的连续位置。它包括射体的全局形式以及移动方式，如“山脉直接地 / 弯曲地 / 曲折地 / 缠绕着 / 跳跃着从墨西哥延伸到加拿大。”（The mountain range goes straight/curves/meanders/winds/skips from Mexico to Canada.）或者说，由于复杂性的增加，整合空间可以帮助在人类尺度上更加全面地了解静态构建。

人类行为在物理空间和时间中具有移动和意向性，是一种基本的人类尺度的结构。虚拟移动整合空间把状态作为输入空间，再加上移动和可能存在的意向性，便产生了整合空间。添加的移动将状态转换为事件。添加的意向性将事件转换为动作。有了动作、事件和状态的整合空间，从形式上来看比仅具有状态的输入空间更为复杂，但复杂性的增加至关重要，它提高了场景的人类尺度质量。比起处理一个明显简单的人类尺度行为的组 379
成部分，人们更喜欢处理一个完整、动态、有意向性的人类尺度行为。

有很多方法可以将移动投射到整合空间以提高其人类尺度的质量。塔尔米为虚拟移动整合空间提供了一种很有效的移动源分类。在我们的术语中，这种分类法为整合空间展现了一系列不同的移动输入空间和不同的投射。山脉整合空间的输入空间包含沿着线性路径移动的射体，但是在塔尔米的另一个例子“田地从粮仓向四面八方扩散”（The field spreads out in all directions from the granary.）中，移动输入空间有了一种物质实体（如油或酒），从初始点变大或扩散。

在塔尔米所说的“通达路径”（Access Path）表达中，形式整合在虚拟移动表达中格外明显。例如“面包店位于银行的街对面。”（The bakery is across the street from the bank.）静态输入空间可以表示为“面包店在街上”。在移动输入空间中，某物从一个点出发，越过某个表面，到达另一个点。单词 across（越过）和 from（从……）来自移动输入空间。整合空间的表达结合了来自两个输入空间的语法元素，因此我们可以说，“面包店位于银行的街对面。”山脉的例子和面包店的例子具有相同的移动输入空间。在面包店例子中，移动输入空间越过了一个表面。其在静态输入空间中的对等成分是街道。在整合空间中，越过的表面与街道融为一体；我们可以使用“街道”作为标签，以选出整合空间中的融合元素，然后我们可以将“街道”放置在越过的表面（“街对面”）的语法位置。同样，移动输入空间中射体的终点具有静态输入空间中的对等成分：银行和面包店。在整合空间中，我们将射体的终点与它们在静态输入空间中的对等成分融合，我们可以使用静态输入空间（“银行”和“面包店”）中的标签来选出整合空间中的融合元素。然后将这些标签放在终点的语法位置。在山脉的例子中，越过的表面是隐示的：虽然在概念整合中美国通常会处于越过的表面的位置，但在形式上没有赋予任何表达。但是人们可以说“山脉穿过美国，从墨西哥延伸到加拿大。”（The mountain range goes across the United States from Mexico to Canada.）这种可以实现的虚拟移动整合是由概念整合控制原则和移动输入空间的可用性驱动的。发挥重要作用的原则包括拓扑、整合、拆分、关键关系的最大化以及关键关系的强化。它们一同帮助实现人类尺度和强化关键关系的首要目标。

在“出现路径”（Advent Paths）中，塔尔米举了一个例子，“棕榈树聚集在绿洲周围。”（The palm trees clustered together around the oasis.）在这里，移动输入空间有多个射体，射体会汇集在一个位置。这次，移动输 380 入空间中的射体在静态场景中具有多个对等成分——即固定的棕榈树。另一方面，射体在静态场景的心理空间中没有对等成分。这种类型的整合空间将静态场景合并为整合空间中复杂的移动的最终状态。

在棕榈树的例子中，静态输入空间中没有移动也没有变化。移动是从另一个不同的输入空间投射来的。同样，在塔尔米的另一个例子中，“当我给天花板刷漆时，油漆斑点在地板上缓慢前进”（As I painted the ceiling, paint spots slowly progressed across the floor.），在虚拟移动整合中非常重要的移动在油漆斑点的输入空间中不再有效。油漆斑点从天花板落到地板上与整合空间中的油漆斑点的前进无关。同样，在这种情况下，射体具有对等成分——即油漆斑点，但是映射是一对多的，因为有多个位置的移动空间中的每个射体被映射到许多个不同的油漆斑点中的每一个上，每个油漆斑点有单独的位置。射体的位置一对一地映射到不同但相似的油漆斑点的位置，但是单个射体被一对多地映射到不同的油漆斑点上。在整合空间中，许多油漆斑点已经占据了多个位置。油漆斑点之间的类比已被压缩成单个在地板上前进的油漆斑点的同一性问题。这个例子说明了整合空间的不确定性，人们可以引出不同的输入空间来实现整合。例如，我们可能会把整合空间中的油漆斑点看作是车队在地板上移动，其中领头的油漆斑点总是具有一样的身份，随后的油漆斑点的身份则是由它们的顺序给出。在这种情况下，地板上的“新的”斑点在油漆输入空间中跟前一个斑点具有类比性，因此在整合空间中可以接替其身份；因为前一个斑点接替了其后斑点的身份，这样一路回到墙上，一个新的油漆斑点刚刚出现。

在“阴影路径”（Shadow Paths）中，塔尔米给出了一个例子，“树将其阴影投下山谷”（The tree threw its shadow down into the valley.）。在这种情况下，移动的结束状态（在移动输入空间中）将静止场景中的可被感知的阴影作为其对等成分。在这个例子中，虚拟移动利用可用的整合空间来创造移动，整合空间中的阴影是一个变化的、可移动的物体，而不仅仅是一个光照有所削弱的区域。这种整合已经编入英语词汇 shadow（阴影）。

事实证明，虚拟移动整合是强有力的双域结构。它们将本质是静态的场景与本质是动态的场景整合在一起，以创建具有浮现属性的整合空间，而这种属性吸收了两个输入空间的组织框架。通常，整合空间中的移动路径并不适用于现实世界中的真实射体，但是整合空间中的浮现意义的一部分即为这种移动的可能性。虚拟移动整合空间在概念层面是双域的，在形式层面亦是如此。它们从两个输入空间中采纳语法元素，创建双域的句法整合，以表达整合空间中的概念结构。

381 语言的文化演变

数个世纪以来语言不断发生改变。法语从拉丁语中诞生。事实上，所有语言的一个显著普遍特征就是，只要文化存在，它们就会不断改变。大多数情况下，语言结构的深刻变化需要很长时间，在我们短短的一生中无法看到它们的发生，但是我们不时可以看到语言在几年的时间内发生的小变化，比如语言中出现一些新单词、新的俚语和习语，或现有的单词意义得到扩展，例如“病毒”，现在指破坏计算机的恶意程序。语言学家认为这种改变与语言的改进或退化无关。语言不会因为有所欠缺或不够稳定而改变。完美的语言系统通常会演变成另一个不同的完美系统。为什么会这样呢？

我们认为，由于概念整合、压缩和双域的创造力在语法和语法结构中的核心地位，使得语言变化是非常自然且实际上不可避免的。原因之一是新的语法的自然浮现，其受到了来自于借用压缩的压力，正如我们在法语的双动词因果案例中看到的那样。语言逐步改变的另一个原因是因为概念整合网络的指示不明。因为这样的网络提示了映射方案，却没有详尽地指明映射和投射，所以语法结构使单个使用者和集体使用者在映射方案的实际执行时留有一些余地。这种语言变化源于网络中选择性投射和映射的指示不明层面的变化。苏珊娜·凯默（Suzanne Kemmer）和迈克尔·伊斯雷尔（Michael Israel）在对 way 构式的广泛研究中坚定表示，在几个世纪以来相对稳定的整合方案中，在某段时期内的用法将强调某些投射模型而不是其他投射模型，而且这种用法会随着时间改变。

当代关于 way 构式的例子有："He found his way to the market."（他找到了去市场的路），"He made his way home."（他走上了回家的路），"He elbowed his way through the crowd."（他用手肘在拥挤的人群中推挤前进），"He jogged his way along the road."（他沿路小跑），"He talked his way into the job."（他靠那张嘴加入了这项工作），以及"He whistled his way through the graveyard."（他吹着口哨走过了墓地）。这种用法源于中世纪英语中"*go-your-path*"（走–你的–路）构式，这种构式几乎接受任何表示 way 意思的名词，如"He lape one horse and passit his way."（他给马套上鞍，继续赶他的路）（1375）和"Tho wente he his strete, tho flewe I doun."（他径直走他的，而我匆忙往下赶）（1481）两句。之后，出现了一种新的句法，可以用补语来指示方向，如"He went his way home."（他回家了）。通过使用更多的可以指示运动方式的动词，这种构式得到了发展。伊斯雷尔评价称这些动词倾向于聚集在某些明确的语义原型周围。1826 年至 1875 年，大量编码有难度的移动或曲折路径的动词开始被人们所接受，包括"plod（沉重缓慢地走）、totter（跌跌撞撞地走）、shamble（拖 382
着脚走）、grope（试探着走）、flounder（挣扎着走）、fumble（摸索着走）、wend（缓慢小心地走）、wind（曲折而行）、thread（穿行）、corkscrew（像拧螺丝一样艰难前行）、serpentine（像蛇般行进）"。狄更斯（Dickens）在 1837 年写道："Mr. Bantam corkscrewed his way through the crowd."（班塔姆先生在拥挤的人群中像拧螺丝般艰难前进）。直到 19 世纪末，我们才开始在这种构式中找到像"crunch（嘎吱作响）、crush（压碎）、sing（唱歌）、toot（吹奏）、pipe（演奏管乐器）"这样的动词。伊斯雷尔解释说，它们编码的“不是移动本身，而是不可避免地伴随着某些形式的移动的噪声”。有一种不同的构式发展方式，即手段路线（means thread），直到16世纪末才出现。在这条路线中，用于创建路径的动词变得可以接受，如“Arminius paved his way.”（阿米尼乌斯一路铺平道路）（1647）。另一个熟悉的例子是“Every step that he takes he must battle his way.”（他每迈出一步都必须经过苦战）（1794）。伊斯雷尔写道：“到1875年，如‘push（推）、struggle（努力）、jostle（推挤）、elbow（用肘推挤）、shoulder（用肩推挤）、knee（用膝盖碰）、beat（撞击）、shoot（射击）’这些动词的用法都已出现。”在19世纪，随着方式路线的快速扩张，手段路线开始允许动词越来越间接地编码达成目标的方式，如“Not one man in five hundred could have spelled his way through a psalm.”（500人里都找不出一个可以正确拼写出赞美诗的人）或“He smirked his way to a pedagogic desk.”（他一路洋洋得意地笑到了老师的职位）。整合的作用至关重要：

> 从这个角度来看，把[way]构式作为句法整合的一个例子进行讨论是有实用意义的——也就是说，将其作为一种专门的语法模型，用于将不同的概念内容组合成单一、紧凑的语言形式。从本质上讲，现代构式提供了一种方法，将行动动词的概念内容与路径上的移动的基本思想相整合。这样的构式偏向于使用那些在编码移动意义上所起的作用越来越边缘化的动词，因此反映了构式将不同类型的事件整合到一个概念集合中的能力是逐渐增加的。

伊斯雷尔表示，随着时间的推移，与way构式相关的整合网络中的一些指示不明的投射模型得到了扩展。他还表明，随着时间的推移，构式的另一个指示不明的投射模型减少了：“第三条路线……涉及使用如‘keep（保持）、hold（坚持）、take（采取）、snatch（抢夺）、find（发现）’等动词，这些动词用于编码某种路线的获得或者其拥有权的维持。这些用法在这种构式的早期阶段很常见。但与其他两个路线不同，这种用法随着时间的推移不会扩展而是减少，所以现在只有‘find ...’（发现……）和其他少数动词可以表征它。”

总结

一直以来，我们都强调把创造力和新颖性作为概念整合的成果。但创造力和新颖性取决于牢牢锚定并为人们所掌握的心理结构背景。人类文化和人类思想有着根深蒂固的保守性。它们通过可用的心理构建和物品运 383 作。概念整合也具有很强的保守性：它通常使用输入空间、整合模板和锚定在现有概念结构中的类属空间；它具有控制原则，可以推动指向熟悉的人类尺度结构的整合；它可以固定在现有的物品上。概念层面和形式层面的浮现结构都可以通过基本保守的整合网络中的概念整合而产生。

这种文化和思想的一般发展模式将语法的演变作为一种特殊情况。我们已经看到了整合和压缩在表层简单结构（如名词-名词）和被认为是高度复杂的结构（如法语双动词使役动词）中发挥核心作用的样本证据。高级概念整合同时适用于概念结构和形式结构。它需要双域能力，并且就其本质而言，它促进了概念和形式层面上的连续和变化。实际上，要实现概念整合，连续性至关重要。多亏有概念整合，我们展示了新颖的构式或构式变体如何借鉴了深度固化的构式、概念化和整合模板。但由于整合涉及一套控制原则下的选择性投射、组合、完善和细化，它可以产生新的恰当锚定的概念和形式结构。在关于其 way 构式的文章中，伊斯雷尔指出了同时具有保守性和新颖性的特征。他写道，“话语听起来应该像说话者之前听过的那样。”他同时指出，还存在创新的力量。这个世界有丰富的物质和文化，并且在不断演化，这给了我们压力，要求我们创造新的概念和表达。我们通过双域整合来实现这一目标，但所产出的并不全是新的。组织和指导原则确保网络在很多方面都非常熟悉，尤其是在使用熟悉的框架、一系列常规的关键关系、易于访问的初始跨空间映射以及整合空间中人类尺度的组织和压缩的时候。对于语法而言，所有这些都提供了一些新的表达方式，无论多么新颖，都可以清楚理解，因为它们大部分都牢牢地锚定在现有构式上。当我们听到一种表达时，我们尝试构建一个整合网络；但要做到这一点，我们必须做一些选择性投射、组合、完善和细化，这些在我们听到话语时都没有明确。因此还有更多空间留给创造力和新颖性的开发。为了理解话语，我们根据需要尽可能多地进行整合，这项工作同时具有保守性和创新性。

正如我们在本章中所详细讨论的，整合已经被证明是语法的核心
384 特征。语法并非是一组独立指定的形式，而是概念结构及其演变的一个方面。语法跟隐喻（自掘坟墓）、违实结构（“如果我是你，我会辞职，……”）、范畴扩展（“同性婚姻”“电脑病毒”），以及物质文化（手表源于日晷）有一些共同之处。它们都是整合和压缩的产物。因此，所有的产物都随着时间的推移表现出固化、新颖和变化的程度，这不足为奇。它们依赖于连续性和创造性的共存。“如果我是你，我会 X……”是一种很常规的违实结构，同时，其隐含意义“你应该 X……”是非常典型的。但是正如我们在第十二章所讨论的“如果我是你，我会辞职”这句，虽然锚定在熟悉的模型之中，但是具有充分的其他的选择性投射和浮现意义的空间。在第十一章中，像昏迷的女人这样的违实结构需要非常规的整合，但报纸读者还是可以常规地获得这个整合。正因如此，一个名词复合词，比如 divorce fixer（离婚破房，指一栋可以买到的便宜破房，因为它是作为离婚协议的一部分出售）可能看起来很奇怪，但它仍然是一个名词，同时名词内部还有两个很普通的常规名词。事实上，包含它的整个整合模板是我们在 land yacht（陆地游艇）和 boat house（船屋）中看到的再寻常不过的模型。这里的一般观点是说话者和听话者不断被要求构建整合。没有理由认为“新颖的”整合本身就比完全常规的整合代价更大或者更不可取。事实上，可能因为人们高度胜任双域模型运作，所以能够找到最适合所思考的特定情况的网络是人们很享受并引以为荣的事。寻找最佳网络一直是一个被作家、诗人、政治家、教师、科学家和律师所高度重视的技能。在语法构式、隐喻和违实结构背后发挥作用的核心整合意味着语言使用者在

不断地构建具有不同程度新颖性的整合，但他们自身很少意识到这些不同程度新颖性的整合。正因为是这样，我们建议历时性（diachrony）融入共时性（synchrony）：语言共时使用的方式本身（某个群体在某个时间的使用）也是语言将要变化的方式。

拓展思考

语法中的递归

当我们处理名词组合的各类整合时，整合的语法范畴是名词。也就是说，把名词 jail（监狱）和名词 bait（诱饵）组合就得到了名词 jail bait（监狱诱饵）。

问题： 385

- 既然输出空间的语法形式与输入空间的形式不同，为什么不为它们创建专门的语法范畴？

我们的回答：

如我们在第十六章所见，整合的首要目标是实现人类尺度。这一首要目标的一个必然结果是，实现人类尺度的整合可以作为进一步整合的输入空间。我们在拟人化的例子中看到，人这个范畴既组织输入空间又组织输出空间，因此输出空间成为任何以人为输入空间的整合模板的候选项，包括拟人化模板本身。我们称这个过程为“递归”，并展示了它如何创造出多个连续整合的可能性，如数学中数字概念的阐述。数字概念的阐述会随着时间的流逝而发生巨大的变化，同时始终保持着相同的人类尺度范畴*数字*。

语法范畴基于人类尺度的概念结构（如对象、事件、过程、力动态、视觉聚焦和视角），也是人类尺度的元素。名词是一个特别基本的语法范畴，具有“物”的原型意义。实现人类尺度的倾向限制了整合网络匹配现有语法范畴的语法形式的方向。这个目标的实现并不是任何逻辑或计算或语言方面的考虑和要求。基于所有这些理由，整合中的新结构成为新的语法范畴是可以接受的，甚至可能是更可取的。但这将违背整合实现人类尺度的首要目标。事实上仅仅从形式的角度而言，引人注目的是，在语言学家研究的成千上万种语言中，我们只发现了很少量的反复出现的基本语法范畴。这种形式上令人大吃一惊的观察结果可以通过整合的原则、能力和目标来解释。具体来说，可以通过这三点来解释：（1）语法范畴是人类尺度的元素；（2）新语法构式是在已有语法构式的基础上通过整合而形成的；（3）人类尺度 / 递归原则重视具有人类尺度的整合空间。

在语法构式中，整合空间通过从已有语法范畴的输入空间中借用压缩来实现人类尺度，当然这些语法范畴已经实现了人类尺度。因此，名词和名词整合而成的复合词从输入空间的角度将名词作为其语法范畴。整合空间的语法形式现在可以转换为使用现有语法形式的语言中的其他模型。保留从输入空间到整合空间的范畴这个核心特性在形式上有利于递
386 归，就像在概念上有利于递归一样，因为这两种形式的递归是相同的。因此，ballet school（芭蕾舞学校）通过从输入空间中借用名词这一范畴，实现了作为名词的人类尺度。而 girl scout（女童子军）亦是如此。因为它们都是名词，适合做名词复合词模板的输入空间，所以可以形成完全合乎语法的 girl scout ballet school（女童子军芭蕾舞学校），而 ballet school girl scout（芭蕾舞学校女童子军）也是一样。它们也是名词，所以我们可以组成 lace stocking girl scout ballet school（蕾丝袜女童子军芭蕾舞学校）。

然而，正如阴森的收割者属于人的范畴，但从内部看，却是一种奇怪的人，他仍然与构成他的输入空间相连，所以“蕾丝袜女童子军芭蕾舞学校”属于语法范畴*名词*，但内部结构不同寻常。保留一个如*数字*、*人*或*名词*的组织范畴，有利于通过连续整合网络的步骤来形成递归，但是范畴的内部组织发生了变化。阴森的收割者不是一个标准的人，例如，想到他接

受心脏搭桥手术会感到很奇怪。复数当然是具有挑战性的一类数字，明显不同于 1、2、3。由 6 个名词组成的名词确实是个名词，但是它的内部结构看起来很奇怪，并提示大量异常繁重的解压缩运作。虽然递归理论上允许无限地迭代（iterations），但众所周知，人类通常在几次重复之后达到最高点。我们会说“我阿姨买的围巾”（the scarf my aunt bought）和“我叔叔娶的阿姨买的围巾”（the scarf my aunt my uncle married bought），但是很难说“我爸爸不喜欢的叔叔娶的阿姨买的围巾”（the scarf my aunt my uncle my father disliked married bought）。这种困境通常归因于“能力”——可能涉及工作记忆、认知负荷或概念复杂性的限制。现在我们看到，递归的能力和对这种能力的限制并非来自不同的考量：从输入空间到整合空间的投射下的范畴保留和在整合空间中构建的范畴的内部结构变化是概念整合的同一过程的某些部分。保留的部分保持人类尺度，而变化的部分偏离人类尺度。保留的部分促成递归，而变化的部分阻碍递归。一系列太多迭代的递归整合给了我们虽仍适合人类尺度的范畴，但是现在的内容与人类尺度相差太远，不适合进一步地递归整合。通过连续的整合，内容涉及越来越多的解压缩层面，解压缩层面涉及“上一代”输入空间的层面。跟“我爸爸不喜欢的叔叔娶的阿姨买的围巾”一样，“蕾丝袜女童子军芭蕾舞学校”要求强制的解压缩。相比之下，语言有能力为相同内容提供单个词语。这称为组块（chunking），它消除了强制的解压缩。因此，如果 lipple 的意思是“蕾丝袜女童子军芭蕾舞学校”，或者在一个家庭中，scad 的意思是“我爸爸不喜欢的叔叔娶的阿姨买的围巾”，那么就很容易将它们进一步递归，因为多层级解压缩的内部内容不再强加给我们。正如我 387
们在第八章的“拓展思考”部分中所见，像 great-grandfather（曾祖父）这样的词，其意思是“父母的父母的父亲”（例如，它可以被进一步组块为 Gramps），既从这种强制解压缩中解放出来，又保留了人类尺度的语法范畴。

389

第十八章

我们的生活方式

幼童耗费几个小时来研究我们发现的显而易见的联系，这使我们欢欣雀跃又倍感挫败。钱是什么？一美元值几个硬币？这封信是什么？这是 M 还是 W？他们随意翻阅书的页面，有时囫囵吞枣，有时细细品味。最初他们没有什么不同，稍后他们的阅读能力有了奇怪的差距。再到后来，他们费一番功夫才能理解 1/3 是什么，以及 2/3+1/3=1。

另一方面，我们成年人完全掌握了金钱、书写和时钟的概念整合。我们直接生活在这些整合中：操纵这些精心设计的网络，而无意关注网络的拓扑结构和投射。我们的注意力集中在进行整合本身以及关注相关的物质锚——美元、书籍、手表。尽管我们花了很长时间才掌握了像书写等文化活动相关的复杂整合，但是一旦我们掌握，即使我们想逃避，我们也面临最严峻的困难：尝试看着这一页，尽量不要去看单词和字母，而只看白纸上的黑色形状；也就是说，试着只看你两岁时看到书页时的所有原始输入。（再让你的视力散焦而让页面变得模糊是不合理的——在你两岁的时候这不是你的问题。）

我们在此书中所讲的故事大致如下。对于造就了我们的那些活动而言，双域概念整合至关重要。大约 5 万年前，这种整合水平是通过神经进化实现的，尽管最后的进化步骤不必是一次伟大的生物学飞跃。概念整合的生物进化需要时间，但是一旦实现了双域整合，我们所熟知的文化就出现了。文化可以创造特定的双域整合网络，然后迅速出现在语言、数字系统、宗教仪式和圣礼、艺术形式、表征系统、科技（从高级的石铲到计算机接口）、餐桌礼仪、游戏、金钱和性幻想中。

在双域整合出现之前，生物进化创造了精细而强有力的整合。当我们看到一只蓝色的杯子，我们没有也无法意识到关于我们感知的极其复杂的神经生物学原因。神经生理学家可能会解释这些，但是在这些解释中我们 390
无法看见任何类似于蓝色杯子的东西。我们的生物机理将我们囿于这种感知整合中。这种生物学上的既定整合存在于整个动物世界：连蜥蜴生来都有许多令人印象深刻的整合模型，而每只蜥蜴都陷于其中。

当然，人类孩童是动物，他们也有其生物机理进而陷入许多整合之中：他们迅速提高视力，他们拥有颜色视觉，他们形成颜色恒常性，他们转动头部定位听到的声音的来源，他们看见蓝色杯子（如果有蓝色杯子给他们看）。但是，鉴于儿童具有强大的双域整合能力，他们出生在一个由复杂、固化的文化概念整合构成的丰富世界中，其中许多概念整合他们必须掌握才能在社会中行使职责。这种整合是文化进化而不是生物进化的产物，同时它们经历着不断的变化。例如，语言总是变化的，即使它们的形式复杂度保持相对恒定。一般来说，文化模式也是如此。

在刚出生的三年里，儿童构建了一个看似不可能完成的复杂整合网络系统。儿童的双域整合生物能力符合文化提供的特定整合网络，并且两者结合以产生令人印象深刻的效果。

一旦由文化驱动的基本整合网络就位，其压缩的人类尺度整合就如同对蓝色杯子的感知那样的明显和必然。通过语言来交流、做出和识别表征、使用叉子和汤勺，这些对于儿童和与儿童互动的成年人来说似乎都很简单。语音的组合表达了它们的意思，纸上的符号代表一只狗，叉子是用来吃饭的工具，这些意义被认为是直接而又必然的。我们无法只看见记号而没看见狗，无法只看见叉子而不知道叉子的用途和礼仪。这种学习特别困难：一个年轻的大脑是宇宙中速度最快、可塑性最强、容量最大的复杂系统，但其至少需要三年的持续运作才能使它掌握所有这些有着文化动机的整合。对于孩子来说，这种发展几乎是完全无意识的，而且大多数的情况下成年人也无法察觉，他们只看到孩子心智活动的表面迹象，并且认为这些迹象是理所当然的，因为成年人不记得这些困难。和我们的生物机理一样，文化和学习给予我们可以直接运用的固化整合。在这两种情况下，一旦我们进行整合，就难以或无法摆脱整合。我们通过生物机理和文化所实现的整合来识解我们生活的物理世界、心理世界和社会世界。我们没有其他方式来理解这个世界。整合并不是我们在这个世界生活之外所做的事情，而是我们生活在这个世界的方式。生活在人类世界就是“生活在整合之中”，或者更确切地说，是生活在大量的协调一致的整合之中。甚至记住这个世界以及我们在此进行的活动，似乎也取决于三岁孩子已经形成的
391 各类整合。在那个阶段之前，我们只保留了支离破碎、杂乱无章的有意识记忆。

对于学习数字、书写、历史、社会模式或任何其他整合来说，情况相同，除了在大约三岁之后，我们可以记得为了获得整合而付出的努力。我们知道，盯着文字时，我们直接生活在整合之中，无法摆脱，但大多数人还能记得文字仅仅是纸上的符号的时候。我们可能记得学习分数的时候，虽然作为成年人的我们直接运作整合并看清 1/2 和 1 之间的关系。弹奏钢琴、理解圣礼、解释成人的社会行为以及使用复数都展示出这种模式。这种模式是全世界人类学习文化的模式。

这种模式也是人类意识和记忆的表现模式。意识专注于整合的产物。一旦我们有了金钱、手表、社交活动或宗教仪式的整合，我们没有意识到网络上不同的输入空间和投射。在整合中，我们意识到金钱具有价值，手表显示时间。这也是我们拥有的有意识记忆：我们记得某人说过某事或手表显示过某个时刻，但我们不记得整合网络。

双域整合的能力赋予我们若干相关的才能。人类可以构建新的整合网络，而这些整合网络不是生物机理所赋予的。我们可以通过直接操纵这些网络的整合来进行日常运作。我们同样可以把注意力集中到摆脱整合、考

察联系、改变网络和重建整合之上。

如果我们观察人类生活的历程，可以看到儿童直到大约三岁才开始构建复杂、困难的整合，而这些整合在文化上被认为是显而易见且自然的。在那之后，儿童开始构建越来越多的整合，这些整合在文化中被认为需要实践和学习——弹奏钢琴、阅读书籍、玩填字游戏、做木工、学习第二语言以及学习世界历史、政府、生物和计算机系统。但是，大约三岁开始，儿童将注意力集中在解压缩、学习独立运作输入空间和投射。也许最早的解压缩领域之一是意向性：首先，看起来似乎是自己移动的物体，而且似乎对恰当种类的事物（如婴儿的哭声、其他的噪声、食物、气味、声音）做出适当反应的物体，它们从基本的意义上和未解析的意义上被认为是有意向性的存在。但是儿童开始解压缩：虽然在整合中可以把上过发条的小狗看作是有意向性的，但是一旦儿童有了对输入空间的接触，就能够把它视为纯粹的能动的物体。

从早期开始，整合和去整合、压缩和解压缩齐头并进。早期的婴儿将 392
声控的婴儿床风铃视为有意向性的。之后，婴儿可以解压缩。但是，对风铃的状态没有困惑的成人仍然可以实现有意向性的整合，并且在事实上创造和理解大量的整合。这些整合赋予如计算机、建筑物、云彩和鲜花等对象意向性。儿童因为没有认识到风铃没有生命而被视为不够成熟，但是成人则因为使用隐喻来创建无生命的意向性而被视为聪明。文化要求儿童实现恰当、协调的复杂整合。只有那时，儿童才能够作为文化的一员生活在整合之中。但是矛盾之处在于，文化对解压缩的支持也至关重要，这样儿童可以学习更多的技能，获得更大的总体灵活性。为了学会阅读和书写，儿童不仅必须整合，而且必须去整合；不仅必须压缩，而且必须解压缩。具体而言，儿童必须对口语进行解压缩以便运行语法形式的输入空间，同时保留整合空间的一些独立性，因为在这里语法形式与声音和手势融合了。为了学习分数，必须对数的概念进行解压，其中每个数后面都跟着下一个数（“下一个数字是什么，贝琪？”），每个数都有一个名称，并且每个数字与一定数量的可数对象联系在一起。儿童必须能够进行选择性投射，从而把这些属性留在一旁。在有理数的新整合中，数字虽然有顺序但是从来没有“下一个”数，每个数字都有无数个名称，并且“大多数”数字（例如 17/232）并不对应于一组可数的对象。新的整合网络使用整合以创建有理数，但同时，作为该整合的一部分，通过只是有选择性地投射从而对先前的数字输入空间进行解压缩。一旦学生学会了有理数，就可以直接在那个整合中操作，但是学生仍然可以在先前的空间中操作，也就是现在所谓的“整个的”数字。学生进行整合，也可以独立运行输入空间。整合和去整合、压缩和解压缩的效果是为了创建更为丰富的网络，从外部空间到内部空间再到外部空间的过程更为灵活；但这并不会削弱或压垮我们的思想，因为我们仍然可以一次运行一个整合。蜥蜴囿于已有的整合之中，而不能创造新的整合，但是那些整合对它们非常有效。同蜥蜴一样，人类在生物机理上有一些无法摆脱的整合，但是人类有强大的文化驱动的整合，至少有机会摆脱整合、解压缩以及重新整合。人类也可以从之前并未整合过的输入空间创造出由文化驱动的全新整合。蜥蜴具有生物学意义上的整合能力，但令人惊讶的是，人类对于其文化驱动的灵活整合同样具有一些蜥蜴那样的能力：一旦我们创建了一个整合，就可以植根其中并且直接运作。

为什么不在儿童两岁时直接教他们有理数呢？因为儿童可以通过同时进行整合和去整合的过程来学习这些高级整合，进而从旧的整合中构建出
393 新的整合。整合创造浮现结构，但它同样是保守的，根据它所拥有的输入空间来运作。通过这种方式，概念知识通过整合的串联逐步形成。文化和科学知识亦是如此。在创建高级整合之前，需要稳固的中间整合。创建高级整合通常需要对中间整合进行解压缩。

文化精心设计的整合错综复杂并且难以发现，但相对容易运作和学习。对最佳整合的文化探索，可以持续很多年甚至几个世纪，探索大量的可能性，并且只保留那些针对当前目的、最符合控制原则的可能性。从文

化的角度来看，这不但确保了从文化上传递给新一代的概念整合具有出色的设计，而且确保了文化将认为它们十分困难，因为它们历时长久，还碰上了解压缩的困难，而儿童必须进行解压缩才能学习它们。例如，对于儿童来说，复数通常被认为十分困难，因为它们是数学史上发展较晚的一个概念，并且需要对以前的数的概念（如整数、有理数和实数）进行严格地解压缩。但是，使用复数（平面中的向量）需要运作的整合在形式上并未比分数的整合有明显更大的难度。书写在人类历史上也发展得相对较晚，并且实际上曾经一度被认为是一种极其困难且专业的技能（抄写员或备受尊崇的牧师的专业领域）。但在当今的许多国家之中，大多数人从小就开始学习书写，因此他们生活在一个整合的环境中。在那里，写出的词语和句子会自动被轻而易举地理解。历史是遥远的，所以在我们看来，书写似乎一直存在。在这种情况下，对书写的复杂性的印象消失了，同时成人觉得很难理解为什么儿童在从口语到书面表达上存在困难。然而，学习书写所需的解压缩和重新映射可能比数字所需的更为广泛。

如果构建一个有用的网络需要如此复杂的激活、投射、整合和解压缩，那么儿童是怎么做的呢？

强有力的大脑是答案的一部分，此外还有置身于一个丰富的世界并加以利用，以及文化提供了一切帮助。但答案还包括另外两个关键部分。

首先，儿童生来就学会了信任和模仿。一个两岁的儿童试图打开商店里上了锁的门时，听到了“今天是星期天”这句话。在不知道星期天是什么的情况下，当他发现下一家商店也锁上了时说“今天是星期天”。他还会拿起一个袖珍计算器，四处走动并对着它说话，仿佛计算器是一部手机。自亚里士多德以来，大家都注意到人类与其他动物的不同之处正是在 394 于拥有神奇而又等势的模仿能力。我们从文化中拾取许多片段，却不知道它们之间有用的联系；但是，一旦我们拾取了，它们就准备好随着网络的建立而各就各位。语法的情况也是如此。

其次，我们不是分开学习人类生活的各个领域。意义、语言和推理，我们并不是分开来学习的。儿童着手学习这些领域，同时把它们放在一起。从一开始，儿童就在控制原则下建立关键关系和压缩。在任何阶段，儿童都在构建整合网络，这些网络同时服务于形式、意义、情感和推理。正如文化自然地在现有的整合基础上进一步建立整合，儿童也从已经建立的整合之中进一步构建整合。儿童的大脑并不试图捕捉成人说话方式中的形式规律，从而找出在什么条件下它们被视为真，然后运用它们进行逻辑推理，再注入情感。相反，整合网络中的映射、投射和动态浮现结构运作时没有考虑这些区别。这让儿童的学习跟那些先天论者和非先天论者通常的假设大相径庭。

对于先天论者来说，需要学习的东西实在太过困难，因此在很大程度上必须是先天的。这种观点严重低估了儿童非凡的双域创造力、社会和物质世界的丰富性，以及儿童自身心理世界的丰富性。成人专家（通过其自身的解压缩）所分离的方面（例如，句法或真值条件）不是被分开来学习的。句法或逻辑的形式方面分开来的确是不可学习的，但它们浮现在概念整合网络的系统之中，而这些网络并不区分概念整合与形式整合。一般来说，学习也是如此——这一事实严重削弱了“刺激匮乏”的论点，即儿童的经历太少，不足以解释学习。儿童远不是缺乏足够的刺激，而是一直受到来自周围世界的猛烈刺激，这世界本身就是一个广泛整合的物理、心理和社会复合体。数据不断涌入，用于构建以及动态地阐述儿童积极参与的概念整合网络。

对于非先天论者来说，需要学习的东西确实十分困难，但是可以通过统计提取这样强有力的心理能力来学习。这种观点没有考虑到人类特有的双域整合能力，这种能力驱动了人类的个体发展和人类的文化发展。我们认为，这种人类能力包括实现人类尺度整合的控制原则，这些原则对心理空间构形的内部空间拓扑结构和外部空间拓扑结构进行操作。

我们的心理世界并不是关系和形式结构的不定形集合。相反，它本质
395 上是概念整合网络和心理空间的丰富拓扑结构形成的，包括关键关系以及

关键关系的压缩。概念整合网络的这些情况并不是被强加在儿童对基本含义和形式的理解上的。这恰好是意义与形式，进而也包括心理世界本身的构建方式：具有双域能力的儿童牢牢抓住文化的整合网络，这些网络本身就是双域创造力所创立的心理构建。

设想一个儿童用一套乐高积木搭建一些东西。当儿童玩完乐高之后，我们可以看到所有可以添加新内容的地方，她也可以看到。事实上，她知道所有其中的建筑、所有的断裂线和构成部分。她能够立即添加一些新的东西，拿起一个塔，从一个地方移到另一个地方，或者把搭建的建筑分成两部分，然后用一座桥将两部分连接起来。对于整套乐高积木及其搭建有着明确的限制：积木只是承受一些操作。它们不可被分割，不可以想怎么搭建就怎么搭建，如果它们失去平衡并且重力将其分离，它们就搭不起来。对这些积木以及对它们的操作的这些限制是固有的，这些限制不是爸爸、妈妈或者一套规则强加的，而是积木组件的设计使然。并不是非得有人去告诉儿童乐高积木不可能的那些搭建方式。但她最终搭建了各种各样的东西，而这些东西都满足了乐高的限制条件，尽管她以前几乎没见过什么乐高建筑。这个儿童有着大量的刺激来搭建所有的这些物体，因为她将乐高建筑与她看见的物体、乘坐的车辆、故事中的动物、认识的房子和屋子以及所听说过的桥梁结合起来。用乐高积木搭出的东西并不是用乐高积木搭东西的主要刺激，就像孩子听到的语言表达并不是她做出其他语言表达的主要刺激一样。

如果唯一的限制是“用这些塑料组件搭个东西”，并且儿童可以采用各种对塑料的熔化和模塑的方法，那么乐高积木本身只是可能的成品的最小部分，而把儿童的搭建限制在这样的乐高积木的规则下会显得很不自然、缺乏动机。但是进化不受此类指责的影响。就像文化给了儿童乐高积木套装一样，进化赋予儿童双域整合及其非常有力的构建原则。

我们所提出的关于思维方式和生活方式的理论在复杂交互中包含许多复杂的技术细节，并且在人类思想和行动的诸多范围内展开。人类在各领域所付出的努力中，整合的大规模应用和重复性应用导致了这些领域具有独特的丰富性和复杂性。但事后看来，这个理论所讲述的故事简单明了。
396 从哺乳动物到灵长类动物到原始人类，生物发展过程中的概念整合能力不断增强。一旦生物发展达到双域整合的阶段，认知意义上的现代人类就诞生了。人类所特有的行为是双域概念整合这一生物能力的产物。

概念整合非常保守：它总是在稳定的输入空间之上，在构成原则和控制原则之下运作。但是概念整合也是有创造性的，它提供了可理解的新的浮现结构，因为其与稳定的结构相连。大脑的气泡室不断运转，建立和撤销整合网络。文化也在其成员的集体大脑中运行气泡室，形成可以传播的整合网络，因为文化成员都拥有双域整合的能力。在大脑和文化的这些气泡室中，极少数试验网络能够幸存下来。一个能够幸存下来的网络在个人或集体的记忆和知识中占据一席之地。

从武器装备到意识形态，从语言到科学，从艺术到宗教，从幻想到数学，人类及其文化一步步地进行整合，撤销整合，重新整合，并且进行新的整合，总在实现可以直接操纵的人类尺度整合。这种从整合到更新的整合、整合和去整合、压缩和解压缩的进程，也是儿童学习的模式。

人类的故事，无论是50,000年前还是现在，无论是对婴儿、儿童、成人、新手、专家而言，还是对我们已经发展形成的诸多不同文化而言——一直是同一个故事，有着相同的操作和原则。这就是我们试图在这本书中讲述的故事。

注　　释 397

每条注释前所标页码为原著页码，即本书边码。

序言

vi “认知流动性”：Mithen 1996。

vi “大约 5 万年前”：Mithen (ed.) 1998。

第一章

3 “通过审视我们自身”：Donald 1994, p. 538。

5 “伊丽莎”：见 Weizenbaum 1966。伊莉莎·杜利特尔（Eliza Doolittle）是《卖花女》（*Pygmalion*）和《窈窕淑女》（*My Fair Lady*）假装自己身份高贵的女人。

9 “数学可以被定义为”：Russell 1918，第四章。

9 “代数成为一门科学”：Kline 1972, p. 259。

10 “两个不尽根之和”：Kline 1972 译 , p. 186。

10 “这种准符号式的风格”：Kline 1972, p. 186。

10 “卡丹写道”：Kline 1972, p. 260。

11 “斯摩棱斯基和沙斯特里”：Smolensky 1990, Shastri 1996。

14 “类比思维”：Gentner, Holyoak & Kokinov 2001, Gentner 1983, Gentner 1989, Hofstadter 1995, Mitchell 1993。

14 “心理意象”：Shepard and Cooper 1982, Kosslyn 1980。

15 “隐喻”：Pepper 1942, Black 1962, Sacks 1979, Ortony 1979, Lakoff & Johnson 1980, McNeill 1992。

第二章

17 “两个想法怎么能被融合？”：Boden 1994, p. 525。

17 “概念的框架化”：Goffman 1974, Bateson 1972。我们在此处称为概念整合的总体概念的特殊情况已经得到了深入而有见地的讨论，参见 Koestler 1964, Goffman 1974, Talmy 1977, Fong 1988, Moser & Hofstadter n.d., Hofstadter and Moser 1989, Hofstadter et al. 1989, and Kunda, Miller, & Claire 1990。Fauconnier 1990 和 Turner 1991 也提供了对此类现象的分析。然而，所有这些作者都把整合视为某种程度上意义的异乎寻常的、边缘化的表现。

398 22 “一架施了魔法的织布机”：Sherrington 1940, p. 225。

25 “‘安全’（safe）没有一个固定的特征”：Fillmore & Atkins 1992 提供了对“危险”（risk）的分析，可将其重新解释为一个整合分析。对“安全”的分析，见 Turner & Fauconnier 1995, Fauconnier & Turner 1998, Sweetser 1999。

26 “可能的角色多样性”：Turner & Fauconnier 1995, Turner & Fauconnier 1998, Sweetser 1999。

27 “色彩形容词”：参见 Travis 1981 关于“黑壶”（black kettle）的讨论，以及 Langacker 1987/1991，1990 关于“活跃区域”（active zones）的相关章节。

27 “种族主义”：Mithen 1996, pp. 196-197。

28 “幻想俱乐部”：报纸选择了煽动性的风格来报道这一事实：“4 月 1 日，东京——先是训练有素的害羞、颤抖的一瞥，目光低垂而尽显天真无邪与善解人意，身着正规校服的香织（Kaori）坐在背景框架是一块黑板的课桌前，等待着某位‘老师’走进教室然后扯掉她的衣服。

这看起来就像一间真的教室，而长着一副娃娃脸的香织正好看起来像是一个真正的日本女学生。但这一切都是假扮的，因为在日本，妓女招徕客人的最佳方式就是穿上校服，摆出一副惊恐中的女学生的天真与焦虑的样子。‘日本男人倾向于对女学生着迷，’不愿透露她的姓氏但却愉快地承认真实年龄 26 岁的香织说，‘来这儿的男人寻求的是千依百顺的女学生。’

这就是一个‘幻想俱乐部’，东京数百个这样的俱乐部中的一个。日本男人花大约 150 美元 /1 小时在这样的地方实现他们对女学生的性幻想。在这个俱乐部，顾客有 11 个房间选择，包括教室、校体育馆更衣室，以及一些仿造的有轨车厢，这里伴随着有轨电车的喧嚣，男人可以性骚扰拉着吊环站立的制服女学生。”(Nicholas D. Kristof, 4.1, 1997)

30 “路上最性感的车”：《大观》（*Parade*），10. 3, 1999, p. 18。

31 “绝非糊里糊涂的语法小练习”：Goodman 1947, p. 113。

32 “社会科学中的大多数分析断言”：Tetlock & Belkin 1996, Roese & Olson 1995。

33 “界面设计中的隐喻”：比如，见 Hutchins 1989, Wozny 1989。

33 “每个儿童都能掌握语法”：另见 Sweetser 1990，第二章结尾。

34 “产生错误结果”：Norman 1981, Sellen & Norman 1992。

36 “哦，菲洛梅拉！不！真不知羞耻！”：见 1406b 节。

37 “特殊例子”：见 Goffman 1974, Talmy 1977, Fong 1988, Moser & Hofstadter n.d., Hofstadter 1989, Kunda, Miller & Claire, 1990。（我们也在更早的研究中对这样的局部的和看似例外的现象做了分析，见 Fauconnier 1990，Turner 1991。）

38 “特定环境中的特定个体”：Mithen 1998, pp. 168–169。

第三章 399

39 “两次分开的旅途？”：出现在 Koestler 1964 pp. 183–189 页中的该谜题的一个版本：凯斯特勒将其创作发明归功于卡尔·丹克尔（Carl Dunker）。

40 “思维和语言中的动态映射”：Fauconnier 1994, Fauconnier 1997, Fauconnier & Sweetser 1996。

49 “固化的映射和框架”：如果某事物的操作是惯例式的，并且经得起被替换的考验，那么它就是固化的。*去餐馆用餐*就是固化的框架的一个例子，包含了菜单、服务生、买单、食物等。对这一框架的掌握允许我们在国外的城市用餐。固化的框架也可以用新颖的方式来扩展，比如，当我们碰到了韦斯特伍德（Westwood）的免下车寿司店。同样的道理，当美国宇航员与俄罗斯空间站对接，进去用餐，他们可以把这个事说成是“出去用餐”，而我们都知道他们正提示我们去构建一个高度扩展的*餐馆*框架。然后他们可以做出类似这样的评价：“把单给山姆大叔（美国）”“我向厨师表示感谢”“最好的餐馆总是在人迹罕至的地方”，等等。固化的跨空间映射的一个例子是时间上截然分开的心理空间之间人物或者物体的同一性映射。当我们说，“保罗在 20 世纪 60 年代还是个少年”，我们自动地把现在的保罗映射到 20 世纪 60 年代的保罗。当我们说，“你正在读的书已经还回了图书馆”，我们自动地把图书馆里的书映射到你正在读的书。

51 “密克罗尼西亚（Micronesian）航海者”：Hutchins 1995a。

51 “伊塔克和伽提克”：Lewis 1972。

51 “神奇的密克罗尼西亚系统”：Hutchins & Hinton 1984。

52 “在街上碰见自己”：Rodriguez 1998。

52 “在街上碰见我自己”：同上。

52 “西班牙短篇小说”：Zarraluki 1993, pp. 299–314。我们感谢米克尔·霍兰德·延森（Mikkel Hollaender Jensen）让我们注意到了这段文字。

56 “隐喻不属于意义研究的一部分”：Davidson 1978。

第四章

59 “句法”：Harris 1957, 1968; Chomsky 1957。

59 “不可见的整合变得可见”：我们感谢杰拉德·格拉夫（Gerald Graff）让我们注意到了这些例子。

71 “好的结果”：“此外，”正如若泽·福尔指出的那样，“你从不与杀人犯打交道；你跟他们战斗，你孤立他们；你阻止他们造成伤害。但这些协议的作用正好相反。”“不，法国没有理由自责，”阿兰·邓在《西部邮报》上反驳道：“法国支持重建一个更加关注人权的政府，而已经开启的谈判有望产生好的结果。”

400 72 “轨迹法”：Hutchins (in preparation)。

72 “说话者自己的房子”：见 Yeats 1966 和 Carruthers 1990。

第五章

75 “一个全局的思想”：Hadamard 1945, p. 65。

80 “婴儿上楼梯”：Sweetser 2001。

第六章

91 “如此少的假设解释”：Dawkins 1995, p. ix。

93 “同一性和变化被压缩成唯一性”：当同一性（Identity）、变化（Change）等词汇严格用作专业术语来表示网络中的关键关系时，我们将其首字母大写。

94 “我的税单每年都在增加”：Sweetser 1996, 1997。

99 “非类比建立在类比的基础上”：Gentner & Markman 1994, 1997。

104 “尺度、力动态模型、意象图式和关键关系”：尺度，见 Coulson 2001；力动态模型，见 Talmy 2000；意象图式，见 Johnson 1987。

105 “类比的例子”：Hofstadter 1995。

109 “回到我们的起点”：Dawkins 1996, p. 36。

第七章

113 “*我看到人生*”：节选自叶芝（Yeats）的《费古斯和德鲁伊》（*Fergus and the Druid*）。

120 “在谓词演算标记法中正式得到的那样”：另见 Sweetser 1987, 1999。

131 “你在自掘坟墓”：见 Coulson 2001。

第八章

139 “某种战略之父”：《亨利四世》（*Henry the Fourth*），第二部分，1.1。

160 “弥尔顿将撒旦作为父亲的描述”：在 Turner 1987 中讨论过。

161 “这些狺狺狂吠的一大群怪物”：《失乐园》，第二卷：795–802。

161 “我的下半身变成这个样子”：《失乐园》，第二卷：781–785。

166 “传统宗教的洗澡水”：Charles Fillmore（个人交流）。

第九章

171 “我们是使用符号的网络性生物”：Donald 1991, p. 382。

172 “每一步都小到足以通过随机突变或重组产生”：Pinker & Bloom 1990。

173 “统计推理”：见 Elman et al. 1996。 401

173 “符号学习具有非同寻常的性质”：Deacon 1997, p. 142。

173 “一种思路”：Calvin & Bickerton 2000。

173 “语言的预适应阶段”：Wilson 1999。

173 “共同进化观”：Deacon 1997。

174 “艺术具有引人注目的外表”：Mithen 1998, p. 165。

178 “英语中的动结构式”：见 Goldberg 1994。

186 “这些神经意义上的高级人类”：“因此，”克兰说，“文章认为，在 100 万年前人类最初从非洲分散之后，至少出现了三个地理上截然不同的人类谱系。这些最终形成了三个独立的物种：非洲智人、欧洲尼安德特人和东亚直立人。后来，智人从非洲蔓延开来，大约 5 万年前开始消灭或吞没与他们同时代的古老的欧亚人。这种传播是由独特的现代创新能力和在适应中操纵文化的能力的发展所推动的。这种能力可能是在已经拥有现代大脑的非洲人的神经转化或社会和技术变革之后产生的。无论哪一种选择受青睐，化石、考古和遗传数据现在表明，非洲智人大部分或全部取代了欧洲尼安德特人。”（1999, p. xxiv）克兰进一步认为，“只有 5 万年后的完全现代人类才拥有完全现代的语言能力，而这种能力的发展可能会造就他们的现代性。”（1999, p.348）他还写道：“但即使重要细节仍有待确定，现代人类起源的重要性也不会被夸大。在现代人类出现之前，人类的形态与人类的行为是缓慢地携手进化的。之后，身体形态的基本进化变化停止，而行为（文化的）进化显著加快。最可能的解释是，现代人类的形式——或者更准确地说，是现代人类的大脑允许现代意义上文化的充分发展，而文化随后成为人们应对自然选择压力的主要手段。作为一种适应机制，文化不仅比身体具有更大的可塑性，而且文化创新的积累速度比遗传的要快得多，这就解释了人类是如何在极短的时间内从一种相对稀少甚至微不足道的大型哺乳动物转变成地球上的主要生命形式的。”（1999, p. 494）克兰在早前的一项研究中同样指出，“考古记录在地理上是不平衡的，但在记录最完整、年代最久远的地方，记录说明人类行为的彻底转变发生在5万年前至4万年前，具体时间可能取决于地点。可以说，除非这些典型的人类特征在250万至200万年前形成了已知最古老的考古遗址，否则这种转变代表了考古学家将发现的最显著的行为转变。”（1992, p. 5）“因此，虽然莫斯特人和旧石器时代晚期人都埋葬死者，但旧石器时代晚期坟墓往往更复杂。这些坟墓，首次暗示了丧葬仪式或典礼，在该术语的人种学意义中有明显的宗教或意识形态意义。”（1992, p. 7）“对比的列表可以扩展，在每种情况下，结论不仅是旧石器时代晚期的人在性质上不同，而且他们在行为上比莫斯特人和更早的人更高级，就像是生活在现在的人跟他们的对比一样。证据并不能表明旧石器时代晚期的所有特征从一开始就存在。事实上，许多特性，特别是那些涉及技术进步的特性，需要时间积累，这是唯一合乎逻辑的。证据确实表明，与他们的祖先相比，旧石器时代晚期的人非常具有创新性和创造性；这是他们的标志，比其他任何特征都重要。在欧洲史前史的广泛范围内，他们是考古学清楚地暗示经典人类学意义上的‘文化’和‘多种文化’（或种族）因他们而存在的第一批人。”（1992, p. 7）

402

186 “高级发声方式”：Mithen 1996, p. 142。

187 “线粒体DNA”：我们引用《走出非洲：第二部分》（*Out of Africa: Part 2*）1999年11月29日《自然遗传学》（*Nature Genetics*）的网上发布：“化石证据表明，现代人类起源于非洲，大约10万年前从北非扩张到中东。”西尔瓦娜·圣基亚拉·贝内雷塞蒂（帕维亚大学）和同事们现在提供的证据支持了从非洲离开的第二条路线，即古代民族从非洲东部分散到南亚沿岸。

“线粒体是微小的细胞内体，它产生驱动细胞活动所需的能量。它们有自己的DNA，独立且不同于细胞核DNA。线粒体DNA可以根据序列的微小变化进行‘指纹识别’，因为线粒体只能从母亲那里遗传而来，因此可以用来追踪母系祖先。密切相关的线粒体DNA序列属于同一‘单倍群’（haplogroup），暗示（但不是证明）携带它们的人之间有密切的遗传关系。亚洲人和埃塞俄比亚人携带‘M’线粒体单倍群，这就提出了一个问题：这是怎么发生的？它们的线粒体

DNA 是独立进化，而仅仅是巧合让它们汇聚在同一单倍型上的吗？还是这种相似性反映了一种遗传关系？

在仔细研究了非洲人和印度人的线粒体序列后，桑塔奇亚拉-贝纳雷凯蒂和同事排除了东非人和亚洲人的 M 单倍群独立产生的可能性；相反，它们有一个共同的非洲起源。这些发现，加上中东人口中几乎没有 M 单倍群的观察，支持了这样一种观点，即大约 6 万年前，有第二条从非洲东部海岸向东南亚、澳大利亚和太平洋岛屿迁移的路线。”（p. 437）

187 “Y 染色体”：“我们专注于估算到最近的共同祖先的预期时间以及某些具有有趣地理分布的突变的预期年代。尽管推断出的单倍型树的地理结构与其他地方得到的相似（根在非洲，大多数最古老的非非洲血统是亚洲血统），但到最近共同祖先的预期时间非常短，大约为 5 万年。因此，虽然以前的研究已经注意到 Y 染色体的变异表现出极端的地理结构，但我们估计 Y 染色体在非洲的传播比以前认为的要晚得多。”（Thomson et al. 2000，p. 736） 403

187 “语言作为行为学上的现代人类的发明”：Cavalli-Sforza 2000。

187 “编织和制作绳索”：见 Angier 1999。

第十章

195 “日常物品作为物质锚”：Hutchins（撰写中）。

199 “航空刻度盘”：Hutchins 1995b, p. 274。

201 “蓝色曲棍球棒”：Holder 2000。

203 “我们所说的价值是什么意思呢？”：Gordon 2000。

207 “哥特式大教堂的理念”：Scott（待出版）。

207 “为神圣属性创造一个栖息地”：同上。

207 “位置记忆法”：同上。另见 Hutchins（撰写中）。

208 “复合整合空间的一个浮现特征”：Hutchins（撰写中）。

208 “长篇叙事”：同上。

209 “想象的空间”：Scott（待出版）；强调系本书作者附加。

209 “冥想的空间”：Scott（待出版），引自 Carruthers 1990, p. 244。

210 “自动取款机”：Holder 1999。

212 “符号模态”：Liddell 1998, Van Hoek 1996, Poulin 1996。

213 “整合的加菲猫”：Liddell 1998, pp. 293–294。

215 “如何塑造婴儿”：Mandler 1992。

第十一章

218 “不是繁琐的语法小练习”：Goodman 1947, p. 113。

218 “没有因果推理形式”：King, Keohane, and Verba 1994, pp. 77–79。

218 “因果推理的根本问题”：同上，p. 79。

218 “一切都保持不变”：同上，p. 77；强调系本书作者附加。

219 “所有违实条件句都是因果论断”：Roese & Olson 1995，p. 11。

219 “她会反堕胎吗？”：法律教授 Goldberg，引自《洛杉矶时报》。

404

221 “堕胎辩论”：Coulson 2001。

223 “贝克莱主教会更喜欢”：Penrose 1994, p. 417。

224 “奇妙而荒谬的违实”：Moser, 1988。

232 “病感失认症”：Ramachandran 1998, pp. 127–130。

232 “麦肯夫人”：同上，pp. 143–146。

232 “她的手臂没事”：同上，pp. 149–150。

233 “彩票抑郁症”：Kahneman, Slovic & Tversky 1982。

234 “非欧几里得几何学”：Kline 1972 和 Bonola 1912。

236 “大多数功劳必须归功于萨凯里”：Kline 1972, p. 869。

244 “数的缺失”：同上，p. 184。

244 “数学发展中的整合”：Lakoff & Núñez 2000。

第十二章

250 “惩罚他做一个普通却又伟大的人”出自巴特（Barthes）《史诗般的环法自行车赛》（*La Tour de France Comme Épopée*）（1957），p. 125, 129。

256 “我很想碰上我”：Michel Charolles（个人通信），Eve Sweetser（个人通信）。

256 “他的古代哲学教授”：Jeff Pelletier（个人通信）。

256 “我早就成为他的寡妇了”：Nili Mandelblit（个人通信）。

257 “即使她不是我的妻子”：《第一夫人》（*First Lady*）（1999），p. 18A。

257 “例如电影里的一段对话”：见 Fauconnier 1997, pp. 120–126。

265 “托德·奥克利探讨了”：Oakley 1995, Spiegelman 1991。

266 “在欧文·高夫曼看来”：Goffman 1974。详见戏剧框架这一章节。

第十三章

272 “沃利斯提供了几何构建”：见 Kline 1980。

274 “会和生物病毒一样有生命”：约翰·马尔科夫（John Markoff），“超越人工智能，寻求人造生命”，《纽约时报》每周评论版，p. 5，1990 年 2 月 25 日。

第十四章

279 “死神今天已经死了”：《亨利六世》第一部分，4.7。

280 “这群德古拉尖声叫着”：Reeves 1993。[这个例子是比尔·格莱姆（Bill Gleim）为我们提供的。]

280 “这些医疗保健的吸血鬼”：我们这里分析的解释是大多数民众消息闭塞，但是据我们了解，在这篇报纸文章发表的时候，医疗保健行业支付了一条电视广告，广告中两位演员扮演了一对夫妻，他们担忧克林顿承诺的医疗保健系统的改革会 405
剥夺人们所需的东西。

289 “一封信中摘录下面这段话”：Coulson 2001, pp. 238-241。

292 我们分析得出一些观点受到了 Lakoff & Turner（1989）对阴森的收割者的分析提示。在讨论“一般的死亡”作为所有个人死亡背后的抽象原因时，这两位作者隐约发现了包含在“阴森的收割者”整合中的因果关系同义反复。他们还发现和分析了死亡被拟人化的概念模型。他们将此模型命名为“事件就是行为”（EVENTS ARE ACTIONS），这一模型的一部分由行为中的行为人和事件中的非行为人之间的跨空间映射构成：事件中的非行为人是通过行为中的行为人的投射以隐喻的方式理解的。最后，两位作者讨论了这些投射的限制，也就是我们在随后的分析中建立的限制。

293 “生命在逐渐枯萎”：Lakoff & Johnson 1980。

293 “计算机桌面”：见 Fauconnier 2001。

第十五章

299 “愤怒的习语模型”：Lakoff [& Kövecses] 1987。

303 “建筑物、公司和人”：Nunberg 1979。

306 “有垃圾筐的大学寝室”：本例的基础为 Coulson 2001。

308 “邪恶的魔法师”：Lakoff & Turner 1989。

第十六章

310 “思考一下美式足球和语言”：Searle 1969。

316 “巴士底狱”：Mailer 1968, p. 113。[感谢珍妮弗·哈丁（Jennifer Harding）让我们

关注到了这篇文章。]

318 “可能接受面试”：Sweetser 1999。

326 “并不完全相同”：Ramachandran & Blakeslee 1998。

333 “沟通的语境中已经活跃的内容”：Douglas Hofstadter（个人通信）。

333 “与沟通相关”：Grice 1975, Sperber & Wilson 1986。

340 “回收站必须无法填满”：Ricardo Maldonado（个人通信）。

343 “只存在于想象之中”：Kline 1972, p. 594。

343 “无理数也将不复存在”：Kline 1980, p. 114。

406 344 “虚数”：Kline 1972, p. 252。

344 “大于无穷大的整合”：Kline 1980, p. 116。

345 “一个普遍的过程”：Lansing（个人通信）。

345 “明显类比”：Hofstadter 2000。

349 “事件是行为”：Lakoff & Turner 1989。

349 “虚拟移动”：虚拟移动的研究见 Talmy 1999, 2000。

第十七章

353 “语言学可以说是学术领域中最具争议之所在”：Rymer 1992, p. 48。

355 “在查尔斯·特拉维斯之后”：Travis 1981。

359 “爱情之火”：Brooke-Rose 1958。

359 “传统宗教这盆洗澡水”：Charles Fillmore（个人通信）。

361 “可能的候选人”：Sweetser 1999。

361 “假的”：Coulson 1997, Coulson & Fauconnier 1999。

365 “最复杂的大小术语分析”：Langacker 1987, p. 118; Langacker 1988, p. 70。

367 “1994 年瓦列霍赛艇比赛”：这些图片见 1994 年 6 月刊的第 116 和 117 页。

370 “英语致使移动构式”：Goldberg 1994。

374 “法语提供三种复杂的整合”：Fauconnier & Turner 1996。

375 “希伯来语的语言系统”：Mandelblit 1997, 2000。

377 “指涉移动”：Talmy 2000, p. 104。

379 “面包店位于银行的街对面”：同上，p. 136。

379 “棕榈树聚集”：同上，p. 134。

380 “油漆点斑”：同上，p. 128。

380 “阴影”：同上，p. 114。

381　“way 构式”：Kemmer & Israel 1994, Israel 1996。

382　“一个概念集合”：同上，p. 226。

382　“这种用法减少”：同上，p. 221。

参考文献

Angier, Natalie. 1999. "Furs for Evening, But Cloth Was the Stone Age Standby. " *The New York Times on the Web,* December 14.

Barsalou, Lawrence W. 1999. "Perceptual Symbol Systems. " *Behavioral and Brain Sciences*, 22, pp. 577–609.

Barthes, Roland. 1957. *Mythologies*. Paris: Éditions du Seuil.

Bateson, Gregory. 1972. *Steps to an Ecology of Mind*. New York: Ballantine Books.

Black, Max. 1962. *Models and Metaphors*. Ithaca, N. Y.: Cornell University Press.

Boden, Margaret. 1994. "Précis of *The Creative Mind: Myths and Mechanisms.* "*Behavioral and Brain Sciences*, 17, pp. 519–570.

——. 1990. *The Creative Mind: Myths and Mechanisms.* London: Weidenfeld & Nicholson.

Boden, Margaret (ed.). 1994. *Dimensions of Creativity*. Cambridge, Mass.: MIT Press.

Bonola, Roberto. 1912. *Non-Euclidean Geometry: A Critical and Historical Study of Its Development*. Translated by H. S. Carslaw. Chicago: Open Court Publishing Company. [Reprinted in 1955.]

Brooke-Rose, Christine. 1958. *A Grammar of Metaphor*. London: Secker & Warburg.

Brugman, Claudia. 1990. "What Is the Invariance Hypothesis?" *Cognitive Linguistics*, 1: 2, pp. 257–266.

Calvin, William, and Derek Bickerton. 2000. *Lingua ex Machina: Reconciling Darwin and Chomsky with the Human Brain.* Cambridge, Mass.: MIT Press.

Carruthers, Mary. 1990. *The Book of Memory: A Study of Memory in Medieval Culture.* Cambridge, U. K.: Cambridge University Press.

Cavalli-Sforza, Luigi Luca. 2000. *Genes, Peoples, and Languages.* New York: Farrar, Straus, and Giroux.

Chomsky, Noam. 1957. *Syntactic Structures*. Berlin/New York: Mouton de Gruyter.

Coulson, Seana. 2001. *Semantic Leaps: Frame-Shifting and Conceptual Blending in Meaning Construction.* New York/Cambridge: Cambridge University Press.

——. 1997. "Semantic Leaps: Frame-Shifting and Conceptual Blending." Ph. D. dissertation, University of California, San Diego.

——. 1995. "Analogic and Metaphoric Mapping in Blended Spaces." *Center for Research in Language Newsletter*, 9: 1, pp. 2–12.

Coulson, Seana, and Gilles Fauconnier. 1999. "Fake Guns and Stone Lions: Conceptual Blending and Privative Adjectives." In B. Fox, D. Jurafsky, and L. Michaelis (eds.), *Cognition and Function in Language*. Stanford: Center for the Study of Language and Information.

Csikszentmihalyi, Mihaly. 1991. *Flow: The Psychology of Optimal Experience.* New York: Harper Collins.

Davidson, Donald. 1978. "What Metaphors Mean." *Critical Inquiry*, 5: 1.

Dawkins, Richard. 1996. *Climbing Mount Improbable*. London/New York: Norton.

——. 1995. *River Out of Eden*. New York: Basic Books.

Deacon, Terrence. 1997. *The Symbolic Species: The Co-Evolution of Language and the Brain.* New York: W. W. Norton.

Donald, Merlin. 1994. "Computation: Part of the Problem of Creativity." *Behavioral and Brain Sciences*, 17: 3, pp. 537–538.

——. 1991. *Origins of the Modern Mind: Three Stages in the Evolution of Culture and Cognition.* Cambridge, Mass.: Harvard University Press.

Education Excellence Partnership website: www. edex. org.

Elman, Jeffrey L., Elizabeth A. Bates, Mark H. Johnson, Annette Karmiloff-Smith, Domenico Parisi, and Kim Plunkett. 1996. *Rethinking Innateness: A Connectionist Perspective on Development.* Cambridge, Mass.: MIT Press.

Fauconnier, Gilles. 2001. "Conceptual Blending and Analogy." In Dedre Gentner, Keith Holyoak, and Boicho Kokinov (eds.), *The Analogical Mind: Perspectives from Cognitive Science* (pp. 255–286). Cambridge, Mass.: MIT Press.

——. 1997. *Mappings in Thought and Language.* Cambridge, U. K.: Cambridge University Press.

——. 1994. *Mental Spaces*. New York: Cambridge University Press. [Originally published in 1985 by MIT Press.]

——. 1990. "Domains and Connections." *Cognitive Linguistics*, 1: 1.

Fauconnier, Gilles, and Eve Sweetser (eds.). 1996. *Spaces, Worlds, and Grammar.* Chicago: University of Chicago Press.

Fauconnier, Gilles, and Mark Turner. 1998. "Principles of Conceptual Integration." In Jean-Pierre Koenig (ed.), *Discourse and Cognition* (pp. 269–283). Stanford: Center for the Study of Language and Information.

——. 1996. "Blending as a Central Process of Grammar." In Adele Goldberg (ed.), *Conceptual Structure, Discourse, and Language*. Stanford: Center for the Study of Language and Information.

——. 1994. *Conceptual Projection and Middle Spaces*. San Diego: University of California, Department of Cognitive Science Technical Report 9401 (available on-line at *blending. stanford. edu* and *mentalspace. net*).

Fillmore, Charles J., and Beryl T. Atkins. 1992. "Toward a Frame-Based Lexicon: The Semantics of RISK and Its Neighbors." In Adrienne Lehrer and Eva Feder Kittay (eds.), *Frames, Fields, and Contrasts: New Essays in Semantic and Lexical Organization* (pp. 75–102). Hillsdale, N. J.: Lawrence Erlbaum Associates.

Fillmore, Charles J., and Paul Kay. n. d. "On Grammatical Constructions." Unpublished ms., University of California at Berkeley.

"First Lady Looks Closer to Senate Run." 1999. Reuters, *San Jose Mercury News*, October 24.

Fong, Heatherbill. 1988. "The Stony Idiom of the Brain: A Study in the Syntax and Semantics of Metaphors." Ph. D. dissertation, University of California, San Diego.

Forbus, Kenneth D., Dedre Gentner, and Keith Law. 1994. "MAC/FAC: A Model of Similarity-Based Retrieval." *Cognitive Science*, 19, pp. 141–205.

Frazer, Sir James George. 1922. *The Golden Bough: A Study in Magic and Religion*. New York: Macmillan.

French, Robert Matthew. 1995. *The Subtlety of Sameness: A Theory and Computer Model of Analogy-Making*. Cambridge, Mass.: MIT Press.

Gentner, Dedre. 1989. "The Mechanisms of Analogical Reasoning." In S. Vosniadou and A. Ortony (eds.), *Similarity and Analogical Reasoning*. Cambridge, U. K.: Cambridge University Press.

——. 1983. "Structure-Mapping: A Theoretical Framework for Analogy." *Cognitive Science*, 7, pp. 155–170.

Gentner, Dedre, Keith Holyoak, and Boicho Kokinov (eds.). 2001. *The Analogical Mind: Perspectives from Cognitive Science*. Cambridge, Mass.: MIT Press.

Gentner, D., and A. B. Markman. 1997. "Structure Mapping in Analogy and Similarity." *American Psychologist*, 52, pp. 45–56.

——. 1994. "Structural Alignment in Comparison: No Difference Without Similarity." *Psychological Science*, 5: 3, pp. 152–158.

Gibbs, R. W., Jr. 1994. *The Poetics of Mind: Figurative Thought, Language, and*

Understanding. Cambridge, U. K.: Cambridge University Press.

Goffman, Erving. 1974. *Frame Analysis: An Essay on the Organization of Experience*. New York: Harper & Row.

Goguen, Joseph. 1999. "An Introduction to Algebraic Semiotics, with Application to User Interface Design. " In Chrystopher Nehaniv (ed.), *Computation for Metaphor, Analogy, and Agents* (pp. 242–291). Berlin: Springer-Verlag. [A volume in the series Lecture Notes in Artificial Intelligence.]

Goldberg, Adele. 1994. *Constructions: A Construction Grammar Approach to Argument Structure*. Chicago: University of Chicago Press.

Goldberg, Adele (ed.). 1996. *Conceptual Structure, Discourse, and Language*. Stanford: Center for the Study of Language and Information.

Gombrich, E. H. 1965. "The Use of Art for the Study of Symbols. " *American Psychologist*, 20, pp. 34–50.

Goodman, Nelson. 1955. *Fact, Fiction, and Forecast*. Indianapolis: Bobbs-Merrill.

——. 1947. "The Problem of Counterfactual Conditionals. " *Journal of Philosophy*, 44, pp. 113–128.

Gordon, Mary. 2000. *The New York Times on the Web*, June 4.

Grice, H. P. 1975. "Logic and Conversation. " In Peter Cole and Jerry L. Morgan (eds.), *Syntax and Semantics*. Vol. 3: *Speech Acts* (pp. 41–58). New York: Academic Press.

Hadamard, Jacques. 1945. *The Psychology of Invention in the Mathematical Field*. Princeton: Princeton University Press.

Harris, Zellig. 1968. *Mathematical Structures of Language* (*Interscience Tracts in Pure and Applied Mathematics*, Vol. 21). New York: Interscience Publishers/John Wiley & Sons.

——. 1957. "Co-Occurrence and Transformation in Linguistic Structure. " *Language*, 33: 3, pp. 283–340.

Hodder, Ian. 1998. "Creative Thought: A Long-Term Perspective. " In Steven Mithen (ed.), *Creativity in Human Evolution and Prehistory* (pp. 61–77). London/New York: Routledge.

Hofstadter, Douglas R. 2000. "The Ubiquity and Power of Analogy in Discovery in Physics. " The Ninth Annual Hofstadter Lecture (in memory of Richard Hofstadter), Stanford University, February 29.

——. 1995. *Fluid Concepts and Creative Analogies*. New York: Basic Books.

——. 1985. "Analogies and Roles in Human and Machine Thinking. " In Douglas R. Hofstadter, *Metamagical Themas*. New York: Bantam Books.

Hofstadter, Douglas R., Liane Gabora, Salvatore Attardo, and Victor Raskin. 1989. "Synopsis of the Workshop on Humor and Cognition." *Humor: International Journal of Humor Research*, 2: 4, pp. 417–440.

Hofstadter, Douglas R., and David J. Moser. 1989. "To Err is Human; To Study Error-Making Is Cognitive Science." *Michigan Quarterly Review*, 28: 2, pp. 185–215.

——. n. d. "Errors: The Royal Road." Unpublished manuscript.

Holder, Barbara. 2000. "Conceptual Blending in Airbus A320 Displays." Sensation and Perception Seminar, Department of Cognitive Sciences, University of California, Irvine, November 15.

——. 1999. "Blending and Your Bank Account: Conceptual Blending in ATM Design." *Newsletter of the Center for Research in Language*, 11: 6 (available online at *crl. ucsd. edu*).

Holland, J. H., Keith James Holyoak, R. E. Nisbett, and Paul Thagard. 1986. *Induction: Processes of Inference, Learning, and Discovery.* Cambridge, Mass.: Bradford Books/ MIT Press.

Holland, Paul. 1986. "Statistics and Causal Inference." *Journal of the American Statistical Association*, 81, pp. 945–960.

Holyoak, Keith James, and Paul Thagard. 1995. *Mental Leaps: Analogy in Creative Thought*. Cambridge, Mass.: MIT Press.

——. 1989. "Analogical Mapping by Constraint Satisfaction." *Cognitive Science*, 13, pp. 295–355.

Hummel, John, and Keith Holyoak. 1997. "Distributed Representations of Structure: A Theory of Analogical Access and Mapping." *Psychological Review*, 104: 3, pp. 427–466.

Hutchins, Edwin (in preparation). "Material Anchors for Conceptual Blends."

——. 1995a. *Cognition in the Wild.* Cambridge, Mass.: MIT Press.

——. 1995b. "How a Cockpit Remembers Its Speeds." *Cognitive Science*, 19: 3, pp. 265–288.

——. 1989. "Metaphors for Interface Design." In M. M. Taylor, F. Néel, and D. G. Bouwhuis (eds.), *The Structure of Multimodal Dialogue* (pp. 11–28). Amsterdam: Elsevier Science Publishers.

Hutchins, Edwin, and Geoffrey Hinton. 1984. "Why the Islands Move." *Perception*, 13, pp. 629–632.

Indurkhya, Bipin. 1992. *Metaphor and Cognition: An Interactionist Approach.* Dordrecht: Kluwer.

Israel, Michael. 1996. "The *Way* Constructions Grow." In Adele Goldberg (ed.), *Conceptual Structure, Discourse, and Language* (pp. 217–230). Stanford: Center for the Study of Language and Information.

Johnson, Mark. 1987. *The Body in the Mind.* Chicago: University of Chicago Press.

Kahneman, Daniel. 1995. "Varieties of Counterfactual Thinking." In Neal J. Roese and James M. Olson (eds.), *What Might Have Been: The Social Psychology of Counterfactual Thinking*. Mahwah, N. J.: Lawrence Erlbaum Associates.

Kahneman, Daniel, Paul Slovic, and Amos Tversky. 1982. *Judgment Under Uncertainty: Heuristics and Biases*. Cambridge/New York: Cambridge University Press.

Kay, Paul. 1995. "Construction Grammar." In Jef Verschueren, Jan-Ola Ostman, and Jan Blommaert (eds.), *Handbook of Pragmatics*. Amsterdam/Philadelphia: John Benjamins.

Kay, Paul, and Charles Fillmore. 1995. "Grammatical Constructions and Linguistic Generalizations: The *What's X doing Y?* Construction." Unpublished ms., Department of Linguistics, University of California at Berkeley.

Keane, Mark T., Tim Ledgeway, and Stuart Duff. 1994. "Constraints on Analogical Mapping: A Comparison of Three Models." *Cognitive Science*, 18, pp. 387–438.

Kemmer, Suzanne, and Michael Israel. 1994. "Variation and the Usage-Based Model." In Katie Beals et al. (eds.), *Papers from the Parasession on Variation and Linguistic Theory*. Chicago: Chicago Linguistic Society.

King, Gary, Robert O. Keohane, and Sidney Verba. 1994. *Designing Social Inquiry: Scientific Inference in Qualitative Research*. Princeton: Princeton University Press.

Klein, Richard G. 1999. *The Human Career: Human Biological and Cultural Origins*, 2nd ed. Chicago: University of Chicago Press.

——. 1992. "The Archeology of Modern Human Origins." *Evolutionary Anthropology*, 1: 1, pp. 5–14.

Kline, Morris. 1980. *Mathematics: The Loss of Certainty.* Oxford: Oxford University Press.

——. 1972. *Mathematical Thought from Ancient to Modern Times*. New York: Oxford University Press.

Koestler, Arthur. 1964. *The Act of Creation*. New York: Macmillan.

Kosslyn, Stephen M. 1980. *Image and Mind.* Cambridge, Mass.: Harvard University Press.

Kunda, Ziva, Dale T. Miller, and Theresa Clare. 1990. "Combining Social Concepts: The Role of Causal Reasoning." *Cognitive Science*, 14, pp. 551–577.

Lakoff, George. 1993. “The Contemporary Theory of Metaphor. ” In Andrew Ortony (ed.), *Metaphor and Thought*, 2nd ed. (pp. 202–251). Cambridge, U. K.: Cambridge University Press.

——. 1990. “The Invariance Hypothesis. ” *Cognitive Linguistics*, 1: 1, pp. 39–74.

Lakoff, George, and Mark Johnson. 1980. *Metaphors We Live By*. Chicago: University of Chicago Press.

Lakoff, George [and Zoltán Kövecses]. 1987. *Women, Fire, and Dangerous Things*. Chicago: University of Chicago Press.

Lakoff, George, and Rafael Núñez. 2000. *Where Mathematics Comes From: How the Embodied Mind Brings Mathematics into Being*. New York: Basic Books.

Lakoff, George, and Mark Turner. 1989. *More Than Cool Reason: A Field Guide to Poetic Metaphor*. Chicago: University of Chicago Press.

Langacker, Ronald. 1990. *Concept, Image, and Symbol: The Cognitive Basis of Grammar*. Berlin/New York: Mouton de Gruyter.

——. 1988. “A View of Linguistic Semantics. ” In Brygida Rudzka-Ostyn (ed.), *Topics in Cognitive Linguistics* (pp. 49–90). Amsterdam/Philadelphia: John Benjamins.

——. 1987–1991. *Foundations of Cognitive Grammar*, Vols. 1 and 2. Stanford: Stanford University Press.

Lewis, David. 1973. *Counterfactuals*. Cambridge, Mass.: Harvard University Press.

——. 1972. *We, the Navigators. The Ancient Art of Landfinding in the Pacific*. Honolulu: The University Press of Hawaii.

Liddell, Scott. 1998. “Grounded Blends, Gestures, and Conceptual Shifts. ” *Cognitive Linguistics*, 9: 3, pp. 283–314.

Mailer, Norman. 1968. *Armies of the Night*. New York: New American Library.

Mandelblit, Nili. 1997. “Grammatical Blending: Creative and Schematic Aspects in Sentence Processing and Translation. ” Ph. D. dissertation, University of California, San Diego.

——. 2000. “The Grammatical Marking of Conceptual Integration: From Syntax to Morphology. ” *Cognitive Linguistics*, 11: 314, pp. 197–252.

Mandelblit, Nili, and Oron Zachar. 1998. “The Notion of Dynamic Unit: Conceptual Developments in Cognitive Science. ” *Cognitive Science*, 22: 2, pp. 229–268.

Mandler, Jean. 1992. “How to Build a Baby. ” *Psychological Review*, 99: 4, pp. 587–604.

Maslow, Abraham. 1968. *Toward a Psychology of Being*. New York: Van Nostrand Reinhold.

McNeill, David. 1992. *Hand and Mind: What Gestures Reveal About Thought.* Chicago: University of Chicago Press.

Mitchell, M. 1993. *Analogy-Making as Perception*. Cambridge, Mass.: MIT Press.

Mithen, Steven. 1998. "A Creative Explosion? Theory of Mind, Language, and the Disembodied Mind of the Upper Paleolithic. " In Steven Mithen (ed.), *Creativity in Human Evolution and Prehistory* (pp. 165−191). London/New York: Routledge.

——. 1996. *The Prehistory of the Mind: A Search for the Origins of Art, Science and Religion*. London/New York: Thames & Hudson.

Mithen, Steven (ed.). 1998. *Creativity in Human Evolution and Prehistory*. London/New York: Routledge.

Moser, David. 1988. "If This Paper Were in Chinese, Would Chinese People Understand the Title?" Unpublished ms., Center for Research on Concepts and Cognition, Indiana University.

Moser, David, and Douglas Hofstadter. n. d. "Errors: A Royal Road to the Mind." Unpublished ms., Center for Research on Concepts and Cognition, Indiana University.

Norman, D. A. 1981. "Categorization of Action Slips. " *Psychological Review*, 88, pp. 1−15.

Nunberg, G. 1979. "The Non-Uniqueness of Semantic Solutions: Polysemy." *Linguistics and Philosophy*, 3: 2.

Oakley, Todd. 1995. "Presence: The Conceptual Basis of Rhetorical Effect. " Ph. D. dissertation, University of Maryland.

Ortony, Andrew (ed.). 1979. *Metaphor and Thought.* Cambridge/New York: Cambridge University Press.

Pavel, Thomas. 1986. *Fictional Worlds.* Cambridge, Mass.: Harvard University Press.

Penrose, Roger. 1994. *Shadows of the Mind: A Search for the Missing Science of Consciousness.* New York: Oxford University Press.

Pepper, Stephen. 1942. "Root Metaphors. " In Stephen Pepper, *World Hypotheses.* Berkeley: University of California Press.

Perkins, D. 1994. "Creativity: Beyond the Darwinian Paradigm. " In Margaret Boden (ed.), *Dimensions of Creativity* (pp. 119−142). Cambridge, Mass.: MIT Press.

Pinker, Steven, and Paul Bloom. 1990. "Natural Language and Natural Selection." *Behavioral and Brain Sciences*, 13, pp. 707−784.

Poulin, Christine. 1996. "Manipulation of Discourse Spaces in ASL. " In Adele Goldberg (ed.), *Conceptual Structure, Discourse, and Language* (pp. 421−433). Stanford: Center for the Study of Language and Information.

Ramachandran, V. S., and Sandra Blakeslee. 1998. *Phantoms in the Brain.* New York: Morrow.

Reeves, Richard. 1993. "Best Performance by a Politician." *Los Angeles Times.*

Robert, Adrian. 1998. "Blending in the Interpretation of Mathematical Proofs." In Jean-Pierre Koenig (ed.), *Discourse and Cognition.* Stanford: Center for the Study of Language and Information.

Rodriguez, Paul. 1998. "Identity Blends and Discourse Context." Unpublished ms., University of California, San Diego.

Roese, Neal, and James Olson (eds.). 1995. *The Social Psychology of Counterfactual Thinking*. Hillsdale, N. J.: Lawrence Erlbaum Associates.

Russell, Bertrand. 1918. *Mysticism and Logic and Other Essays.* London/New York: Longmans.

Rymer, Russ. 1992. "Annals of Science: A Silent Childhood-I." *New Yorker*, April 13.

Sacks, Sheldon (ed.). 1979. *On Metaphor*. Chicago: University of Chicago Press.

Santachiara-Benerecetti, Silvana. 1999. "Out of Africa: Part 2." website press release from *Nature Genetics,* November 29.

Schwartz, Daniel L., and John B. Black. 1996. "Shuttling Between Depictive Models and Abstract Rules: Induction and Fallback." *Cognitive Science*, 20, pp. 457–497.

Scott, Robert A. (in press). *The Gothic Enterprise: The Idea of the Cathedral and Its Uses in Medieval Europe, 1134–1550.* Berkeley/Los Angeles: University of California Press.

Searle, John. 1969. *Speech Acts: An Essay in the Philosophy of Language*. London: Cambridge University Press.

Sellen, A. J., and D. A. Norman. 1992. "The Psychology of Slips." In B. J. Baars (ed.), *Experimental Slips and Human Error: Exploring the Architecture of Volition*. New York: Plenum Press.

Shastri, Lokendra. 1996. "Temporal Synchrony, Dynamic Bindings, and SHRUTI— A Representational But Non-Classical Model of Reflexive Reasoning." *Behavioral and Brain Sciences*, 19: 2, pp. 331–337.

Shepard, Roger, and Lynn A. Cooper. 1982. *Mental Images and Their Transformations.* Cambridge, Mass.: MIT Press.

Smolensky, Paul. 1990. "Tensor Product Variable Binding and the Representation of Symbolic Structures in Connectionist Systems." *Artificial Intelligence*, 46: 1–2, pp. 159–216.

Sperber, Dan, and Deirdre Wilson. 1986. *Relevance: Communication and Cognition.*

Cambridge, Mass.: Harvard University Press.

Spiegelman, Art. 1991. *Maus II, a Survivor's Tale*. New York: Pantheon Books.

Sweetser, Eve. 2001. "Blended Spaces and Performativity." *Cognitive Linguistics*, 11: 3/4, pp. 305–334.

——. 1999. "Compositionality and Blending: Semantic Composition in a Cognitively Realistic Framework." In Theo Janssen and Gisela Redeker (eds.). *Cognitive Linguistics: Foundations, Scope and Methodology* (pp. 129–162). Berlin/New York: Mouton de Gruyter.

——. 1997. "Role and Individual Readings of Change Predicates." In Jan Nuyts and Eric Pederson (eds.), *Language and Conceptualization*. Oxford University Press.

——. 1996. "Changes in Figures and Changes in Grounds: A Note on Change Predicates, Mental Spaces, and Scalar Norms." *Cognitive Studies: Bulletin of the Japanese Cognitive Science Society*, 3: 3 (September), pp. 75–86. [Special issue on cognitive linguistics.]

——. 1990. *From Etymology to Pragmatics: Metaphorical and Cultural Aspects of Semantic Structure.* Cambridge, U. K.: Cambridge University Press.

——. 1987. "The Definition of *Lie:* An Examination of the Folk Theories Underlying a Semantic Prototype." In Dorothy Holland and Naomi Quinn (eds.), *Cultural Models in Language and Thought* (pp. 43–66). Cambridge, U. K.: Cambridge University Press.

Talmy, Len. 2000. *Toward a Cognitive Semantics*. Vol. 1: *Concept Structuring Systems*; Vol. 2: *Typology and Process*. Cambridge, Mass.: MIT Press.

——. 1995. "Fictive Motion in Language and 'Ception.'" In Paul Bloom, Mary Peterson, Lynn Nadel, and Merrill Garrett (eds.), *Language and Space* (pp. 307–384). Cambridge, Mass.: MIT Press.

——. 1977. "Rubber-Sheet Cognition in Language." *Proceedings of the 13th Regional Meeting of the Chicago Linguistic Society*.

Tetlock, Philip, and Aaron Belkin (eds.). 1996. *Counterfactual Thought Experiments in World Politics*. Princeton: Princeton University Press.

Thomson, Russell, Jonathan Pritchard, Peidong Shen, Peter Oefner, and Marcus Feldman. 2000. "Recent Common Ancestry of Human Y Chromosomes: Evidence from DNA Sequence Data." *Proceedings of the National Academy of Sciences*, 97: 13 (June), pp. 7360–7365.

Travis, Charles, 1981. *The True and the False: The Domain of the Pragmatic*. Amsterdam: John Benjamins.

Turner, Mark. 1996a. “Conceptual Blending and Counterfactual Argument in the Social and Behavioral Sciences. ” In Philip Tetlock and Aaron Belkin (eds.), *Counterfactual Thought Experiments in World Politics.* Princeton: Princeton University Press.

——. 1996b. *The Literary Mind.* New York: Oxford University Press.

——. 1991. *Reading Minds: The Study of English in the Age of Cognitive Science.* Princeton: Princeton University Press.

——. 1990. “Aspects of the Invariance Hypothesis. ” *Cognitive Linguistics*, 1: 2, pp. 247–255.

——. 1987. *Death Is the Mother of Beauty: Mind, Metaphor, Criticism.* Chicago: University of Chicago Press.

Turner, Mark, and Gilles Fauconnier. 1998. “Conceptual Integration in Counterfactuals. ” In Jean-Pierre Koenig (ed.), *Discourse and Cognition* (pp. 285–296). Stanford: Center for the Study of Language and Information.

——. 1995. “Conceptual Integration and Formal Expression. ” *Journal of Metaphor and Symbolic Activity*, 10: 3, pp. 183–204.

Van Hoek, Karen. 1996. “Conceptual Locations for Reference in American Sign Language. ” In Gilles Fauconnier and Eve Sweetser (eds.), *Spaces, Worlds, and Grammar* (pp. 336–350). Chicago: University of Chicago Press.

Weisberg, R. W. 1993. *Creativity: Beyond the Myth of Genius.* New York: W. H. Freeman.

Weizenbaum, Joseph. 1966. “ELIZA—A Computer Program for the Study of Natural Language Communication Between Man and Machine. ” *Communications of the ACM*, 9: 1, pp. 36–45.

Westney, D. Eleanor. 1987. *Imitation and Innovation.* Cambridge, Mass.: Harvard University Press.

Wexo, John Bennett. 1992. *Dinosaurs.* A volume of *Zoobooks.* San Diego: Wildlife Education, Limited.

Wilson, Frank R. 1999. *The Hand.* New York: Vintage.

Wozny, Lucy Anne. 1989. “The Application of Metaphor, Analogy, and Conceptual Models in Computer Systems. ” *Interacting with Computers*, 1:3, pp. 273–283.

Yeats, Frances. 1966. *The Art of Memory.* Chicago: University of Chicago Press.

Zarraluki, Pedro. 1993. “Páginas Inglesas. ” In *Cuento Español Contemporáneo.* Edicion de Ma. Ángeles Encinar y Anthony Percival. Madrid: Ediciones Cátedra.

概念整合的其他重要文献资源

关于概念整合的了不起的研究在过去的5年爆发了，其引人入胜的应用领域包括艺术、文学、诗学、数学、政治科学、音乐学、语言学、神学、心理分析和电影。

也许需要厚度是本书的10倍的篇幅才能充分覆盖在这些新开辟的领域中展开的丰富多彩的崭新研究，我们遗憾的是本书聚焦的是理论，无法对这一鼓舞人心的研究展开评论。下面提供的是其他近期的以及正在开展的整合研究的部分清单。还有其他一些研究工作是网上（*blending. stanford. edu*）呈现的。

专著

Turner, Mark. 2001. *Cognitive Dimensions of Social Science*. Oxford: Oxford University Press.

Zbikowski, Lawrence. 2001. *Conceptualizing Music: Cognitive Structure, Theory, and Analysis*. New York: Oxford University Press.

文章和发言

Bizup, Joseph. 1998. "Blending in Ruskin." Paper presented at the Annual Meeting of the Modern Language Association.

Brandt, Per Aage. 1998. "Cats in Space." *The Roman Jakobson Centennial Symposium: International Journal of Linguistics Acta Linguistica Hafniensia* Volume 29. C. A. Reitzel: Copenhagen. [Jakobson and Lévi-Strauss's structuralist reading of Baudelaire's "Les Chats" is reconsidered in light of cognitive rhetoric and conceptual blending theory.]

Bundgård, Peer F. 1999. "Cognition and Event Structure." *Almen Semiotik*, 15, 78–106.

[A review of conceptual integration theory.]

Casonato, Marco M. 2000. "Scolarette sexy: processi cognitivi standard nella scena della perversione." *Psicoterapia: clinica, epistemologia, ricerca*, 20–21, Spring. [An analysis of the role of blending in sexual imagination and realized fantasy, including but not restricted to "perverse" scenes.]

Casonato, Marco, Gilles Fauconnier, and Mark Turner. 2001. "L'immaginazione e il cosiddetto 'conflitto' psichico." *Annuario di Itinerari Filosofici*, Vol. 5 (*Strutture dell'esperienza*), No. 3 (*Mente, linguaggio, espressione*). Milano: Mimesis.

Chen, Melinda. 2000. "A Cognitive-Linguistic View of Linguistic (Human) Objectification." Paper presented at the 5th Conference on Conceptual Structure, Discourse, and Language. [A discussion of blends in objectifying human beings.]

Cienki, Alan, and Deanne Swan. 1999. "Constructions, Blending, and Metaphors: Integrating Multiple Meanings." Paper presented at the 6th International Cognitive Linguistics Conference.

Collier, David, and Stephen Levitsky. 1997. "Democracy with Adjectives: Conceptual Innovation in Comparative Research." *World Politics*, 49: 3 (April), pp. 430–451.

Coulson, Seana. 1999. "Conceptual Integration and Discourse Irony." Paper presented at Beyond Babel: 18th Annual Conference of the Western Humanities Alliance.

Csabi, Szilvia. 1997. "The Concept of America in the Puritan Mind." Paper presented at the 5th Conference of the International Cognitive Linguistics Association.

Evans, Vyvyan. 1999. "The Cognitive Model for Time." Paper presented at Beyond Babel: 18th Annual Conference of the Western Humanities Alliance.

Fauconnier, Gilles. 2000. "Methods and Generalizations." In T. Janssen and G. Redeker (eds.), *Cognitive Linguistics: Foundations, Scope, and Methodology* (pp. 95–127). The Hague: Mouton de Gruyter. [A volume in the Cognitive Linguistics Research Series.]

——. 1999. "Embodied Integration." Paper presented at the 6th International Cognitive Linguistics Conference.

Fauconnier, Gilles, and Mark Turner. 2000. "Compression and Global Insight." *Cognitive Linguistics*, 11: 3–4, pp. 283–304.

——. 1999a. "Metonymy and Conceptual Integration." In Klaus-Uwe Panther and Günter Radden (eds.), *Metonymy in Language and Thought* (pp. 77–90). Amsterdam: John Benjamins. [A volume in the series Human Cognitive Processing.]

——. 1999b. "Polysemy and Conceptual Blending" (available on-line at *blending. stanford. edu*).

——. 1998. "Conceptual Integration Networks. " *Cognitive Science,* 22: 2 (April- June), pp. 133–187.

Forceville, Charles. 2001. "Blends and Metaphors in Multimodal Representations." Paper presented at the 7th International Cognitive Linguistics Conference.

Freeman, Donald. 1999. " 'Speak of me as I am' : The Blended Space of Shakespeare's *Othello.* " Paper presented at Beyond Babel: 18th Annual Conference of the Western Humanities Alliance.

Freeman, Margaret. 1999a. "The Role of Blending in an Empirical Study of Literary Analysis. " Paper presented at the 6th International Cognitive Linguistics Conference.

——. 1999b. "Sound Echoing Sense: The Evocation of Emotion Through Sound in Conceptual Mapping Integration of Cognitive Processes. " Paper presented at Beyond Babel: 18th Annual Conference of the Western Humanities Alliance.

——. 1998. " 'Mak[ing] new stock from the salt' : Poetic Metaphor as Conceptual Blend in Sylvia Plath's 'The Applicant. ' " Paper presented at the Annual Meeting of the Modern Language Association.

——. 1997. "Grounded Spaces: Deictic-Self Anaphors in the Poetry of Emily Dickinson." *Language and Literature*, 6: 1, pp. 7–28. [Contains a blendedspace analysis of Dickinson's "Me from Myself—to banish—. "]

Grady, Joseph., Todd Oakley, and Seana Coulson. 1999. "Conceptual Blending and Metaphor. " In G. Steen and R. Gibbs (eds.), *Metaphor in Cognitive Linguistics.* Amsterdam/Philadelphia: John Benjamins.

Gréa, Philippe. 2001. "La théorie de l'intégration conceptuelle appliquée à la métaphore et la métaphore filée. " Doctoral dissertation, Université de Paris.

Grush, Rick, and Nili Mandelblit. 1998. "Blending in Language, Conceptual Structure, and the Cerebral Cortex. " In Per Aage Brandt, Frans Gregersen, Frederik Stjernfelt, and Martin Skov (eds.), *The Roman Jakobson Centennial Symposium: International Journal of Linguistics Acta Linguistica Hafniensia*, Vol. 29 (pp. 221–237). Copenhagen: C. A. Reitzel.

Herman, Vimala. 1999. "Deictic Projection and Conceptual Blending in Epistolarity." *Poetics Today*, 20: 3, pp. 523–542.

Hiraga, Masako. 1999. "Blending and an Interpretation of Haiku. " *Poetics Today*, 20: 3, pp. 461–482.

——. 1999. "Rough Sea and the Milky Way: 'Blending' in a Haiku Text. " In Chrystopher Nehaniv (ed.), *Computation for Metaphor, Analogy, and Agents* (pp. 27–36). Berlin: Springer-Verlag. [A volume in the series Lecture Notes in Artificial

Intelligence.]
——. 1998. "Metaphor-Icon Links in Poetic Texts: A Cognitive Approach to Iconicity." *Journal of the University of the Air*, 16. ["The model of 'blending' . . . provides an effective instrument to clarify the complexity of the metaphoricon link. "]
Hofstadter, Douglas. 1999. "Human Cognition as a Blur of Analogy and Blending." Paper presented at Beyond Babel: 18th Annual Conference of the Western Humanities Alliance.
Holder, Barbara, and Seana Coulson. 2000. "Hints on How to Drink from a Fire Hose: Conceptual Blending in the Wild Blue Yonder. " Paper presented at the 5th Conference on Conceptual Structure, Discourse, and Language.
Jappy, Tony. 1999. "Blends, Metaphor, and the Medium. " Paper presented at the 6th International Cognitive Linguistics Conference.
Kim, Esther. 2000. "Analogy as Discourse Process. " Paper presented at the 5th Conference on Conceptual Structure, Discourse, and Language. [Includes a discussion of blending in discourse.]
Lakoff, George, and Rafael E. Núñez. 1997. "The Metaphorical Structure of Mathematics: Sketching Out Cognitive Foundations for a Mind-Based Mathematics." In Lyn English (ed.), *Mathematical Reasoning: Analogies, Metaphors, and Images*. Hillsdale, N. J.: Erlbaum. [Analyzes blending in the invention of various mathematical structures.]
Lee, Mark, and John Barnden. 2000. "Metaphor, Pretence, and Counterfactuals. " Paper presented at the 5th Conference on Conceptual Structure, Discourse, and Language. [Includes a discussion of blending in counterfactuals.]
Maglio, Paul P., and Teenie Matlock. 1999. "The Conceptual Structure of Information Space. " In A. Munro, D. Benyon, and K. Hook (eds.), *Personal and Social Navigation of Information Space*. Berlin: Springer-Verlag. [Includes a section on "Conceptual Blends in Information Space. "]
Maldonado, Ricardo. 1999. "Spanish Causatives and the Blend. " Paper presented at the 6th International Cognitive Linguistics Conference.
Mandelblit, Nili. 1995. "Beyond Lexical Semantics: Mapping and Blending of Conceptual and Linguistic Structures in Machine Translation. " *Proceedings of the Fourth International Conference on the Cognitive Science of Natural Language Processing*. Dublin.
Mandelblit, Nili, and Gilles Fauconnier. 2000. "Underspecificity in Grammatical Blends as a Source for Constructional Ambiguity. " In A. Foolen and F. van der Leek (eds.),

Constructions. Amsterdam: John Benjamins.
Narayan, Shweta. 2000. "Mappings in Art and Language: Conceptual Mappings in Neil Gaiman's *Sandman*." Honors thesis, University of California Berkeley.
Oakley, Todd. 1998. "Conceptual Blending, Narrative Discourse, and Rhetoric." *Cognitive Linguistics*, 9, pp. 321–360.
Olive, Esther Pascual. 2001. "Why Bother to Ask Rhetorical Questions (If They Are Already Answered)? A Conceptual Blending Account of Argumentation in Legal Settings. " Paper presented at the 7th International Cognitive Linguistics Conference.
Ramey, Lauri. 1998. " 'His Story's Impossible to Read' : Creative Blends in Michael Palmer's *Books Against Understanding*. " Paper presented at the Twentieth Century Literature Conference, University of Louisville.
——. 1997a. "A Film Is/Is Not A Novel: Blended Spaces in Sense and Sensibility." Paper presented at the Popular Culture Association/American Culture Association in the South Conference.
——. 1997b. "What n'er was Thought and cannot be Expres't: Michael Palmer and Postmodern Allusion. " Paper presented at the 9th Annual Conference on Linguistics and Literature.
——. 1996. "The Poetics of Resistance: A Critical Introduction to Michael Palmer. " Ph. D. dissertation, University of Chicago. [See especially Chapter 4.]
——. 1995. "Blended Spaces in Thurber and Welty. " Marian College Humanities Series.
Ramey, Martin. 2000. "Cognitive Blends and Pauline Metaphors in 1 Thessalonians." In *Proceedings of the 2000 World Congress on Religion*, organized by the Society of Biblical Literature.
——. 1997. "Eschatology and Ethics, " Chapter 4 of "The Problem of the Body: The Conflict Between Soteriology and Ethics in Paul. " Doctoral dissertation, Chicago Theological Seminary. [Contains a discussion of blending in 1 Thessalonians.]
Récanati, François. 1995. "Le présent épistolaire: une perspective cognitive. " *L'information grammaticale*, 66 (June), pp. 38–45. [Récanati applies the earliest work on blended spaces to problems of tense. He translates "blended space" as "espace mixte. "]
Rohrer, Tim. "The Embodiment of Blending. " Paper presented at the 6th International Cognitive Linguistics Conference.
Sinding, Michael. 2001. "Assembling Spaces: The Conceptual Structure of Allegory." Paper presented at the Annual American Comparative Literature Association Conference.

Sondergaard, Morten. 1999. "Blended Spaces in Contemporary Art." Paper presented at Beyond Babel: 18th Annual Conference of the Western Humanities Alliance.

Sovran, Tamar. 1999. "Generic Level Versus Creativity in Metaphorical Blends." Paper presented at the 6th International Cognitive Linguistics Conference.

Steen, Francis. 1998. "Wordsworth's Autobiography of the Imagination." *Auto/Biography Studies*, Spring. [Includes a discussion of blending in, e. g., memory, perception, dreaming, and pretend play, and consequences for literary invention.]

Sun, Douglas. 1994. "Thurber's Fables for Our Time: A Case Study in Satirical Use of the Great Chain Metaphor." *Studies in American Humor*, 3: 1 (new series), pp. 51–61.

Swan, Deanne, and Alan Cienki. 1999. "Constructions, Blending, and Metaphors: The Influence of Structure." Paper presented at the 6th International Cognitive Linguistics Conference.

Sweetser, Eve. 1999. "Subjectivity and Viewpoint as Blended Spaces." Paper presented at the 6th International Cognitive Linguistics Conference.

Sweetser, Eve, and Barbara Dancygier. 1999. "Semantic Overlap and Space- Blending." Paper presented at the 6th International Cognitive Linguistics Conference.

Tobin, Vera. 2001. "Texts That Pretend to Be Talk: Frame-Shifting and Frame- Blending Across Frames of Utterance in Mystery Science Theater 3000." Paper presented at the 7th International Cognitive Linguistics Conference.

Turner, Mark. 2002. "The Cognitive Study of Art, Language, and Literature." *Poetics Today*.

——. 2000. "Backstage Cognition in Reason and Choice." In Arthur Lupia, Mathew McCubbins, and Samuel L. Popkin (eds.), *Elements of Reason: Cognition, Choice, and the Bounds of Rationality* (pp. 264–286). Cambridge, U. K.: Cambridge University Press.

——. 1999a. "Forbidden Fruit." Paper presented at the 6th International Cognitive Linguistics Conference.

——. 1999b. "Forging Connections." In Chrystopher Nehaniv (ed.), *Computation for Metaphor, Analogy, and Agents* (pp. 11–26). Berlin: Springer-Verlag. [A volume in the series Lecture Notes in Artificial Intelligence.]

Turner, Mark, and Gilles Fauconnier. 2000. "Metaphor, Metonymy, and Binding." In Antonio Barcelona (ed.), *Metonymy and Metaphor at the Crossroads* (pp. 264–286). Berlin/New York: Mouton de Gruyter. [A volume in the series Topics in English Linguistics.]

——. 1999a. "A Mechanism of Creativity." *Poetics Today*, 20: 3, pp. 397–418. Reprinted as "Life on Mars: Language and the Instruments of Invention. " In Rebecca Wheeler (ed.), *The Workings of Language* (pp. 181–200). Westport, Conn.: Praeger.

——. 1999b. "Miscele e metafore. " *Pluriverso: Biblioteca delle idee per la civiltà planetaria*, 3: 3 (September), pp. 92–106. [Translation by Anna Maria Thornton.]

Veale, Tony. 1999. "Pragmatic Forces in Metaphor Use: The Mechanics of Blend Recruitment in Visual Metaphors. " In Chrystopher Nehaniv (ed.), *Computation for Metaphor, Analogy, and Agents* (pp. 37–51). Berlin: Springer-Verlag. [A volume in the series Lecture Notes in Artificial Intelligence.]

——. 1996. "Pastiche: A Metaphor-Centred Computational Model of Conceptual Blending, with Special Reference to Cinematic Borrowing. " Unpublished ms.

Veale, Tony, and Diarmuid O'Donogue. 1999. "Computational Models of Conceptual Integration. " Paper presented at the 6th International Cognitive Linguistics Conference.

Vorobyova, Olga. "Conceptual Blending in Narrative Suspense: Making the Pain of Anxiety Sweet. " Paper presented at the 7th International Cognitive Linguistics Conference.

Zbikowski, Lawrence. 1999. "The Blossoms of 'Trockne Blumen' : Music and Text in the Early Nineteenth Century. " *Music Analysis*, 18: 3 (October 1999), pp. 307–345.

——. 1997. "Conceptual Blending and Song. " Unpublished ms.

Zunshine, Lisa. "Domain Specificity and Conceptual Blending in A. L. Barbauld's *Hymns*. " Unpublished ms.

索　引

A

Act of Creation (Koestler)《创造的行为》(凯斯特勒)，37
activation 激活 , patterns of 模型，22
Adjective-Noun compounds 形-名复合词
  form and meaning 形式与意义，360–365
  overview of 概述，353–356
algebra 代数，9–10
American Pronghorn 美洲叉角羚，115–119, 237
American Sign Language (ASL) 美国手语，212
analogy 类比
  bodily action and 身体动作，21–22
  comparing conceptual blending with 把概念整合跟类比做比较，35–36
  overview of 概述，11–14
  principles of 原则，314–315
  scientific discovery and 科学发现，25
Analogy Vital Relation 类比关键关系，98–99
anger 愤怒 , understanding of 对理解，299–302
Aristotle 亚里士多德，8–9, 36–37
ashes 骨灰 , material anchor of 物质锚，204–206
ASL (American Sign Language) 美国手语，212
asymmetric integration network 非对称整合网络，70
aviation dials 航空刻度盘 , gauges 计量仪表，199

B

Baby's Ascent 婴儿上楼梯，80–81
Bickerton, Derek 德里克・比克顿，185
biomorph computer program 生物形态计算机程序，109
Birth Stork 送子鹳，285–286
blended space 整合空间 , conceptual integration 概念整合，41–43, 45–46
blending 整合 , conceptual 概念的，17–38
  analogy and 类比，35–36
  complex numbers and 复数，25
  compressions and 压缩，30–31
  computer desktops and 计算机桌面，22–24
  constitutive principles of 构建原则，315–318
  counterfactuals and 违实，31–32
  creating new meanings through 通过整合创造新的意义，20
  defined 被定义为，18
  definition of 的定义，37
  finding correspondences for 为整合找到对应关系，19–20
  human sexual practices and 人类的性行为，28–29
  imaginary scenarios and 想象的场景，20–21
  imagination and 想象，6
  incompatibilities and 不兼容性，29–30

motor actions and 运动行为，21–22
nonarbitrary nature of 非任意性，24
overview of 概述，17–18
psychological study of errors and 对错误的心理学分析，34–35
racism 种族主义, genocide and 种族灭绝，27–28
simple language and 简单的语言，25–27
source of language and 语言的来源，185
blending 整合, double-scope 双域
building new aptitudes from 从整合构建新的才能，391–392
culture emerging from capacity for 产生自整合能力的文化，389–391
form and meaning and 形式与意义，353–360
multiple-scope creativity in 多域创造力，305
origin of language and 语言的起源，182
origins of human cognition and 人类认知的起源，186–187
overview of 概述，179–180
social language and 社会语言，189–191
blending 整合, elements of 元素，39–58 *另见* conceptual integration
building network for 为整合构建网络，44–49
conceptual integration network model and 概念整合网络模型，40–44
falsifiable predictions and 可检验的预期，55–56
science of 科学，53–55
uniformity of 统一性，52–53
visibility and 可见性，56–57
wild cognition and 天马行空的认知，50–52
blends 整合空间
efflorescence of 繁盛，262
emergent structure in 浮现结构，85
blends 整合, cause and effect 原因和结果，75–88
contradictory representations in 矛盾表征，84–85
creativity in relations of 关系中的创造力，302–303
implicit counterfactual spaces of 隐性违实空间，87
living in the blend 生活在整合中，83–84
motivations in human rituals and 人类仪式中的动机，80–81, 85–86
overview of 概述，75–78
perception and sensation in 感知与知觉，78–80
persuasion and revelation in 劝说与启示，81–83
blends 整合空间, emergent structure 浮现结构
Debate with Kant 与康德的辩论，61
double-scope network and 双域网络，133
network model of conceptual integration 概念整合的网络模型，42–46, 48–49
ritual projections and 仪式的投射，85–86
unpredictability of 不可预测性，307
writing/reading as 书写 / 阅读作为整合空间，211
blends 整合空间, megablends 大整合空间
compositionality and 组构性，151–153
compounding mapping schemes and 复合映射方案，165–166
metaphoric integrations of 隐喻整合，156–157
blends 整合空间, multiple 多重，279–298
Birth Stork 送子鹳，285–286
causal tautology 因果同义反复，292–293

counterfactual blends 违实整合，examples of 例子，290–291
counterpart structure in 对等成分结构，281
Dracula and his patients 德古拉和他的病人，279–284
empty causes 空洞原因，example of 例子，292–293
four-space 四空间，284–289
generic spaces 类属空间，297–298
Grim Reaper example 阴森的收割者例子，292–295
metaphoric integration networks 隐喻整合网络，279–284
metaphoric mappings 隐喻映射，287
overview of 概述，279
President Bush on third base 三垒上的布什总统，284–289
Story of Life 生命的故事，287–288
Unwanted Child Myself example 我自己是计划外出生的孩子例子，289–292
blends 整合空间，XYZ
constructing meaning in 构建整合空间的意义，147
examples of 例子，143–145
metaphoric integrations and 隐喻整合，154–157
Y expression in Y 表达式，148–153
blue hockey stick 蓝色曲棍球棒，gauges 计量仪表，199–201
borrowed compression 借用的压缩，321, 324
brain 大脑
activation patterns in 激活模型，22
optimality principles and 最优原则，72, 321–322
origins of cognition and 认知的起源，186
time compressions and 时间压缩，317
Buddhist Monk riddle 关于禅师的难题
overview of 概述，39–40
wild cognition and 天马行空的认知，50–52
Bypass 心脏搭桥手术，65–67, 70

C

caffeine headache network 咖啡因头痛网络
counterfactual networks and 违实网络，227–229
Calvin, William 威廉·加尔文，185
category compression 范畴压缩，318
category metamorphosis 范畴转变，269–278
complex numbers as 复数，270–274
computer virus as 计算机病毒，274–275
overview of 概述，269
same-sex marriage as 同性婚姻，269–270
words and extensions as 词和扩展，275–277
cathedrals 大教堂，206–210
causal inference 因果推理，218
cause and effect blends 因果整合空间，75–88
contradictory representations in 矛盾表征，84–85
creativity in relations of 关系中的创造力，302–303
implicit counterfactual spaces of 隐性违实空间，87
living in the blend 生活在整合中，83–84
motivations in human rituals and 人类仪式中的动机，80–81, 85–86
overview of 概述，75–78
perception and sensation in 感知和知觉，78–80
persuasion and revelation in 劝说与启示，81–83
Cause-Effect Isomorphism 因果同构
origins of cognition and 认知的起源，184
overview of 概述，175–176

scientific fallacies in 科学谬误，189
Cause-Effect Vital Relation 因果关键关系，96
caused motion construction 致使移动构式，370−373
Cavalli-Sforza, Luigi Luca 路易吉・卢卡・卡瓦利−斯福尔扎，187
cemeteries 墓地，205
Change Vital Relation 变化关键关系，93−95
character 人物 见 identity, character and
chemistry 化学 , conceptual integration and 概念整合，89−91
children 儿童
building of vital relations/compressions 关键关系 / 压缩的创建，394
complex learning of 复杂学习，390−393
language use of 语言使用，191−192
material objects and 物品，214−216
chimpanzees 黑猩猩
sign language in 手语，190−191
vocabulary limits of 词汇限制，179
clashes 冲突 , mirror networks and 镜像网络，125
Clinton, Bill 比尔・克林顿
Dracula and his patients 德古拉和他的病人，279−284
fundraising example 筹款例子，257
Titanic example 泰坦尼克号例子，221−222
co-evolutionary proposals 共同进化观 , language 语言，173−174
cognition 认知 , wild 天马行空的，50−52
cognitive fluidity 认知流动性
conceptual integration and 概念整合，174−175
origin of language and 语言的起源，182
racism and 种族主义，27
cognitive neuroscience 认知神经科学，7−8
completion 完善
conceptual integration 概念整合，48
emergent structure of blends 整合空间的浮现结构，43
complex numbers 复数
blending and 整合，25
category metamorphosis in 范畴转变，270−274
as double-scope network 作为双域网络，134
compositionality 组构性，146−153
conceptual integration and 概念整合，48
meanings and 意义，147
megablend operations in 大整合运作，151−153
regularity of 规律，146−147
ways of thinking about 关于组构性的思维方式，162−165
Y expressions and Y 表达式，148−153, 165−166
compression 压缩
by creation 通过创造，320
governing principles of 控制原则，346
graduation as 毕业典礼，30−31
of one vital relation into another 从一个关键关系到另一个，92−93, 107−108, 312−314
scientific fallacies and 科学谬误，188−189
compression, principles of 压缩原则，312−325
borrowed 借用的，320−321
converting to human scale 转化为人类尺度，322−324
creating new relation through 通过压缩创建新的关系，319−320
highlights 重要节点，320, 325, 348
of one vital relation into another 从一个关键关系到另一个，314−319
optimality and 最优化，321−322

of single relation 单个关系，312–314
compression/decompression 压缩 / 解压缩，113–138
double-scope networks 双域网络，131–135
frame-to-values connection 框架–价值联系，120, 122
Fregean logic 弗雷格逻辑，120–122
identity and 同一性，115–119
integration networks 整合网络，119
mirror networks 镜像网络，122–126
overview of 概述，113–115
simplex networks 简单网络，120–122
single-scope networks 单域网络，126–131
computer 计算机
modeling 建模，109
virus 病毒，274–275
computer desktop interface 计算机桌面界面
as blending 作为整合，22–24
double-scope network as 双域网络，131
examples of 例子，340–342
multiple inputs of 多个输入空间，295
conceptual blending 概念整合，17–38
analogy and 类比，35–36
computer desktops and 计算机桌面，22–24
creating new meanings through 通过概念整合创造新的意义，20
definition of 定义，37
human sexual practices and 人类的性行为，28–29
imaginary scenarios and 想象的场景，20–21
incompatibilities and 不兼容性，29–30
motor actions and 运动行为，21–22
nonarbitrary nature of 非任意性，24
psychological study of errors and 错误的心理学研究，34–35
racism 种族主义 , genocide and 种族灭绝，27–28
source of language and 语言的来源，185
conceptual categorization 概念范畴化，7
conceptual framing 概念框架化，17
conceptual integration 概念整合
analogy with chemistry 与化学的类比，89–91
analogy with evolution 与进化的类比，91
Buddhist Monk 禅师，39–40
building network for 为概念整合构建网络，44–49
Bypass 心脏搭桥手术，65–67
children using 使用概念整合的儿童，214–216
cognitive fluidity and 认知流动性，174–175
complex numbers and 复数，272–273
conservative nature of 保守本质，396
double-scope 双域，179–180
Grice’s Error example of 格莱斯的错误例子，68–69
identity/character and 身份 / 人物，253–255
imagination and 想象，70–71, 89
network model of 网络模型，40–44
non-compositional 非组构性的，27
projection and 投射，69–70
Regatta 船赛，63–65
selective projection 选择性投射，71–73
conceptualization 概念化 , principle of 原则，87
conditioning 条件作用 , stimulus-response 刺激–反应，76–77
consciousness 意识 , controversy on 争议，56–57
constitutive principles 构建原则，309–311, 345
constraints 限制 , principles and 原则，350–352
continuity 连续性 , behind diversity 多样性背

后的，139–168 *另见* compositionality
compounding mapping schemes and 复合映射方案，165–166
freedom/limits of interpretation and 解读的自由 / 限制，166–168
language and 语言，143
metaphoric integrations and 隐喻整合，153–160
metaphorical expressions and 隐喻表达，142–143
origins of language and 语言的起源，139–140
overview of 概述，139
Paradise Lost and《失乐园》, 160–162
word projection and 词汇投射，141
XYZ blend and XYZ 整合空间，143–145
contradictory representations 矛盾的表征，84–85
coordinate planes 坐标平面 , complex numbers 复数，271
counterfactuals 违实
cause and effect and 原因和结果，87–88
cultural compressions of 文化压缩，246–247
defining 定义，230–231
entire networks as 整个网络作为，239
examples of 例子，29–30, 219–223, 289–292
explicit 明晰的，224–230
falsifiable predictions and 可检验的预期，55–56
as grammatical phenomenon 作为语法现象，238–239
mathematics and 数学，233–236
nonthings as 虚物，241–246
overview of 概述，31–32
reasoning behind 背后的推理，218–219
creation through compression 通过压缩来创造
constitutive principles 构建原则，320
governing principles 控制原则，324
creativity 创造性 *见* multiple-scope creativity
cross-space mapping 跨空间映射
Debate with Kant and 与康德的辩论，61
network model of conceptual integration 概念整合的网络模型，41
same-sex marriage as 同性婚姻作为，269–270
single-scope networks and 单域网络，128
culture 文化
conceptual integration and 概念整合，396
cultural compressions 文化压缩，246–247
double-scope blending in 双域整合，389–393
evolution of language in 语言进化，381–382
Cyclic Day network 循环天网络，196–198

D

Dawkins, Richard 理查德・道金斯，109
Deacon, Terrence 特伦斯・迪肯，184–185
death 死亡
Grim Reaper representation of 阴森的收割者表征，292–295, 302–303
material anchors of 物质锚，204–206, 207
nonpeople and 虚人，263–266
Death the Magician 魔法师死神，308
decompression 解压缩 *见* compression/decompression
desktop interface 桌面界面 *见* computer desktop interface
disanalogy 非类比
Clinton fundraising example 克林顿筹款例子，257
If I Were You example “如果我是你”例子，255–258

Disanalogy Vital Relation 非类比关键关系，99
diversity 多样性 *另见* continuity, behind diversity
blending and 整合，111
unity of process and 过程的统一性，137
DNA genetic studies DNA 基因研究，187
double-scope blending 双域整合
building new aptitudes from 从双域整合构建新的才能，391–392
culture emerging from capacity for 产生于双域整合能力的文化，389–391
examples of 例子，221–223, 274–275
form and meaning and 形式与意义，353–360
human activities crucial to 对双域整合至关重要的人类活动，389
multiple-scope creativity in 双域整合的多域创造性，305
origin of language and 语言的起源，182
origins of human cognition and 人类认知的起源，186–187
overview of 概述，179–180
social language and 社会语言，189–191
double-scope networks 双域网络
governing principles and 控制原则，340–345
grammatical constructions and 语法构式，180
with high asymmetry 有着高度的不对称性，134–135
multiple-scope creativity in 多域创造性，299
nonclashing 非冲突性的，135
overview of 概述，131–135
Dracula and his patients 德古拉和他的病人，279–284, 296
drama connectors 戏剧连接子，266–267

E

elaboration 细化
conceptual integration 概念整合，48–49
emergent structure of blends 整合空间的浮现结构，44
Eliza effect 伊丽莎效应，190
avoiding traps of 避开伊丽莎效应的陷阱，108–110
computer interfaces with 包含伊丽莎效应的计算机桌面，23
computer program 计算机程序，5
illusions generated by form and 形式产生的幻觉，7–8, 11
Kanzi fallacy in 在伊丽莎效应中的坎济谬误，190
emergent blend structure 浮现的整合结构
Debate with Kant 与康德的辩论，61
double-scope network and 双域网络，133
network model of conceptual integration 概念整合的网络模型，42–46, 48–49
ritual projections and 仪式投射，85–86
unpredictability of 不可预测性，307
writing/reading as 书写 / 阅读作为浮现的整合结构，211
emergent syntax 浮现句法, form and meaning 形式与意义，373–376
emotions 情感
body and 身体，300–302
complex falsehoods and 复杂虚假性，231–233
empty cause 空洞原因, blending 整合，292–294
entrenchment 固化, blend structure 整合结构，49
equipotentiality 等势性，179

errors 错误 , psychology of 心理学研究，34-35
essences 本质 , characters manifesting 体现性格，249
event integration 事件整合 , blend structure 整合结构，49
evolution 进化
  advances in human capacity 人类能力的进步，184
  conceptual integration’s analogy with 概念整合跟进化的类比，91
  language and 语言，381-382
  language theory and 语言理论，175-177
  limitations of modeling 建模的局限，109-110

F

fallacies 谬误
  isomorphism 同构，176
  Kanzi fallacy 坎济谬误，190
  scientific 科学的，188-189
false blended space 虚假的整合空间 , American Pronghorn 美洲叉角羚，237
falsehood 虚假性 *见* unreal, constructing
falsifiable predictions 构建可检验的预期，blending 整合，55-56
father of ……*之父*，140-143
  intricate blending in *Paradise Lost*《失乐园》中的复杂整合，160-162
fictive motion 虚拟移动，379-380
force 力 , human-scale constructions for 人类尺度构建，376-380
form 形式，1-8 *另见* form approaches
  Eliza effect and 伊丽莎效应，7-8
  manipulation of 对形式的操纵，3-4
  meaning constructed through 通过形式构建的意义，5-6
form and meaning 形式与意义，353-387
  adjective-noun compounds 形-名复合词，360-365
  caused motion 致使移动，370-373
  complex grammatical structures 复杂语法结构，369-370
  cultural evolution of language 语言的文化进化，381-382
  double-scope compression 双域压缩，353-360
  emergent syntaxes 浮现句法，373-376
  formal blending 形式的整合，365-369
  human scale constructions 人类尺度构建，376-380
  recursion in grammar 语法中的递归，384-387
form approaches 形式研究路径，8-15
  analogy and 类比，11-14
  development of 发展，9-11
  generative grammar and 生成语法，13-14
  metaphors and 隐喻，14-15
  overview of 概述，8-9
  parallel distributed processing and 平行分布处理，11
  problems of 问题，12-13
formal blending 形式的整合，365-369
frame-to-values connection 框架-价值联系，120, 122
frames 框架 , identities and 身份，251-253, 261-262
framing 框架化 *见* simplex networks
Fregean compositionality 弗雷格组构性，164
Fregean logic 弗雷格逻辑，120-122
French language 法语
  causative verbs 致使动词，373-374

emergent syntax in 浮现句法，373-374
evolution of language 语言的进化，381
Function-Organ Isomorphism 功能-器官同构
origins of human cognition and 人类认知的起源，184

G

Garfield example 加菲猫例子，213
gauges 计量仪表，198-201
blue hockey stick 蓝色曲棍球棒，199-201
oven 烤箱，198
thermostats and aviation dials 恒温器和航空刻度盘，199-200
generative grammar 生成语法，13-14
generic space 类属空间，41
genetic studies 基因研究，DNA and 脱氧核糖核酸，187
genocide 种族灭绝，27-28
gestures and pointing 手势与指向，nonpeople and 虚人，264
ghost 幽灵
American Pronghorn 美洲叉角羚，115-119
nonpeople and 虚人，264-265
Global Generics 全局类属空间
multiple-scope creativity in 多域创造性，301-302
overview of 概述，296-298
Goodman, Nelson 纳尔逊·古德曼，31
governing principles 控制原则，309-352
compression 压缩，312-325
compression 压缩，borrowed 借用的，320-321
compression 压缩，converting to human scale 转化到人类尺度，322-324
compression 压缩，creating new relation through 通过压缩创建新的关系，319-320
compression 压缩，highlights 重要节点，320
compression 压缩，of single relation 单个关系的，312-314
compression 压缩，of vital relations into another 从一个关键关系到另一个，314-319
compression 压缩，optimality and 最优性，321-322
constraints associated with 与压缩关联的限制，350-352
cooperating/competing with constitutive principles 与构建原则合作 / 竞争，336
governing principles and 控制原则，336
human scale 人类尺度，346-347
Integration 整合，328-329
overview of 概述，309-312
Pattern Completion 模型完善，328
promoting vital relations 提升关键关系，329-330
Relevance 关联，333-334
scaling and creating intentionality 调整和创造意向性，348-349
summary of 总结，345-246
Topology 拓扑结构，325-328
Unpacking 拆分，332
Web 网，331-332
working in networks 在网络中运作，double-scope 双域，340-345
working in networks 在网络中运作，mirror 镜像，337-338
working in networks 在网络中运作，single-scope 单域，339
graduations 毕业典礼，30-31
grammar 语法 *另见* form and meaning
metaphoric integrations and 隐喻整合，154
origin of language and 语言的起源，178-179, 181
principles of 原则，311

recursion in 递归，384–387
graves 坟墓, as material anchor 作为物质锚，204–206
Grice's error 格莱斯的错误
asymmetric integration network and 非对称整合网络，70
conceptual integration 概念整合, examples 例子，68–69
The Grim Printing Press 阴森的印刷机，303–305
Grim Reaper 阴森的收割者，292–295
highlights compression in 强调压缩，348
recursion in 递归，334–335

H

Hebrew language 希伯来语, emergent syntax in 浮现句法，374–376
highlights compression 重要节点压缩
constitutive principles 构建原则，320
governing principles 控制原则，325
Grim Reaper example 阴森的收割者例子，348
Hindu notation 印度标记法，10
honor 荣誉，261
human action 人类活动, human space constructions and 人类空间构建，378
human scale 人类尺度
achieving 实现，346
constitutive/governing principles and 构建 / 控制原则，336
constructions 构式，376–380
converting to 转化到，322–324
as goal of all principles 作为所有原则的目标，312
time warps through compression 压缩以实现时间扭曲，347–348
human space constructions 人类空间构建
fictive-motion expression 虚拟移动表达, examples of 例子，379–380
human action 人类活动, basic structure of 基本结构，378
space 空间, force and motion 力与移动，376–381
trajectory of 射体，378
humans 人类
networks of nonpeople 虚人的网络，263–266
origins of cognition in 认知起源，183–187
Hutchins Edwin 埃德温·哈钦斯，195–198

I

identity 同一性，6
compression/decompression and 压缩 / 解压缩，115–119
constitutive principles of 构建原则，314–315
death and 死亡，205
projection to the blend and 向整合空间投射，70
identity 身份, character and 人物，249–268
blending of frames 框架的整合，261–262
conceptual integration of 概念整合，253–255
frames and 框架，251–253
If I Were You 如果我是你，255–258
meaning of blends and 整合空间的意义，262
overview of 概述，249–250
redemption 救赎, vengeance 复仇, and honor 荣誉，258–261
relating to dramatic performances 与戏剧性的表现关联，266–267
relating to nonpeople 与虚人关联，263–266
Identity Vital Relation 同一性关键关系，95–96
If I Were You 如果我是你, disanalogy exam-

ple 非类比例子，255–258
illusions 幻觉，Eliza effect and 伊丽莎效应，7，11
imagination 想象 *另见* form; form approaches
conceptual integration at heart of 在想象核心的概念整合，89
freedom and limits of 自由和限制，166–168
nature and mechanisms of 本质和机制，8
as optional ability 作为备选能力，70–71
recombination and 再组合，146
scientific study of 科学研究，110
words as triggers for 词汇作为触发条件，146
incompatibilities 不兼容性，conceptual blending and 概念整合，29–30
inner-space 内部空间
achieving scalability 实现可调整性，319
vital relations 关键关系，305
input spaces 输入空间
compression/decompression and 压缩 / 解压缩，119
conceptual integration 概念整合，40–41, 45–46
specificity and familiarity of 具体度和熟悉度，103–104
integration 整合 *另见* conceptual integration
defined 被定义为，6
principle of 原则，328–329
integration mapping 整合映射，179
integration networks 整合网络，391
Intensification of Vital Relations Principle 关键关系的强化原则，330
intentionality 意向性
scaling and creating 调整和创造，348–349
Intentionality to Category 意向性到范畴，318
Intentionality Vital Relation 意向性关键关系，100–101
interpretation 解读
freedom and limits of 自由和限制，166–168
multiple mapping schemes 多个映射方案，166
isomorphism 同构
fallacy associated with 相关谬误，176
scientific fallacies and 科学谬误，188

K

Kant 康德，Debate with 辩论
conceptual integration of 概念整合，253–255
example of 例子，59–62
projection to the blend and 向整合空间投射，69–70
visibility to consciousness of 在意识层面的可见性，68
Kanzi fallacy 坎济谬误，190
Klein, Richard 理查德·克莱恩，185–187
Kline, Morris 莫里斯·克兰，9–11
Koestler, Arthur 亚瑟·凯斯特勒，37

L

language 语言 *另见* form and meaning; linguistics
central problem of 核心问题，177
children's use of 儿童对语言的使用，191–192
chimpanzee vocabulary 黑猩猩词汇，179
complex blending in 复杂整合，25–27
cultural evolution of 文化进化，381–382
emergent syntax in French and Hebrew 法语和希伯来语中的浮现句法，373–376
form approaches to 形式研究路径，9
as integration prompt 作为整合提示符，143
principles of 原则，311
XYZ blend and XYZ 整合空间，143–145
language origin 语言起源，171–194

blending leading to errors 导致错误的整合，188-189
children and 儿童，191-192
continuity and 连续性，139-140
existing theories of 现有理论，172-174
gradients of conceptual integration and 概念整合的梯度，180-183
mental blending and social language 心理整合与社会语言，189-191
modern humans and 现代人类，183-187
overview of 概述，171-172
problem of language and 语言的问题，178-179
range of human singularities 人类独特之处的范围，174-175
riding a bicycle and, 骑自行车，192-193
theory of 理论，175-177
linguistics 语言学 *另见* form and meaning; language
comparing conceptual systems with 将概念系统与语言学作比较，277
complexity of form in 形式复杂性，4
counterfactuals and 违实，31-32
literal meaning 字面意思，69
living in the blend 生活在整合空间中，83-84
loci 位置 , method of 方法，207-210
lottery 彩票 , depression 抑郁，231-233

M

mapping 映射 *另见* cross-space mapping
analogical 类比的，356
Anger blend and 愤怒整合空间，300-302
spaces 空间，105-106
mapping schemes 映射方案
compositionality in 组构性，164-165
interpretations of 解读，166-168
metaphoric integrations 隐喻整合，154-157
predictability of 的可预测性，147
Y expressions in Y 表达式，150-153
matches 匹配
bodily action through 通过匹配的身体动作，21-22
conceptual integration 概念整合，47
imaginary scenarios and 想象的场景，20
material anchors 物质锚
children 儿童，born with 与生俱来，215
objects 物品，use of 使用，195
material objects 物品，195-216
cathedrals and 大教堂，206-210
children learning to use 学习使用物品的儿童，214-216
gauges 计量仪表，198-201
money 货币，201-204
nonpeople and 虚人，263-266
overview of 概述，195-198
remains of the dead 逝者的遗骸，204-206
sign language and 手语，212-214
speech as 言语作为，211-212
writings 书写，210-211
mathematics 数学 *另见* complex numbers
blending complex numbers 整合复数，25
counterfactuality in 违实性，233-236, 239-240
forms assisting meaning in 形式在数学中的协助意义，9-10
learning complex blends and 学习复杂整合空间，392-393
rational numbers and 有理数，244-245
recursion in 递归，335-336
role of nonthings in 虚物在数学中的作用，242-245
unity behind diversity and 多样性背后的统一性，137

Maxim of Quality 质量准则 , Grice's Error 格莱斯的错误，69
Maximization of Vital Relations Principle 关键关系的最大化原则，330
meaning 意义 *另见* form and meaning
constructing through form 通过形式构建意义，5-6
construction of 构建，309-310
core 核心，15
creation of new 创造新的意义，20
diversity from unity 来自统一性的多样性，137
double-scope compression and 双域压缩，353-360
forms assisting 协助意义的形式，9-10
language forms and 语言形式，178
literal 字面的，69
predictability of 可预测性，168
truth-conditional compositionality and 真值条件组构性，163-164
meanings 意义 , unpredictability of 不可预测性，147
megablends 大整合空间
compositionality and 组构性，151-153
compounding mapping schemes and 复合映射方案，165-166
four-space multiple blend 四空间多重整合，284-289
metaphoric integrations of 隐喻整合，156-157
memory 记忆
Intentionality to Category and 意向性到范畴，318-319
time and space and 时间和空间，317
mental spaces 心理空间
compression of vital relations and 关键关系的压缩，92-93
network model of conceptual integration 概念整合的网络模型，40-42
overview of 概述，102-103
sign language and 手语，212-213
topology of 拓扑结构，104-105
metaphoric integration networks 隐喻整合网络，280-281
metaphoric integrations 隐喻整合，154-160
defined 被定义为，154
grammar and 语法，154
mapping schemes and 映射方案，154-159
megablends 大整合空间，157-158
XYZ blends XYZ 整合空间，154-157
metaphoric mappings 隐喻映射
caused motion 致使移动，372
multiple blends example 多重整合空间例子，280-282, 287
metaphors 隐喻
expressions in language 语言表达，142-143
form approaches 形式研究路径，14-15
method of loci 位置记忆法，207-210
Milton , John 约翰・弥尔顿，160-162
mirror networks 镜像网络
conceptions of time as 把时间概念化为，195-198
governing principles and 控制原则，337-338
language and 语言，145
overview of 概述，122-125
principles of 原则，337-338
missing persons 不在场的人，263-266
Mithen, Stephen 史蒂芬・米森
cognitive fluidity and 认知流动性，37-38
origins of human cognition and 人类认知的起源，184, 186
The Prehistory of the Mind《心智的史前史》,

27
modification 调整, blend structure 整合结构，49
modus tollens 否定后件推理，239–240
money 货币, as material anchor 作为物质锚，201–204
history of 历史，202
worth and 价值，203
motion 移动, human-scale constructions for 人类尺度构建，376–380
motor actions 运动行为
learning 学习，21–22
psychological study of errors and 错误的心理学研究，34–35
multiple blends 多重整合空间，279–298
Birth Stork example 送子鹳例子，285–286
causal tautology 因果同义反复，292–293
counterfactual blends 违实整合空间, examples of 例子，290–291
counterpart structure in 对等成分结构，281
Dracula and his patients example 德古拉和他的病人例子，279–284
empty causes 空洞原因, example of 例子，292–293
examples of 例子，295–296
generic spaces 类属空间，297–298
Grim Reaper example 阴森的收割者例子，292–295
metaphoric integration networks 隐喻整合网络，279–284
metaphoric mappings 隐喻映射，287
overview of 概述，279
President Bush on third base 三垒上的布什总统，284–289
Story of Life example 生命的故事例子，287–288
Unwanted Child Myself example 我自己是计划外出生的孩子例子，289–292
multiple mapping schemes 多重映射方案, grammar and 语法，166
multiple-scope creativity 多域创造性，299–308
cause-effect relations in 因果关系，302–303
conceptual projection 概念投射, as dynamic process 作为动态的过程，305
death 死亡, as empty cause 作为空洞原因，303
Death the Magician 魔法师死神，308
double-scope blend structures and 双域整合结构，305
double-scope networks and 双域网络，299
emergent structures and 浮现结构，307, 308
Grim newspaper 阴森的报纸，303–305
Grim Reaper 阴森的收割者，302–303
inner-space vital relations and 内部空间关键关系，305
Trashcan Basketball 垃圾筐篮球，306–307
Two-Edged Sword 双刃剑，306
understanding of anger 对愤怒的理解，299–302

N

nativist theories 先天主义理论, origin of language 语言起源，172
network 网络, Cyclic Day 循环天，196–198
networks 网络
caffeine headache network 咖啡因头痛网络，241
caffeine headache network 咖啡因头痛网络，counterfactual networks and 违实网络，227–229
double-scope networks 双域网络, governing principles and 控制原则，340–345

double-scope networks 双域网络 , grammatical constructions and 语法构式，180
double-scope networks 双域网络 , multiple-scope creativity and 多域创造性，299
double-scope networks 双域网络 , non-clashing 非冲突性的，135
double-scope networks 双域网络 , overview of 概述，131–135
double-scope networks 双域网络 , with high asymmetry 有着高度的非对称性，134–135
governing principles of 控制原则，337–345
integration networks 整合网络，391
integration networks 整合网络 , metaphoric 隐喻的，280–281
mirror networks 镜像网络 , conceptions of time as 把时间概念化为，195–198
mirror networks 镜像网络 , governing principles in 控制原则，337–338
mirror networks 镜像网络 , language and 语言，145
mirror networks 镜像网络 , overview of 概述，122–125
mirror networks 镜像网络 , principles of 原则，337–338
simplex networks 简单网络 , continuity behind diversity and 多样性背后的连续性，140
simplex networks 简单网络 , language and 语言，144–145
simplex networks 简单网络 , overview of 概述，120–122
single-scope networks 单域网络 , example of 例子，135–137
single-scope networks 单域网络 , governing principles and 控制原则，339
single-scope networks 单域网络 , overview of 概述，126–131
Y networks Y 网络，151–152
nonevents 虚事件，245–246
nonpeople 虚人，263–266
nonthings 虚物
examples of 例子，241–245
nonevents and 虚事件，245–246
rational numbers and 有理数，244–245
role in everyday thinking 在日常思维中的作用，241
role in science and math 在科学和数学中的作用，242–245
Noun-Adjective compounds 名–形复合词，354
Noun-Noun compounds 名–名复合词
compression types provided by 提供的压缩类型，357–360
overview of 概述，353–356
noun-phrase of Y expression Y 表达式中的名词短语，148–153
numbers 数字
complex numbers 复数 , as double-scope network 作为双域网络，134
complex numbers 复数 , blending of 整合，25
complex numbers 复数 , category metamorphosis in 范畴转变，270–274
rational numbers 有理数，244–245
recursion in 递归，335–336

O

Objects 物品 , as material anchors 作为物质锚，195. *另见* material objects
open-ended connectors 开放式连接子 , Y expressions Y 表达式，149, 156–157
optimality 最优性
bubble chamber of brain and 大脑的气泡室，

321–322
principles of 原则，311
origin theories 起源理论，language 语言，177
outer-space links 外部空间连接，compression 压缩，92–93
oven gauge 烤箱量表，198

P

Paradise Lost (Milton)《失乐园》(弥尔顿)，160–162
Parallel Distributed Processing (PDP) 平行分布处理，11
Part-Whole Vital Relation 部分-整体关键关系，97, 315
partial vital-relation connections 部分的关键关系联系，multiple blends and 多重整合空间，287
Pattern Completion principle 模型完善原则，328
Pavlov's dog 巴甫洛夫的狗，stimulus-response example 刺激-反应例子，76–77
Penrose, Roger 罗杰・彭罗斯，223
Perception 感知，77, 78–80
perceptual categorization 感知的范畴化，7
periodic conception 周期性概念，of time 时间，195
persuasion 劝说，81–83
philosophy 哲学，form approaches to 形式研究路径，9
physical spaces 物理空间，compression of 压缩，113
Plan of St. Gall 圣加尔计划，monastic community example 修道士群体例子，209
pointing and gesture 指向和手势，nonpeople and 虚人，264
The Prehistory of the Mind (Mithen)《心智的史前史》(米森), 27
President Bush on third base megablend example 三垒的布什总统的大整合例子，285
multiple blend example 多重整合空间例子，284–289
Principles 原则 *另见* constitutive principles; governing principles
constitutive and governing 构建与控制，309–312
constraints and 限制，350–352
of grammar 语法，311
human scale and 人类尺度，312
optimality principles of brain 大脑的最优原则，72, 321–322
projection 投射
conceptual integration and 概念整合，69–70
conceptual projection 概念投射，as dynamic process 作为动态过程，305
multiple-scope creativity and 多域创造性，305
ritual projections and 仪式投射，85–86
selective projection 选择性投射，conceptual integration and 概念整合，47–48
selective projection 选择性投射，Debate with Kant 与康德的辩论，61
selective projection 选择性投射，overview of 概述，71–73
selective projection 选择性投射，using words 使用词汇，276
sensory projection 知觉投射，79–80
word projection and 词汇投射，141
projection to the blend 向整合空间的投射，70
pronghorn 叉角羚
false blended space and 虚假的整合空间，237
identity and 同一性，115–119

property compression 特征压缩 , combining with category compression 与范畴压缩结合，318
Property Vital Relation 特征关键关系，99–100
Protolanguages 原始语言，188–189
Pythagorean theorem 毕达哥拉斯定理，77

R

racism 种族主义，27–28
radical associative theories 激进的联系主义理论，172–173
rational numbers 有理数，244–245
reading 阅读，210–211
recognition 认识，识别，7–8
recombination 重组，146
recursion 递归
  examples of 例子，334–336
  in grammar 语法中，384–387
redemption 救赎，259–260
reductio ad absurdum 反证法，233–236, 239–240
Regatta 船赛 , example 例子，63–65
Relevance Principle 关联原则，333–334
representation 表征 , constitutive principles of 构建原则，315
Representation Vital Relations 表征关键关系，97–98
Return of the Grim Reaper 阴森的收割者归来，example 例子，302–303
revelation 启示，81–83
revenge 复仇，260
Rhetoric (Aristotle)《修辞学》(亚里士多德)，36
rituals 仪式
  cause and effects blends in 因果整合空间，80–81
  projections in 投射，85–86
Role Vital Relations 角色关键关系，98

S

Saccheri, Gerolamo 杰罗拉莫・萨凯里，235
sacred 神圣的 , creating habitat for 创造栖息地，207
same-sex marriage 同性婚姻，269–270
Santachiara-Benerecetti, Silvana 西尔瓦娜・圣基亚拉–贝内雷塞蒂，187
scalability 可调整性 , governing principles 控制原则，324
science 科学
  of blending 整合，53–55
  emotions from complex falsehood and 来自复杂的虚假性的情感，231–233
  fallacies in 谬误，188–189
  regularities of operation in 运作的规律，139
  role of nonthings in 虚物的作用，242–245
  social sciences 社会科学 , approach to 研究路径，9
  study of imagination and 对想象力的研究，110
Scott, Robert 罗伯特・斯科特，206–207
selective projection 选择性投射 *另见* projection
  conceptual integration and 概念整合，47–48
  Debate with Kant 与康德的辩论，61
  overview of 概述，71–73
  using words 使用词汇，276
semantics 语义学，163
sensory projection 知觉投射，79–80
sexual practices 性行为，28–29
sign language 手语
  chimpanzees using 使用手语的黑猩猩，190–191
  as material object 作为物品，212–214
  networks of nonpeople and 虚人的网络，264

Similarity Vital Relation 相似性关键关系，100
simplex networks 简单网络
continuity behind diversity and 多样性背后的连续性，140
language and 语言，144–145
overview of 概述，120–122
single relations 单个的关系 , compression of 压缩
constitutive principles in 构建原则，312–314
governing principles in 控制原则，324
single-scope networks 单域网络
example of 例子，135–137
governing principles in 控制原则，339
overview of 概述，126–131
single vital relations 单个关键关系 , scale of 尺度，312–314
singularities 独特之处 , human 人类，174–175
social interaction 社会互动 , language and 语言，189–191
social sciences 社会科学 , approaches to 研究路径，9
Socrates 苏格拉底，77
space 空间
blended space 整合空间 , conceptual integration 概念整合，41–43, 45–46
blended space 整合空间 , false 虚假的，237
cross-space mapping 跨空间映射 , Debate with Kant and 与康德的辩论，61
cross-space mapping 跨空间映射 , network model of conceptual integration 概念整合的网络模型，41
cross-space mapping 跨空间映射 , same-sex marriage as 同性婚姻，269–270
cross-space mapping 跨空间映射 , single-scope networks and 单域网络，128
generic space 类属空间 , conceptual integration 概念整合，45–46, 47
generic space 类属空间 , overview of 概述，41–42
human scale constructions 人类尺度的构建，376–381
inner-space 内部空间 , achieving scalability 实现可调整性，319
inner-space 内部空间 , vital relations 关键关系，305
input spaces 输入空间 , compression/decompression and 压缩 / 解压缩，119
input spaces 输入空间 , conceptual integration 概念整合，40–41, 45–46
input spaces 输入空间 , specificity and familiarity of 具体度和熟悉度，103–104
mapping 映射，105–106
mental spaces 心理空间 , compression of vital relations and 关键关系的压缩，92–93
mental spaces 心理空间 , network model of conceptual integration 概念整合的网络模型，40–42
mental spaces 心理空间 , overview of 概述，102–103
mental spaces 心理空间 , sign language and 手语，212–213
mental spaces 心理空间 , topology of 拓扑结构，104–105
outer-space links 外部空间连接 , compression 压缩，92–93
physical spaces 物理空间 , compression of 压缩，113
Space Vital Relations 空间关键关系，96
speech 言语
children and 儿童，215
overview of 概述，211–212
statistical inferencing 统计推理，173

Story of Life 生命的故事，287–288
string 线 , defined 被定义为，114
Supernatural Fathers 超自然的父亲，160–162
syncopation 切分
definition of 定义，114
of single vital relation 单个关键关系的，314, 324
syntax 句法
caused motion and 致使移动，370–373
emergent 浮现的，373–376
study of 研究，369–370

T

Talmy, Len 莱恩・塔尔米，376–380
Thatcher, Margaret 玛格丽特・撒切尔，18–21
things 物 见 material objects
time 时间
conceptions of 概念，195–198
constitutive principles of 构建原则，315–317
periodic experience of 周期性经历，195
warps 扭曲，347–348
Time Vital Relations 时间关键关系，96
Titanic example 泰坦尼克号例子 , Bill Clinton and 比尔・克林顿，221–223
Toblerone 三角巧克力 , example 例子
counterfactuality and 违实性，239
fallacy and 谬误，189
overview of 概述，135–137
tombs 坟墓，204–206
Topology principle 拓扑结构原则，325–328
Trashcan Basketball 垃圾筐篮球，306–307
truth 真
from falsehood 来自假，240–241
truth-conditional compositionality 真值条件组构性，162–164
Two-Edged Sword 双刃剑，306

U

Uniqueness Vital Relations 唯一性关键关系，101
unity 统一性，137
Unpacking Principle 拆分原则，332–333
unreal 非真实 , constructing 构建，217–247
conventional counterfactual compressions 常规的违实压缩，246–247
counterfactual blends 违实整合空间 , reasoning behind 背后的推理，218–219
counterfactual blends 违实整合空间 , varieties of 变体，219–223
counterfactual networks and 违实网络，224–231
counterfactuals 违实句 , overview of 概述，238–240
nonevents and 虚事件，245–246
nonthings and 虚物，241–245
overview of 概述，217
reprisal and 报复，236–238
science and emotions from 来自报复的科学和情感，231–236
truth coming from falsehood 假生真，240–241
Unwanted Child Myself 我自己是计划外出生的小孩 , example 例子，289–292

V

vengeance 复仇，258–261
verbs 动词 , emergent syntax 浮现句法，373–374
viruses 病毒 , computer 计算机，274–275
visibility 可见性 , to consciousness blending and 对有意识整合而言，56–57

Debate with Kant and 与康德的辩论，68
visual-gestural modality 视觉-手势模态，of sign language 手语，212
vital relations 关键关系
children building 儿童构建关键关系，394
compression of 压缩，92–93, 107–108, 324, 326–327
death represention s of 死亡表征，302–303
identity and 同一性，115
mirror networks and 镜像网络，125–126
multiple blends and 多重整合空间，282–284, 287
principles behind diversity in 多样性背后的原则，111
promoting 提升，329–330
scaling of 调整，312–314
strings in 线，114
structures and connections of 结构和连接，102–106
traps of Eliza in 伊丽莎陷阱，108–110
types and subtypes of 类型和子类型，93–102
weak connections and 弱连接，137

W

Wallis, John 约翰·沃利斯，271–272
watches 手表，195–198
Watergate/Nixon blend 水门事件 / 尼克松整合，225–226, 251
Web Principle 网原则，331–332
words 词汇
as activation patterns 作为激活模型，22
extensions of 扩展，275–277
projection of 投射，141
writing 书写
learning complex blends and 学习复杂整合空间，393
overview of 概述，210–211

X

XYZ blend XYZ 整合空间
constructing meaning in 构建意义，147
examples of 例子，143–145
metaphoric integrations and 隐喻整合，154–157
Y expression in Y 表达式，148–153

Y

Y expression Y 表达式
compounding mapping schemes via 通过 Y 表达式的复合映射方案，165–166
metaphoric integrations in 隐喻整合，154–157
noun-phrase form of 名词短语形式，148
open-ended connectors in 开放式连接子，149–150
in XYZ blend 在 XYZ 整合空间中，148–153
Y networks Y 网络，151–152

语言学及应用语言学名著译丛书目

句法结构（第2版）	〔美〕诺姆·乔姆斯基	著
语言知识：本质、来源及使用	〔美〕诺姆·乔姆斯基	著
语言与心智研究的新视野	〔美〕诺姆·乔姆斯基	著
语言研究（第7版）	〔英〕乔治·尤尔	著
英语的成长和结构	〔丹〕奥托·叶斯柏森	著
言辞之道研究	〔英〕保罗·格莱斯	著
言语行为：语言哲学论	〔美〕约翰·R. 塞尔	著
理解最简主义	〔美〕诺伯特·霍恩斯坦 〔巴西〕杰罗·努内斯 〔德〕克莱安西斯·K. 格罗曼	著
认知语言学	〔美〕威廉·克罗夫特 〔英〕D. 艾伦·克鲁斯	著
历史认知语言学	〔美〕玛格丽特·E. 温特斯 等	编
语言、使用与认知	〔美〕琼·拜比	著
我们的思维方式：概念整合与心智的隐匿复杂性	〔法〕吉勒·福柯尼耶 〔美〕马克·特纳	著
为何只有我们：语言与演化	〔美〕罗伯特·C. 贝里克 诺姆·乔姆斯基	著
语言的进化生物学探索	〔美〕菲利普·利伯曼	著
叶斯柏森论语音	〔丹〕奥托·叶斯柏森	著
语音类型	〔美〕伊恩·麦迪森	著
语调音系学（第2版）	〔英〕D. 罗伯特·拉德	著

韵律音系学	〔意〕玛丽娜·内斯波 〔美〕艾琳·沃格尔 著
词库音系学中的声调	〔加〕道格拉斯·蒲立本 著
音系与句法：语音与结构的关系	〔美〕伊丽莎白·O. 塞尔柯克 著
节律重音理论——原则与案例研究	〔美〕布鲁斯·海耶斯 著
语素导论	〔美〕戴维·恩比克 著
语义学（上卷）	〔英〕约翰·莱昂斯 著
语义学（下卷）	〔英〕约翰·莱昂斯 著
做语用（第3版）	〔英〕彼得·格伦迪 著
语用学原则	〔英〕杰弗里·利奇 著
语用学与英语	〔英〕乔纳森·卡尔佩珀 〔澳〕迈克尔·霍 著
交互文化语用学	〔美〕伊斯特万·凯奇凯什 著
应用语言学研究方法	〔英〕佐尔坦·德尔涅伊 著
复杂系统与应用语言学	〔美〕戴安娜·拉森-弗里曼 〔英〕琳恩·卡梅伦 著
信息结构与句子形式	〔美〕克努德·兰布雷希特 著
沉默的句法：截省、孤岛条件和省略理论	〔美〕贾森·麦钱特 著
语言教学的流派（第3版）	〔新西兰〕杰克·C. 理查兹 〔美〕西奥多·S. 罗杰斯 著
语言学习与语言教学的原则（第6版）	〔英〕H. 道格拉斯·布朗 著
社会文化理论与二语教学语用学	〔美〕雷米·A. 范康珀诺勒 著
法语英语文体比较	〔加〕J.-P. 维奈 J. 达贝尔内 著
法语在英格兰的六百年史（1000—1600）	〔美〕道格拉斯·A. 奇比 著
语言与全球化	〔英〕诺曼·费尔克劳 著
语言与性别	〔美〕佩内洛普·埃克特 萨利·麦康奈尔-吉内特 著
全球化的社会语言学	〔比〕扬·布鲁马特 著
话语分析：社会科学研究的文本分析方法	〔英〕诺曼·费尔克劳 著
社会与话语：社会语境如何影响文本与言谈	〔荷〕特恩·A. 范戴克 著

图书在版编目(CIP)数据

我们的思维方式:概念整合与心智的隐匿复杂性/(法)吉勒·福柯尼耶,(美)马克·特纳著;杨波译—北京:商务印书馆,2024(2025.6重印)
(语言学及应用语言学名著译丛)
ISBN 978-7-100-22975-3

Ⅰ.①我… Ⅱ.①吉… ②马… ③杨… Ⅲ.①认知语言学—研究 Ⅳ.①H0—06

中国国家版本馆CIP数据核字(2023)第194133号

语言学及应用语言学名著译丛
我们的思维方式
概念整合与心智的隐匿复杂性
〔法〕吉勒·福柯尼耶 〔美〕马克·特纳 著
杨波 译

商务印书馆出版
(北京王府井大街36号 邮政编码100710)
商务印书馆发行
北京市白帆印务有限公司印刷
ISBN 978-7-100-22975-3

2024年4月第1版 开本880×1230 1/32
2025年6月北京第3次印刷 印张17
定价:98.00元